长沙市开发区志系列丛书

长沙天心经济开发区志

2002-2012

Changsha Tianxin Economic Development Zone

◎长沙市地方志编纂委员会

方志出版社
Publishing House of Local Records

图书在版编目(CIP)数据

长沙市开发区志. /长沙天心区经济开发区志:2002—2012/长沙市地方志编纂委员会编. ——北京：方志出版社，2019.3

ISBN 978—7—5144—3696—9

Ⅰ.①长… Ⅱ.①长… Ⅲ.①技术开发区—概况—长沙—2002-2012 Ⅳ.①F127.641

中国版本图书馆CIP数据核字(2019)第040359号

长沙市开发区志·长沙天心经济开发区志(2002—2012)

编　　者：长沙市地方志编纂委员会
责任编辑：高孟君

出 版 者：方志出版社
地址　北京市朝阳区潘家园东里 9 号(国家方志馆4层)
邮编　100021
网址　http://www.fzph.org
发　　行：方志出版社图书经销中心
电话(010)67110500
经　　销：各地新华书店
印　　刷：长沙市雅捷印务有限公司

开　　本：889×1194　1/16
印　　张：22.5
字　　数：380千字
版　　次：2019年3月第1版　　2019年3月第1次印刷
印　　数：0001～1000册

ISBN 978—7—5144—3696—9　　定价：298.00元

长沙市开发区志丛书编纂委员会

《长沙天心经济开发区志(2002—2012)》顾问委员会

主　任：曹　健　贺国权

副主任：杨建国　苏俊才　黄　会　刘正文

委　员：（按姓氏笔画排列）王若飞　刘科宁

胡　浩　胡伏林　罗孟怡　曹　出

阎伟奇　黄柏文　蒋良核

《长沙天心经济开发区志(2002—2012)》编纂委员会

主　任：师大学

副主任：邓志平　方婉人　罗　青　钟　辉

钟书宏　翁开明　彭泽南　鲁志高

委　员：（按姓氏笔画排列）王恒芳　张　劲

张志坚　陈　智　郑　娜　欧阳伟

秦　超

《长沙天心经济开发区志(2002-2012)》
编审人员

主　审：师大学　彭泽南

主　编：翁开明

副主编：郑　娜

编　辑：张　瑞　何　巍　陈泽南

初审　（按姓氏笔画排列）

王若飞　师大学　刘科宁　杨建国　罗孟怡　胡　浩

胡伏林　曹　健　黄柏文　彭泽南　蒋良核

复审　（按姓氏笔画排列）

王晓文　王富英

终审　（按姓氏笔画排列）

王习加　王晓文　王富英　刘迪平　陈先枢　周　倪

姚　兰　贺国成　贺孝武　高　路

《长沙天心经济开发区志（2002—2012）》
编辑部

执 行 主 笔：张 瑞 何 巍

提供资料人员：（按姓氏笔画排列）孔建军 孙 超 刘小波 张 宇 李 妮 李 银 李露露 邹 霞 周 畅 袁 杜 谭 敏 熊志敏

长沙天心经济开发区在长沙市位置图

湖南省地图院制作

审图号：湘S（2015）042号 二〇一五年十月

第一部分　领导关怀

▲ 2001 年 1 月 1 日，湖南省人大常委会副主任周时昌（右）到企业考察

▲ 2001 年 1 月 2 日，长沙市政协副主席黄中瑞（前左二）到企业考察

▲ 2001 年 1 月 5 日，湖南省委副书记梅克保（前左二）到企业考察

▲ 2005 年 11 月 1 日，湖南省人大常委会副秘书长梁肇洪（右三）一行到天鹅工业泵考察

▲ 2006 年 6 月 19 日，湖南省副省长石玉珍（前右二）到企业考察

▲ 2007 年 1 月 24 日，湖南省科技厅厅长王柯敏（前左二）到园区考察工作

▲ 2007 年 1 月 25 日，湖南省委副书记梅克保（前右二）到园区考察

▲ 2007 年 6 月 4 日，长沙市委委员、常委、副书记吴志雄（左三）在企业考察工作

▲ 2007 年 7 月 23 日，中国电子科技集团公司总经理、党组书记王志刚及省长周强、副省长徐宪平在会议中

▲ 2007 年 7 月 23 日，中国电子科技集团公司总经理、党组书记王志刚及省长周强在会议中

▲ 2007 年 8 月 12 日，湖南省副省长肖捷（前左一）到园区考察工作

▲ 2007 年 11 月 7 日，湖南省委书记张春贤（前左二）调研园区工作

▲ 2007 年 11 月 14 日，长沙市副市长刘晓明到园区考察

▲ 2007 年 12 月 3 日，长沙市市长张剑飞（前左二）到园区企业考察

▲ 2008 年 2 月 26 日，长沙市副市长何寄华考察园区工作

▲ 2008 年 7 月 24 日，湖南省副省长陈肇雄到园区企业考察

▲ 2008 年 7 月 31 日，长沙市委常委范小新到园区考察

▲ 2008 年 11 月 21 日，省、市领导考察园区

▲ 2009 年 4 月 1 日，长沙市天心区委书记夏建平调度项目

▲ 2009 年 4 月 16 日，省人大常委会副主任肖雅瑜到园区考察工作

▲2009年7月16日，市委常委、统战部部长虢正贵考察园区

▲2009年10月26日，市委副书记、常务副市长谢建辉考察园区

▲ 2010 年 4 月 8 日，湖南省省长周强到中电 48 所调研

▲ 2010 年 7 月 13 日，长沙电机厂董事长唐朝晖和核二院比尼公司总经理冯建华分别在合作开发核级电动机合同上签字

▲ 2010 年 7 月 20 日，湖南省省委书记周强到园区考察工作

▲ 2010 年 10 月 18 日，湖南省政协主席胡彪到园区企业考察

◀ 2010 年 10 月 19 日，长沙海关关长靳晨光到园区企业红太阳新能源考察

▶ 2010 年 10 月 19 日，长沙海关关长靳晨光到园区企业考察

▲ 2010 年 12 月 28 日，园区领导班子

①天心经开区管委会航拍一瞥
②中电 48 所红太阳新能源公司
③ 48 所太阳电池组件生产线
④ 48 所光伏装备总装线

▲友阿奥特莱斯

▲奥特莱斯实景图

▲湖南星浩医药有限公司大楼

▲奥特莱斯夜色

◀ 龙盛高科总部大楼

▶ 五田物流园大楼

◀ 长沙电机厂公司办公大楼

天鹅工业泵办公楼

三远钢结构

长沙电机厂

▲中信城市广场

◀ 中信文化广场

▶ 东方厨具办公大楼

▲中信凯旋蓝岸住宅区

▶ 先锋小学

◀ 中信青园小学

▲先锋新宇小区

▲新路社区公园

长沙市开发区志总述

长沙市自上八十年代末开始兴办开发区。按照“布局合理、集约用地、产业集聚、形成特色”的总体要求，紧紧围绕新型工业化和城镇化这两大战略，充分利用现有基础条件和优势，全力招商引资，着力引进战略投资者，以发展现代制造业为主，着力优化产业、产品结构，培育优势产业和骨干企业，发展配套和关联企业，拉长产业链条，开发区逐步成为长沙经济社会发展特别是工业发展的主力军、主战场和主阵地。

2015 年长沙市全部工业增加值占全省比重 1/3，成为全省工业经济增长的关键支撑。全市规模工业总产值达到 10565 亿元，规模工业增加值 3228 亿元。2015 年产值过 100 亿的企业 8 家，湖南中烟、三一集团、中联重科等企业先后入围中国企业 500 强，企业实力不断增强。

工业发展对全市经济社会的贡献更加凸显。2015 年全市全部工业增加值占 GDP 比重 42.3%，工业对全市经济的贡献率 43.1%；贡献税收 972.2 亿元，占全部税收的比重为 62.5%；规模工业企业创造利税总额 1590.7 亿元，实现主营业务收入 9638.36 亿元，利润总额 618.44 亿元。工业成为拉动就业的主渠道。2015 年全市规模工业企业期末从业人员 64.36 万人，占全社会从业人员的比重 13.9%。

开发区的发展使企业逐步向园区集中，产业向园区集群聚集。2015 年，园区规模工业增加值 1881.4 亿元，占全市规模工业的比重 58.3%。全市开发区共集聚了 1213 家规模工业企业，占全市规上工业企业总数的 46%；规模工业企业前 100 强中，开发区占 91 家。初步形成工程机械、新材料、食品烟草三大支柱产业，以电子信息、汽车、生物医药三个为补充的多点支撑的产业发展格局。2015 年，开发区工程机械、汽车及零部件、食品、新材料、电子信息、生物医药六大产业集群实现规模工业总产值、规模工业增加值分别达到 7395.95 亿元、2367.21 亿元，占全市规模工业总产值和增加值的比重分别达到 70%和 73.3%。

据统计，“十二五”时期，开发区工业累计投资 7469.64 亿元。全市开发区共引进上海大众、广菲克、联通长沙云数据、中兴通讯长沙基地、格力电器生产基地项目等重大项目 105 个，总投资 2736 亿元，全部竣工投产、达产后预计新增产值6800亿元。在建工程中德有色工业园、蓝思科技新材料面板项目、杉杉新能源、比亚迪电动卡车、大学科技城等，10亿元以上项目共计56个，总投资1400亿元，项目竣工、达产后预计新增产值4200亿元。竣工投产的广汽菲亚特及广菲克SUV项目、上海大众、广汽三菱、尔康制药、中联环境产业园、中电软件园等10亿元以上项目共计28个，完成投资600亿元，将新增产值860亿元。

2015年，开发区规模工业企业拥有自建研发机构数500余个，机构人数超过3万人；2015年全市共取得省部级以上科技成果340项；专利申请和授权专利分别达17763件和11448件，城市万人有效发明专利拥有量居全国省会城市第4位；以中联重科、三一重工、楚天科技、千山制药为代表的工业企业专利授权量达7070件。2015年全市高新技术产业实现产值8611.3亿元，实现增加值2730亿元，占GDP的比重达32.1%；全市高新技术产业增加值占全省比重44.5%。

目前全市规模工业企业计算机普及率达99.9%，85%的规模企业配有信息技术人员。推进“两型社会”（资源节约型、环境友好型社会）建设，构建绿色工业体系，指导企业推广应用节能新技术、新工艺和新设备，突出目标责任，强化重点企业节能监管，49家企业获批“两型示范企业”、5家园区获批“两型示范园区”。据统计，“十二五”期间全市规模万元增加值能耗累计下降42.09%，年均下降12.6%，规模工业综合能耗量实现年均下降1.2%。

按照“政府扶持枢纽平台—平台聚合服务中介—中介集合服务企业—企业集体受益发展”的思路，开发区着力打造融资担保、就业辅导、管理咨询、技术创新、市场开拓、人才培育、法律维权、信息服务八个服务平台，为全市中小微企业提供全方位、立体化的服务，2014年成为国家工信部认定的国家中小企业公共服务示范平台。深度服务中小微企业800余家，举办各类培训讲座近300场，辐射服务企业数千家，帮助大批中小微企业有效突破了技术和管理瓶颈，得到人民日报、经济日报、湖南日报等多家媒体报道，并被称为企业服务的“长沙模式”。

长沙市开发区志丛书编纂委员会

2016年6月

序

天心环保工业园于2002年8月奠基，从建园初期“政府引导、市场运作”到按“融城核心、精品园区” 发展定位，历经10余载的艰辛奋斗，成长为长沙、株洲、湘潭（以下简称“长株潭”）“两型社会”改革试验区核心园区——省级经济开发区（以下简称“经开区”），2002至2012年的探索、突破、提升、跨越历程，《长沙天心经济开发区志（2002—2012）》是为证。

10年多来，紧扣高新环保技术产业发展主题，不断推进产业载体建设，初步形成了电站装备业、新能源高科技产业和商贸服务业三大特色产业蓬勃发展，创新与产业同步提升的良好局面，以长沙天心区4%的土地创造出全区60%以上的工业总产值，成为长沙天心区加速推进新型工业化的重要支撑和区域经济新增长点。

10年多来，经开区始终贯穿以人为本、统筹协调的发展理念，高标准规划工业园区，使其与城市建设相得益彰，高标准修建园区道路，使其逐步成为城市主干道，高标准规划建设被征拆农民安置区，全方位培训失地村民转型发展，实现民生问题的有效解决，不断提高人民群众的幸福指数，经开区业已由一片乡村农田崛起成为一座交通发达、产业集聚、环境优美、设施配套完善、社会和谐发展的现代科技产业新区。

回眸奋斗的历程，是经开区人奋勇争先、勤于实践、勇于突破的创业历程，从“招商引业，打造精品园区” 再到按“园区当城区建、项目当景点建”，经开区人都咬紧牙关，负重奋进，以“敢为人先”的精神，将现代企业管理方法引入行政管理，破解了开发、建设、创新与发展的瓶颈，开拓了特色鲜明的高新技术、绿色科技产业发展路径。

经开区的发展，始终依靠人才战略、依靠科技创新、依靠产业强园，是产业立园务实精神的实践，从建设服装工业园开始，着力产业载体的打造，致力产业链群的扩张，倾力特色基地建设，逐步形成了机电、新能源、光伏产业、创新孵化产业链、中信城市广场和友谊阿波罗奥特莱斯商贸服务业，为区域经济腾飞奠定了坚实基础。

展望未来，经开区始终按照“规划引领、项目推进、产业支撑、品质提升”

的发展思路，全力推进经济结构优化，致力由工业园区向工业、服务业并重的综合经济开发区转轨，突出长株潭商圈建设。大力实施南大门商圈提质改造，商圈环境不断绿化、亮化、净化、美化；借以项目推动，引进体验式商业业态、培育特色街市，完善商业服务体系，长株潭商圈将建设成为长沙南大门的商业中心。

经开区毗邻湖南省政府，处于全省的政治经济文化中心版块，是市（区）两级政府重点打造的业态特色鲜明、服务功能齐全、商务环境优良的现代服务业集聚区。对于长株潭城市群——是放眼长株潭城市群几何中心位置，凝聚城市群重要力量，推动城市群融合发展的核心区域；对于长沙市——是推动南部新城建设，带动一江两岸发展、创建国家中心城市的重要平台；对于天心区——是建设“融城核心、璀璨天心”，实现“承东接西、南城崛起”的创新发展支撑。

《长沙天心经济开发区志（2002－2012）》一书即将出版，其意非凡。该志书编撰者坚持以辩证唯物主义和历史唯物主义为指导，实事求是，秉笔直书，记述了经开区人一段同心同德、风雨兼程、艰苦创业的奋斗史；一段与时俱进、求真务实、勇于创新的发展史；一段锻造品质、展示风采、共创辉煌的图强史。岁月如歌，事业如山，曾经的辛劳、悲喜、忧乐融于成功一体，化作琼浆，沁人心脾。回顾成绩，是为了给创业者提振信心；总结经验，是为了给后来者提供借鉴。创新经开区发展，既是一种荣幸，更是一份责任，在建设省会现代服务业中心的发展道路上，我们唯有以“志”为鉴，倍加努力，以期不负众望，不辱使命，为建设和谐、美好经开区而奋斗。值此《长沙天心经济开发区志（2002－2012）》付梓之际，应约作文，是为序。

编者

2017 年 12 月

凡　例

一、本志以马克思列宁主义、毛泽东思想、邓小平理论、“三个代表”重要思想、科学发展观、习近平新时代中国特色社会主义思想为指导，坚持辩证唯物主义和历史唯物主义的立场观点和方法，遵循实事求是的原则，客观地记述长沙天心经济开发区的历史和发展现状，除概述外一般不加评论，力求思想性、科学性、资料性和实用性的完美统一。

二、本志上限为2002年8月湖南天心环保工业园成立，个别内容适当上溯；下限为2012年12月更名长沙天心经济开发区。

三、本志采用规范的语体文记述体，以志为主，横陈现状，纵述历史，事以类存，并以事物发生的时间先后为序，适当辅以述、记、图、表、录等体裁，以求文省事明；志书中汉字、标点符号、计量单位和数字的使用，均按国家标准用法。

四、本志对湖南天心环保工业园、长沙天心经济开发区名称的记述初用全称，后一律简称园区、经开区；其他如中共湖南省委员会、湖南省人民政府、中共长沙市委员会、长沙市人民政府、中共长沙市天心区委员会、长沙市天心区人民政府等，后亦简称省委、省政府、市委、市政府、区委、区政府。

五、本志资料主要来源于长沙天心经济开发区机关综合档案室的档案资料，部分资料来源于长沙天心经济开发区移交天心区档案馆的部分档案资料，其余资料来源于长沙天心经济开发区管委会机关各局室和辖区企事业单位以及大托镇、先锋街道办事处提供的资料，均经详细核实。

六、本志记述的范围亦是天心经济开发区所辖地域。按事物的领属关系设置、章、节、目，共设12篇43节。由于篇、章、节、目之间互有联系，内容虽有交叉重复，但仍有详略之分，使其具有知识性、资料性、可读性和实用性。

目 录

第四章　土地征用、拆迁安置与补偿

第五章　招商引资

第六章　工程项目建设

第七章　产业经济

第八章　科技创新

第九章　经济管理

第十章　劳动人事管理

第十一章　社会事业

第十二章　机构

附录

概　述

2002年8月，长沙市天心区委、区政府下发《关于加快天心环保工业园建设的试行办法》，决定成立湖南天心环保工业园建设协调领导小组及管委会。9月30日，湖南天心环保工业园（以下简称“园区”）正式挂牌成立。区委、区政府批复同意在长沙市绕城线以南、韶山路两侧、火星大道以北，规划建设园区项目立项，占地面积5.83平方千米，规划为“一心四区”。按照“政府引导、市场运作、法人经营管理”模式，负责园区基础设施建设和土地滚动开发，通过财政资金引导，整合社会资源，调动社会资金投入，形成多元化投融资体系，充分利用城市主干道和大型项目引进等有效途径，加快基础设施建设。11月，委托湖南方园建筑工程设计事务所完成设计园区控制性详细规划（简称“控规”），并通过区内评审和市规划委初审。12月12日，报省政府批准，园区列入湖南环保科技产业园，晋升为省级工业园区。随着园区建设启动，先后接待前来实地考察的商家和企业40多家，对其中16家重点项目到户考察；到深圳参加中国国际高新技术成果交易会（简称“全国高交会”），开展招商活动。

2003年，中共园区工委成立，园区工委及管委会作为区委区政府派出机构，两块牌子，一套人马，合署办公。8月，为启动建设、积极探索公司化运作模式，组建湖南天环经济开发有限责任公司，承担园区开发建设和投融资任务，全年征地24.3公顷，开工建设道路3条，引进新兴电器、天鹅工业泵、三远钢结构等一批中小项目入园。全年实现技工贸总收入1亿元，其中规模工业总产值0.85亿元；利税总额1500万元，其中上缴税收600万元；固定资产投资总额21081万元。是年，荣获市委、市政府颁发的“2003年度工业园区基础设施建设奖”。

2004年，在控规整体原则下，不断完善发展规划，明确目标定位，主要以市场为导向，以高新技术和环保型工业为特征，以电子信息、机械电器、服装加工产业为龙头，以现代制造业为支撑，以楼宇经济和总部经济相配套，按照“技术产业化、产业规模化、产品外向化、投资多元化”原则，全力打造“精品园区、实力园区、效益园区”，把园区建成“湖南天心生态经济园”发展构想，为可持续发展提供充足后续空间，把现有区域规划面积5.83平方千米，扩展到包括南绕城线以南、湘江以东约20平方千米，把产业领域拓展到二、三产业，全力打造自然生态与人文环境和谐统一型示范性生态经济园。出台《天心环保工业园入园项目单位建设管理暂行办法》，严格把好项目入园关，入园项目必须是科技含量高、附加值高、环保型、发展前景好、投资强度不低于省、市规定。年内共引进入园项目18个，意向入园项目6个，协议投资金额84亿元，近5亿元投入项目建设。在引进大项目和标志性项目上取得突破，中信深圳集团、长沙电机厂等5个大型内资企业先后入园开发建设；特别是“中信新城”项目，总投资50亿元，占地面积133.33余公顷，是一个集商贸、文化、金融、信息、高科技工业、绿色生态居住于一体大型综合组团。

2005年年初，共引进入园企业5家，启动并加快环保大道等3条主干道建设，推动“中信新城”等一批项目建设，经济快速增长，一季度工业总产值增速列全市“两区六园”第一名。8月，园区工委及管委会被批准为副县级机构。10月，省政府为促进长株潭城市群经济发展，提出通过整合资源、市场内在经济要素一体化建设，提高以长沙为核心长株潭城市群核心竞争力和综合实力，园区借力抓紧新建项目手续办理。经省、市国土资源部门审核，园区土地四至定界，确定园区实际开发面积4.48平方千米。全年共办结9个项目用地手续。荣获市“2005年度科技进步目标考核二等奖”。全年实现技工贸总收入10.32亿元，比2003年增长932%；其中规模工业总产值6.91亿元，比2003年增长713%；利税总额1.58亿元，比2003年增长953%；其中上缴税收2955.55万元，比2003年增长399%；固定资产投资总额47430万元，比2003年增长125%。

2006年，新工委班子调整到位，新领导班子从自身建设抓起，统一“求突破、促发展、以实绩评干部”思想认识。组织开展以“凝聚两心（党心、民心）兴天心”建设教育月活动，实行年度考核末位淘汰、薪酬定级管理制度，“因岗设薪、奖优罚劣、末位淘汰”用人体制得到创新。项目引进有新举措，园区成立入园项目清理再约定机构，严把项目引进关，招商引进重点项目5个，特别是引进天鹅工业泵二期等省级重点高新技术项目，极具市场竞争力和技术优势；规范项目用地合同，加快用地手续办理， 共办结项目用地手续14个，总用地面积69.13公顷，所占入园项目总数的58%。全年累计完成固定资产投入6.04亿元，到位省外境内资金1.15亿元。全年有2条道路实现竣工通车，有3条道路完成建设方案设计、启动拆迁，进入路面基础建设。荣获市“2006年度科技进步目标考核二等奖”、市“2006年度综合目标管理考核二等奖”。

2007年，围绕加速推进新型工业化发展思路、产业布局、项目建设和功能完善，在招商引资、拆迁腾地、项目建设、管理服务等方面，坚持把招商引资作为增强后劲、夯实基础重中之重，优化投资环境，引进长沙卷烟厂等5户企业项目；采取“定位、定向、定点”招商方式，引进日本东宇—友阿集团奥特莱斯公园购物广场、中国电子科技集团公司第48研究所与西班牙索拉日科(Solarig)公司投资50亿元建设新能源光伏产业基地等落户。全年实到位省内境外资金达1.3亿元，固定资产投资总额7.1亿元，完成科技创新项目5个。4个大型项目相继启动建设，扎实推进基础设施项目建设，新修2条园区主次道路相继竣工通车，道路里程1.8公里，总投资5935万元；大托110千伏变电站正式运营。

2008年，是长株潭“两型社会”综合配套改革试验区实施的第一年，园区开展“落实园区项目建设责任制”等活动，抓招商引资、项目建设、产业发展，着力打造长沙南市场群；全力支持中电集团第48所为龙头的湖南太阳能光伏产业，打造中部地区最大新能源光伏产业基地；支持10个电子、电机、电器、机械等项目做大做强，支持5家医药物流企业建成投产；支持岳迩创业园发展，为园区经济发展寻找经济增长点，推动园区跨越发展。7月，园区在全市“两区十园”考核中经济增幅名列前茅，被评为全市工业生产“时间过半，任务过半”先进单位；是年，园区实现6条道路开工建设，总里程长4.8千米，建设总投资1.2亿元。参加各项商贸洽谈会开展招商活动10余次，引进企业5家；依托中信新城投资进行二次招商，实现到位外资1.5亿元，到位市外境内资金形成固定资产投资3亿元，完成省外到位资金5600万元。全年实现技工贸总收入47.75亿元，比2005年增长362%；其中规模工业总产值44.62亿元，比2005年增长546%；利税总额4.43亿元，比2005年增长180%；其中上缴税收1.79亿元，比2005年增长498%；固定资产投资总额9.98亿元，比2005年增长111%。

2009年，突出“推进增长年”主题，抢抓机遇，搭建平台，主动推动银企合作，拓宽中小企业融资渠道。组织16家有融资需求企业参加“银企融资对接洽谈会”，协助企业获得贷款融资近2亿元。帮助企业获得各类扶持资金300多万元；落实各项政策返还资金1.12多亿元。帮助企业申报区政府促进区域经济发展奖励，有6家企业获得奖励资金79万多元；支持企业进行技术改造、技术创新，大力推进产业结构调整。帮助企业申报各类项目36个，申报各项专利

100 多个。搭建平台，促进企业技改与创新，帮助 8 家企业列入市科技支持计划；帮助 6 家公司申报市创新型企业。继续加强科交会组织工作，督促落实科交会项目落地；完成技术需求 10 项，完成签约项目 5 项，签约资金达 2 亿元。上半年工业增加值增长率、工业总产值增长率两个重要经济指标在全市两区九园中增幅排名第二。全年接待各类商家 66 批次，引进 18 家企业项目，突出重点，对中电集团 48 研究所光伏产业再投入 5.53 公顷扩张用地。全力打造集新能源装备及新能源产品研发、开发、制造、销售与技术服务为主业高科技公司。总投资 1.5 亿元建 100 兆瓦太阳能电池片 4 条生产线，加上现有 8 条共 200 兆瓦电池片生产线，规模增长 50%。“中信新城”由中信深圳（集团）公司斥资 56 亿元开发，占地面积 146.53 公顷，总建筑面积超 180 万平方米；集购物、旅游、文化、休闲、娱乐、酒店、总部经济和高尚居住于一体、国际一流水准型“长株潭融城中央商务区”，也是长株潭一体化核心项目，被纳入省市政府重点工程。园区被市政府颁发“2009 年度科技工作考核二等奖”“经济目标管理工作考核一等奖”，在省级园区中排名第一。

2010 年，坚持“项目兴，则园区兴”理念，把推进项目建设作为发展重点与着力点，创造条件加速推进竣工项目尽快投产、在建项目尽快竣工、新建项目尽快开工、拟建项目尽快启动，如长沙电机厂一期续建、奥特莱斯等项目基本完工，完成产值约 35 亿元。11 个项目完成拆迁腾地且启动建设，固定资产投资 12 亿元。全年为企业争取省市区资金支持达 1610 万多元。获得全省“2010 年度新型工业化目标管理考核二等奖”奖牌。全年实现技工贸总收入 136.44 亿元，与 2009 年同比增长 137%；其中规模工业总产值 114.51 亿元，与 2009 年同比增长 102%；利税总额 7.78 亿元，与 2009 年同比增长 41%；固定资产投资总额 14.31 亿元。

2011 年， 是“十二五”发展规划起始年，按 “园区当城区建、项目当景点建”要求，对 29 个项目明确责任人，以“服务也是生产力”“帮企业就是帮自己”为己任做好服务，对优势重大项目采取“一事一议”方式招商，清理土地、整合资源，形成招商与工商良好互动机制，鼓励、吸引企业总部入驻。4 月，加挂“长沙天心两型产业示范园区”牌子。全年新入驻注册企业达到 53 家，实现合同外资 4700 万美元；到位外资 2000 万美元；省外境内到位资金 6 亿元，完成固定资产投资 16.5 亿元；荣获区“2011 年度优秀基层党组织”“长沙市科技考核一等奖”；被省政府授予“湖南省非公有制经济服务先进单位”牌匾，在全市园区中独此一家。

2012 年 3 月，园区更名为天心经济开发区。紧紧围绕区“南拓西接、扩容提质”发展战略和“突破发展年”主题，以“服务百日行动”为抓手，协同中电集团 48 研究所调整思路，全面恢复原 8 条生产线生产；新研制终端应用产品，开发国内市场，获得国家“金太阳”工程较大份额；通过招商引资配套企业，形成新能源太阳能光伏、LED、储能材料等产业集聚效应，投入 2.27 亿元，新上一条 100 兆瓦全自动太阳能电池组件生产线运营。抓项目建设是开发区头等大事。全年，新建项目 12 个，续建项目 6 个，其中列入区“两帮两促”项目 8 个，共完成投资 16 亿元。全年实现技工贸总收入 173.63 亿元，比 2008 年增长 263%；其中规模工业总产值 165.84 亿元，比 2008 年增长 272%；利税总额 11.41 亿元，比 2008 年增长 158%；其中上缴税收 3.82 亿元，比 2008 年增长 113%；固定资产投资总额 22.55 亿元，比 2008 年增长 126%。

综上所述，园区紧邻省政府驻地，地处长沙、株洲、湘潭三市交汇位置，是国家批准的长株潭“两型社会”建设试验区融城核心，区位优势独特。绕城高速、京珠高速傍园而过，距离武广高铁和黄花机场均只有 20 分钟路程，交通优势卓越。从建园初期“政府引导、市场运作” 到按“融城核心、精品园区”发展定位，短短 10 年，在招商引资中，园区致力于招好商招大商。尤其是结合独特区位优势和卓越交通优势，致力于符合两型社会发展要求，符合园区可持续发展，着力引进高、新、清产业。在招商工作中，坚持把招项目、招资本、招人才、招技术、招服务、招品牌有机结合，突出产业功能定位引导，坚持情感招商、政策招商、服务招商并重，聚集一批优势产业项目。着力于政策招商、服务招商，全力推进“二次招商”。通过清理土地、整合资源，制定“零租金+奖励”招商政策，确立招商快速决策机制和全程服务机制，与企业共同组成招商工作小组及对优势重大招商项目，采取“一事一议”等一系列措施，园区招商引资发展成一个企业林立、经济发达之投资洼地。按照“园区当城区建、项目当景点建”发展思路，共启动产业项目 42 个，其中，竣工项目 13 个，在建项目 29 个，完成投资过 100 亿元，着力完善基础道路建设，加快产业项目建设。10 年来，建设道路 13 条，实现拉通大网络，打通微循环网路目标，业已由一片乡村农田崛起成一座交通发达、配套完善、环境优美型现代新园区。园区发展靠产业，只有高层次产业才能带动高质量发展。园区着眼未来，积极培育龙头企业，吸引相关产业聚集，实现产业健康发展。特别是以中电集团第 48 研究所光伏产业为龙头高新技术产业和以中信新城为龙头现代商贸业，迅速壮大成为园区两大支柱产业。10年来，园区坚持依靠科技进步、支持技术创新，扶持企业健康发展，建立国家、省、市级技术中心11个，共完成科技创新项目53个，获得专利142项，开发新产品30个，25个新产品实现产业化；完成高新技术总产值97亿元，占全部工业总产值的71%，新产品产值达60亿元。7个商贸物流项目相继启动建设，园区商贸物流经营面积达120万平方米，年营销收入过18亿元，园区商贸业已奠定扎实基础，融城核心商贸中心特色开始彰显。园区始终秉承“园企是一家”双赢思想，始终坚持“一切为企业着想、一切为企业服务”工作理念，以“两型”园区创建为契机，在发展体制上，抓住2012年行政区划调整机遇，实行以园带街，推动经开区拓区扩园，管理体制得到改善，管理与服务效能得到提高，效能经开区明显体现。园区始终依靠人才战略，依靠科技创新，依靠产业强园，实现经济社会全面协调发展。尤其近5年，发展步伐不断加快，发展特色不断凸显。

至2012年的10年间，园区可供实际控规土地开发面积4.48平方千米。已开发土地面积3.28平方千米，占73.2%。共引进企业78家，其中：工业企业49家，商贸服务企业29家。园区共实现合同外资2.15亿美元，实现到位外资1.1亿美元，实现省外境内到位资金25.75多亿元，省外境内资金形成固定资产投资35.7多亿元，实现固定资产总投资94.43亿元。基础设施建设共完成主次道路13条，占地面积约40公顷，总里程12.71千米，投资3.66亿元。共完成园区13条路网水、电、电信通信综合管网等配套设施建设约10.5万米，总投资约1.8亿元。

2012年实现技工贸收入173.63亿元，比2003年的1亿元增长173倍，以年均177%的速度递增；其中规模工业总产值实现165.84亿元，比2003年的0.85亿元增长195倍，以年均180%的速度递增。企业人均劳动生产率159万元/人，比2003年的7.32万元/人增长21倍；地均产值率为224.53万元/亩，比2003年的1.14万元/亩增长196倍；实现利税11.41亿元，比2003年的0.15亿元增长75倍，以年均163%的速度递增；其中2012年税收收入实现3.82亿元，比2003年的0.06亿元增长63倍，以年均158%的速度递增；企业人均纳税率3.5万元/人，比2003年的0.62万元/人增长465%。

2012年经济总量从2005年5亿元发展到169亿元，连续7年实现高速增长，工业产值占全区工业60%以上，成为天心区工业的重要支撑。业已成为长沙市“两区十园”工业重点发展基地和长株潭“两型社会”改革实验区建设重要园区之一。

2003—2012 年天心工业园区利税收入分年情况柱状图

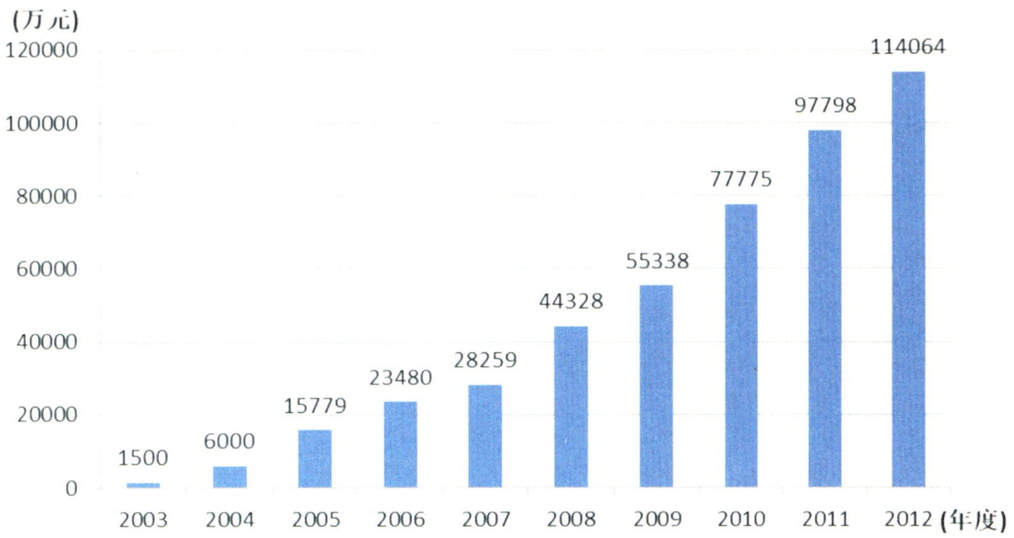

大事记

2002 年

8 月 29 日　中共长沙市天心区委员会决定，成立天心区环保工业园建设协调领导小组及管委会，区委副书记、区长刘新程（兼）任领导小组组长，区人大副主任杨建国（兼）任管委会主任。

9 月 16 日　区统计局向长沙市发展计划委员会呈报关于将湖南天心环保工业园列入省级园区的请示。

9 月 19 日　市发展计划委员会向省发展计划委员会呈报关于湖南天心环保工业园列入省级园区的请示。

9 月 30 日　湖南天心环保工业园（以下简称“园区”）正式挂牌成立。区委、区政府批复，在市绕城线以南、韶山路两侧、火星大道以北，规划建设湖南天心环保工业园项目立项。园区占地面积 5.83 平方千米，规划为“一心四区”。

11 月 12 日　市规划局对园区可行性研究报告予以批复。同意该项目总投资 17.2 亿元，占地面积约 600 公顷，实行“一次性规划，整体布局，功能分区，分期实施，综合开发，滚动发展”的模式。

11 月 15 日　市政府向省政府请示，将湖南天心环保工业园列入省级环保科技产业园区。

11 月 30 日　完成园区控制性详细规划，通过市规划委初步评审。

12 月 12 日　省政府批复同意将湖南天心环保工业园列入湖南环保科技产业园区，享受有关优惠政策。

2003 年

2 月 26 日　园区管委会研究决定，成立办公室、招商经营部、拆迁建设部三个内设机构。

3 月　区财政拨入资金 638 万元，用于园区启动开发建设。

3 月 5 日　《天心园区建设》创刊，旨在全方位报道园区各项重点项目建设开展情况和宣传园区招商引资优惠政策。

3月7日　区委决定，成立中共长沙市天心区委员会环保工业园工作委员会。区委副书记曹健（兼）任书记，陈志恺任副书记。与园区管委会合署办公，两块牌子，一套人马。

3月10日　召开园区领导班子调整工作会议，工委书记曹健、管委会主任杨建国及工委、管委会班子成员参加。区委常委、区委组织部部长夏艳兰宣读区委文件：任命陈志恺任园区管委会主任，杨建国任园区顾问。

3月31日　园区工委决定下设办公室、招商经营部、征拆建设部；与园区管委会原办公室、招商经营部、征拆建设部合署办公。

5月1日　园区次干道十（现新岭路）启动施工，该道路长1630米，路幅宽30米，计划投资3000万元。

5月27日　湖南省服装工业有限责任公司与园区签订土地转让协议；项目投资周期3年，总投资5亿元。

6月25日　长沙新兴电器控制设备厂与园区签订土地转让协议，落户园区。

7月10日　长沙天鹅工业泵有限公司与园区签订土地转让协议，落户园区。

7月16日　按照区委、区政府指示，为加大园区开发建设力度，维护园区治安秩序和社会稳定，借调2名公安干警并成立园区治安执勤室。

7月25日　区委书记杨光荣，区委副书记、园区工委书记曹健率团与省服装协会负责人赴广东考察、招商，重点引进名牌服饰加工生产企业入园。

7月28日　园区第一块高10米、宽11米、画面面积60平方米的大型灯光宣传广告牌在107国道落成。由园区整体效果图、园区规划图、区位图三部分组成，向社会重点宣传推广。

8月12日　湖南天环经济开发有限责任公司成立，注册资金1000万元，园区管委会和区城市建设投资有限责任公司各占50%的股份，易亮伦任公司董事长，陈志恺任总经理。

8月14日　区财政拨入资金500万元，委托天心环保工业园作为股东投资到湖南天环经济开发有限责任公司，用于园区开发建设。

8月31日　长沙龙盛饲料实业有限公司与园区湖南天环经济开发有限责任公司签订土地转让协议书，落户园区。

9月6日　长沙市塑峰塑料制品有限公司与湖南天环经济开发有限责任公司签订土地转让协议。

同日　长沙三远钢结构有限公司与湖南天环经济开发有限责任公司签订土

地转让协议，落户园区。

9月8日　区委副书记、园区工委书记曹健带领管委会、大托镇、先锋村、新路村班子成员到长沙高新技术开发区和长沙体育新城重点就开发建设和农民安置等问题进行实地考察学习。

9月26日　区政协第二届委员会第五次会议在天心区大托镇政府召开，管委会主任陈志恺作园区成立一年来的工作报告。

9月28日—10月5日应韩国产业资源部生产部的邀请，区委副书记、园区工委书记曹健，副区长王奕平率园区副主任黄柏文及大托镇党委书记彭泽南，随湖南服装工业有限责任公司组织的招商考察团赴韩国参加汉城国际纤维博览会。

10月10日　区委常委会听取园区开发建设情况专题汇报。

10月20日　新岭路附属工程次干道三（第一期工程）开标，长沙青园建筑有限公司中标。

10月22日　长沙新兴电器控制设备厂举行开工奠基仪式。

10月23日　园区次干道三正式启动建设。该道路长1548米、宽30米，与园区次干道十（新岭路）相交，按城市二级道路标准建设。

10月27日　区人大主任李子玲、副主任曾昭希、张载华等人大常委会成员12人到园区调研。

11月12日　园区次干道新岭路项目竣工。

同日　在园区召开环保大道（第一期工程）拆迁动员会，区委副书记、园区工委书记曹健，区人大副主任杨建国、管委会班子成员及区国土、天心供电所、大托镇、大托派出所、先锋村新路村等部门、单位负责人参加会议。

11月13日　召开环保大道项目招标前期工作会议。

11月18日　市人大城市环保工作委员会及省、市环保局领导到管委会视察工作。

11月30日　长沙三远钢结构有限公司举行开工奠基仪式。区委副书记、园区工委书记曹健，副区长张跃先、园区主任陈志恺、常务副主任黄柏文等参加。

12月17日　湖南天环经济开发有限公司与湖南华宇科技开发有限公司签订土地转让协议书，落户园区。

是年，实现技工贸总收入1亿元；其中规模工业总产值8500万元；利税总额1500万元。

2004年

1月7日　园区建设协调领导小组会议在管委会会议室召开，区委主要领导、园区建设领导小组主要负责人及园区班子成员参加会议。会议听取园区2003年工作情况和2004年工作思路汇报，区主要领导对园区工作提出建设性意见。

1月10日　长沙市乡镇企业局考核园区上年度工作绩效。

1月14日　园一区次干道三（路基土石方）工程验收。

1月18日　园区管委会与深圳市鑫海科技发展有限公司签订用地意向书，达成落户园区意向。

1月19日　湖南天环经济开发有限公司与湖南韶峰水泥集团有限公司签订土地转让协议书，落户园区。

2月12日　区委在大托镇三楼会议室召开园区建设现场办公会，区委书记刘新程率与会人员先行视察环保大道、新岭路、次干道三等园区道路建设及新兴电器控制设备厂、天鹅工业泵、三远钢结构等入园企业工地建设情况；会议听取园区管委会主任陈志恺关于2003年的工作情况及2004年工作思路汇报。区领导充分肯定园区建设工作，并对园区发展提出建议和意见。

2月18日　举行园区主干道环保大道路基工程开工典礼。

同日　湖南天环经济开发有限公司与湖南德佳空调设备制造有限责任公司正式签订土地转让协议，项目落户园区。

3月31日　市委副书记、市长谭仲池在区委书记刘新程、代区长夏建平等陪同下，考察园区道路工程建设和项目单位厂房建设情况。

4月22日　代区长夏建平到园区调研工作，区委副书记、园区工委书记曹健及园区管委会班子成员参加。

同日　株洲石峰区人大副主任董丽华率石峰区建设局、国土分局、规划分局、环保局、经贸局等部门负责人一行10人，到园区考察交流园区开发建设经验。

4月23日　市编办副主任向志伟等到园区，对园区机构设置和编制配备等情况进行调研。

4月25日　环保大道箱涵工程完成主体工程建设，工程总投资570万元，是环保大道跨港子河的重要桥涵构件。

5月31日　园区管委会与长沙电业局签订建设园区负荷中心110千伏大托

变电站合同。

6月3日　区五大家领导来园区检查指导工作。

同日　副市长黄中瑞对园区开发建设和机构设置等进行专题调研。

6月9日　市政协主席简用超到园区长沙大道、环保大道、新岭路及项目单位建设工地考察。

6月10日　园区次干道十路面硬化工程进场施工。

6月17日　区委书记刘新程，区委副书记、代区长夏建平，区委常委、常务副区长易亮伦，区委常委、区委办主任张玉玺，区政府办主任蔡承伟等到园区调研；园区管委会班子成员，大托镇党委书记彭泽南及先锋、新路两村书记主任等参加会议。

6月26日　园区管委会与长沙电机厂在佳程酒店16楼举行签约仪式，标志着长沙电机厂整体搬迁项目正式入驻园区。

6月28日　长沙三远钢结构有限公司举行新生产基地点火开工仪式；参加仪式的有区委书记刘新程，区人大主任李子玲，区委副书记、代区长夏建平，区委副书记、园区工委书记曹健。

7月6日　市委副书记、市人大主任杨顺初专程到园区调研机构升级工作，并考察园区长沙大道、环保大道和入园企业建设。

7月8日　区委副书记、园区工委书记曹健在大托镇二楼会议室主持召开湖南天心生态经济园规划构想论证会，区人大副主任杨建国、副区长张跃先到会指导；市规划局、市国土局、市规划设计院及园区管委会、区规划分局、区国土分局、区建设局、区农林水利局、区计统物价局、大托镇等单位负责人和专家参加会议。

7月25日　中信深圳集团总经理郭志荣率代表团一行到园区访问和考察，洽谈投资项目。

8月17日　区委书记刘新程率园区有关人员对中信深圳集团情况进行调研。

8月18日，市委常委、组织部部长范小新一行到园区考察，听取园区建设情况及湖南天心生态经济园规划构想汇报。

8月20日　环保大道西段工程动工，该路段全程长420米，路幅宽60米，道路建设总投资980万元。

9月7日　省委常委、市委书记梅克保到园区视察，区委书记刘新程，区委副书记、代区长夏建平，区委副书记、园区工委书记曹健等陪同。

9 月 14 日　区委副书记、代区长夏建平及区政府办主任蔡承伟到园区调研。

9 月 15 日　市科技局副局长邓建华到园区调研，研究园区在开发建设过程中的困难及确定园区考核评比体系标准等问题。

9 月 16 日　省编委主任孔介夫、市编委主任李运礼一行到园区调研开发建设和机构编制等情况。

9 月 30 日　新岭路路面工程竣工验收。

11 月 4 日　区老干局组织退休老干部 130 多人参观园区企业—长沙三远钢结构有限公司。

11 月 8 日　市委政研室到园区调研。

同日　举行园区干道二东段开工仪式。

11 月 23 日　在区委五楼常委会议室与中信集团召开合同有关问题的协商会议，参会人员有区委书记刘新程，区委副书记、代区长夏建平，区政协主席郑蓬，区委副书记、园区工委书记曹健。

11 月 25 日　区委副书记、代区长夏建平与中信（深圳）集团公司总经理郭志荣签订中信新城项目正式合同，“中信新城”项目正式落户园区，该项目占地 135.2 公顷，累计投资 50 亿元，建设时限为 5 年。

11 月 30 日　区人大主任李子玲、副主任张载华、任康民、曾昭希、杨建国等一行到园区考察。

12 月 5 日　园区主干道环保大道西段路基工程完成。

12 月 11 日　园区管委会在望城召开 2004 年度工作总结会和 2005 年度务虚会，全体干部参加，区委副书记、园区工委书记曹健主持会议。

12 月 14 日　省、市人大代表到园区考察，园区管委会常务副主任黄柏文作园区重点建设介绍。

12 月 15 日　长沙天鹅工业泵举行竣工投产揭幕仪式，区委书记刘新程揭幕。

12 月 19 日　园区管委会与德康制药公司签订合作合同书，落户园区。

12 月 31 日　省委副书记、常务副省长于幼军到园区考察工作。

是年，实现技工贸总收入 4 亿元，与 2003 年同比增长 300%。其中规模工业总产值 2.95 亿元，与 2003 年同比增长 247%。利税总额 6000 万元，与 2003 年同比增长 300%。

2005 年

1 月 12 日　园区与湖南省怀琪皮革集团签订土地转让协议。

3 月 2 日　在园区三楼会议室召开龙盛电子产业、华宇机械、韶峰水泥集团、大托变电站用地拆迁动员会，区委副书记、园区工委书记曹健，区人大副主任杨建国等参加。

3 月 6 日　市国土局测绘队到园区进行龙盛电子产业科技、塑峰塑料科技用地地籍测量。

3 月 11 日　区委副书记、区长夏建平到园区调研。

4 月 1 日　市长谭仲池到园区现场办公。

同日　市长谭仲池与副市长徐湘平到园区就中信新城项目建设现场办公。

4 月 4 日　区委书记刘新程到园区现场办公。

4 月 26 日　市经委、市统计局及区经委调研小组对园区招商引资、项目建设、统计工作调研。

4 月 30 日　园区被市委、市政府批准为副县级正式机构，园区工委、管委会为区委、区政府的派出机构。内设办公室、招商合作局、规划建设局、产业发展局、社会事务局和派出机构财政分局。

5 月 5 日　园区与湖南德康制药股份有限公司签订土地转让协议，落户园区。

5 月 13 日　在天鹅工业泵有限公司召开入园项目座谈会，区长夏建平，区委副书记、园区工委书记曹健，园区管委会班子成员参加。

5 月 16 日　在区建设局召开环保大道附路基（三期二标段）路面工作招标会议，湖南长大建筑有限公司中标。

6 月 10 日　园区与湖南长庆机电科教仪器有限公司、长沙钢龙钢结构有限公司签订土地转让协议。

8 月 10 日　区委常委、区委办主任、园区工委书记张玉玺在园区主持召开关于塑峰塑料制品公司基建施工受阻调研会。

11 月 11 日　市国土局总工程师刘光彪到园区开展“每月一课”业务学习授课。

12 月 17 日　中信集团董事长王军到园区考察指导工作。省委常委、市委书记梅克保，市委副书记、市长谭仲池接待并介绍长沙市及园区发展情况。

是年，实现技工贸总收入 10.32 亿元，与 2004 年同比增长 158%；其中规模工业总产值 6.91 亿元，与 2004 年同比增长 134%；利税总额 1.58 亿元，与 2004 年同比增长 163%。

2006 年

1 月 5 日　园区荣获长沙市“2005 年度科技进步目标考核二等奖”。

2 月 8 日　园区与湖南康尔佳药业管理集团有限公司、湖南益丰大药房连锁有限公司、湖南双舟医药有限责任公司签订用地意向书，达成项目意向落户园区，达成项目入园意向。

2 月 10 日　园区启动“湖南天心科技创新中心”建设。

2 月 12 日　区委组织部召开会，明确天鹅工业泵党支部归属园区工委管辖。

2 月 15 日　园区启动新电路和果子园路报建工作。

3 月 8 日　园区响应区委“千名干部下基层，建设和谐新天心”号召，开展“园区干部下基层，建设和谐新园区”主题活动。

3 月 15 日　园区与园区法律顾问召开入园项目合同清理协调会议，开始对入园项目合同进行清理。

同日　港子河、托子冲路规划报建工作启动。

3 月 23 日　中信城市广场用地摘牌，其中中信城市广场用地面积约 32.53 公顷。

3 月 26 日　园区召开全体党员大会，选举产生中共园区工委机关党支部委员会，胡伏林任支部书记。

4 月 12 日　省委常委、市委书记梅克保到园区考察指导工作。

4 月 17 日　韶峰水泥总部用地摘牌，该项目用地面积约 3.8 公顷。

4 月 25 日　园区与湖南中烟工业公司签订土地转让协议，项目落户园区。

5 月 10 日　环保路电力埋管工程完成施工。

5 月 24 日　园区与长沙防火装备厂签订土地转让协议。

6 月 1 日　园区召开职工代表大会，选举产生首届工会委员会；胡伏林任工会主席。

6 月 26 日　区委任命师大学任园区党工委书记（副县级）。

7 月 14 日　中信新城项目概念性规划评审会在长沙金源大酒店举行。

8 月 7 日　园区与湖南长高高压电器有限公司签定土地转让协议，落户园区。

8月9日　由市委宣传部和发改委组织《长沙晚报》《新闻频道》等7家媒体到园区就“工业服务月”活动开展情况进行深入调研报道。

9月18日　园区主干道环保大道竣工通车。

10月8日　市经委对园区推进新型工业化工进行调研。

10月14日　园区组织企业参加“湖南诚信之星行业示范单位“评选活动。

11月6日　韶山南路延长线园区段竣工通车。

11月18日　园区完成3个市级以上技术创新中心申报工作。

12月12日　组织入园企业召开2006年度经济工作会议。

12月23日　园区组织企业参加“中国长沙首届先进制造业产品配套洽谈会”。

12月28日　中信新城项目举行奠基开工典礼，副省长贺同新，市委副书记、市长谭仲池，中信集团董事长孔丹，区委书记刘新程，区委副书记、区长夏建平等出席。

12月29日　园区机关干部职工与大托镇联合举行迎新趣味运动会。

12月30日　园区新电东路竣工通车。

是年，实现技工贸总收入15.65亿元，与2005年同比增长52%，其中规模工业总产值11.79亿元，与2005年同比增长71%。利税总额2.35亿元，与2005年同比增长49%。

2007年

1月29日　市综合目标管理考核工作领导小组到园区对2006年度工作进行综合目标考核。

同日　园区荣获市“2006年度科技进步目标考核二等奖”和市“2006年度综合目标管理考核二等奖”。

2月8日　天鹅工业泵项目二期完成拆迁腾地工作。

2月12日　园区与华宇科技集团开发有限公司就开发用地及相关事宜签订协议。

3月7日　园区社会治安综合治理委员会成立，工委书记师大学任主任。

3月16日　韶峰星苑项目举行奠基开工典礼。

3月29日　区委常委扩大会议在区检察院六楼会议室召开，专题研究加快园区发展事项。

3月30日　天环公司与中烟工业公司签订入园协议书。

4月30日　天环公司与长沙市贤盛发科技发展有限公司、湖南华宇科技集团有限公司签订补充协议书。

5月8日　新路村安置土方对辖地村民进行公开抽签招标。

5月11日　园区与湖南长大建设集团股份有限公司签订新电西路道路工程垫资建设合同书。

5月20日　园区果子园北路和新路村安置工程举行开工典礼。

5月21日　天环公司与新世纪东方厨具设备有限公司签订用地开发协议。

6月12日　园区与湖南天心科技创新中心签订补充协议。

6月29日　天环公司与长沙超世实业有限公司签订办公楼房屋买卖合同。

6月　园区组织入园企业参加第四届泛珠三角区域合作与发展论坛暨经贸合作洽谈会。

7月5日　园区与湖南中信控股有限公司签订补充协议。

8月2日　园区与长沙市园艺建筑工程有限公司签订协议。

同日　中国共产主义青年团园区支部成立，曹出任团支部书记。

8月9日　园区机关妇女联合会成立，汪菲任主任。

同日　园区科协成立，刘科宁任科协主席。

9月4日　园区管委会与东宇（长沙）食品有限公司签订协议。

9月5日　天环公司与华宇机械、贤盛发科技为落实相关协议有关条款及解决相关协议遗留问题达成协议。

9月21日　园区组织25家入园企业统计员进行业务培训。

9月30日　港子河两岸项目建设及绿化工程完成拆迁腾地工作。

10月8日　长沙电机厂迁建工程奠基开工；项目用地26.4公顷，总投资5.4亿元。

10月10日　湖南南方水泥有限公司总部落户园区。

10月27日　新电西路开工。

11月15日　中信集团与中影集团签约，中影集团入驻中信新城。

11月20日　园区与中国电子科技集团公司第四十八研究所就太阳能光伏产业基地选址园区大托镇解放垸区域内达成意向。

11月28日　园区与投资太阳能光伏产业基地的西班牙客商进行具体洽谈，项目意向落户园区。

12月7日　园区组织企业参加在长沙举行的首届“中国（长沙）科技成果转化交易会”，并在会上成功引进中国电子科技集团公司第48研究所与西班牙索拉日科（Solarig）公司投资50亿元建设的光伏产业基地、宁海日升电气有限公司、浙江环球光伏科技有限公司、苏州盛隆光电科技有限公司。

12月14日　市委常委、副市长谢建辉，徐湘平带领市、区及园区相关部门对光伏产业基地项目进行考察、调度。

12月17日　光伏产业基地项目正式落户园区。

12月24日　为落实市委常委、副市长谢建辉、徐湘平12月14日现场调研要求精神，市经委到园区对光伏产业基地项目进行调度。

是年，实现技工贸总收入28.53亿元，与2006年同比增长82%，其中规模工业总产值23.63亿元，与2006年同比增长100%。利税总额2.83亿元，与2006年同比增长20%。固定资产投资总额7.2亿元。

2008年

1月18日　长株潭试验区首个重点商业项目——友阿集团投资建设的湖南“奥特莱斯主题购物公园”项目在长沙喜来登大酒店正式签约落户园区。

2月26日　区委常委办公会议在园区召开，由区委副书记、区长夏建平主持，专题研究园区发展建设工作。

3月11日　园区与湖南长高高压电器有限公司一致同意解除双方于2006年8月7日签订的供地协议书。

3月25—30日　市领导、园区领导及相关人员、相关入园企业负责人一同赴上海、苏州、无锡及武汉考察光伏产业发展情况并开展小分队招商活动。

4月18日　园区与湖南新世纪东方厨具设备有限公司签订补充协议，退还东方厨具公司已支付的小区开发成本费人民币20万元。

5月7日　区委常委办公会议在中国电子科技集团第48所召开，专题研究光伏产业基地建设工作。

5月19日　市人大、市政府、市政协有关领导在中国电子科技集团第48研究所对就园区引进光伏产业基地项目进行调度，与会人员对以48所为龙头在长沙发展光伏产业提出建设性意见。

5月29日　园区与长沙理工大学签订技术开发合同，委托研究开发园区光伏产业基地项目建设可行性论证与实施规划研究项目。

6月3日　市十三届人大代表天心区联组第一小组实地视察园区开发建设情况。

6月19日　区人大、区政协、区政府对园区议案、建议和提案办理工作进行督查。

6月25日　园区召开人大代表、政协委员议案、建议和提案办理工作见面座谈会。

7月1日　园区被评为全市工业生产"时间过半，任务过半"先进单位。

7月2日　省信息产业厅到园区调研48所信息化建设工作。

7月9日　湖南红太阳新能源科技有限公司举行开业庆典。

同日　中国医药50强—四川科伦实业有限公司的省级合作伙伴湖南五田医药有限公司投资建设的"五田医药"项目在天怡大酒店正式与园区签约。

7月23日　市人大园区用地课题调研组到园区开展用地优惠政策调研。

7月24日　区总工会和园区联合举行"共建全国文明城市，争当文明城市建设者"的主题活动，并为部分企业困难职工子女赠送学习用品。

7月31日　市政协主席董学生，市委常委、组织部部长范小新，市委常委、宣传部部长陈泽辉，市人大常委会副主任张菊萍，市政协副主席黄中瑞在区委书记夏建平及有关区领导陪同下到园区考察"文明创建"和"服务经济百日行动"工作，对长沙天鹅工业泵有限公司建设与发展给予充分肯定。

8月7日　区委常委、园区工委书记师大学在"长沙'两型社会'建设汇报会"上作"关于加快'两型社会'城区工业园建设的思考"专题发言。

同日《长沙晚报》A15版刊发园区工委书记师大学的题为《工业园要实现规模聚集效应》一文，是全市"两区九园"代表作之一。

8月8日　省政府参事苏仁华、省委督察室主任龚道鸣，省外国专家局综合培训处处长陆德清在区委书记夏建平，区领导曹立军、夏艳兰、师大学、骆正平和园区管委会主任彭泽南陪同下到48所光伏产业基地和中信新城进行现场调研。

8月9日　区委副书记、代区长曹立军，区委常委、园区工委书记师大学，副区长浣灿勇，园区管委会主任彭泽南及大托镇负责人在园区"两路一基地"指挥部召开拆迁工作会议。

8月12日　区委副书记、代区长曹立军，区委常委、园区工委书记师大学，园区管委会主任彭泽南出席长沙市商业银行在西野大酒店举办的"走进园区，融入市场”专业营销活动。园区与长沙市商业银行签定银企合作框架协议，湖南康尔佳医药有限公司代表园区企业发言。

8月27日　园区与湖南韶峰水泥集团有限公司签订协议，韶峰集团拟征用园区内宗地编号为3-38及3-39-2的一部分，宗地规划用地性质分别为工业用地和住宅用地，宗地总面积约6.47公顷，用于建设新型轻质墙体材料厂，项目总投资约1.5亿元。

9月2日　园区双舟、益丰、康尔佳3家医药企业土地摘牌。

9月8日　园区带领企业负责人赴深圳参加招商活动。

9月8-11日　园区派员赴厦门参加“2008年厦交会”。

9月10日　园区与长沙天鹅工业泵股份有限公司签订合作开发协议书，同意将编号为3-38/M1、宗地总面积约1.83公顷工业用地供天鹅工业泵开发，用于公司生产、研发、销售基地的扩建。

9月27日　园区派员参加“中国长沙现代农业投资合作洽谈会”。

10月23日　园区从区检察院四楼整体搬迁至中意二路139号办公楼办公，并举行搬迁仪式。

11月12日　湖南天心环保工业园管理委员会更名为长沙天心工业园区管理委员会。

11月18日　区委书记夏建平，区委副书记、区长曹立军带领区直有关部门负责人对园区迎接省市领导考察园区项目建设工作进行现场检查指导。

11月21日，省委常委、市委书记陈润儿，市委副书记、市长张剑飞率全市项目建设观摩会100多名市、区领导在区委书记夏建平、区长曹立军的陪同下对园区项目建设进行现场观摩。

11月25日　园区举行展示厅开馆仪式。

同日　区档案局到园区进行档案执法检查。

11月26日　园区赴深圳参加天心深圳投资说明会，推介园区招商项目。

11月30日　安化县小淹镇人大代表团一行13人到园区考察学习。

12月8日　哈尔滨市南岗区区委书记一行6人到园区考察学习。

12月9日　中信集团与广州冰河湾真冰溜冰运动有限公司合作开发的真冰溜冰场项目落户中信城市广场。

12月10日　省、市人大代表团到园区考察工作。

12月22日　园区邀请区直各部门主要负责人参加园区办公楼落成仪式暨

工作汇报会。

12 月 26 日　园区邀请各街镇主要负责人参加园区办公楼落成仪式暨工作交流会。

12 月 29 日　区政协主席曹健带领区政协委员一行 200 余人到园区考察工作。

是年，实现技工贸总收入 47.75 亿元，与 2007 年同比增长 67%，其中规模工业总产值 44.62 亿元，与 2007 年同比增长 89%。利税总额 4.43 亿元，与 2007 年同比增长 57%。固定资产投资总额 9.98 亿元。

2009 年

1 月 4 日　区绩效考核工作小组对园区 2008 年度工作进行考核，园区被评为区“2008 年度工作先进单位”。

2 月 18 日　区委常委（扩大）会议在园区召开。区委常委、区人大、区政协、区委政府调研员及区相关部门、园区负责人参加会议，专题讨论研究园区 2009 年工作。

2 月 24 日　原变电站由中信集团顺利摘牌。

3 月 5 日　市政府对园区颁发园区经济目标管理工作考核一等奖（在省级园区中排名第一），科技工作考核二等奖；园区被评为“2008 年度区安全生产工作先进单位”“2008 年度区建设管理先进单位”“2008 年度区环境保护工作先进单位”。

3 月 24 日　区委书记夏建平带领区有关部门负责人到园区就长沙电机厂项目建设进行现场办公，要求园区以及相关部门全面落实有关优惠政策，切实解决生产用电和排污排放难题，全力支持长电做大做强。

4 月 6 日　园区召开“中信项目专题协调会”，解决中信项目在建设中遇到的问题，加快相关手续办理，促进项目建设步伐。

4 月 14 日　区委书记夏建平到园区指导督查学习科学发展观活动，并参观岳迩创业园友欣仪器、华建液压等企业。

4 月 16 日　红太阳新能源、三远钢结构、天鹅工业泵、防火装备厂被区委、区政府授予促进区域经济发展先进单位。

4 月 18 日　湖南龙盛高科技电子产业基地举行奠基典礼，副市长文树勋参加并讲话。

4月22日　市委常委、组织部部长范小新一行考察长沙电机厂项目建设情况，对园区在金融危机影响下项目建设顺利推进予以肯定。

4月23日　省青联70多名委员观摩中信新城、长沙电机厂项目建设情况。

4月28日　区人大常委会批复区政府关于园区2亿元贷款协议。

4月29日　园区出台《关于天心创业园内展示厅、办公楼及标准厂房招商优惠政策》《招商引资中介人奖励办法》《招商引资快速决策工作机制》。

5月5日　国家体育总局汽车摩托运动管理中心官员携汽车赛道设计专家到园区考察，初定2010年4月在园区举办湖南国际汽车运动街道赛。

7月11日　区委书记夏建平在园区会议室主持召开办公会议，专题听取调度中信新城和光伏产业基地项目建设进展情况。

7月13日　省委常委、市委书记陈润儿，市委副书记、市长张剑飞等领导考察园区光伏产业和长沙电机厂迁建项目。

7月15日　市委常委、统战部部长虢正贵考察园区天心创业园建设情况。

7月16日　园区可持续发展能力审计调查进点会议召开，市、区审计局参加。

8月13日　中信集团董事长孔丹考察长沙中信新城项目建设情况。

8月28日　新华联资源开发有限公司注册入园，注册资金为1亿元。

9月18日　托子冲路举行开工仪式。

9月24日　园区机关党支部召开党员大会，选举机关党支部委员会成员。

9月25日　园区召开湘煤集团项目座谈会，师大学、彭泽南参加。

9月30日　园区举办“庆国庆、迎中秋，党群园企一家亲”主题活动，庆祝国庆60周年。

10月15日　在四季度省、市重大招商活动签约项目和发布项目评审会上，中信新城项目和融成汽车世界项目通过评审，分别作为2009长沙地产投资洽谈会和2009北京长沙“市情推介会”上发布项目。

10月17日　组织园区企业参加市第三届科交会，会上湖南红太阳新能源有限公司、长沙电机厂等5个项目签约；展出10个技术需求和10个融资需求项目。

同日　湖南红太阳新能源有限公司、湖南长庆机电科教有限公司、北极熊节能环保有限公司参加布展。

10月27日　园区召开创业园入园企业业主会议，成立创业园业主委员会。

11 月 16 日　市科协工作会议在园区召开，市科协领导及“两区十园”相关负责人参会。

11 月 25 日　园区召开重点项目建设调度会，工委书记师大学主持，调度中信等 7 个建设项目。

11 月 26 日　市经委领导调研天鹅工业泵和长庆机电科教两个企业生产经营情况。

12 月 8 日　省、市人大代表考察长沙电机厂。

是年，实现技工贸总收入 57.61 亿元，与 2008 年同比增长 21%，其中规模工业总产值 56.71 亿元，与 2008 年同比增长 27%。利税总额 5.53 亿元，与 2008 年同比增长 49%。固定资产投资总额 7.3 亿元。

2010 年

1 月 8 日　园区召开项目建设调度会，确定全年 11 个新建项目和 8 个续建项目。

2 月 6 日　园区 2009 年度总结表彰大会在机关四楼会议室召开，对湖南红太阳新能源等 10 家企业进行表彰奖励，对园区优秀局室（产业发展局）及 7 位先进个人进行表彰奖励。

3 月 4 日　园区工会联合会第一届委员会成立。翁开明任工会主席，邓凰、肖满生、杨灿辉、刘小波任委员，经费审查委员会主任由杨灿辉兼任，女职工委员会主任由刘小波兼任。

3 月 11 日　经民主投票推荐，园区工委研究决定：李银任办公室副主任，刘小波任产业发展局副局长，杨念先任招商合作局副局长，李敏任规划建设局副局长。

3 月 10 日　奥特莱斯举行开工典礼，省商务副厅长易昌伦、市委副书记谢树林等领导及主要客户代表出席奠基仪式。

5 月 10 日　园区举行第一届廉政书法、美术、摄影比赛。

5 月 25 日　区委书记夏建平到园区就项目建设情况以及“十二五”规划编制情况进行调研。

5 月 29 日　园区召开“十二五”规划编制务虚会，邀请区直有关部门、长沙理工大学专家参会。

6 月 30 日　为庆祝建党 89 周年，在四楼会议室举行“我是党员我作表率”

演讲比赛。园区机关、企业代表共 19 人参赛。

同日　区政府常务会议，专题研究园区工作。

7 月 9 日　区委常委会研究园区扩区和调整区位工作。

7 月 21 日　区政府办下发《关于成立长沙市天心区工业园扩区和调整区位工作领导小组的通知》。

8 月 2 日　长沙电机厂有限责任公司新址举行揭牌仪式。

10 月 29 日　邀请长沙良剑企业管理咨询有限公司姚建老师为园区机关干部及企业有关人员授课，开展管理执行力、礼仪礼节培训。

10 月 30 日　园区干部参加天心区首届机关干部职工运动会开幕式暨广播体操比赛。

11 月 5 日　区委、区政府向市委、市政府提交园区扩区请示，请求将解放垸地区纳入园区，并将长沙天心工业园区更名为长沙天心两型产业园，市委、市政府主要领导分别作出批示，要求市工信委、规划局等部门进行调研并提出有关意见。

11 月 11 日　区委书记夏建平到园区调研重点项目建设情况。

12 月 1 日　区人大主任郑蓬带领区人大代表来园区就 2010 年经济计划执行情况及 2011 年工作计划和关于区“十二五”规划纲要草案建议进行调研。

是年，实现技工贸总收入 136.44 亿元，与 2009 年同比增长 137%，其中规模工业总产值 114.51 亿元，与 2009 年同比增长 102%。利税总额 7.78 亿元，与 2009 年同比增长 41%。固定资产投资总额 14.31 亿元。

2011 年

1 月 6 日　区人大代表、政协委员考察园区项目。

1 月 11 日　园区召开 2011 年度工作务虚会议。

1 月 20 日　园区举办“庆百亿、贺新年”2010 年度园企联谊会。

2 月，制定《机关副科以下干部职工双向选择竞岗实施方案》，实行干部双向选择竞聘上岗，通过竞选，杨灿辉、李露露、杨念先、李银、刘小波、孔建军 6 名借调、聘请人员走上局室副职岗位。

3 月 5 日　园区召开 2011 年工作总动员暨“两帮两促”工作部署大会。

3 月 22 日　区四大家领导陪同市人大领导考察奥特莱斯项目。

3 月 25 日　市政府调研室负责人到园区调研发展情况。

4月6日　区人大到园区考察园区土地利用管理情况。

4月11日　园区召开中信237项目调度会。

4月15日　园区召开一季度统计培训会。

4月21日　市委、市政府决定园区加挂“长沙天心‘两型’产业示范园”牌子。

4月26日　省发改委负责人到园区调研。

4月27日　园区举办首次“健康生活、开心道廉”登山活动。

4月28日　市委批准园区工委书记、主任高配（正县级）。

同日　召开长沙理工大学专家关于园区产业定位的座谈会。

5月5日　召开中信237、251项目拆迁调度会。

5月6日　园区组织企业信息员培训。

5月16日　园区组织参加天心区2011年科技活动启动仪式及科普安全等知识抢答赛。

同日　区委书记夏建平到园区调研公共租赁房建设情况。

6月8日　园区荣获“2010年度全省新型工业化考核二等奖”。

7月1日　组织干部职工开展“感党恩、扬正气”歌咏比赛。

7月4日　园区召开学习贯彻胡锦涛在庆祝中国共产党成立90周年大会上的讲话精神及区第四次党代会精神的会议。

7月10日　召开园区特约监督员座谈会。

7月11日　召开长沙理工大学专家座谈会，进行产业定位可行性论证。

7月12日　区委副书记、代区长曾超群一行到园区调研。

7月13日　园区举办2011年法律知识讲座。

7月14日　园区举办第二次“健康生活、开心道廉”登山活动。

7月22日　园区组织企业观看安全生产警示教育片。

7月25日　园区举办潇湘智谷项目研究座谈会。

8月11日　市委党校调研园区工作开展情况，园区主要领导参加调研。

同日　召开园区干部职工《廉政准则》学习动员大会。

同日　园区荣获省委、省政府“非公有制经济服务先进单位”称号。

8月12日　召开工委会议，讨论推荐出席市第十二次党代会代表人选。

8月18日　举行长沙天心区中信小学奠基仪式。

8月22日　开展ISO9001质量管理体系认证工作。

8月24日　召开园区上半年财税工作总结暨上年度经济奖励兑现会议。

9月23日　召开园区上半年经济工作总结及下半年经济预警预测会议。

10月10日　区委书记夏建平到园区调研，区委常委、常务副区长夏钟剑、区委常委、区委办主任谭雄伟、区委助理调研员苏俊才一同参加。

10月12日　区纪委到园区进行《廉政准则》专项检查并进行民主测评。

10月17—21日　园区组织部分干部赴西宁、银川考察学习。

10月24—28日　园区组织部分干部赴兰州、西安考察学习。

10月25日　区政府调研室调研园区2011年工作完成情况及2012年工作思路。

11月4日　区委组织部到园区调研园区党建工作开展情况。

11月15日　“两新”工委、区委组织部调研园区非公有制经济党组织组建情况。

11月16日　园区举办第三次“健康生活、开心道廉”登山活动。

11月24日　区委督查室就10月10日书记夏建平调研园区会议上明确的相关事项落实情况进行督察。

12月8日　园区到中信、华宇、山水嘉园、龙盛、宇航、五田、三家医药、东方厨具、思为科技等企业进行重点项目督查。

12月15日　召开非公经济企业党支部组建集中授牌会议。

12月18日　园区召开2011年度务虚会议。

12月19日　组织园区基层党支部召开关于推荐提名出席中共十八大代表候选人初步人选会议。

是年，实现技工贸总收入154.89亿元，与2010年同比增长14%，其中规模工业总产值145.68亿元，与2010年同比增长27%。利税总额9.78亿元，与2010年同比增长26%。固定资产投资总额16.53亿元。

2012年

1月4日　区“两帮两促”办到园区进行两帮两促活动年终考核。

1月5日　接受区绩效考核检查。

1月10日　区委组织部对园区在职在编人员进行考核。

1月31日　召开2012年度工作动员大会。

2月27日　副市长、区委书记陈献春到园区考察调研，视察了48所、一力物流、中建芙蓉和苑、友阿奥特莱斯、中信购物中心、长沙电机厂等项目单位。陪同调研的有区委常委、区委办主任谭雄伟、园区工委书记师大学、区委副调研员苏俊才。

3月2日　全市省级以上园区综调信息工作联席会议在园区召开。

3月8日　召开“传承雷锋精神、争做美丽新女性”主题茶话会，欢庆“三八”妇女节。

3月13日　省委组织部、省非公工委调研组到园调研非公有制经济组织党组织组建工作。

3月14日　市人大常委会党组第一副书记袁观清、市政协副主席谢明德到天心两型产业示范园区调研，副市长、区委书记陈献春及区有关领导陪同调研。

3月15日　长沙天心工业园更名为长沙天心经济开发区。

3月22日　召开2012年第一季度党建工作会议。

同日　区领导到园区进行行政区划调整调研。

4月19日　召开特约监督员座谈会。

4月27日　组织企业进行住房公积金业务培训。

5月2日　开展税源单位清查摸底工作（为期一周）。

5月15日　区对经开区重点工程项目进行督查。

5月18日　经开区参加第七届中博会相关活动。

5月22日　区对经开区重点工程项目进行督查。

5月29日　九三学社市委到经开区调研《创新管理模式，扶持科技社团发展》情况。

5月31日　开展廉政党课活动，经开区工委书记师大学讲党课，观看警示教育影片。

6月4日　区纪委到经开区开展党风廉政建设规章制度执行情况重点督察工作。

6月13日　国家、省、市专家等20人到经开区和48所调研有关项目落户园区事宜。

6月27日　开展以“保持党的纯洁性”为主题的民主生活会，园区班子成员参加。

6月28日　组织各党支部书记及上半年新发展党员赴韶山进行新党员入党宣誓。

7月4日　中国产业发展促进会研究交流部主任肖英峰率领专家组一行，深入经开区（两型产业示范园区）考察。

8月10日　市委副书记张值恒调研经开区有关工作，副市长、区委书记陈献春陪同调研。

8月31日　省建筑设计院主要领导拟就迁址园区进行调研。

9月1—5日　经开区开展文明创建迎国检工作。

9月4日　区委组织部到经开区指导成立党员服务中心的有关事宜。

9月12日　区政府办调研经开区过去五年工作情况及未来五年工作设想。

9月14日　召开“稳增长、促和谐、保安全”工作部署会议。

9月16日　召开经开区安全维稳工作部署会议。

10月11日　长沙设计之都座谈会在园区召开，参加会议的有副市长、区委书记陈献春，区委常委、常务副区长夏钟剑、经开区党工委书记师大学。

10月12日　市委正厅级干部、市政协党组第一副书记范小新，市政府副秘书长涂文清率市政府办公厅、市发改委、市工信委、市住建委、市规划局、市国土局、市商务局、市地税局、市财政局等单位负责人到经开区调研指导工作;市政府副市长、区委书记陈献春，区委副书记、区长曾超群陪同调研，先后实地考察华宇、宇航科技、中信城市广场购物中心、中信凯旋蓝岸等重点工程项目。

10月24—25日　经开区组织参加市2012年度党建工作培训。

10月29日　经开区组织参加市2012年度科交会。

10月31日　长沙岳麓科技产业园班子成员一行到经开区交流工作。

同日　经开区党代表工作室正式挂牌成立。

11月8日　组织经开区干部职工收看中国共产党第十八次全国代表大会直播。

12月3日　组织干部职工、企业党支部书记、部分企业工人、群众代表听中共十八大精神辅导报告。

12月6日　区保密局到经开区开展保密工作专项检查。

12月7日　区档案局到经开区开展档案立卷检查。

12月20日　副市长何寄华一行到经开区调研指导工作；区委常委、常务副区长夏钟剑，经开区工委书记师大学等陪同调研。

12月28日　经开区召开2013年度工作务虚会议。

是年，实现技工贸总收入173.63亿元，与2011年同比增长12%，其中规模工业总产值165.84亿元，与2011年同比增长14%。利税总额11.41亿元，与2011年同比增长17%。固定资产投资总额22.55亿元。

第一章

建置·地理

第一章　建置·地理

园区建置前的大托镇先锋村、新路村地处长沙、株洲、湘潭三市交汇位置，区位优势独特。绕城高速、京珠高速傍园而过，距离长沙火车站和黄花机场均只有20分钟车程，交通优势卓越，地理自然环境极佳。有史以来以第一产业农业为主，随长沙市城市建设快速发展，区域内经济建设速度仍以第一产业为主已不适应城市经济快速发展要求。2002年5月，长沙市天心区委、区政府选址大托镇先锋村、新路村区域，规划拟建设湖南名牌服饰工业园，即湖南天心环保工业园建置雏形。8月，天心区委、区政府下发《关于加快天心环保工业园建设的试行办法》，成立湖南天心环保工业园建设协调领导小组及管委会。9月30日，湖南天心环保工业园（以下简称“园区”）正式挂牌成立。园区构建“一心、两轴、五基地”园区功能结构。“一心”即以现有自然山体为绿心，建设生态产业园核心区；“两轴”即以南北向长沙大道延长线为轴线，形成名牌服饰产业发展轴；“五基地”即名牌服饰工业基地、民营高科技孵化基地、环保产业配套基地、科研培训服务基地、商贸娱乐休闲基地。

第一节　建置

区划　2002年8月29日，中共长沙市天心区区委、区政府下发《关于加快天心环保工业园建设的试行办法》，办法根据《长沙市工业发展纲要》，为加快天心区工业化进程，增强区域经济发展后劲，决定成立湖南天心环保工业园建设协调领导小组及管委会。工业园区以知名品牌服饰为主体，以高新技术产业产品为龙头，提高产业集中度和关联度，打造新型工业发展平台，创建具有整体性和组织性的新型环保工业园，并被列入全市“两区六园”工业园区总体规划布局。同年9月30日，贯彻长沙市委、长沙市人民政府“兴工强市”战略决策，加快推进工业化进程，区委、区政府报市委、市政府批准同意，湖南天心环保工业园（以下简称“园区”）正式成立，隶属区委、区政府直接管辖管理体制，实行项目审批代办制，实行封闭式管理、“一站式”办公、“一条龙”服务。园区紧邻省政府驻地，地处长沙、株洲、湘潭三市交汇位置，是国家批准的长株潭“两型社会”建设试验区融城核心，区位优势独特。绕城高速、京珠高速傍园而过，距离武广高铁和黄花机场均只有 20 分钟路程，交通优势卓越。12 月 12 日，经市政府报湖南省人民政府批准，将园区列入湖南环保科技产业园，晋升为省级工业园。2008 年 11 月，报省政府批准，湖南天心环保工业园更名为长沙天心工业园区（以下简称“园区”）。2011 年 4 月，报市委、市政府批准，长沙天心工业园加挂“长沙天心两型产业示范园区管理委员会”牌子。2012 年 3 月，报省政府批准，长沙天心工业园更名为长沙天心经济开发区（以下简称“经开区”）。成为长沙市“两区十园”工业重点发展基地和长株潭“两型社会”改革实验区建设重要园区之一。

沿革 湖南天心环保工业园区位于长沙天心区大托镇先锋村、新路村境内绕城线以南、火星大道以北、新韶山路以西，占地总面积 5.83 平方千米。1977 年前，大托镇原机构名为大托公社，下辖先锋、新路等 10 余个大队，属长沙县管辖。1977 年 12 月，大托公社及所辖先锋和新路等 10 个大队划归长沙市郊区政府管辖。1984 年，撤销人民公社和生产大队，建立乡镇和村，大托公社更名大托镇，下辖先锋、新路等 10 个大队更名为村。1996 年 4 月，经国务院批准，同意调整长沙市行政区划，大托镇及下辖先锋和新路等 10 个行政村划归长沙市天心区政府管辖。2002 年 5 月，天心区委、区政府拟规划选址大托镇先锋村、新路村范围内建设湖南名牌服饰工业园。8 月，为适应经济发展需要，天心区委、区政府决定在大托镇先锋村、新路村区域内划定面积 5.83 平方千米成立湖南天心环保工业园，园区以知名品牌服饰工业、高新技术产业和环保型工业为主体的新型环保工业园区，并报长沙市委、市人民政府。9 月 30 日，获市委、市政府批准建园。同年 12 月，经市委、市政府报省委、省政府批准，园区列入湖南环保科技产业园。2005 年，经省国土资源厅核定，实际开发区域面积为 4.48 平方千米。2012 年 7 月，成立天心区先锋街道办事处（是原大托镇先锋、新路等村析置而来）。

第二节 地理

地理位置 湖南天心环保工业园位于北纬 28°2′～28°7′，东经 112°56′～113°02′。位于天心区大托镇先锋村、新路村境内。地处湘江下游地带，最低海拔标高 36.3 米，最高海拔标高 114.2 米，一般海拔标高 40～80 米。

总体地势东南高，西北低，区域内地貌类型较单一，主要类型有剥蚀构造丘陵地貌与侵堆积阶地貌。地质构造系位于新华夏系幕阜山望湘隆起带西南边缘长平坳陷南面段，主要构造为扭动构造体系新华夏系、华夏系及华夏式构造，构造形迹展布方向为北东、北北东向。区域内矿种不多，能形成优势矿种没有，矿点多，但矿床很少，基本上为普通非金属矿（硅石、石灰石、黏土），其他为矿点或矿化点，规模小、品位低，一般不具备开采意义。2005年，经国土资源部审核，园区四至定界，确定园区面积4.48平方千米（其中，工矿仓储用地146.33公顷，商贸服务用地79.53公顷，道路、绿化、公共设施用地136.67公顷，实际可用来项目开发建设用地285.71公顷）。

区位优势和交通优势明显。园区位于天心区地域内，长沙、株洲、湘潭三市交汇中心地带，与岳麓山大学城隔江相望，距省政府4.8千米，是省会长沙市的南大门。园区北临绕城线，西接107国道，东达京珠高速公路，城市南北交通动脉芙蓉南路、韶山路、火星大道等骨干道路穿越园区，市政规划的地铁1号线、5区号线和长株潭城际轻轨穿过园区并设有站点，区域内外交通联系运转便捷，到达城市火车站、汽车站、黄花机场等交通枢纽接驳方便，能快速到达周边湘潭、株洲等地市乃至全国各地。

自然环境　园区属大陆型亚热带季风湿润气候，历年年平均气温17℃，日照充足，雨量充沛，历年年均降雨量为1389毫米，最大日降雨量265.5毫米，年降雨天数为142～164天，但地下含水极贫乏，地下水类型可分为松散岩类孔隙水、红层裂隙孔隙水；单井水量一般小于80～100立方米／日，大气降水是区域内地下水主要补给来源。区域内气候温和、四季分明、降雨集中、春暖多变、秋旱明显、严寒期短、湿热期长。山体坡度不大，一般小于15°，植被发育良。基本为待开发的丘陵山地和农用土地，海拔高度绝大部分在40～80米之间。园区内地貌类型多样，地势西北低平，东南相对较高，是丘岗地带。园区内有史以来以农为主，植被破坏少且丰富，水系完备，山水相映，依山伴水，自然环境保持良好。区域周边有省森林植物园、湘江沿岸，南面暮云、昭山、跳马等地也保存着较为完整森林生态系统，东面为圭塘河楔型绿地，西面为湘江生态轴，具有自然调控能力，是一个绿色环绕区域，适宜城市开发建设的极佳境地。

第二章
规　　划

第二章 规划

2002年9月13日，天心区委、区政府制定下发《长沙市天心区工业发展纲要》，从发展现状与问题，发展环境与机遇，发展思路与原则，发展目标与重点，发展布局与园区，发展保障与措施六大类进行阐述；强调建设好一个工业园——天心环保工业园，明确提出：积极推行园区基础设施建设市场化，组建法人化、业主化的有限责任公司，负责园区融资和开发建设；工业园从环保型理念出发大力发展环保产业、改造提升传统产业、培养壮大优势产业；主要培育四大优势产业：即电气机械制造业、服装制造业、环保设备制造业、家具制造业；扶持一批重点骨干企业：即长沙高压开关厂、长沙钢丝厂、楚天包装厂、超世实业等；发展思路及原则是：发展生态环保型产业和产品，以可持续发展为前提，推广清洁生产方式，坚持环境先导，建造自然生态和人文生态有机结合的生态环境，实现经济、人口、资源和环境良性循环；产业结构布局突出机械制造、服装加工、环保设备、金属制品、家具制造、食品加工等优势产业，发展无污染、科技含量高、产品附加值高的新产品；目标定位为“区域布局合理、基础设施完善、环境优美清新、产业特色鲜明、管理井然有序” 的新型环保工业园；产业导向按“技术产业化、产业规模化、产品外向化、投资多元化” 原则，真正把园区建成经济发展的新亮点，结构调整的制高点，对外开放的支撑点，财源建设的增长点；运作机制和管理体制是“政府引导、市场运作、封闭式管理、开放式运行”，对工业园区开发建设实行统一领导、统一规划、统一协调，领导小组下设园区建设管委会，具体负责工业园规划建设和管理，并逐步建立市场经济体制和园区产业发展新机制，提高园区内企业自主创新能力、技术孵化能力、对传统产业辐射能力和国际化能力。在这一《纲要》的指引下，天心区一个新型工业园区—“湖南天心环保工业园” 规划项目面世。

第一节 总体规划

2002年9月30日，根据天心区委区政府决定，报市委、市政府批准同意在长沙市绕城线以南、新韶山路以西、火星大道以北，空某师驻地以东，辖天心区大托镇先锋村、新路村范围部分用地，规划建设湖南天心环保工业园项目，立项报市政府予以批复同意。园区占地5.83平方千米（开发用地规模面积4.48平方千米），园区规划土地总面积583.21公顷，开发用地规模面积448公顷；规划为“一心四区”：“一心”即长沙大道和环保大道交汇处园区管理服务中心由园区管委会、办公区、商业服务区、医院、宾馆和大型绿化广场等构成；“四区”即名牌服饰产业园区、环保科技产业园区、休闲娱乐区、高尚住宅区），规划人口5.4万人。11月12日，市发展计划委对《湖南天心环保工业园可行性研究报告》批复同意，主要如下：在先锋村、新路村地域内建设园区，项目总投资17.2亿元，建设资金自筹解决，项目占地面积约583.2公顷，分期开发，首期开发建设用地133公顷，范围是园区内韶山路以东及长沙大道延长线两侧，投资5.5亿元，项目实行“一次性规划、整体布局、功能分区、分期实施、综合开发、滚动发展” 模式；按照与市总体规划相一致，近期与远期规划相结合，各功能分区有机统一和可持续发展原则，在做好园区总体规划、控制性规划的基础上，指导入园企业制定建设详规和小区设计；本着环保工业园追求良好经济效益、环境效益和社会效益目标， 该项目从规划、设计、建设、运行到完善，都应自始自终把三个目标有机结合起来，力争使自然环境、工业生产、经济发展相互促进，协调发展；据此做好该项目总体规划和控制性详规，抓紧落实建设资金与办理有关手续，创造各项建设条件，加快园区建设步伐；园区基础设施项目招投标工作严格按程序进行。同时，委托湖南方园建筑工程设计事务所完成设计《湖南天心环保工业园控制性详细规划》，并通过区内评审和市规划委初审。2003年3月，《湖南天心环保工业园控制性详细规划》通过市规划委最终审定通过（总体规划如在以后某年度进行局部微调优化编修发生变化，则在变化年度进行记述）。2004年8月16日，根据建园近两年实践，按招商引资、项目建设、基础设施建设实际需要，经请示市规划局，对原控规有关用地性质、控高等指标进行一点微调。控高及用地性质调整：长沙电机厂整体搬迁入园，新厂规划需安装50吨桁车，因此车间建筑高度须达到30米），将园区内工业用地控高由原18米调高至30米；依据《关于天心区城市建设工作有关问题的会议纪要》（长府阅〔2004〕48号）精神，将园区内商业用地性质调整为商住两用；依据大托铺某部机场净空园区内建筑物限高不超过98米，而园区项目用地标高普遍在50～55米范围内，将园区内商住两用地建筑限高调整降至40米。南港子河调整规划：即园区内南部港子河按原状保留“次干道十至韶山路现排水桥涵口” 不必在韶山路新增排水桥涵，以利园区南片排水系统完整和畅通。北港子河调整：取消园区内次干道十“即环保大道至主干道五”，增设一条沿河便道，这样既减少次道与主道平面交叉障碍，又增加园区土地有效利用，并节省基础设施建设资金。项目用地标高调整：因园区内长沙大道、环保大道、主干道二道路标高变更，对其相关道路和两厢用地标高也须作适当调整，以利基础设施建设需要。长沙电机厂整体搬迁控规调整：因园区次干道三北段将项目用地一分为二，造成土地利用率降低，不便集约经营管理，取消园区次干道三北段；项目用地涉及规划中三条消防通道，项目建设单位要在整体设计时根据消防部门要求进行规划设计，为提高土地利用率，取消原规划中三条消防通道。

原则 规划原则有四，即生态环境优先原则（按市保护并合理利用园区自然山林水体总体要求，将园区建筑景观设计与自然山水林地资源有机结合，以创造园区良好的自然生态和建筑景观，为园区可持续发展创造条件）。系统性原则（规划要求在园区功能结构、道路交通结构、生态绿地结构等方面实现三个系统统一原则，保障在不同开发时期，园区功能分区、道路网络结构及生态绿地系统等方面既有相对独立性又有相互关联性）。高品位原则（良好形象、鲜明特色与优美环境能提升园区品位和优化园区投资环境的关键所在；策划形象、塑造特色和美化环境能使规划实现高品位原则的一个重要目标）。分期开发原则（规划园区开发用地考虑近期与远期相结合，实施分期开发，以保证园区能实现有效、健康、可持续发展）。

目标 根据园区开发建设需要，将园区设计成为具有前瞻性、可持续性、可操作性的高科技生态型产业园区，为园区近期开发建设提供一个理念超前、概念明确、结构合理、重点突出的建设蓝图。2004 年，园区规划目标定位以市场为导向，以高新技术和环保型工业为特征，以电子信息、机械电器、服装加工产业为龙头，以现代制造业为支撑，以楼宇经济和总部经济相配套，按照“技术产业化、产业规模化、产品外向化、投资多元化”的原则，全力打造精品园区、实力园区、效益园区，科学规划园区发展构图。

功能与规模 规划区功能定位（园区位于长沙市南部，中意路、芙蓉南路和万家丽路穿越，区位交通条件好）为以工业开发为主体，集办公、商贸金融、居住、生态休闲等多功能于一体的复合型多功能工业园区。人口规模与用地规模 园区规划区原居住总人口 6034 人，其中，农业人口 5808 人，非农业人口

226人（不含暂住人口和就业人口）；规划区域控制人口规模为5.4万人。2004年4月，区委常委会研究决定，在书院南路拓改工程40公顷回报用地基础上，征用天心环保工业园韶山路东侧土地9.67公顷，共49.67公顷用于建设化工产品交易市场，同意采取合作开发模式建设南大门大市场，40公顷回报用地虽在园区整体规划范围，但应按政策给区城建投，抓紧筹备，确保年内启动市场建设。是年，区政府同意调整省政府新址周边及园区有关用地控高问题，由市规划局和天心区负责做好大托铺机场净空限高级别及因此对天心生态新城建设带来建设问题调查，提出调整方案，以市政府名义致函空某师请其支持天心生态新城建设，为其提供最大发展空间；净空限高级别一旦确定，在坚持“国防优先” 原则下，尽快对该区域规划进行相应调整。2010年10月19日，区委、区政府向市委、市政府呈报《关于长沙天心工业园区扩区的请示》，根据省发改委下发《关于做好开发区（工业园）扩区和调整区位工作的通知》（湘发改委〔2010〕299号）文件精神，认为长沙天心工业园区符合扩区政策条件，且时机成熟，特向市委市政府请示：拟扩区范围（拟将北至黑石路及书院南路，东至原园区，西至湘江，南至暮云镇边壤的天心区行政辖区范围内土地，全部划入扩区范围，与黑石路相邻的中电集团48研究所工业科研用地一并划入，新增土地约20至25平方千米，范围包括大托机场全部土地、大托镇新港村、大托村、桂井村、兴隆村全部土地及黄合村、黑石村、披塘村部分土地）；拟扩区域基本状况（解放垸地区是天心区唯一一处可纳入城市建设规划区域，该地属区辖大托镇，涉及7村113个村民小组，总人口16272人，其中农业人口14053人，非农业人口2219人，规划区人口密度为856人/平方千米，人均耕地面积0.8亩，总用地面积1900.96公顷， 现城市建设用地65.5公顷， 占总用地面积的3.45%，现状人均城市建设用地面积40.25平方米；非城市建设用地面积1835.45公顷， 占总用地面积的96.55%；该地区原一直作为基本农田保护区进行控制， 在2009年市新一轮土地利用规划将该区域调整为非基本农田， 并已纳入城市整体规划， 规划城市建设用地1066.67公顷， 水田、陆地266.67公顷）；拟扩区域规划设想（根据拟扩区域呈南北纵向条块分布的地理状况和西临湘江、京广铁路贯穿的区位特点，参照大河西先导区梅溪湖规划设计理念，将高起点规划、高品位设计，按照“产业集群联动、环境人居和谐” 的规划思路，科学布局功能分区，严格保护湘江和区域水面，优选生态高效产业项目，高品位建设绿化系统，高质量设计建筑形象，将解放垸规划建设成为一个体现省府形象、经济繁荣、江城相融的“两型”产业示范园区和国际化现代新城）；园区制定“十二五”规划符合“两型”建设要求，其发展重点为“2+1” 优势产业（即发展光伏产业、电站装备业和现代商贸物流业），园区产业规划一贯坚持环保原则，“2+1”产业均为全市支持发展之产业集群，符合“两型”社会建设要求；京广铁路贯穿解放垸区域，长达10余千米，铁路及高压走廊两边区域不适宜生活居住，但比较适合布局工业及工业产品物流业，扩区范围铁路制约因素成为发展工业最佳选择。2011年4月，制定《关于解放垸区域总体规划修编及长沙天心工业园区扩区定界的意见》，拟定把解放垸区域（含空某部机场）土地全部纳入修编及园区扩区范围，并拟定两套规划方案供参考；在修编区域规划保留253.3～266.67公顷湿地作景观带，并拟定两套湿地布局方案供参考；鉴于市委、市政府要求园区产业转型发展总部经济、楼宇经济，提请市规划局考虑发展总部经济、楼宇经济对于文化、商业、服务业等相关配套支撑产业在周边区域布局的需求和对交通、教育、卫生等公共配套要求，对扩园所需工业用地按总部、楼宇经济特征规划较高用地容积率。后由于解放垸调规工作没有得到国务院批准，扩区工作搁浅。2012年，根据区委区政府战略部署，作为牵头单位，全力推进“长株潭中央商务休闲区”规划编制，与市、区积极协调，明确规划编制单位政府采购方式，完成采购说明，按程序申请采购；收集规划基础资料，与远见公司就规划编制反复沟通，达成共识，并拟定《长株潭中央商务休闲区规划建设方案（草案）》，提交市规划委审核。总体定位是紧紧围绕省委省政府、市委市政府打造“旅游强省”“旅游强市” 战略决策，依托长株潭核心区域优势，以天心区为载体，通过“产业做构架、文化做内涵、休闲做环境、旅游做市场” 的战略推进，重点发展现代金融产业、设计文创产业、信息服务产业、休闲旅游产业，打造“宜政、宜业、宜居、宜游” 的长株潭中央商务休闲中心。总体布局为一心（全域休闲中心：分三大片区即天心阁综合休闲片区、省府综合休闲片区、解放垸综合休闲片区）、两带（湘江东岸综合发展带—湘江外滩、芙蓉中路商务休闲带—长株潭华尔街）、三板块（北部长沙老城板块—历史文化名城、中部省府新区板块—省府高地 湖湘之心、南部两型园区板块—两型发展设计之心）。“长沙设计之都”是长株潭中央商务休闲区重要组成部分，天心经开区是设计之都五个板块之总部园。

第二节 专项规划

2002年5月，区政府提交请示报市政府，规划拟建设湖南名牌服饰工业园，拟规划选址范围为大托镇先锋村、新路村区域；拟规划选址区域基本现状涉及2个村，22个村民组；现有国有用地单位11个，镇村集体企事业单位23个，农业人口4500余人，村民房屋639栋，总建筑面积11.98万平方米，区域内土地总面积约600公顷。主要发展优势从区位优势、环境优势、交通优势、产业优势、发展优势等五个方面进行分析。园区提出预期发展目标是以知名品牌服饰工业为主体，以高新技术产业和产品为龙头，打造新型工业发展平台，以适应服饰工业及相关产业、科研服务、技术创新需要，创建具有整体性和组织性新型工业园区，争取“十五”计划 期未入园企业达20家以上，年总产值过45亿元。功能分区布局，结合现有自然和人文生态环境，规划构建“一心、两轴、五基地” 园区功能结构。“一心”即以现有自然山体为绿心，建设生态产业园核心区；“两轴” 即以南北向长沙大道延长线为轴线，形成名牌服饰产业发展轴；“五基地” 即名牌服饰工业基地、民营高科技孵化基地、环保产业配套基地、科研培训服务基地、商贸娱乐休闲基地。11月12日，根据区委、区政府研究对湖南天心环保工业园控制性详细规划可行性研究报告的批复，园区项目总投资17.2亿元，占地面积约600公顷，实行“一次性规划，整体布局，功能分区，分期实施，综合开发，滚动发展”的模式，各专项规划是一次性规划。2003年4月22日，协调调整园区港子河规划设计，在原规划中，港子河将改变原有河道走向（原有河道走向为穿越环保大道，过1区—9号、1区—17号地块，再穿长沙大道，经3区—01号绿化用地地块，穿过环保大道与原道相接），沿环保大道南侧，穿过长沙大道在G107国道附近与原河道相接，园区建议不改变原有河道走向，只需对河道进行整治即可（能保持既有水系完整，既不影响园区环境和景观，又更有利于绿化地景观设计建设；不影响长沙大道和园区排水；能降低建设成本，节约河道改造建设资金；能节约用地1.34公顷，从而提高土地利用率）。鉴于此，不调整港子河河道走向。5月，园区协助市规划局主持召开湖南环保工业园概念性规划方案全国征集会，四个规划设计单位提交概念性规划方案设计，由园区及专家进行方案评审。9月25日，因招商引资需要，向市规划局请示，需对园区控规中新路村安置地2区—09号、2区—10号、2

区—13 号地块进行调整至长沙大道以东 4 区—07 号、4 区—06 号地块位置。对新路小学规划选址地 2 区—12 号地块进行调整至 2 区—14 号地块最南端位置。2004 年 6 月 14 日，对入园项目湖南韶峰水泥集团在园区 3 区—39 号、3区—40 号、3 区—43 号地块征地 12 公顷，用于建设商品混凝土生产基地、新型轻体墙体材料厂、科技综合搂及部分员工宿舍，属省市重点督办项目，根据项目建设及园区规划需要，经请示市规划局对项目用地范围内原控制规划进行微调。3 区—42 号地块原为商业用地，因项目搬迁需要，须配套建设部分管理人员宿舍，将此地块调整为商居用地；因长沙大道第 4 段两厢规划为 20 米绿化控制带，造成 3 区—42 号用地减少 1.13 公顷而影响项目整体布局，拟从 3—40 号、3—41 号工业用地中划出 1.13 公顷调整为商居两用，调整后不影响工业项目布局和用地规模。6 月 30 日，对入园项目湖南韶峰水泥集团 3—42 号地块原规划控高经请示市规划局须进行调整，依据大托埔机场净空限高为 98 米的标准，园区内 3—42 号地块原设计限高为 60.4 米调低至 40 米；对省煤炭坝能源有限公司总部建设项目 3—09 号地块由原规划限高 20 米局部调高至 40 米。 8 月，因入园企业长沙电机厂整体搬迁，新厂规划需安装 50 吨的桁车，要求车间建筑高度达到 30 米，将园区内工业用地控高由原来 18 米调高至 30 米；依据大托埔机场净空限高为 98 米的标准， 而园区项目用地标高普遍在 50～55 米以内，将园区商住两用地建筑限高调整至 40 米；依据市府〔2004〕48 号关于天心区城市建设工作有关问题的会议纪要精神，请求将园区商业用地性质调整为商住两用地。南港子河调整按原状保留（即次干道十至韶山路现排水桥涵口），不必在韶山路新增排水桥涵，以利园区南片排水系统完整和畅通；北港子河便道调整，取消园区内次干道十（即环保大道至主干道五），增设一条沿河便道，这样既减少次道与主道的平面交叉障碍，且增加园区土地有效利用，又节省基础设施建设资金。同时，对市电业局拟在园区启动 110 千伏变电站建设， 选址定在环保大道以南， 长沙大道以东， 园区控规中 4—02 号地块东北角， 鉴于此， 将 4—02 号地块东北角原规划商业金融用地 0.4 公顷调整为供电用地；将原规划 3—33 号地块西南角供电用地调整为商业金融用地。2005 年 3 月，制定《湖南天心生态经济园规划构想》，明确规划面积由原 5.83 平方千米拓展到包括南绕城线以南、湘江以东 20 平方千米，为现有园区可持续稳步发展提供充足后续空间。规划产业领域拓展到二、三产业，全力打造自然生态与人文环境和谐统一的示范性生态经济园；工业板块以现有的环保工业园、解放垸南部和北部地块为主，分别由环保工业园、南部工业园、北部工业园组成；行政商务区以大托生态科技文化中心为核心，发展教育科研知识产业和楼宇经济；商贸物流区以一力物流园为主发展现代物流、仓储业，精心打造一个高效率、高增长性的“长株潭一体化配送网络”；高科技农业示范区以解放垸中部地块为主，包括现代农业产业园、大托生态农业休闲园等。是年，经国土资源部审核，园区四至定界，确定园区用地规模面积 4.48 平方千米（其中，工矿商贸用地 231.8 公顷，服务仓储用地 79.53 公顷，道路、绿化、公共设施用地 136.67 公顷。实际可用来项目开发建设用地 311.33 公顷）。园区规划区域总用地实际面积 448 公顷多。10 月，根据中信城市广场规划建设内容，市规划局同意将园区 3—03 号、3—04 号、3—07 号地块性质由园区控规中行政办公用地调整为商住用地，但考虑配套设施问题，暂按商业 70%，住宅 30%安排。同意取消园区次干道十四北端位于中信新城项目用地内的部分，但中信新城项目在规划设计时，要确保小区内道路与该路段未取消部分相衔接；3—03 号、3—04 号、3—07 号用地东、西、北三面保留原道路绿化，在方案设计时作广场处理；中信新城项目整体建筑限高全部项目可按不高于 24 米，局部不高于 50 米进行规划设计。2006 年，中信城市广场获评区最佳规划设计项目。2007 年，园区始终把做好总体规划、加快项目建设作为园区建设重中之重，不断为项目单位开工建设打造最佳平台。2011 年，开始对港子河利用整治规划，该河在园区范围内里程长约 3.8 千米，河两岸土地经市政府审批出让（或划拨）给 9 个企业和单位，从上游至下游依次是钢龙钢构厂区、长庆机电教学仪器厂区、塑峰塑料实业厂区、中信酒店群项目、中信生态住宅项目、友阿奥特莱斯购物公园、中信绿化广场、中信城市广场、中信文化广场、中信数码港、兴威商业广场、新路村生活生产安置地项目，两岸是园区商业用地的集中区域。规划在保障港子河发挥防洪功能前提下，通过河道整治，达到土地充分利用，环境优化，景观美化目标。

土地利用规划 2002 年 9 月，园区位于天心区大托镇南部，规划面积 5.83 平方千米，用地结构及用地功能布局原则（根据园区现状土地利用情况和各功能区之间的关系，结合长沙市政总体发展目标，园区用地布局地块划分为“一心两园三片”共六个功能分区。“一心”指芙蓉南路与环保大道交汇形成园区管理服务中心；“两园”指由芙蓉南路、万家丽路及中意路围合形成名牌服饰产业园和在芙蓉南路以东、万家丽路以北及环保大道以南形成环保科技产业园；“三片”指环保大道以北、中意路以东形成以居住、商贸、休闲为特征的功能片，中意路以西、书院路以南以居住、商贸为主的功能片，万家丽路以南以高尚居住为特色的功能片）。用地功能布局原则是以工业用地为主，合理安排居住用地及村民安置用地，完善其周边地区基础设施建设，在园区干道和重要景观节点配套商业和公共设施，并保护园区保留山体绿化及大面积水域等生态绿地。2011 年，开始对港子河利用整治规划，在友阿奥特莱斯购物公园、中信城市广场、中信文化广场、中信数码港、兴威商业广场等项目范围内对河道以箱涵式（箱涵净空尺寸不得小于宽 12 米，高 4 米）覆盖，下面箱涵泄洪，上面纳入项目建设利用，一举多得。2012 年，土地利用规划未编修变化

道路交通规划 2002 年 9 月，园区外接有三条城市主干道即芙蓉南路、中意路和万家丽路穿越园区，长沙市绕城线从园区北部通过，为园区与主城区提供便捷的交通联系。共规划设计纵横道路 20 条；即园区内以环保大道（46 米）、四条园区主干道（36 米）形成方框网的园区主干道骨架，园区主干道与城市主干道间距控制在 800 米左右。在园区主干道结构基础上，规划道路红线宽度 26 米（即 26 米次干道道路横断面划分为道路红线 26 米，车行道双向 16 米，人行道单向 5 米）、30 米（即 30 米宽次干道的横断面划分为道路红线 30 米，车行道双向 16 米，人行道单边 7 米）的园区次干道，次干道与园区主干道的距离控制在 400 米左右。园区次干道与园区主干道围合成形成 400 米×400 米的方格地块。2007 年 10 月，对托子冲路建设项目可行性研究报告进行审核同意，西起芙蓉路，东至万家丽路，全路程长 1500 米，路幅宽 30 米，占地面积约 5.4 公顷，双向 4 车道，车速 40 千米 / 小时， 荷载等级（构造物为城—B 级， 路面为 B22—100）， 预算投资 4600.98 万元（工程款 3130.54 万元、征地拆迁款 1282 万元、建设期利息 199.44 万元）。2011 年，规划港子河改造后，环保大道上游段河道宽度不小于 12 米。新电路与环保大道之间的港子河整治纳入中信酒店群项目，由中信公司负责设计、施工。2012 年，道路交通规划未修改变化。

轨道交通规划 2006 年， 长沙市发布《长沙市城市快速轨道交通线网规划》，设 4 条主线两条支线，1 号线和 5 号线地铁轨道线路经过园区。地铁全程总里程 172 千米，设站 82 座，经园区 5 座，换乘站 14 座，经园区 1 座。在园区内，长沙地铁 1号线设大托、中信广场、尚双塘三个站，5 号线与 5 号线换乘站中信广场站坐落于园区内，并且能与长株潭城际铁路相连，实现换乘。2009 年 1 月， 经国务院同意， 国家发改委批准实施长沙市城市快速轨道交通线网规划。2012 年，市城市快速轨道交通规划未编修变化。

配套设施规划 2002年9月，园区明确配套设施规划要适用需求，居民基本居住生活；按经济、合理、有效的利用土地和空间，满足居民日常生活需要，创造方便、舒适、安全、优美的居住生活环境。根据市城市规范规则，按园区人口及用地规模进行公共设施的配套。园区规划根据用地指标及性质，确定其最大日用水量为9.19万立方米/日。园区范围内规划3所小学，园区规划在西南部、中意路东侧的3－27号地块内设置公交始末站一处，占地面积1.52公顷。在窑坡山地块西北端设置地铁和公交换乘设施用地。共设置轨道交通站场2处，分别位于地块2－02号和3－01号地块内。园区公交停车港、公交停车站台布置方式为沿人行道设置，公交车停靠时占用一车行道。公交站距离为500米～800米。园区共规划设置公共停车场五处，分别位于地块2－05号、3－07号、3－14号、3－29号和4－05号地块，面积在0.7公顷－2.2公顷范围内。

2012年，配套设施规划未编修变化。园区内各类公共服务设施详见地块控制规划一览表。

表2-2-1　　2003—2012年天心工业园公共服务设施规划表

序号	名称	床位数（个）	面积（公顷）	所在地块编号	备注（服务范围）
1	医 院	300	1.64	3-24	整个工业园区
2	体育中心		4.60	4－04	位于芙蓉南路与新电路交叉口东北部
3	公交首末站		1.52	3－27	公共交通用地

表2-2-2　　2003—2012年天心工业园中小学规划表

序号	学校名称	规模（班）	用地面积（公顷）	学生均用地指标	所在地块编号	服务范围
1	小学一	18	1.50	18.52平方米/人	1－14	以其为中心500米范围内的区域
2	小学二	18	1.20	14.81平方米/人	2－12	以其为中心500米范围内的区域
3	小学三	18	1.32	16.30平方米/人	6－05	以其为中心500米范围内的区域
4	合计	54	4.02	16.54平方米/人		

表2-2-3　　2003—2012年天心工业园公共停场规划表

序号	名称	用地面积（公顷）	车位数（个）	所在地块编号	备 注
1	社会停车场一	0.89	255	2－05	车位数按35平方米/车位计算
2	社会停车场二	0.71	200	3－07	
3	社会停车场三	0.84	240	3－14	
4	社会停车场四	0.77	219	3－29	
5	社会停车场五	2.20	629	4－05	
6	总 计	5.41	1543	以上车位数按当量小汽车计算	

绿地系统规划　2002年9月，园区明确绿化规划原则（园区所建居住区绿化在设计时必须符合道路绿化、居住区绿化规定，交通干道要和绿化隔离带合一，形成绿色交通走廊，组团之间形成适当宽度的绿化生态隔离区，严格控制组团间绿化隔离带）。园区绿化采用点（指各小广场和四个生态居住区中各庭院绿地）、线（指环保大道与万家丽路两侧宽2米宽绿化带）、面（指大面积草坪，主要设置绿化广场、生态公园）相结合，成片布置绿化。绿化树林配置遵循对比原则（高低搭配、点面结合形成一个立体绿化系统，在每个片区工业用地内设置公共绿化带和集中绿地、在居住组团中结合公共服务用地设置居住区公园、共同组成工业园区的公共绿地系统）。2011年，规划港子河改造后，绿化广场内的河道整治纳入绿化广场规划设计中，环保大道上游港子河两岸，规划为生态绿化带，以种栽乔木为主，辅之园林建筑小品。河堤岸规划建设采用建园林休闲式绿化带，保持两岸水土不流失。2012年，绿化规划未修改变化。

给排水规划　2002年9月，园区规划区内采用环状供水管网，管径采用管径DN200～DN800，　管道沿道路埋设。给水规划（园区规划区给水规划分近期和远期，近期以市第八水厂为水源，远期与暮云水厂管网衔接。用水量根据用地指标及性质，确定其最大日用水量为9.19万立方米／日）。污水处理工程规划（园区规划区排水采用雨污分流制，规划坚持近期与远期对接，以保护环境、经济可行、管理方便为原则。规划区域内的污水量按最高日用水量的90%计算（即8.27万立方米／日））。雨水工程规划（园区当前区域的雨水跟污水合流，依地形、地势重力流至现有的明渠、沟河等）。排水采用雨污分流制，污水量按日用水量7万立方米／日排入污水处理厂。园区区域雨水量按长沙地区暴雨强度公式计算：

q=2150.5（1+0.4Lgp）/（t+13.275）0.6846

Q=q.ø.F

[q—设计暴雨强度（L/S.ha），Q—雨水流量（L/S），ø—径流系数 0.7，F—汇水面积（ha），P—重现期（年）（P=1），t—降雨历时（分钟）]

2011年，规划港子河改造后，河道上严禁审批开污水排放口，污水必须经净化处理达标后才能排放到港子河。各企业建设项目雨水管雨水，可直排入河道。2012年，给排水规划未编修变化。

表 2-2-4　　2003—2012 年天心工业园区供水量表

用地性质	用地代码	用地面积（万平方米）	用水指标（立方米 / 平方米·日）	用水量（万立方米 / 日）
居住用地	R	110.74	200	2.21
公建用地	C	79.50	100	0.80
工业用地	M	154.00	200	3.08
道路广场用地	S	114.86	30	0.34
绿化用地	G	80.62	20	0.16
仓库用地	W	29.13	30	0.87
特殊用地	D	0.57	60	0.03
市政设施用地	U	5.81	30	0.17
不可预计水量			以上之和的 20%	1.53
合计		575.23		9.19

电力电信规划　2002 年前，在园区规划区外有树木岭—井湾子新建一座 110 千伏变电站，建设规模为 LGJ-240/8；井湾子变电站规划负荷容量为 1×31.5 兆伏安。在园区规划区内有三条正在运行的 10 千伏高压配电线（伊莱克斯冰箱厂专线、长沙市卷烟厂专线、碳酸钙厂专线）。2002 年 9 月， 园区供电现状是在规划区外西北侧接入大托 35 千伏变电站供电线，供电负荷为 8000 千伏安。供电方案是根据园区用地性质确定其用电指标，测算园区规划区域内用电负荷为 1.8×10^5 千瓦，综合同时使用系数为 0.45，有功功率为 0.8×10^5 千瓦。考虑在天心区辖区内，环保路和芙蓉南路交叉处规划建设一座 110 千伏的变电站，装机容量为 4×10^5 千伏安。用于提供园区内远期用电负荷；近期用电暂由大托变电站提供。因到暮云镇负荷中心距离园区负荷中心较大，暂不从暮云镇引入 10 千伏高压配电电缆。电信规划，是年，园区电信规划采用直接接入市政电信网的方式布置电信网络，电信规划对线标选取：住宅为 80 平方米 / 对线；工业为 250 平方米 / 对线；仓储为 200 平方米 / 对线；公建为 80 平方米 / 对线。 邮政规划：根据邮政设施服务半径的要求，邮政规划确定在万家丽路西侧 3-12 地块设电信分局、邮政分局各 1 处，占地 2.08 公顷，园区内规划共设邮政所 6 处。有线电视：园区全部采用有线电视和多媒体传输城市有线电视网络的全部频道、信号和信息。2005—2010 年，长沙市输变电工程规划明确园区范围内把大托变电站改造提升为 2×31.5 兆伏安。截至 2012 年年底，电力电信规划未编修变化。

燃气规划 2002 年 9 月，园区所用燃气，由市燃气公司统一供给，管道由中意路绕城交叉处和万家丽路城市中压（0.2～0.4 兆帕）燃气管网接入。园区燃气消耗量则根据长沙市《城镇燃气设计规范》（GB 50028—93）要求，经计算，每年燃气消耗量约 9808.4×10^4 兆焦，小时最大消耗量约 3.78×10^4 兆焦。截至 2012 年底，燃气规划未编修变化。燃气消耗量详见下表：

表 2-2-5　　2003～2012 年天心工业园燃气消耗量预测表

用户名称	燃气最大消耗量（兆焦）		备注
	每年	小时	
住户	1113×10^4	2.12×10^4	
工业	2200×10^4	0.85×10^4	
商业	1930×10^4	0.75×10^4	
不可预见	165.4×10^4	0.06×10^4	
合计	9808.4×10^4	3.78×10^4	

生态环境保护规划 2002 年 9 月，环境保护措施：园区大气环境保护采取集中供热，供热对象为一切需要热能的企事业生产设施和生活设施。工厂使用优质燃料，提高煤气普及率，以减少因使用劣质燃料所产生的污染。提高二次能源（即用电力和石油制品产生的能源代替煤炭）在能源结构中的比例。水源环境保护：为提高水资源的有效利用率，将合理利用水资源与控制水污染相结合，园区用水方针为节约用水，提高重复用水率。工业企业重复用水率近、中、远期规划分别达到 60%、70%、80%以上；工业废水与生活废水集中处理，将工业废水与生活污水集中起来统一处理，提高处理效率，改善环境质量。固体废物控制：园区统筹兼顾、集中安排固体废弃物含生活垃圾、工业有毒有害废弃物等处理和处置。噪声控制：园区交通干线两侧绿化带采用树冠矮的阔叶乔木、灌木和草地相结合布置方法，因树冠矮的乔木比树冠高的乔木防噪能力强；阔叶树的吸声效果比针叶树好；灌木的吸声作用更为显著。沿交通干线和道路两侧避免建居民住宅，代之以对噪声要求不高的设施，形成隔声屏障。住宅区周围及内部不同功能区之间建有绿化隔离带。截至 2012 年年底，生态环境保护规划未修改变化。

综合防灾规划 2002 年 9 月，为确保园区正常生产、生活，减少自然灾害和人为灾害对园区造成损失，依据国家有关法律、法规，园区制定综合防灾规划（分为防洪规划、消防规划、人防规划）。

防洪规划：根据国家防洪规范规定和长沙市防洪规划要求，园区全盘规划防洪设施，修建泄洪渠防止洪灾隐患；防洪标准按50年一遇设防，明确对区域内中意路以西现有排水明沟进行拓宽、按高等级要求综合整治，清除淤泥和障碍物，保障水渠应有泄洪能力；强化洪水排渍措施；开展植树造林，保持水土不流失等生物措施，与防洪工程措施一起形成综合防治体系；加强洪水，雨情预报，做到提前预防，确保减轻洪涝灾害损失。2011年，规划港子河改造后，科学设计河道高、宽、深度，清除河道淤泥、杂草、树木，严禁土方等废弃物排入河中，拆除灌溉用的拦河坝，确保防洪安全。

消防规划：园区规划建设中，统筹合理安排消防设施位置和用地，做到消防规划与消防供水、通讯、消防道路规划相结合，并配置相应消防人员和装备器材。规划园区设立消防中队一个，位于芙蓉南路与万家丽路交汇处4—12号地块，占地面积0.81公顷；消防人员按城市人口的万分之五配备。对城市给水规划保障消防用水及设施需求，规划在道路两侧建立地上式消火栓，每隔100～120米不等建置一个。对园区市政给水系统保障供水水压和水质能达到城市消防要求，规划近期同一时间内火灾次数为2次，一次灭火用水量按100升/秒，灭火时间为2小时；规划远期同一时间内火灾所变化次数3次～4次，一次灭火用水量按100升/秒，灭火时间为3小时计。并明确加强全员消防知识宣传教育，杜绝火灾隐患，树立防火安全意识。

人防工程规划：贯彻落实“长期准备、重点建设、平战结合”的方针。本着统一规划，协调发展；合理布局，重点建设；平战结合，远近结合；因地制宜，长期准备的原则，全面、综合提高园区整体防御功能。人防工程规划依据：园区人防工程规划依据《中华人民共和国城市规划法》《中华人民共和国人民防空法》《人防建设与城市建设相结合规划编制办法》《长沙市城市总体规划》等相关法律、法规、规章、条例及有关的规范、规定、技术要求制定。人防工程规划目标：园区人防总体规划编制，使人防工程建设全面有序地展开，确保人防工程质量。从整体上增强城市防护能力和综合发展能力，使园区成为一个战时具有防空抗毁能力、保存战争时对敌作战力量，平时具备发展园区经济、防灾抗灾的双重功能。

截至2012年年底，综合防灾规划未修编变化。

第三节　产业规划

园区“十一五”发展规划　2006年，实施《湖南天心工业园2006—2010年发展规划》，明确面向新形势新目标新任务加强园区建设和发展方向，站在时代高点，认识园区发展对推动天心区乃至全市、全省经济建设的重要性，切实加强领导，创造性地开展工作，重实际，办实事，求实效，力争经过五年或更长一段时期努力，把园区建设成为特色鲜明，品牌卓越的精品园区；环境优美，配套完善的现代新城；长株潭融城对接的桥头堡和前哨站；省会城市建设和发展的旅游景点；天心区新型工业亮点和区域经济增长级。是年底，园区“十一五” 发展规划获评区级一等奖。

“十一五”发展规划目标：2006年，制定《湖南天心环保工业园2006年—2010年发展规划》，明确2006—2010年五年期间园区管委会履行招商引资、基础设施建设、经济调节、市场监管、社会管理、公共服务职责和依法行政等工作，是园区经济和社会发展行动纲领。“十一五”计划期间园区发展目标：通过创新创业，园区要达到建设日臻成熟，空间布局合理，创业和产业发展环境好，创新体系项整，整体功能齐备，自主创新和发展能力强劲，拥有独特创业文化氛围，基本完成创新建设阶段主要任务，全面实施园区发展战略，培育若干具有国际水平和国内先进水平企业脱颖而出，基本实现园区点、线、面立体发展战略，力争把园区建成长株潭城市群乃至全省投资环境最优区、科技创新密集区，综合实力跻身省级园区先进行列 。

主要经济目标：园区技工贸总收入、工业总产值和GDP按年均 60%速度递增，到2010年，分别达到120亿元、100亿元、100亿元；实现利税按年均68%速度增长，到2010年达到8.5亿元；实现利用外资、出口创汇零突破，到2010年，利用外资总额、出口创汇总额分别达到2500万美元、5000万美元；每年申请贷款1亿元～2亿元，“十一五”计划期间确保贷款5亿元～8亿元；固定资产投资总额80亿元；基础设施投入总额10亿元；入园项目建成投产率80%。

基本建设目标：“十一五”计划期间，高标准、高质量规划建设现有5平方千米园区，力争新增园区面积20平方千米，到2010年，基本建成集产、学、研于一体且环境优美、经济繁荣、服务完善的工业园区。按总体规划全面实施道路、给水、排水、供暖、电力、燃气等基础设施建设及相应公共配套设施建设，不断完善为生活和生产服务功能。

产业发展目标：“十一五”计划期间，园区产业发展主攻方向为先进制造、生物医药、楼宇经济和新材料四个领域。在先进制造方面，重点扶持长沙电机、新兴电器等企业；在生物技术方面，着力发展生物医药物流、基因技术，重点扶持一批骨干企业；在楼宇经济方面，以标志性建筑群和重点企业中信新城为平台，广泛吸纳国内外大公司、大企业、大财团在园区设立企业总部和销售、研发、结算中心。在新材料产业方面，着力发展新型建筑材料，重点扶持一批长沙市标志性工程企业。

生态环境目标：到2010年，园区绿化覆盖率达到30%以上；工业固体废物利用和处置率、工业废水处理达标率、工业废气处理达标率、园区污水集中处理率、生活垃圾无害化处理率均达到90%以上。

园区“十二五”发展规划 2011年，制定《湖南天心工业园2011—2015年发展规划》，明确2011—2015年五年期间园区管委会履行招商引资、基础设施建设、经济调节、市场监管、社会管理、公共服务职责和依法行政等工作。

“十二五”发展规划目标：主要经济目标，到2015年，确保技工贸收入达到500亿元，其中，工业总产值达到400亿元；社会商品零售总额过100亿元；财政收入过5亿元。力争引进资金100亿元，完成固定资产投资50亿元。培育过百亿元企业1家，过30亿元企业2家，过10亿元企业 5家，力争2～3家企业上市。

开发建设目标，到2015年，对5.83平方千米园区规划建设全面完成，基本建成交通完善、环境优美、经济繁荣、服务配套的“精品园区”；完成新经济开发区25平方千米的规划，并启动建设，基本建成“两纵三横”骨干路网，30%以上用地启动项目开发建设，竣工投产2～3个产业项目。

产业发展目标，着力扶持光伏产业、电站装备业和现代服务业为主导的“2+1”产业集群，培育壮大20家核心企业，引进、新增30个投资过亿元的重大项目。积极扶持新兴产业，大力发展中小企业。努力构筑以高新技术产业为先导、总部经济和先进制造业为支撑的产业格局，大力发展绿色经济、低碳经济、循环经济，实现规模扩张和结构优化。

可持续发展目标，加强生态环境保护与建设，提高资源使用效率。到“十二五”规划期末，园区绿化覆盖率达到20%；工业固体废物利用和处置率、工业废水废气处理达标率、园区污水集中处理率、生活垃圾无害化处理率均达到

98%以上，创建省、市级“两型产业”示范企业20家以上。积极创新，逐步理顺体制机制，促进经济、社会、环境协调发展。

重点产业：以新能源光伏产业基地建设为重点，着力拉长产业链。以中国电子科技集团第四十八研究所为基地龙头，加强科技攻关，强化技术优势，做大做强湖南红太阳新能源科技有限公司，带动5～10家企业在新区集聚发展，与之配套，在政策、资源、服务等方面给予全力支持和配合，形成集拉晶、铸锭、切片、电池制造、组建封装和光伏应用为一体的完整太阳能光伏产业链。全力推进光伏产品应用、销售和出口，打造一个在国内领先、国际一流的光伏产业集群，力争在“十二五”规划期末实现产值300亿元。

以电站装备基地建设为重点，致力打造电站装备业。以长沙电机厂高端电机和核级电机、长沙天鹅工业泵火电泵业等优势企业为基地基础，加大项目投入力度，引进、引导一批相关企业加入该行业，培育形成一批规模经营、自主知识产权和品牌影响力居国内行业领先水平的电站装备企业，拉长产业链，实现集群发展。把电站装备配套产品，包括机电设备冷却系统制造、发电机组、平衡容器、各种断路器、电力输送储备材料、通风设备、运营集成电路系统管理软件生产等作为主攻产品，把电路装备产品研发、设计、物流和电站建设、电力运营管理等作为配套，形成配套的产业链条，在火电、水电、核电、光电等领域各个电站装备市场中抢占地位，把电站装备配套产业做强、做大、做精、做专，建设成为国家中部地区最具竞争优势的电站装备产业基地，力争在“十二五”规划期末实现产值100亿元。

以融城核心商圈建设为重点，大力发展现代服务业。依托区位优势和交通优势，建立以中信城市广场、中信文化广场、中信酒店群、奥特莱斯、华宇机械、兴威广场等为骨干的商贸服务体系；形成高端商贸、写字办公、生活居住为一体的大型城市综合体，突出产品研发、设计为主的楼宇总部经济，着力发展特色鲜明的现代服务业。在功能上，定位为立足长株潭、幅射全省地州市的融城核心区域和消费中心；在服务对象上，定位为面向企业、机关等高端消费群体；在项目引进上，定位为名品百货、豪华汽车、文化娱乐、豪华酒店等高端消费项目和电子信息、研发设计等高端服务项目，力争在“十二五”规划期末实现销售收入过100亿元。

表 2-2-6

2011—2015 年天心工业园区“十二五”发展规划表(一)

序号	项目单位或项目名称	建设性质	所在区、县（市）	建设规模和主要内容	起止年限	总投资（万元）	已完成投资（万元）	目前工作进展情况	备注
一、园区基础设施建设项目									
1	解放垸路网建设	新建	天心工业园区	解放垸城市道路两纵五横路网建设	2011—2015	200000			解放垸
2	新园路	新建	天心工业园区	北起书院路，南至中意路，长 2150 米，宽 26 米，约 193 亩	2011—2015	6900			
3	新菊路	新建	天心工业园区	北起新电路，南至园区边界，长 300 米，宽 30 米，约 13.5 亩	2011—2015	1500			
4	新竹路	新建	天心工业园区	北起新电路，经万家丽路，东至新兰路，长 1350 米，宽 30 米，约 61 亩	2011—2015	6300			
5	新梅路	新建	天心工业园区	西起中意路，南至新竹路，长 2370 米，宽 20-30 米，约 90 亩	2011—2015	6800		已完成用地手续和施工图设计工作	
6	黄谷路	新建	天心工业园区	北起中意路，南至园区边界，长 740 米，宽 30 米，约 34 亩	2011—2015	3300			
7	果子园南路	新建	天心工业园区	北起环保路，南至园区边界，长 600 米，宽 36 米，约 33 亩	2011—2015	3400		已完成用地手续和施工图设计工作	
8	机场一街	新建	天心工业园区	西起新园路，东至中意路，长 320 米，宽 26 米，约 12.5 亩	2011—2015	1350		已完成用地手续和施工图设计工作	
9	机场二街	新建	天心工业园区	西起新园路，东至中意路，长 320 米，宽 26 米，约 12.5 亩	2011—2015	1350		已完成用地手续和施工图设计工作	
10	新兰路	新建	天心工业园区	南起新电路，北至万家丽路，长 800 米，宽 36 米	2011—2015	3880		已完成用地手续和施工图设计工作	
11	新岭路	新建	天心工业园区	东起芙蓉南路，西至中意路，长 1450 米，宽 30 米	2011—2015	5450		已完成用地手续和施工图设计工作	

表 2-2-6

序号	项目单位或项目名称	建设性质	所在区、县（市）	建设规模和主要内容	起止年限	总投资（万元）	已完成投资（万元）	目前工作进展情况	备注
12	港子河路	新建	天心工业园区	南起环保大道，北至暮云边界，长 1200 米，宽 30 米	2011—2015	3600		已完成用地手续和施工图设计工作	
13	万家丽路	新建	天心工业园区	东起芙蓉南路，西至园区边界，长 1800 米，宽 100 米，约 270 亩	2011—2015	18000			
14	其他配套工程	新建	天心工业园区	公共绿化工程、垃圾处理站等	2011—2015	6000			
	合计					267830			
二、产业项目									
1	潇湘智谷 EOD 总部港 A 区	新建	天心工业园区	总用地面积 248 亩，包括超世、长大和临芙蓉路相关土地，建筑面积 46 万平方米，主要引进工业设计创意和 IT 产业企业入驻	2012—2013	105800		部分土地已启动用地红线，正在深度规划设计和前期招商	
2	潇湘智谷 EOD 总部港 B 区	新建	天心工业园区	总用地面积 200 亩，包括长电和临芙蓉路相关土地，建筑面积 37 万平方米，主要引进金融和生产性服务企业入驻	2012—2014	85100		部分土地已启动用地红线，正在深度规划设计和前期招商	
3	潇湘智谷 EOD 总部港 C 区	新建	天心工业园区	总用地面积 200 亩，包括港子河两厢土地，建筑面积 37 万平方米，主要引进与总部楼宇相配套设施建设项目	2012—2013	85100		已申请用地性质调整	
4	潇湘智谷 EOD 总部港 D 区	新建	天心工业园区	总用地面积 485 亩，90 万平方米中信数码港	2012—2014	207000		已取得国有工业用地使用权证，正在进行深度规划设计	
5	潇湘智谷 EOD 总部港 E 区	新建	天心工业园区	总用地面积 240 亩，地块为先锋村生产安置用地，建筑面积 44 万平方米，主要引进与旅游相关企业入驻	2012—2014	101200		已与湖南华侨集团谈妥合作意向，规划设计正在进行	

表 2-2-6

序号	项目单位或项目名称	建设性质	所在区、县（市）	建设规模和主要内容	起止年限	总投资（万元）	已完成投资（万元）	目前工作进展情况	备注
6	潇湘智谷 EOD 总部港 F 区	新建	天心工业园区	总用地面积 180 亩，地块为新路村生产安置用地，建筑面积 33 万平方米，主要引进建筑、建材相关企业入驻	2011—2015	75900		正在与红星建材公司谈招商意向，部分土地已完成拆迁腾地	
7	利欧天鹅湖南研发总部	续建	天心工业园区	利欧湖南总部研发中心，建筑面积 8 万平方米	2011—2015	70000		启动前期工作	
8	湖南红太阳新能源有限公司	新建	天心工业园区	新建光伏装备研发大楼；	2011—2013	80000		已取得土地红线，正在规划设计	
		续建	天心工业园区	续建光伏产业配套产业链	2011—2013	30000	30000	已取得土地红线，正在施工建设	
9	长沙电机厂有限责任公司	续建	天心工业园区	核能 K1、K2 电机、防爆电机产业化；	2011—2015	100000	10000	启动前期工作	
10	华宇科技有限公司	续建	天心工业园区	华宇重型机械高端商贸城，建筑面积 20 万平方米	100000	20000	在建		
11	东宇食品厂	新建	天心工业园区	食品物流	2011—2015	1000（美元）		拆迁腾地	
12	鑫丽爱迪尔科技有限公司	新建	天心工业园区	工业地产	2011—2015	8000		未启动	
13	五田医药有限公司	新建	天心工业园区	医药物流，5 万平方米	2010—2012	12000	1500	在建	
14	益丰医药有限公司	新建	天心工业园区	医药物流，3 万平方米	2010—2013	12000	3000	报规报建、场地清表	
15	双舟医药有限公司	新建	天心工业园区	医药物流，3 万平方米	2010—2013	8000	3000	报规报建、场地清表	
16	康尔佳药业有限公司	新建	天心工业园区	医药物流，3.5 万平方米	2010—2013	12000	3000	报规报建、场地清表	

表 2-2-6

序号	项目单位或项目名称	建设性质	所在区、县（市）	建设规模和主要内容	起止年限	总投资（万元）	已完成投资（万元）	目前工作进展情况	备注
17	湖南宇航科技有限公司	新建	天心工业园区	用地 20 亩；总部大楼 2.3 万平方米	2011—2013	8000		报规报建	
18	华建液压有限公司	新建	天心工业园区	技改项目	2011—2015	10000		已启动设计和设备选型	
19	龙盛电子科技产业基地	续建	天心工业园区	科技大楼	2010—2013	15000	5000	在建	
20	中信新城购物中心	新建	天心工业园区	总建筑面积 188612 平方米，商业面积 121242 平方米	2010—2013	80000	9500	在建	
21	中信新城凯旋蓝岸	新建	天心工业园区	建筑面积 20 万平方米	2011—2015	40000	9800	办理报规报建手续	
22	中信新城文化广场五星级酒店	新建	天心工业园区	建筑面积 5 万平方米	2010—2013	50000	10000	土地清表	
23	中信新城凯旋城	新建	天心工业园区	建筑面积 48 万平方米	2011—2015	160000		办理报规报建手续	
24	中信新城生态会所	新建	天心工业园区	建筑面积 50 万平方米	2012—2015	90000		办理报规报建手续	
25	中信新城融城广场地铁商城	续建	天心工业园区	建筑面积 1.2 万平方米	2010—2015	12000	500	办理报规报建手续	
26	华一融城苑	新建	天心工业园区	现代服务业	2010—2011	12000	5000	办理报规报建手续	
27	奥特莱斯购物公园	新建	天心工业园区	总建筑面积 10 万平方米，其中商业面积 8 万平方米	2010—2012	40000	25000	在建	友阿集团
28	兴威商业广场	新建	天心工业园	华南汽车城	2011—2015	30000		未启动	兴威地产
29	金鹰 4S 店	新建	天心工业园	汽车 4S 店	2011—2015	15000		未启动	

表 2-2-6

序号	项目单位或项目名称	建设性质	所在区、县（市）	建设规模和主要内容	起止年限	总投资（万元）	已完成投资（万元）	目前工作进展情况	备注
30	中南国家数字出版基地	新建	天心工业园区	建设我国第四个全国性的以数字内容生产、管理、营销与服务为主的集成运营平台	2011—2015	500000		正在进行项目规划设计	招商引资预备项目
31	旅游文化产业园	新建	天心工业园区	省旅游文化商贸城	2011—2015	100000		未启动	招商引资预备项目
32	光伏产业基地	新建	天心工业园区	1．建筑面积约 107 万平方米；2．按产业链分工引进 10 家光伏企业	2011—2015	400000		未启动	招商引资预备项目
33	电站装备基地	新建	天心工业园区	1．建筑面积约 54 万平方米；2．按产业链分工引进 8 家企业。	2011—2015	200000		未启动	招商引资预备项目
34	湖南省军民结合卫星应用产业园	新建	天心工业园区	建设以孵化区为核心区域、产业区、配套区为两翼发展区域的“一中心两翼”北斗及军民融合产业园	2011—2015	470000		未启动	招商引资预备项目
35	世界环保文化博览园	新建	天心工业园区	占地面积约 3500 亩；水面面积 700 亩	2011—2015	710000		未启动	招商引资预备项目
	合计					4034100/1000 美元	135300		

第三章

基础设施建设

第三章　基础设施建设

2002年9—12月，园区开展基础性调查摸底工作，协同大托镇和国土部门对先锋村、新路村区域内村民状况，建筑物，土地利用现状进行调查摸底，取得第一手资料，为园区基础设施建设奠定基础。根据规划要求，园区主次干道共有20条，总里程长22千米。2003年，基础设施建设完成土石方工程量23万多立方米，埋设涵管336米、雨水管740米，电力、自来水、煤气、通讯等管线管网配套设施建设做好前期准备，入园项目所需临时用电用水动工建设。2004年，基础设施建设全面加速，完成土石方工程量230多万立方米，埋设涵管4000米、雨水管9203米，建设桥涵4座。园区电力、自来水、煤气、通讯等管线管网已与道路建设同步铺设到位。是年5月，园区荣获市委、市政府颁发的“2003年度工业园区基础设施建设奖”。2006年12月，基础设施建设有进展，新电路西段完成道路建设方案设计，启动拆迁；新谷路、果子园路完成设计，开始拆迁。

2007年，环保大道东延长线基础建设拆迁；港子河路、托子冲路完成施工图设计。2008年，以基础设施为保障，园区配套建设同步跟进，全年园区实现6条道路开工建设，总里程长4.8千米，建设总投资1.2亿元。2009年，园区基础设施建设项目共11个，道路设计总长13.46千米，投资总额4.66亿元。2010年，园区评出长沙园艺建筑工程有限公司环保大道东延线项目部、托子冲路项目部为基础设施建设先进单位。截至2012年年底，基础设施建设共完成主次道路13条，占地面积约40公顷，总里程12.71千米，投资3.66亿元。共完成园区13条路网雨水、污水排水管道、供电（弱电、强电）、供水、燃气管道、电信通信综合管网等配套设施建设约10.5万米，总投资约1.8亿元。

第一节　园区道路

园区道路网络　2002年9月，园区拟修建道路主次干道共有20条，总里程长度约22千米。区域内道路由3条城市主干道（长沙大道、韶山路、火星大道）和4条园区主干道及13条园区次干道构成。道路系统功能构成及等级划分为园区道路系统由城市主干路：宽 60 米；园区主干路：宽 46 米或宽 36 米及园区次干路：宽 30 米或宽 26 米或宽 20 米等三级组成，园区支路根据地块开发建设具体要求确定。路网结构：园区路网概括为以城市主干路芙蓉南路和万家丽路“丁”字形交叉为骨架，其他道路相互交叉呈方格网状的结构系统。主要交叉口形式及其用地控制范围（园区内除芙蓉南路与中意路相交按立交形式控制预留用地外）其他所有交叉口全部采用平面交叉口形式；园区道路与城市主干路相交全部采用展宽式交叉口形式，利用色灯控制组织交通；园区道路间的相交根据实际要求分别采用展宽式交叉口色灯控制形式、环岛形式及简单平面交叉口形式组织园区内部交通。社会公共停车场和公交站场分布及用地规模：设公共停车场五处，分别位于地块 2—05 号、3—0 号 7、3—14 号、3—29 号和 4—05 号，面积在 0.7 公顷—2.2 公顷范围内。在规划区西南部、中意路东侧的 3—27 号地块内规划设置公交始末站一处，占地面积 1.52 公顷。在窑坡山地块西北端设置地铁和公交换乘设施用地。园区共设置轨道交通站场 2 处，分别位于地块 2—02 号和 3—01 号内。道路及广场控制点竖向控制要求园区规划区各级道路纵向坡度控制范围如下：城市主干路为 0.22%～2.2%；园区主干路为 0.13%～3.2%；园区次干路为 0.07%～3.5%。各级道路横坡控制在 1%～2% 之间，纵坡较小的道路可适当增加横坡坡度，以便排水。公交停车港的布置：园区公交停车站台布置方式为沿人行道设置，公交车停靠时占用一车行道。公交站距为 500 米～800 米）。道路相关技术指标：园区城市主干路网密度 1.15 千米／平方千米，园区主干路网密度 1.32 千米／平方千米，园区次干路网密度 2.06 千米／平方千米。2004 年 8 月，因园区内长沙大道、环保大道、主干道二道路标高的变更，故对其相应道路和两厢用地标高作适当调整编修，并在相应道路施工时具体调整。截至 2012 年年底，园区道路 20 条，完工 13 条，仍有 7 条次干道未开工建设

道路建设 2002 年 9—12 月，园区向区政府汇报且与长大投资集团多次协调，建议修改长沙大道第四期工程走向，改为向南延伸穿过 107 国道直达火星大道，延长里程约 2 千米左右，即直接修建长沙大道第四段修改线，则可彻底打通长沙南城区一片的交通瓶颈，且长沙大道纵贯天心区全境，充分发挥长沙大道作为城市主干道的交通功能，有利于加快天心区拓城兴南步伐和生态新区建设；使通过园区长沙大道第四段建设工程提前于年内开工，从而拉开园区道路建设序幕。2003 年 9 月 17 日，园区次干道三（北起新路建材厂，南至新路村

甘塘冲）立项，道路工程里程全长 1548 米，路幅宽 30 米，计划投资约 980 万元。10 月，完成园区次干道三征地拆迁约 2 万余平方米且启动施工。11 月，园区次干道十（新岭路）一期工程拉通毛路、泥结石碎石路面完工。2004 年，园区主干道即芙蓉南路延长线建成通车。环保大道西段开工建设，西起大托铺机场口，与书院路相接；东至暮云镇南托；里程全长 2037 米，路幅宽 46 米，计划总投资约 1.2 亿元，建设内容包括路基、路面工程、排水工程、绿化亮化工程、及相关配套的电力、电信等管线工程，在年内全线拉通毛路；新岭路西起 107 国道，东至暮云镇南托地界，里程全长 1630 米，路幅宽 30 米，计划总投资约 3000 万元，开工修建完成路面硬化工程，年内实现竣工验收。次干道三拉通部分毛路，新电路（干道二）启动建设，36 米宽的路幅且基本成型，完成工程量约为 1500 万元；是年，新梅路开工，主修道路基础工程；大托路（干道一）和果子园路（干道四）两条道路完成地勘、设计、拆迁调查及摸底等施工前期工作，果子园路（干道四）一期工程完成招投标工作。2005 年，园区干道 4 条，道路长 4 公里，路幅宽 36 米或 46 米，总投资 2.45 亿元，计划投资 1.6 亿元，被列入区重点工程项目。环保大道西段 46 米宽路幅建设基本成型，完成工程量约 3000 万元，因天气原因和筹资困难，道路竣工通车目标顺延至 2006 年完成。

2006 年 9 月 18 日，环保路实现竣工通车；12 月，新电路东段完成四合料摊铺，实现竣工通车；新电路西段完成道路建设方案设计工作；新谷路、果子园路完成设计工作，进入沿路拆迁阶段。2007 年，新建的果子园北路、新电西路相继竣工通车，总里程长 1.8 千米，总投资 5935 万元；港子河毛路路基已经完工；环保大道东延长线在进行拆迁；港子河路、托子冲路完成施工图设计。7 月，为中信新城入驻园区，市政府特事特办，拓改韶山南路延长线，北起芙蓉南路，南至新岭路，横贯园区至中信新城；建设火星大道连通园区段工程，跨天心区、雨花区及长沙县暮云镇，往来直达中信新城。2008 年，园区加强对所建道路的维护，对新岭路进行提质升级改造。是年，园区实现 6 条道路的开工建设，总里程长 4.8 千米，总投资 1.2 亿元。7 月，新电西路竣工通车。10 月，新谷路、环保大道东延长线、次干道十四全面开工建设，有新谷路和环保路东段路完成毛路通车。新梅路进行道路硬化工程建设，于年底完工，且全线贯通。是年，园区有次干道十四、新谷路、新电西路获区委、区政府“四项工作讲评”二等奖。2009 年，新谷路、环保路东延线和次干道十四等道路竣工通车，托子冲路完成 380 米地基建设。新梅路、新兰路、新岭路、新园路、机场二街和机场三街等线路完成用地地勘和施工图设计审核，逐步拉通路网形成园区道路概貌。

2010 年，基本完成托子冲路、新谷路、次干道十四、环保路东延线四条道路的建设。总里程为 2.81 千米，累计完成工程投资约 2.5 亿元。同时，完成港子河路道路原地貌测量、单价调查和施工前期准备工作；完成新岭路、新兰路、机场二街和机场三街道路标底编制且投入开工建设。2011 年，新岭路完成用地红线办理、施工图设计和拆迁腾地工作，累计投资约 2000 万元。机场三街、新谷路、托子冲路、次干道十四、环保路东段等 5 条道路竣工。2012 年，园区加快相关道路建设，完成建设机场三街口等道路 2 条。

截至 2012 年 12 月，历经 10 年的道路建设，建成道路 13 条（段），总里程 12.71 千米，投资 3.66 亿元。园区道路基础建设框架已基本形成，对加快园区发展、扩大招商引资和方便企业及居民生产生活起到积极作用。

轨道交通建设　2010 年 6 月 30 日，长株潭城际铁路项目开工建设。铁路全长 104 千米，共设 21 个站点，途经园区 2 个站点，其中先锋站可与地铁 1 号线和 5 号线换乘。12 月 26 日，地铁 1 号线开工。园区位于长、株、潭“两型社会”建设的核心地带。长沙市设计建地铁 1 号线、 5 号线以及城际铁路建成后，园区交通日渐便利。2012 年年底，长株潭城际铁路项目和市地铁 1 号线在建。尚双塘地铁车辆段，长沙地铁尚双塘车辆段位于地铁 1 号线最南段。2012 年年底开始，尚双塘地铁 1 号线车辆段拆迁项目系省市重点工程，正式启动工作，该项目在新路村范围内占地面积 14.39 公顷，拆迁农户 22 户，人口 56 人。尚双塘车辆段主要承担地铁 1 号线车辆的停车列检双周、三月检等运用任务。车辆段由运用库、检修库、物资总库、调机及工程车库、蓄电池间及压缩空气站、牵引降压混合变电所、试车机具间、综合楼、污水处理站等组成，总建筑面积 7.12 万平方米，总投资约 5 亿元。

表 3-1-1　　2003—2012 年天心工业园园区道路建设一览表

序号	名称	路线走向	路幅（长×宽）（米）	道路级别	招投标工作	中标单位	监理单位	开工时间	竣工时间	占地面积（公顷）	建设投资金额（万元）
1	新岭路	东西	800×16	园区次干道	市招标办主持	湖南省望城建设（集团）有限公司	湖南大学建设监理中心	2004	2004	1.41	794
2	新梅路	南北	260×20	园区次干道	市招标办主持	长沙青园建筑有限责任有限公司	湖南大学建设监理中心	2004（基础建设）	2004	0.45	322
3	环保大道西段	东西	1662×46	园区主干道	市招标办主持	长沙市建设工程集团有限公司	湖南方圆工程咨询监理有限公司	2004	2006	9.93	4767
4	果子园路	南北	600×36	园区主干道	市招标办主持	湖南省第六工程有限公司	湖南天福项目管理有限公司	2007	2007	2.16	1289
5	新电路东段	东西	820×36	园区主干道	市招标办主持	长沙建设集团有限公司	湖南天福项目管理有限公司	2006	2006	3.38	1881
6	新电路西段	东西	1031×36	园区主干道	市招标办主持	湖南长大建设集团有限公司	湖南方圆工程咨询监理有限公司	2007	2007	4.49	2552
7	新梅路	南北	260×20	园区次干道	市招标办主持	长沙青园建筑有限责任有限公司	湖南大学建设监理中心	2008（路面硬化）	2008	0.45	77
8	新谷路	东西	1422×36	园区主干道	市招标办主持	长沙园艺建筑工程有限公司	湖南天福项目管理有限公司	2009	2011	5.38	4227
9	托子冲路	东西	1520×30	园区主干道	市招标办主持	长沙园艺建筑工程有限公司	广州万安建安监理有限公司长沙分	2009	2011	6.18	3470
10	机场三街	东西	316×33	园区次干道	市招标办主持	湖南大坤建设工程有限公司	湖南天福项目管理有限公司	2010	2011	1.25	816
11	环保大道东段	东延长线	670×46	园区主干道	市招标办主持	长沙市园艺建筑工程有限公司	湖南大学建设监理中心	2009	2011	3.07	
12	次干道十四	东西	560×20	园区次干道	市招标办主持	长沙园艺建筑有限公司	湖南天福项目管理有限公司	2009	2012	1.02	600

表 3-1-2　　2003—2012 年天心工业园区道路建设情况一览表

序号	道路名称	道路长度（米）	道路宽度（米）	建设投资（万元）	通车时间（年）	备注
1	芙蓉南路（中意路—万家丽路）	1900	60	8200	2003	
2	新岭路（芙蓉路—新兰路）	800	16	793.55	2004	简易道路
3	环保大道西段	1662	46	4766.97	2006	
4	中意路（芙蓉路—新岭路）	1900	60	8200	2006	
5	新电路（芙蓉路—理工大学）	1260	36	1498.42	2007	
6	果子园路（新谷路—环保大道）	600	36	1289	2007	
7	新梅路（中意路—次干道十四）	200	20	322.2	2008	简易道路
8	新电路（中意路—芙蓉路）	820	36	1881.29	2009	
9	新谷路	1422	36	4227.55	2011	
10	环保大道东延长线	515	46	2892.56	2011	
11	托子冲路（芙蓉路—果子园路）	750	36	1400	2011	
12	次干道十四	560	20	600	2012	
13	机场三街	320	26	568.15	2012	
	合计	12709		36639.69		

第二节　市政配套管网设施建设

园区注重市政道路建设的同时，积极对其他市政配套设施进行建设与完善。从 2002 年 8 月至 2005 年 12 月，先后建设完成芙蓉南路、中意二路污水网，实现与暮云污水处理厂的对接；2003 年，兴建新岭路雨、污水管；启动万家丽路污水管建设。2004 年，安装新梅路、新电路（干道二）雨、污排水系统 2800 米，自来水、燃气、电信等管道管线启动施工。2005 年，预埋环保大道雨、污排水系统 680 米管道及自来水、燃气、电信等管线 650 米。环保大道污水管基本建成，仅剩穿过芙蓉南路的 60 余米长污水管未建成；至 2006 年全部完工。2007 年 10 月，新电路雨、污水排水管道建成。2008 年，新谷路污水排水道建成。2009 年，托子冲路、次干道十四完成雨、污水排水管道铺设。2011 年，完成机场三街道路污水排水管道铺设。截至 2012 年 12 月，共完成园区 13 条路网雨水、污水排水管道、供电（弱电、强电）、供水、燃气管道、电信通信综合管网的市政配套设施建设约 10.5 万米，总投资约 1.8 亿元。配套设施与相关企业、居民住宅小区接通，园区道路配套管网建设随各项目基础设施建设而建成。

供水　供水现状：2002 年 9 月，园区成立前原有一根管径 DN800 的给水管从第八水厂沿中意路通过，局部居民生产生活用水为市政供水，大部分用水以河水、井水、山泉等为水源。

用水量：园区域内根据用地指标及性质，确定其最大日用水量为 9.19 万立方米/日。

表 3-2-1　　2003—2012 年天心工业园用水量表

用地性质	用地代码	用地面积（万平方米）	用水指标（立方米 / 平方米·日）	用水量（万立方米 / 日）
居住用地	R	110.74	200	2.21
公建用地	C	79.50	100	0.80
工业用地	M	154.00	200	3.08
道路广场用地	S	114.86	30	0.34
绿化用地	G	80.62	20	0.16
仓库用地	W	29.13	30	0.87
特殊用地	D	0.57	60	0.03
市政设施用地	U	5.81	30	0.17
不可预计水量			以上之和的 20%	1.53
合计		575.23		9.19

供水管网布置：园区用水管网由中意路通过给水干管接至区内，分近、远期规划，远期与暮云镇水厂供水干管连通。区域内采用环状供水管网，管径采用 DN200～DN800，管道沿道路埋设；覆土深度由外部荷载，给水管强度及管线交叉情况确定，一般街道下用 0.8～1.0 米管道，人行道下用 0.6～0.8 米管道，管道材质选用给水承压铸铁管道。沿主要干道，间距 120 米处布置供水消火栓一个。2003 年，长沙大道 2000 米自来水管道铺设预埋。2005 年年底，环保大道 1800 米自来水管道预埋完工。2006 年，中意路 2000 米自来水管道全部预埋。2009 年，新电路（中意路—芙蓉路）1000 米自来水管道铺设完工。至 2012 年 12 月，共完成园区 13 条路网计 13500 米自来水供水管道配套设施建设并实现送水入户至相关企业、居民住宅小区（分年建设情况见表 3-2-2）。

表 3-2-2　　2003—2012 年天心工业园供水系统建设情况表

序号	建设年份	建设长度（米）	解决供水路段
1	2003	2000	芙蓉南路（中意路—万家丽路）
2	2004	1000	新岭路（芙蓉路—新兰路）
3	2005	1800	环保大道西段
4	2006	2000	中意路（芙蓉路—新岭路）
5	2007	420	新电路（芙蓉路—理工大学）
6	2007	750	果子园路（新谷路—环保大道）
7	2008	280	新梅路（中意路—次干道十四）
8	2009	950	新电路（中意路—芙蓉路）
9	2011	1600	新谷路
10	2011	650	环保大道东延长线
11	2011	900	托子冲路（芙蓉路—果子园路）
12	2012	700	次干道十四
13	2012	450	机场三街
	合计	13500	

排水　污水工程：2002 年 9 月，依据污水工程现状，园区成立初期采用合流制，污水量按园区区域最高日用水量 90%计算，即 8.27 万立方米 / 日；管网布置。园区区域总体规划上属于暮云纳污范围，根据园区近、远规划，依道路及地形特点，在线路较短和埋深较小情况下，让最大区域的污水能自流排出，近期排入工业园附近所建临时污水处理厂，远期建专用排污水涵管疏理流至暮云镇污水处理厂（污水管道采用钢筋混凝土管或 HDPE 管道）。从 2002 年 8 月至 2005 年 12 月，先后建设完成长沙大道、中意二路污水网，实现与暮云污水处理厂的对接。2004 年，新梅路、新电路（干道二）排污系统 2800 米全部安装。2005 年年底，环保大道排污水系统 2000 米管道全部预埋。环保大道污水管基本建成，仅剩穿过长沙大道的 60 余米长污水管未连接；至 2006 年全部完工。2007 年 10 月，新电路 1600 米排污水管道建成。2008 年，新梅路 350 米排污水管道建成。2009 年，托子冲路、次干道十四完成 2000 米排污水管道铺设。2010 年，完成机场三街道路 500 米排污水管道铺设。截至 2012 年 12 月，共完成园区 13 条路网计 17580 米排污水水管道管网等市政配套设施建成，初步形成园区道路配套管网基础设施工程。

雨水工程：针对雨水工程现状，园区区域的雨水工程采用雨水、污水分流，依地形、地势重力流至现有的明渠、沟河等；雨水量 ：区域内雨水量按长沙地区暴雨强度公式计算：q=2150.5（1+0.4Lgp）/（t+13.275）0.6846，Q=q.ø.F {q—设计暴雨强度（L/S. ha），Q—雨水流量（L/S），ø—径流系数0.7，F—汇水面积（ha），P—重现期（年）（P=1），t—降雨历时（分钟）；管网布置园区根据自然地形、地貌划分、排水流域规划，使雨水分区排放，雨水管渠采用暗管、暗渠及盖板明渠相结合的方式，尽量利用地形，就近重力排水。雨水管道采用钢筋混凝土管道。2003年，新岭路雨水管在建中；万家丽路雨水管启动建设。2004年，新梅路、新电路（干道二）雨水排水系统2800米全部预埋完工。2005年，环保大道雨水排水系统2000米管道全部预埋。2007年10月，新电路1600米雨水排水管道建成。2008年，新梅路雨水排水道各300米建成。2009年，托子冲路、次干道十四完成雨水排水管道铺设。2011年，完成机场三街道路雨水排水管道480米铺设。截至2012年12月，共完成园区13条路网计17580米雨水、17580米排水分设管道配套设施建设并与相关企业、居民住宅小区接通。

表3-2-3　　2003—2012年天心工业园已建雨污管网情况表

序号	道路名称	污水管网建设长度（米）	雨水管网建设长度（米）	建成时间
1	芙蓉南路（中意路一万家丽路）	2800	2800	2003年
2	新岭路（芙蓉路一新兰路）	1200	1200	2004年
3	环保大道西段	2000	2000	2005年
4	中意路（芙蓉路一新岭路）	2800	2800	2006年
5	新电路（芙蓉路一理工大学）	1600	1600	2007年
6	果子园路（新谷路一环保大道）	900	900	2007年
7	新梅路（中意路一次干道十四）	300	300	2008年
8	新电路（中意路一芙蓉路）	1200	1200	2009年
9	新谷路	1750	1750	2011年
10	环保大道东延长线	650	650	2011年
11	托子冲路（芙蓉路一果子园路）	1000	1000	2011年
12	次干道十四	900	900	2012年
13	机场三街	480	480	2012年
	合计	17580	17580	

供电　2002年9月，园区辖区外西北侧有大托35千伏变电站，供电负荷为8000千伏安。长沙市2005—2010年输变电工程，计划大托变电站改造提升为2×31.5兆伏安；园区区域外树木岭—井湾子110千伏变电站，建设规模为LGJ-240/8，系2001年新建。井湾子变规划负荷容量为1×31.5兆伏安；在辖

区内有 3 条正在运行的 10 千伏高压配电线：一条为伊莱克斯冰箱厂专线、二条为长沙市卷烟厂专线、三条为碳酸钙厂专线。

供电方案：2003 年，园区根据用地性质确定其用电指标，测算出规划区内的用电负荷为 1.8×10^5 千瓦，综合同时使用系数为 0.45，有功功率为 0.8×10^5 千瓦。考虑在天心区辖区内，环保路和芙蓉南路交叉处规划一座 110 千伏的变电站，装机容量为 4×10^5 千伏安。用于提供园区内远期的用电负荷；近期用电由大托变电站提供。考虑到暮云镇负荷中心距园区负荷中心距离较大，暂不从暮云镇引入 10 千伏高压配电电缆。2004 年，园区与市电业局协商达成一致意向，签订 110 千伏变电站建设合同，6700 万元的投资全部由市电业局承担，全面解决整个天心区南片和园区用电难问题。2007 年 12 月，大托 110 千伏变电站正式运营。截至 2012 年年底，园区内由大托 110 千伏变电站供电。

负荷测算：2002 年 9 月，园区内包括一类工业、仓储、居住、行政办公、科研等用地。根据各项用地指标及用电指标，确定规划区内用电负荷，同时使用系数取 0.45，有功功率为 0.8×10^5 千瓦；园区根据负荷测算及负荷分布情况，规划安装为 10 千伏供电系统；供电线路敷设由园区规划区内电缆线路均作电缆沟敷设电信、邮政设施，以生产、仓储、居住为一体的完善体系，要求有完整宽带网、电信、邮政、有线电视等服务体系。截至 2012 年年底，园区内供电负荷未增减。

表 3-2-4　　2003—2012 年天心工业园用电负荷一览表

用地性质	用地代码	用地面积（万平方米）	建筑面积（平方米）	用电指标（千瓦）	用电量（千瓦）
居住用地	R	110.74	155.04	180	27907
公建用地	C	79.50	143.05	250	35762
工业用地	M	154.00	200.17	250	50042
道路广场用地	S	114.86	114.86	170	19526

续表 3-2-4

用地性质	用地代码	用地面积（万平方米）	建筑面积（平方米）	用电指标（千瓦）	用电量（千瓦）
绿化用地	G	80.62	80.62	100	8062
仓库用地	W	29.13	40.8	50	2040
特殊用地	D	0.57	0.46	300	138
市政设施用地	U	5.81	4.60	8400	38640
合计		575.23	739.6	9700	182117

供气 气源：2002 年 9 月，园区建设用地范围内，有企事业单位及住宅、民房等范围内，园区筹建初期该区域内无燃气管网。园区所用燃气，由市燃气公司统一供给，管道由中意路绕城交叉处和万家丽路城市中压（0.2～0.4 兆帕）燃气管网接入。

燃气消耗量：2002 年 9 月，根据长沙市《城镇燃气设计规范》（GB 50028-93）口经计算，园区燃气消耗量每年燃气消耗量约 9808.4×10^4 兆焦，小时最大消耗量约 3.784×10^4 兆焦（燃气消耗量详见 3-2-5 表）。

燃气管网布置：2002 年 9 月，园区内燃气管网（管道标准 0.2～0.4 兆帕）采用环状布置，区域内，根据情况设若干个面积约 24 平方米燃气调压站，中压燃气经调压站调压后，进入低压（0.005 兆帕）燃气管网，然后接至用户，计量后供用户使用。低压燃气管网采用环状布置与树枝状布置相结合。中压燃气管道和低压燃气管道采用无缝钢管直接埋地敷设，管道考虑加强防腐和防静电接地措施。2003年，新岭路燃气管道正在建设中；万家丽路燃气管道启动建设。2004 年，新岭路 1200 米、新电路（干道二）1600 米燃气管道管线启动施工。2005 年，环保大道 2000 米燃气管道已全部预埋。2007 年 10 月，新电路 1600 米燃气管道建成。2008 年，新梅路燃气管道 300 米建成。2009 年，托子冲路、次干道十四完成燃气管道铺设。2011 年，完成机场三街道路燃气管道 480 米铺设。至 2012 年 12 月，共完成园区 13 条路网计 16800 米燃气管道等配套设施建设并与相关企业、居民住宅小区接通。

表 3-2-5　　2003—2012 年天心工业园燃气消耗量表

用户名称	燃气最大消耗量（兆焦）		备注
	每年	小时	
住户	1113×10^4	2.12×10^4	
工业	2200×10^4	0.85×10^4	
商业	1930×10^4	0.75×10^4	
不可预见	165.4×10^4	165.4×10^4	
合计	9808.4×10^4	3.784×10^4	

其他综合管线 电信：2002 年 9 月，园区采用直接接入市政电信网的方式布置电信网络，电信规划指标选取：住宅为 80 平方米 / 对线，工业为 250 平方米 / 对线，仓储为 200 平方米 / 对线，公共设施建设为 80 平方米 / 对线。2003 年，新岭路电信管道管线正在建设中；万家丽路燃气管道启动建设。2004 年，

新梅路1200、新电路（干道二）1600米电信管道管线启动施工。2005年，环保大道2000米电信管线全部预埋。2007年10月，新电路1600米电信管道管线建成。2008年，新梅路电信管道管线300米建成。2009年，托子冲路、次干道十四完成电信管道管线铺设。2011年，完成机场三街道路电信管道管线480米铺设。截至2012年12月，共完成园区13条路网计18800米电信管道等配套设施建设并与相关企业、居民住宅小区接通。

邮政：2002年9月，根据邮政设施服务半径的要求，园区范围内确定在万家丽路西侧3—12号地块建设电信分局、邮政分局各1处，占地面积2.08公顷。截至2012年年底，邮政部门在园区建成邮政所3处。

有线电视：2002年9月，园区采用有线电视和多媒体传输城市有线电视网络的全部频道、信号和信息。2003年，新岭路有线电视管线正在建设中；万家丽路有线电视管线启动建设。2004年，新梅路1200、新电路（干道二）1600米有线电视管线启动铺线。2005年，环保大道2000米有线电视管线已全部预埋。2007年10月，新电路1600米有线电视管线建成。2008年，新梅路有线电视管线300米建成。2009年，托子冲路、次干道十四完成有线电视管线铺设。2011年，完成机场三街道路有线电视管线480米铺设。至2012年12月，共完成园区13条路网计21000米有线电视管线等配套设施建设并与相关企业、居民住宅小区接通。

第三节　公共服务设施

公交　2010年4月21日，园区与市经委、市交通局等职能部门联系，解决园区企业人员出行难问题。由市政府巡视员陈立湘带队，市相关职能部门参加，市经委主持召开园区交通问题现场办公会，专题研究园区道路开口、交通标识不明、公交车不通等问题得到妥善解决。公交站场的分布和用地规模，园区规划在西南部、中意路东侧的3－27号地块内设置公交始末站1处，占地面积1.52公顷。在窑坡山地块西北端设置地铁和公交换乘设施用地。共设置轨道交通站场2处，分别位于地块2－02号和3－01号地块内。园区公交停车港、公交停车站台布置方式为沿人行道设置，公交车停靠时占用一车行道。公交站距离为500～800米。从2003年开始由市公交公司建设，截至2012年12月，全部投入运营。

公共停车场建设 园区共设置公共停车场5处，分别位于地块2－05号、3－07号、3－14号、3－29号和4－05号地块，面积在0.7～2.2公顷范围内。从2003年开始由市城建公交公司建设，截至2012年12月，建成中信城市广场和友阿—奥特莱斯2处公共停车场投入运营。

环卫设施 2002年9月，园区共配套建公共厕所26座，垃圾转运站1处，垃圾收集站7座。其中垃圾转运站占地0.59公顷，位于园区西南部、新竹路东侧。垃圾转运站与周围建筑物间距不小于5米，生活垃圾收集点的服务半径不超过70米。截至2012年年底，建成公共厕所5座，垃圾转运站1处，垃圾收集站5座，生活垃圾收集点25个，环卫设施配备已能满足辖区环卫清扫要求。

学校 根据国家规范规则，园区按人口及用地规模建设中小学校。2003年9月25日，因招商引资需要，需对园区控规中新路村安置地2—13号、2—09号、2—10号地块及新路小学规划选址地2—12号地块进行调整，在上述4个地块中，经区委、区政府研究同意引进湖南汽车城华南汽车销售有限责任公司物流储运库项目，该项目业已批准立项，着手办理规划有关手续，鉴于此情况，需局部微调控规，提请对涉及到的新路村安置地和规划中的小学选址地在园区控规地中进行等面积、同性质置换，将新路小学规划选址调整至2—14号地块最南端位置。2011年，中信小学开工建设。位于天心区中意二路218号，由湖南中信控股有限公司投资1亿元，占地面积1.73公顷多，可容纳24个教学班级，可招收1200名学生。2012年，中信小学项目进行主体工程施工，累计实现投资约2800万元。

第四节 绿化

绿地控制 2002年9月，园区范围内公共绿地、生态防护绿地在城市开发建设时不得侵占。各地块标段在满足控制指标所规定的绿地率指标同时，应尽可能增加绿化面积。园区内所有道路均按规划道路断面配置行道树和绿化隔离设施。介于特别地块地域独有地形和自然山林水体条件，开发建设时必须保障山林水体展示空间，在相应视线范围内要避免大体量人工建筑或构筑物对山体的遮挡。各设施场地建设要求与周边自然地形地貌有机结合，切实做好山塘、水渠、植被的利用和保护工作，避免大填大挖现象出现。2012年12月，绿地控制建设规范不变。

绿地指标 2002年9月，园区绿地系统由公共绿地和防护绿地组成，绿地控制面积共计80.62公顷，占园区用地的14.02%，其中公共绿地为54.53公顷，防护绿地为26.09公顷。区域内任何地块绿地率不低于35%。2012年12月，公共绿地和防护绿地建设要求不变

公共绿化建设 2002年9月至2012年12月，园区严格按整体控规的绿地指标进行建设，初步形成由公共绿地和防护绿地组成园区绿地系统，完成公共绿地面积占控规绿地指标约70%，约56公顷，占园区开发用地的15.3%，其中公共绿地为37.88公顷，防护绿地为18.12公顷。园区内任何建设单位开发地块绿地率要求不得低于35%，截至2012年年底，建设单位完成绿地建设约95.67公顷。

第五节 环境保护

环保政策与措施 为保障园区经济发展与生态环境相协调，执行国家、省及市所规定的环境保护法律、法规、规章，制定《湖南天心环保工业园环境保护办法》。各功能区环境目标园区实施对各功能区水污染物和大气污染物排入浓度控制和总量控制互为补充双轨管理制度。建设项目管理园区对每一个进入产业园的建设项目，进行环境影响评估，并依据环境影响评估结果研究审核决定是否允许该项目入园。环境监测：园区建立污染源监测网络与环境质量监测网络；建立污染源及环境质量监测系统信息控制网络。2002年9月，遵照执行区环保局制定下发《关于湖南天心环保工业园创建国家级环保园区的有关措施》，园区明确规定严格执行生态区规划，合理布局；严格执行“三同时”制度，严格执行环保第一审批制度；实行排污总量和环境容量双控制；优化产业结构，发展少污染、高科技、高效益项目，禁止重污染项目进入园区；加大现有污染源治理力度，实行排污许可证制度；建立环境保护资金保障制度；控制人口增长，提高人口素质；保护和改善生态学观。同时，依区环保局对园区下发《关于环保工业园项目引进有关要求和条件》，明确基本原则（无污染或轻度污染，高效益，低能耗的项目方可进入，并严格实行环保第一审批制度）。具体要求：园区区域作为社会关注区“省政府所在地”，特殊保护区“饮用水源”禁止兴建污染因素复杂、产生污染物种多、产生量大的污染物毒性大、难降解的建设项目；基本不产生废水、废气、废渣、粉尘、恶臭、噪声、震动、放射性、电磁

波等不利环境影响的建设项目优先考虑；无特别环境影响的第三产业项目重点考虑。环保控制办法：审查生产工艺流程，是否为先进生产工艺，产品是否为科技含量高的产品；审查生产过程中是否产生一类有害有毒物质“如Hg、Ca、Cr、Pb、As等”；审查环境保护篇章，对各种产生污染因子是否采取治理措施；审查污染物的排放是否达到国家规定相关排放标准，是否符合环境容量允许值)。惩罚措施：对拒绝检查或检查弄虚作假，谎报污染物排放申报事项，根据不同情节，给予警告或者处以罚款；未办理“三同时”手续，一经查处，责令停止生产，并处罚款；造成重大环境污染事故，导致公私财产重大损失或人身伤亡严重后果的，对直接责任人依法追究刑事责任。2004年1月16日，省环保局对园区提交的《关于湖南天心环保工业园项目环境影响报告书》（以下简称《报告书》）予以批复如下：园区建设定位为环保型产业和名牌服饰产业，符合城市总体规划和“二区六园”工业布局规划要求，根据环评《报告书》结论和市环保局审查意见，在建设单位认真落实环境影响《报告书》提出的各项措施，从环境保护角度分析，同意园区建设，本《报告书》可作为园区开发建设及环境管理依据。园区在开发建设过程中，应认真按照本《报告书》提出的环境保护规划及污染防治对策措施予以落实，应重点做好如下环保工作（根据《报告书》环境影响评价结论意见，工业用地、产业结拘应从规划布局上适当调整，做到文教居住区、园区中心服务区、工业区相对集中；同时利用自然地形和绿化隔离带处理好三区关系，以形成功能区划明确、产业集中、区域生态环境优良的总体布局。工业园产业选择要注意环境要求，确定以能耗低、用水少、污染轻的工业为主导产业，重点发展环保型工业、劳动与技术密集型相结合的加工组装业；选址必须符合园区总体规划和环保规划，在入园项目前期和建设期，严把项目“入园关”；其排污浓度、总量须满足达标排放和总量控制要求；并对入园企业实行污染集中控制，推行清洁生产工艺；严禁化工、冶炼、造纸、印染等高能耗、高水耗的重污染型企业进园区；对现有不符合规划要求的污染源进行转产、限期搬迁或关闭。鉴于受纳水体从港子河排入市饮用水源上游，为确保饮用水源安全，园区排水须实行雨污分流，污水纳入市城市排水规划，送拟建的花桥污水处理厂实行集中处理后，排入浏阳河，港子河不受纳污水；在污水未实现集中处理前，各企、事业单位产生的废水须单独进行处理达到《污水综合排放标准》（GB 8978-1996）一级排放标准，方可排放。园区内工业、第三产业、居民等须使用清洁能源，禁止使用燃煤锅炉。园区内各单位在建设施工期，管委会要督查施工单位按市渣土管理办法执行，防止渣土运输等环节产生扬尘污染，基建完工后及时做好地面硬化和绿化。做好生活垃圾和工业固体废物分类收集、转运、综合利用和无害化处理；工业企业产生固体废物按国家有关规定综合利用或妥善处理，不得污染环境，生活垃圾不建固定永久性垃圾转运站，建动态的垃圾收集系统，与市区联网，即时收集清运，减轻对园区环境污染。建立园区生活垃圾分类收集示范点，逐步做到生活垃圾资源化、减量化、无害化，使生活垃圾得到有效处理。应注意保护好自然山体、水塘及自然景观，施工期开挖填土方，要砌挡土墙、护坡等措施，防止水土流失，裸露地及时恢复植被，保护好生态环境。加强声环境规划与控制，保证声环境功能区控制目标的实现)。

园区建设项目环保审批程序：建设项目可行性研究报告初评—勘址—环境影响评价审批—三同时审批（①污染处理设施设计②污染处理设施施工③污染处理设施验收）。

环保设施　园区采取集中供热方式，供热对象为一切需要热能的企事业生产设施和生活设施；区域内要求使用优质燃料，提高煤气普及率，减少因使用劣质燃料所产生的污染；提高二次能源（即用电力和石油制品产生的能源代替煤炭）在能源结构中的比例。截至 2012 年年底，各项环保设施建设均依国家标准建设（具体项目建设资料未存档收录）。

第四章

土地征用·拆迁与安置补偿

第四章　土地征用·拆迁与安置补偿

2002年9月至2012年12月，园区严格依法依规做好土地征用与拆迁安置工作。园区土地征用由天心区国土局负责，依照市政府颁布的土地征收政策执行。拆迁户安置工作由园区管委会与区、镇、街、村协调配合。建园以来，园区认真做好拆迁户的生活、住房和劳动力安置，全面实施低保、医保等社会保障措施，确保农民失地不失业，能安居乐业，生活水平有提高，为园区创造和谐稳定的发展环境。

第一节　土地征用与管理

2002年10月，园区制定《关于加强湖南天心环保工业园区土地控制与管理的暂行办法》，明确为加快天心区工业化进程，合理利用土地资源，加强园区土地控制与管理，根据有关法律、法规和政策，规定园区在长沙市绕城线以南、新韶山路以西、火星大道以北，空某师驻地以东范围内土地作为园区规划建设控制用地；在上述控制用地范围内的土地由园区实行统一领导、统一规划、统一协调、统一管理；需征地和建设的，必须经园区管委会审查同意后，方能依法按程序到区、市规划、国土等部门办理有关征地和规划报建，以及包括与土地使用权有关的出让、转让、抵押”等手续；现有建筑物和构筑物应维持原貌，不得新建、扩建和改建，不得改变房屋使用性质；要严格控制办理户口迁入和分立户口手续，因出生、婚嫁、军人复员退伍、学生毕业分配确需入户或分户的，必须经园区管委会初审同意后，按有关规定办理手续；大托镇及先锋村、新路村不得擅自与各建设单位或个人签订土地征用合同协议及意向，擅自签订合同、协议或意向的，要追究有关单位和个人责任；大托镇及先锋村、新路村要积极配合搞好留地安置规划选址定点工作，妥善安置村民生产和生活，以后村民因危房确需建房屋和拆迁重建房屋须在规划批准的村民住宅安置小区内按规划要求集中统一兴建，任何单位和个人不得乱批、乱建，否则，按违法、违章建筑处理；大托镇及先锋村、新路村，如要在企业安置留地和村民生产安置地块内兴办和引进企业，必须符合园区有关环保要求，申报程序按园区规定办理；区有关职能部门、大托镇、先锋村、新路村要认真履行职责，严格按有关程序办理用地审批手续，切实加强管理，对违反法律法规及园区管委会有关规定的，给予严肃处理，造成严重后果的，依法追究责任；大托镇先锋村、新路村不纳入全区农业产业结构调整考核范畴，各类土地不得擅自改变土地性质、用途、种养类别，村民确需进行农业产业结构调整的，须报组、村，并统一由村报大托镇及园区管委会备案，但如遇土地征收必须无条件服从，征收标准按调整前原有土地性质、用途及种养类别补偿标准执行。

2004 年，园区强化土地征用合同意识，严格控制土地风险，在合同谈判和履约过程中注重防范土地开发过程中的风险，在所有用地合同中都明确规定，项目单位只能按合同约定项目进行开发，5 年内不能改变用地性质、不得自行转让，如发生不按合同约定项目进行建设和改变用地性质及自行转让行为，园区有权终止合同并要求对方赔偿经济损失；在土地转让协议签定 5 年后 10 年内，经许可，项目单位转让土地及变更用地性质的，管委会有权获取土地增值部分 50%的收益，严防项目单位借工业项目名义炒买土地；对用地单位先约定地价，待项目建成后要求项目单位确保税收在项目投产后前三年达到一定基数，如达不到基数要求则税收每差一个百分点，地价在协议地价的基础上增加两个百分点，实行土地价格与财税收入效益挂钩。是年，国家、省、市相继出台以项目投资强度控制供地面积的政策性文件，市政府还要求由市科技局对项目投资强度和科技含量进行评审。园区与省、市有关部门联系，一方面争取支持，尽快办好项目用地，另一方面利用政策法规合理控制土地供应量，以节约利用好园区有限的土地资源；严格履约，按合同约定期限，抓紧为企业办好用地手续，做好拆迁腾地工作，支持企业尽快开工建设；抓紧基础设施配套，为企业创造好的硬件条件；协调好周边关系，支持企业放手建设，实现尽快投产。2010 年，大托镇获园区拆迁组织奖。截至 2012 年年底，园区共征用土地面积约 328 公顷（其中：基础设施占地面积约 40 公顷，招商项目占地面积约 288 公顷）。

政策依据及措施 2002 年 8 月，执行《长沙市征地补偿安置条例》《长沙市征地补偿安置条例实施办法》（长沙市人民政府令〔2000〕第 60 号，以下简称 60 号令），共 17 条，从征用土地、补偿安置方案、征地补偿标准等予以明确规定。征用土地补偿标准（分土地补偿费标准一、二类，安置补助费标准一、二类，拆迁农村房屋补偿标准一、二类，征用土地范围需要保留的农村房屋补偿标准，征用土地生产、生活设施补偿标准一、二、三、四、五类），依法依规组织开展征拆工作。2003 年 9 月，执行《长沙市人民政府关于征地拆迁安置有关问题的规定》，要求为保障征地拆迁工作顺利进行，切实保护被拆迁农民利益，规范被征地农民生活、生产安置行为，根据《长沙市征地补偿安置条例》《长沙市征地补偿安置条例实施办法》，市国土资源局根据集体经济组织（含国营农场，下同）申请和办法有关标准，一次性核定该集体经济组织生活、生产用地（以下简称两安用地）总指标，集体经济组织根据核定两安用地指标，到市规划局申办两安用地规划定点手续，落实好两安用地区域范围，及时依法办理两安用地及建（构）筑物报建审批手续，采取统一建设安置的，以户为单位分配，按 40 平方米 / 人的建筑面积安置，不足 40 平方米按重建房价找补差价，独生子女可按重建安置房价 70%，加房屋层次调整系数每人优惠购买 40 平方米建筑面积，自建安置房报建时应经所在集体经济组织和乡（镇、街道）、区政府批准同意等征地补偿安置条款，切实开展征拆工作。同月，接省政府办明传电转发《国务院办公厅关于认真做好城镇房屋拆迁工作维护社会稳定的紧急通知》，加强对拆迁单位和拆迁评估单位管理，严格依法依程序搞好拆迁。2004 年，区政府规定，关于农民“两安”用地税费缴纳问题，明确农民“两安”用地耕地占用开垦费缴纳继续按原办法和标准执行，即按重点工程对待，收费标准实行 5000 元 / 亩。

2008 年 4 月 1 日，执行市政府新颁布的《长沙市征地补偿实施办法》（长沙市人民政府令第 103 号），本实施办法共 25 条，征地法律法规依据是《中华人民共和国土地管理法》《长沙市征地补偿安置条例》；征地补偿范围适应长沙市行政区域内，从征用土地补偿标准（分土地补偿费标准一、二类，安置补助费标准一、二类，青苗补偿费标准一、二类，花卉苗木基地的花卉苗木移植费，住宅房屋补偿费标准，企业房屋补偿费标准，房屋搬迁补助费、过渡补助费、按期拆迁奖励费标准，住宅房屋结构、装饰装修及设施技术要求一、二、三类，住宅房屋室外设施和生产用房补偿费标准，企业房屋室内、室外设施补偿费标准，集体设施补偿费标准，砂石场、预制场、砖场补偿补助费标准，其他补助费标准）等进行明确规定。从 4 月 1 日始，园区执行新政策新标准开展征地补偿。至 2012 年年底的 5 年间，园区执行《长沙市征地补偿实施办法》（长沙市人民政府令第 103 号）政策标准开展征地补偿。

征地拆迁机构 2002 年 11 月，设立园区征地拆迁建设部，负责园区范围内征地拆迁安置工作。2005 年 5 月，征拆职能并入园区规划建设局。2006 年，成立园区拆迁工作领导小组，组建园区拆迁指挥部和先锋、新路 2 个村拆迁指挥所，以及 7 个拆迁工作组，建立起以镇村为主、区国土局执行、园区配合的拆迁工作机制，确保中信城市广场、韶峰星苑等项目用地按时交付使用。2008 年 3 月，征拆职能并入园区招商合作局，2009 年 2 月，征拆职能并入园区社会事务局。2012 年 3 月，长沙天心经开区规划建设局加挂拆迁办公室牌子，征拆职能并入。

土地征用管理 2003 年，全年投入 1.2 亿元（含拆迁补偿），征地 24.34 公顷多，完成长沙楚天包装机械厂、长沙新兴电器控制设备厂、长沙天鹅工业泵股份有限公司、长沙三远钢结构有限公司等项目拆迁腾地；随后、有长沙塑峰塑料实业、湘服工业园、龙盛实业、华宇工程机械、德佳空调制造、香港超世洋服、长株潭精品汽车城等企业办理入园规划和国土手续；与韶峰水泥集团等 10 家企业签订项目用地意向合同。据统计，全年征地 177.67 公顷多。2004 年 2 月 16 日，湖南华宇工程机械展示厅项目立项批准，征用园区 1—03 号地块建设，规划用地 4 公顷，总投资 1.2 亿元。6 月，长沙贤盛发电器制造公司家电生产基地项目签约入园并立项，征园区 1—07 地块 10 公顷。8 月 16 日，中信新城项目与园区达成合作意向，规划用地 135.2 公顷（商业 14.6 公顷、工业 27.6 公顷、住宅 35.1 公顷、商住 57.9 公顷），第 1 期征用地 32.2 公顷。10 月 22 日，长沙电机厂迁址建设项目办理入园用地手续、征地 30.5 公顷，建 10 个生产车间及生产配套设施和 1 栋集科研、办公、销售综合楼。11 月 25 日，中信新城项目正式签约入园。还有湖南韶峰水泥集团、宁波先锋电器集团等 10 余项目加快办理用地手续。据统计，全年征地 108.67 公顷。2005 年，园区干道 4 条，道路长 4 千米，路幅宽 36 米或 46 米，计划拆迁资金 2195 万元；被列入区重点征地拆迁项目。7 月 12 日，中信新城项目扩充用地各项手续抓紧推进。其中，书院南路回报用地（区城建投回报用地）30%，13.6 公顷（可协议出让用地）办至中信名下。8 月，长沙电机厂项目用地手续完成市政府审批，报省国土资源厅完成统征审批手续。9 月 13 日，中信城市广场（原湘服用地）14.4 公顷，完成省国土资源厅的统征，调查蓝线及定点要点工作业已完成。12 月 21 日，中信城市广场后续用地（酒店群、数码港）48 公顷完成市政府审批，报省国土资源厅审批。是年，园区再供地 4 公顷用于天鹅工业泵建设二期扩厂工程。怀其集团用地 2.13 公顷，用于建设集团总部和软件开发、皮革制品深加工项目。钢龙钢结构、长庆机电科教项目分别占地面积 0.67 公顷和 1.47 公顷，其用地面积是从塑峰塑料科技实业用地面积中合理调整压缩利用出来的，从而提高土地集约化利用率。

2006年，加快用地手续办理，办结用地手续项目14个，总用地面积69.13公顷，占所有入园项目总数的58%。办理有中信数码港、中信酒店群、长沙天鹅工业泵二期等6个项目用地手续。2007年，实施“园区组织、镇村为主、国土执行”的征地拆迁工作机制基础上，实行班子成员、局室负责人项目征地拆迁负责制，突破拆迁腾地的瓶颈，全年共完成长沙电机厂、新电西路、港子河南路及配套用地、天鹅工业泵二期、德康制药、果子园北路、地税二分局7个项目52.34公顷拆迁腾地任务。为赶在新拆迁政策实施之前基本完成所有入园项目腾地计划，园区自加压力，安排包括中信酒店群及绿化广场、华宇、三家医药企业在内共11个项目拆迁，征地面积63.3公顷，全面完成追加拆迁征地任务。全年投入拆迁资金1.19亿元（含拆迁安置补偿），征地118.67公顷，办理好长沙电机厂、中信酒店群、环保大道等18个项目入园或二期项目建设。2009年，园区有拆迁扫尾项目11个，拆迁征地面积71.6公顷多、拆除房屋238栋、动迁人口920人，所有扫尾项目全面完成拆迁腾地，是全区完成60号令拆迁扫尾最早的，且没有一例上访或群众不满意的行为。园区和谐拆迁，成为全区拆迁的一个范例。2010年，华宇（贤盛发）、双舟、益丰、康尔佳、五田医药、光伏新增用地5.53公顷等11个项目完成拆迁腾地，并启动建设。2011年，园区征地拆迁平稳和谐，共完成征地拆迁101.3公顷，园区做到资金不欠一分，不拖一天时间，全部补偿到位。2012年，园区征地拆迁完成28公顷。截至2012年年底，园区征地拆迁完成328公顷。

表 4-1-1 2003—2012 年天心工业园区入园企业征地情况表

序号	单位	征地面积（亩）	有效面积（亩）	位置	土地用途	签约时间	用地审批时间	拆迁房屋（栋）	拆迁人口
1	香港超世洋服	146	127		工业		2003 年 7 月 22 日		
2	长沙新兴电器控制设备厂	30	22	新路村	工业	2003 年 6 月 25 日	2004 年 10 月 10 日	4	19
3	长沙三远钢结构有限公司	55	54	新路村	工业	2003 年 9 月 6 日	2004 年 12 月 6 日		
4	长沙天鹅工业泵（一期）	27	25	新路村	工业	2006 年	2005 年		27
5	长沙龙盛实业有限公司	32	28	先锋村	工业	2003 年 8 月 31 日	2005 年 1 月 26 日		
6	长沙贤盛发电器制造有限公司	149	112	先锋村	工业	2009 年	2005 年 7 月 12 日	23	93
7	长沙塑峰实业有限公司	53	36	先锋村	工业	2003 年 9 月 6 日	2005 年 7 月 18 日		
8	长沙钢龙钢结构有限公司	12	9	先锋村	工业	2004 年 11 月 25 日	2005 年 12 月 2 日		
9	总部经济	488	398	新路村	居住、商业	2009 年	2006 年	101	
10	中信城市广场	217	150	先锋、新路村	居住、商业	2006 年	2006 年 3 月 23 日		
11	湖南韶峰集团有限公司（政鑫置业）	57	41	新路村	居住	2005 年	2006 年 4 月 17 日	11	
12	长沙电机厂	396	311	新路村	工业	2007 年	2006 年 5 月 20 日	81	
13	长大投资置业	53	53		工业		2006 年 10 月 16 日		
14	中信酒店群	248	197	新路村	居住、商业	2008 年	2007 年	38	
15	长沙天鹅工业泵（二期）	33	30	新路村	工业	2006 年	2007 年		
16	宇航实业	18	14	先锋村	工业	2005 年 5 月 19 日	2007 年 3 月 21 日		
17	中信文化广场	205	177	新路村	居住、商业	2007 年	2007 年 7 月	4	
18	中石油湖南销售公司	7	4	先锋村	工业	2005 年 1 月 7 日	2007 年 8 月 7 日		

续表 4-1-1

序号	单位	征地面积（亩）	有效面积（亩）	位置	土地用途	签约时间	用地审批时间	拆迁房屋（栋）	拆迁人口
19	长沙防火装备厂	55	40	新路村	工业	2006 年 5 月 24 日	2007 年 8 月 7 日	4	
20	天亚房地产	25	17	先锋村	工业	2005 年 1 月 7 日	2007 年 8 月 7 日		
21	园区管委会	195.66	112.1	先锋村	绿化	—	2007 年 9 月 27 日	6	
22	湖南红太阳新能源科技有限公司	113	79	黑石村	工业	2010 年	2008 年	11	
23	湖南峰高实业投资有限公司	59.65	50	新路村	工业	2006 年 2 月 8 日	2008 年 9 月 2 日	5	
24	湖南杰峰信息技术有限公司	59.65	40	新路村	工业	2006 年 2 月 8 日	2008 年 9 月 2 日	8	
25	湖南康尔佳药业管理集团有限公司	59.65	50	新路村	工业	2006 年 2 月 8 日	2008 年 9 月 2 日	11	
26	长沙卷烟厂	56.5	40	先锋村	工业	2007 年 3 月 30 日	2008 年 10 月 28 日	11	
27	五田医药有限公司	50	40	新路村	工业	2008 年 7 月 9 日	2008 年 10 月 28 日	12	
28	东方厨具设备厂		5.5		工业	2003 年 7 月 18 日	2009 年 12 月 2 日		
29	湖南精英投资	46	36	新路村	工业	2007 月 9 月		4	
30	长沙矿业集团	38	38		办公、住宅				
31	凯创置业有限公司	128.29	116.8		居住			11	
32	兴威建设开发公司	146	120		商业				
	合计	3258.4	2572.4					345	139

第二节　拆迁安置

2002 年 9—11 月，园区组织大托镇、先锋、新路两村和区国土部门对辖区村民居住、建筑物、土地利用等现状进行调查，收集第一手资料，为征地、拆迁、安置、建设打下基础。11 月 15 日，区委书记杨光荣、区长刘新程就落实大托镇先锋、新路两村村民安置用地到园区现场办公，听取园区管委会对两村村民安置情况专题汇报：先锋村总面积 6750 亩，辖 17 个村民小组，总人口 3481 人，其中，园区规划区占地 284.53 公顷，园内有人口 1886 人，另长沙大道两厢和书院南路土地面积 165.47 公顷，人口 1595 人。新路村总面积 319.13 公顷，辖 12 个村民小组，总人口 2553 人，除书院南路回报地块外全部纳入园区规划范围。经区、市国土部门审定，先锋村村民生活安置约 19.73 公顷，生产安置 19.07 公顷，入园企业安置 9.07 公顷多，总安置用地 47.87 公顷多；新路村村民生活安置约 15.87 公顷，生产安置 15.6 公顷多，入园企业安置约 8.47 公顷多，总安置用地约 40 公顷；因启动长沙大道二、三段和书院南路延长线道路建设，先锋村已在长沙大道二、三段和书院南路延长线道路建设中拆迁 68 栋，拆迁人口 342 人，需安置 85 户。园区多次召集大托镇及两村有关安置会议，拟定园区内大托镇先锋、新路两村村民安置用地方案，征求意见，安置用地指标报市国土局审核批准得到落实。同时就拆迁安置存在的矛盾和问题向区委书记、区长进行详细汇报。区领导对存在的矛盾和问题进行认真剖析研究，对后阶段工作作出明确指示和要求，强调一定要切实做好园区建设中村民安置工作。

2003 年 5 月，完成新岭路（园区第十次干道）路幅内征地拆迁，共完成 6 户 4 栋 2022 平方米房屋拆迁补偿。9 月 8 日，区委副书记、园区工委书记曹健，带领管委会、大托镇、先锋村、新路村班子成员到长沙高新技术开发区和长沙体育新城参观考察，重点对开发建设和农民安置等问题进行实地考察学习。11 月 12 日，在园区三楼会议室召开环保大道（第一期工程）拆迁动员会，区委副书记、园区工委书记曹健，区人大副主任杨建国及园区内有关单位和部门负责人参加会议。全年投入约 1.2 亿元（含征地补偿费），完成房屋拆迁 32 栋，计 7445 余平方米，拆迁人口 166 人，先后完成新兴电器、天鹅工业泵、三远钢结构等项目拆迁腾地，办理入园手续。2004 年，园区依法依程序组织开展拆迁，在开发建设中，充分保障村组和村民利益，与镇、村关系融洽，形成工作合力，共拆迁房屋98栋，从优安排两安用地，提前、足额支付村民拆迁补偿费用，保证两村启动安置工作。全年安置拆迁户建房86户，没有发生一例因拆迁开发建设矛盾而引发的上访事件。2005年，因工程建设影响农作物造成损失，园区依实进行核实和补偿，切实维护拆迁村民利益。8月20日，书院南路回报用地32.47公顷挂牌公示，并对该宗地进行拆迁摸底调查工作。9月7日，拆迁调查摸底工作业已完成，经市政府同意，办理拆迁腾地公告。

2006年7月15日，经大托镇先锋村民代表大会表决通过《大托镇先锋村拆迁村民房屋重建安置实施办法》，明确规定保障征地拆迁村民房屋重建安置办法，本着“节约资源、提升品位、居住舒适、适应发展”的宗旨，切实做好村民重建房屋安置工作。园区根据《长沙市征地补偿安置条例及实施办法》《长沙市人民政府关于征地拆迁安置工作有关问题的规定》文件精神，结合先锋村实际，同意对全村被拆迁村民房屋的重建安置房实行集中安置，统一规划、统一设计、统一施工建设、统一安排的基本原则执行。重建安置必须坚持用地选址定点符合市规划局制定的长沙市总体规划；重建安置用地面积符合市国土局批准的用地指标；重建安置用地在市国土局批准的生活用地红线范围内实施。安置房规划及设计要点模式规定：小高层安置房建设地点规划在长沙大道四段以东，园区干道五以北的生活安置用地范围内，属电梯公寓楼，一栋多单元，多户共用电梯和安全通道；楼房为13层含车库，住房层高3米，钢混结构；外墙统一装饰，前后阳台均铝合金窗封闭；进门统一安装防盗门；水、电、煤气、通信、有线电视等管线按设计图安装入户。安置房面积分配指标：按安置对象每人分配安置房面积为80平方米，公摊面积和车库面积除外。安置房户型标准：安置房户型分为160平方米／套、120平方米／套、80平方米／套等三类户型，以审定的设计方案为准。安置对象：被拆迁的所有农业人口，安置交房时在部队服役的义务兵、新增的农业人口；世居在先锋村有房的非农退休人员；半边户按农业人口分配住房面积。安置房单价：农业人口的安置分配住房和公摊面积的购买价格为400元／平方米；对违反计划生育超生子女户，其超生对象安置房价格为1900元／平方米，对领取独生子女证安置后且违反计划生育超生子女户，原享受独生子女的优待面积需按优待面积1500元／平方米补交给村委会；非农退休人员房屋按保留房屋收购的，其购买住房指标和分摊面积均在其房屋收购价格基础上增加1300元／平方米作为购房价格；按农村房屋征购房屋的退休人员的安置房指标面积和分摊面积均在征购价格基础上增加 1200 元 / 平方米购买。安装入户煤气各项费用按煤气公司交费标准由安置户负担。物业管理：凡是安置人员居住房屋面积免收物业管理费。凡是产权对外转让的安置房需交纳物业管理费；购买安置房付款办法：安置户主填写房屋户型申报表经村委会审核后，在村委会规定时间内交纳购房总额的 50% 及全额交清规定的其他款项，抽签定栋前在村委会规定时间内交清剩余的购房金额。其他规定：纯农户已领取独生子女证的未婚独生子女，须向村委会交纳 1 万元的基础设施费后，方可购买增加一人的分配指标面积安置房。半边户已领取独生子女证且未婚独生子女，须向村委会交纳 1.5 万元基础设施费后，方可购买增加一人的分配指标面积安置房。纯农户家庭在征购拆迁后新增人口须向村委会交纳 1 万元 / 人、半边户新增人口交纳 1.5 万元 / 人的基础设施费后，方能购买分配的指标面积安置房；对于已领取准生证的拆迁户，在交纳村委会 1 万元基础设施费后，可增加购买 1 人的安置房面积，半边户交纳 1.5 万元，可增加购买 1 人的安置房面积。安置区土地所有权属村委会，任何人不得侵占。实行小高层安置房节约土地所经营收入用于补充村民生活来源。7 月 24 日　园区召开拆迁动员大会，提出“扎实奋战 100 天，实现腾地 40 公顷”的具体任务。9 月，向大托镇下派协助农民拆迁安置工作组。2007 年 9 月 14 日，园区组织专项拆违行动，拆违近 3000 平方米。全年拆迁涉及先锋村、新路村两村村民房屋 425 栋，动迁人口 685 人，投入拆迁资金 1.19 亿元（含征地补偿），全部做好村民安置。办好长沙电机厂、中信酒店群、环保大道等 18 个项目入园或二期项目征地拆迁建设手续。

2008 年，在拆迁新老政策交替、村级换届特殊时期，拆迁腾地大环境不太理想情况下，园区抢抓时间，组合人力资源，形成合力，主攻重点项目拆迁，将任务分解到组、到人，并由主要领导挂帅，实施每天一调度，及时研究解决个性化问题，拆迁腾地稳步推进。全年园区完成中信绿化广场和怀其集团 2 个项目拆迁腾地；中信酒店群、华宇集团、长沙卷烟厂、三家医药企业、防火装备厂、环保大道东延长线 6 个项目进行拆迁扫尾；并启动新谷路拆迁腾地。6 月 27 日，区拆除违法违章建设领导小组对园区大托镇先锋村 31 户所搭建违法建设进行拆除。8 月 4 日，新路村自 2003 年以来，根据园区工作要求依据 60 号令政策相继完成 28 个项目的拆迁，拆迁房屋 343 栋，拆迁人口 1037 人，腾地面积 141.2 公顷多。为促进村民生活生产安置顺利进行，召开村民代表大会讨论通过《新路村村民重建安置实施办法》，对安置对象、安置面积等做出具体的规定。根据《新路村村民重建安置实施办法》的规定，考虑到独生子女证、非农业人口、安置时新出生以及迁入新增人口和村两安用地范围内的待拆人口，共计全村安置指标为1280人，需安置面积13.06万平方米。其时，新路村一、二期安置房已顺利竣工，建筑面积8.9万平方米，安置人口862人，安置房全部交付使用。三期工程已完成场地平整、招标定队、规划设计等工作，即将开工建设。经新路村初步概算，三期安置房建筑面积近4200平方米，需建设资金5670万元，加上二期安置扫尾资金亏欠600余万元及现在村里已负债200余万元，需要资金总量在6500万元左右；加上从安置对象中收取安置房款1700万元左右，实际资金缺口在4800万元左右；园区管委会协助新路村筹集资金，建好三期安置房。8月9日，园区召开“两路一基地”拆迁工作会议，代区长曹立军充分肯定园区拆迁工作取得的成绩，对后阶段工作予以部署。是年，在拆迁政策新老交替和村支两委进行换届的特殊时期，园区抢抓时间，主攻重点项目拆迁，将任务分解到组到人，拆迁腾地取得成效。园区全年共拆迁腾地80.1公顷，拆除房屋203栋，动迁人数894人。是年10月，按市政府103号令新政策进行拆迁腾地，2009年5月，对光伏产业基地，征地7.47公顷，拆迁房屋93栋，动迁人口367人。2010年，根据实施市政府103号令拆迁政策实际情况，解决农民安置问题，区政府讨论同意在园区启动占地10公顷，建设20万平方米农民安置房，及时解决农民安置房问题，从而有力推动项目拆迁，加快项目建设启动步伐。2012年，经开区被区政府评为“住房保障工作先进单位”。

第三节　征地补偿

2003年5月，完成新岭路（园区第十次干道）路幅内征地补偿，共对3.4公顷土地的青苗和土地补偿，发放青苗和土地补偿280余万元。2004年8月，完成环保大道征用农田3公顷，拆迁门面9个，发放征地和门面补偿260余万元。11月，完成干道二与塑峰塑料等项目用地青苗补偿计14.67公顷，征用土地3.2公顷，发放青苗和土地及房屋补偿资金400万余元。2005年1月19日，对园区项目用地拆迁补偿问题向区委、区政府请示，自2004年下半年以来，先锋村、新路村农民对拆迁补偿期望过高，对市政府〔2000〕60号令的补偿标准普遍不愿接受，导致园区拆迁补偿工作难按计划顺利开展。但之前有大托一力物流园和长沙大道两厢项目补偿标准已在60号令基础上采取政策加补助的办法，提高约4万～5万元/亩，辖区村组和农民强烈要求比照上述办法执行。如执行该标准，园区开发建设成本增加，如仍执行60号令标准，阻工现象时有发生，项目建设难按计划推进。随后，区委召开常务会议，研究解决这方面问题。是年，园区共办结塑峰塑料实业项目3.6公顷用地、长庆机电科教1.5公顷、钢龙钢结构0.67公顷、龙盛电子科技实业项目2公顷、新兴电器、天鹅工业泵、三远钢结构、贤盛发、园区110千伏变电站等9个项目用地补偿手续。完成华宇工程机械5公顷用地调查、实地丈量和拆迁补偿核对工作。自2006年至2012年年底止，园区征地补偿全部到位，无拖欠发生。因资料未归档，收录缺失，具体补偿资金数据不祥。

表4-3-1　　　　2003—2012年天心工业园征地安置情况表

时间	项　目	面积（亩）	原权属	拆迁人口（人）	安置情况
2003年	新兴、三远、天鹅	150	新路村	24	已安置
	新岭路1	50	新路村	41	已安置
	新岭路2	69	新路村	6	已安置
	环保大道	160	先锋村	91	已安置
2004年	塑峰	89	先锋村	0	已安置
	龙盛	30	先锋村	0	已安置
2005年	德康	18	先锋村	0	已安置
	果子园路	38	先锋村	23	已安置
	怀其	18	先锋村	0	已安置
	韶峰	56	新路村	36	已安置
2006年	城市广场	216	先锋村	0	已安置
	天鹅二期	33	新路村	0	已安置
	青年小区	240	先锋村	56	已安置
2007年	绿化广场	191	先锋村	31	已安置
	长沙电机厂	396	新路村	486	已安置
	新电路	90	新路村	11	已安置
	文化广场	250	新路村	7	已安置
2008年	防火	50	新路村	0	已安置
	三家医药	180	新路村	98	已安置
	酒店群	250	新路村	118	已安置
	兴威	140	新路村	0	已安置
2009年	华宇	143	先锋村	149	已安置
	卷烟厂	57	先锋村	65	已安置
	新谷路	80	先锋村	36	已安置
	中信237	237	新路村	398	已安置
	五田医药	52	新路村	48	已安置
2012					
合计		3283		1724	

第五章

招 商 引 资

第五章　招商引资

从建园开始，在招商引资政策优惠上，坚持“一切为企业着想、一切为企业服务”理念，引凤筑巢。2003年，完成招商项目12个。2004年，完成招商项目10个。长沙电机厂、湖南德康制药、长沙天鹅工业泵年度利税过500万元，受到区委区政府奖励。2008年，完成招商项目5个，招商项目共39个。湖南红太阳新能源科技有限公司利税过5000元，进入市工业企业20强，受到市政府奖励，同时销售收入上10亿元，授予市级“工业企业台阶奖”； 天鹅工业泵、长沙防火装备厂、长沙三远钢结构、长沙新兴电器设备厂、湖南长庆机电科教、长沙电机厂、龙盛饲料有限公司等7户企业利税过1000万元，获市政府奖励；中电集团48研究所、长沙电机厂获市级“工业投资与技术改造先进企业”荣誉称号。被园区评为“税收贡献奖” 有长沙天鹅工业泵、长沙三远钢结构、长沙新兴电器设备厂、湖南韶峰水泥集团（韶峰星苑项目）；获评园区“创新型企业奖” 有长沙天鹅工业泵、长沙电机厂、湖南长庆机电科教有限公司。2009年，帮助6家公司落实项目落地；完成技术需求10项，完成签约项目5项，签约资金达2亿元。招商项目建设取得佳绩。获区政府纳税贡献奖有长沙天鹅工业泵股份有限公司、中电集团第48研究所、长沙电机厂、湖南红太阳新能源科技有限公司、五田医药有限公司。获区政府创新创优奖有长庆机电科教有限公司、长沙防火装备厂、湖南红太阳新能源科技有限公司、中电集团第48研究所。获园区“科技创新先进单位”有长沙天鹅工业泵、湖南红太阳新能源科技有限公司。

2010年，中电集团第48研究所、红太阳新能源有限公司、天鹅工业泵有限公司、长沙电机厂获区政府纳税贡献奖。天鹅工业泵有限公司、长沙电机厂获区政府科技创新奖；长沙电机厂获区政府名牌名企奖。获区年度工业经济奖有天鹅工业泵有限公司、长沙电机厂、中电集团第48研究所、长庆机电科教、长沙三远钢结构有限公司。获市年度利税过千万奖的有：天鹅工业泵、长沙电机厂、长庆机电科教、长沙三远钢结构、新兴电器控制设备、长沙防火装备厂、新世纪东方厨具有限公司。中电集团第48研究所获市委市政府授予“长沙工业30强”“销售收入过40亿元”“ 利税过1亿元”三项奖励。2011年，以“服务也是生产力”“帮企业就是帮自己”为己任，着力做好服务，园区集体决策调度项目达20个。一批项目竣工投产。园区管委会获市“招商引资目标管理考核二等奖”。2012年，创新思路，对优势重大招商项目采取“一事一议”，鼓励吸引企业总部入驻园区。湖南五田医药有限公司获区税收增长奖。长沙电机厂、长沙三远钢结构有限公司获评区创新创优奖。湖南红太阳新能源科技获市政府“长沙市工业三十强”奖励（综合排名第七位），获市政府“利税过5000万元”奖励有长沙三远钢结构，获市政府“技术改造先进企业”有中电集团第48研究所。经开区获评市政府“加速推进新型工业化工作优胜单位”。

2002年至2012年的10年间，招商引资共引进企业78家（如长沙电机厂、中信新城、友阿奥特莱斯、湖南红太阳新能源科技有限公司等重大招商项目9个），其中工业企业49家，商贸服务企业29家。园区实现合同外资2.15亿美元，实现到位外资1.1亿美元，实现省外境内到位资金25.75亿多元，省外境内资金形成固定资产投资35.7亿多元。

第一节　招商政策与措施

2002年10月，依据国家、省、市有关优惠政策文件精神，制定《湖南天心环保工业园入园企业优惠政策》，明确实行优惠共享制（园区企业享受省级经济开发区和长沙市“两区六园”优惠政策，实行封闭式管理）；实行优惠供地制（凡经批准的园区规划用地中工业项目用地，按协议出让方式办理用地手续，以最优惠的价格供地，并不承担园区基础设施建设费用以及减免部分费用）；实行税收奖励制（园区内工业企业所得税由区政府比照“免二减三”的政策奖励给企业；对增值税的征收，三年内由区政府按区留部分的50%奖励给企业，用于企业自身发展）；实行科技奖励制（区财政每年预算安排的工业企业挖潜改造资金和科技三项经费的50%捆绑使用，用于扶持入园重点工业企业发展）；实行重点项目优先制（对投资规模大、发展后劲足的重点企业优先解决用地，并实行一企一议，保障重点项目顺利实施）；实行一家收费制（园区内区级行政性收费全免，其他区级规费的收缴（税金除外）应公开收费种类和标准，实行收费卡制度，收费标准原则上按规定的最低限度的50%收取，由园区统一征收，上缴财政）；实行户籍管理开放制（对园区内投资者和园区企业引进的各类人才，在园区内有固定工作、有合法住所，管委会负责协助申办长沙市户口，其子女入学、入托、区内学校、幼儿园优先给予安排，并免收入学的借读费等额外费用)；实行突出业绩奖励制（对有突出贡献的厂长、经理，在政治待遇、社会荣誉及物质等方面给予支持、奖励)；实行招商引资奖励制（园区企业招商引资参照区政府招商引资奖励办法执行；园区另行给予适当奖励)。12 月 12 日，根据省政府研究同意湖南天心环保工业园（即大托镇先锋村、新路村境内绕城线以南、火星大道以北、韶山路两侧）列入湖南环保科技产业园，享受有关优惠政策。并执行区政府下发《关于天心区鼓励外商投资的若干规定》通知精神，对新引进年缴区级税收 50 万元以上工业、农业企业，实行 3 年内由税务部门按实征收，每年由区财政按区级实得收入一定比例投入企业用于技术改造、扩大规摸。第一年为实缴区级税收总额 30%，第二年为 20%，第三年为 10%。固定资产投资规模在 500 万元人民币以上且经营期有 10 年以上外商投资生产型企业，自投资之日起，区级行政性规费免缴 3 年。对新引进年缴区级税收 80 万元以上三产企业，实行 3 年内由税务部门按实征收，每年由区财政按区级实得收入一定比例投入企业用于扩大规摸，第一年为实缴区级税收总额 20%，第二年为 15%，第三年为 10%。

2003 年，按国家、省、市、区各项优惠政策，采取纳税奖励、新办企业奖励、引资奖励、引企奖励、创优创新奖励等多种方式和渠道，吸引投资者到园区投资创业。对投资在 1 亿元以上，5 亿元以下，投资强度达到每亩固定资产投资 120 万元以上入园企业按工业用地基准地价 20%优惠；对特别有发展前景，投资规模超 5 亿元，投资强度达每亩固定资产投资 120 万元以上入园企业，实行“一事一议”，给予更优惠政策扶持；对投资特大且发展前景特好入园企业，报经区委、区政府批准，可将企业 3～5 年区级税收返还作地价款。对新办高新技术产业企业自投产年度起免征所得税 2 年；新办软件企业自投产年度起，享受企业所得税“两免三减半”优惠政策；外资工业企业在现行税收优惠政策执行期满 3 年内，按 15%的税率征企业所得税；当年出口产品总值达当年产值 70%以上外资企业，按 15%的税率征企业所得税。内外资科技企业从事技术转让、技术开发业务和与之相关技术咨询，免征营业税；从事技术转让及在技术转让过程中发生与技术转让有关之技术咨询、服务、培训之所得，年净收入在 30 万元（含）以下暂免征所得税；开发新产品、新技术、新工艺所发生各项技术开发费用，允许在税前扣除。对新办劳动服务型企业，安置城镇失业人员占从业人员 60%的，三年免征企业所得税，占 30%以上不足 60%的，三年减半征企业所得税；

不足30%的，减半征企业所得税一年。

2005年，执行区委区政府《关于促进经济发展的奖励办法》精神，对新办工业、农业企业，当年实缴园区区级所得30万元以上的，实行三年内由税务部门按实征收，每年由园区财政按区级所得的一定比例投入企业用于技术改造、扩大规模。对新办服务业企业，当年实缴园区区级所得50万元以上，且逐年增幅超过20%，实行三年内由税务部门按实征收，每年由园区财政按区级所得一定比例投入企业用于技术改造、扩大规模。第一年投入比例为25%，第二年为20%，第三年为15%。对新办商贸流通企业，当年实缴园区区级所得60万元以上，且逐年增幅超过20%，实行三年内由税务部门按实征收，每年由园区财政按区级所得一定比例投入企业用于技术改造、扩大规模。第一年投入比例为20%，第二年为15%，第三年为10%。对有特殊贡献的建安企业和新办房地产企业按“一事一议”的原则另行商定奖励办法。对年实缴园区区级所得在100万元以上，且比上年增长10%的企业，按区级所得3%奖励。对年实缴园区区级所得首次突破500万元，在500万～1000万元之间；首次突破1000万元，在1000万～1500万元之间；首次突破1500万元以上（不含1500万元）的企业，分别按其实缴园区区级所得的2%、5%、10%进行奖励。对于新建或整体改造单体建筑面积在1万平方米以上、且其建设环节税收在区内缴纳的商务楼，竣工投入使用后，当年一次性由园区财政按每万平方米5万元奖励给项目开发商。对依照有关规定和程序认定的当年实缴园区区级所得500万元（含500万元）以上、且逐年增幅在10%以上（不包括该楼宇餐饮、娱乐、零售收入）的商务楼，由园区财政连续奖励三年，分别按当年实缴区级所得的3%、2%、1%奖励给项目开发商或业主；对依照有关规定和程序认定的当年实缴园区区级所得1000万元（含1000万元）以上、且逐年增幅在10%以上（不包括设楼宇餐饮、娱乐、零售收入）的商务楼，由园区财政连续奖励三年，分别按当年实缴园区区级所得的6%、5%、4%奖励给项目开发商或业主。对“特色名楼”工程。建筑面积在2万平方米以上、在全市有一定知名度，当年实缴园区区级税收位居前五位的商务楼宇或专业特色楼宇，授予园区“年度名优商务楼盘”称号；对缴纳园区区级税收排名第一的楼宇，一次性奖励业主单位10万元。凡入驻园区商务楼的企业，第一年免收园区级行政费用（工本费除外），一年以后按下限标准收取。凡引进园区外资金来辖区投资新办工业、农业企业的、经认定后，原则按当年该企业实缴园区区级所得的5%奖励中介人。对凡引进园区外资金来辖区投资新办商贸流通企业的、经认定后、原则按当年该企业实缴区级所得的 4%奖励中介人。对投资房产开发项目且当年实缴园区区级所得在 200 万元以上的，经认定后，原则按园区区级所得的 1%奖励中介人。对园区机关或干部引进园区外资金来辖区投资新办企业的，原则上以其所产生园区区级所得的 1%计算奖金，奖金一般奖到单位。对引进园区区级财源项目，当年园区区级所得达 100 万元以上，且不符合招商引资中介人其他奖励条件的，按园区区级所得的 5%一次性奖励给中介人。

2008 年，执行区委区政府制定的招商引资优惠政策。授纳税贡献奖条件：园区内工商企业凡年度实缴税收园区区级所得 40 万元以上的企业，按 6%给予奖励。有餐饮、娱乐服务企业纳税奖：对园区内凡年度实缴税收园区区级所得 50 万元以上，按 5%给予奖励。园区建安企业凡年度实缴税收园区级所得 100 万元以上企业，按 4%给予奖励。园区内房地产开发企业凡年度实缴税收园区级所得 500 万元以上，按 3%给予奖励。园区内以整栋楼宇为核算单位，凡楼宇内企业年度实缴税收园区级所得总和 500 万元以上，对楼宇产权所有人或经营者按 5%一次性给予奖励。对园区内中央、省、市驻区单位、国有企业进行开发建设，选定建安队伍税收为园区区级，按建安税收的 10%奖励业主单位及相关工作人员。园区内工矿、商贸企业年度纳税园区级所得 150 万元以上，餐饮娱乐服务企业年度纳税园区区级所得 200 万以上，建安企业年度纳税园区区级所得 400 万元以上，房地产开发企业年度纳税区级所得 1000 万元以上，楼宇企业年度纳税园区区级所得 800 万元以上，在纳税贡献奖励范围内，再增加 2%的奖励。凡属新办规模工业、商贸服务业、餐饮娱乐业企业（指区域内新注册的企业，不含更名、股份等形式变更的企业），开业后三年按实缴税收园区区级所得的 40%、30%、20%给予奖励。园区内新建商务楼使用面积在 1 万平方米以上、商住楼商用面积在 5000 平方米以上（均不含车库），符合区政府产业发展定位，预期可产生较大园区区级贡献的，在全面投入使用当年，对开发商分别给予 100 元 / 平方米、80 元 / 平方米的奖励。园区新建特色街市营业面积达到 10000 平方米、20000 平方米、30000 平方米以上，在竣工投入使用且产生区级税收当年，按每条特色街市 10 万元、15 万元、20 万元的标准给予奖励。授招商引资奖条件 有引资奖：对引进园区外投资，当年到位资金达到 3000 万元 （外汇按实际发生日国家外汇管理局公布的汇率折算）以上，且国内资金兴办项目税收为园区区级；国外境外资金兴办“三资”企业法定注册地在园区、符合税收分成条件的，按当年或以后一年实缴税收区级所得 4%一次性奖励引资人。有引企奖：对引进园区外注册资金 1000 万元以上的企业落户园区，税收级次为区级，且当年或以后一年实缴税收区级所得 50 万元以上，按当年或以后一年税收区级所得 4%一次性奖励引企人。凡当年在园区独立承办各类大型会展的园区内企业(注册在天心工业区的公司)，每成功举办一次省级以上会展，吸引市外参展客商 150 家以上或每成功举办一次全国性展会，吸引省外参展客商 300 家以上的，且实现社会销售品零售总额达到 10 亿元以上，分别给予 5 万元、10 万元奖励。授创优创新奖条件 有名牌名企奖：对凡园区当年获省级“著名商标”或国家“驰名商标”的，分别给予企业 10 万元、30 万元的奖励； 对凡园区当年产品被评为省级名牌产品或国家级名牌产品的，分别给予企业 8 万元、15 万元的奖励； 对凡园区当年获得国家质检总局授予国家免检资格的，给予企业 6 万元奖励； 对凡园区建安企业创省级优质工程“芙蓉奖”或创国家优质工程“鲁班奖”分别给予企业 10 万元、20 万元奖励；对凡园区属建安企业主业当年获得“一级建安企业”“特级建安企业”资质证书的，分别给予 10 万元、20 万元奖励；对凡园区物流企业当年获得“国家 AAAAA”资质证书的，给予企业 8 万元奖励。有科技创新奖：对园区企业开发科技产品、项目获得市级以上“科技进步奖”，且产品或项目投入批量生产，设立科技进步奖，其中获市级、省级、国家级的，分别给予 5 万元、10 万元、20 万元奖励。有企业开发专利奖：对运用科技成果取得明显成效，并获得市级以上科技部门或省级以上行业评审组织颁发相关证书的，奖励 1 万元。有企业上市奖：对凡园区企业获准正式上市发行股票，当年融资过亿元用于园区内扩大生产经营，给予 50 万元奖励。创优创新奖励企业税收级次必须为区级。授优秀企业家奖条件，在区企业厂长、经理中，每年评选不超过 10 名（管理水平高、法律意识强、企业效益好、税收贡献大）优秀厂长、经理，授予“优秀企业家”称号，若园区有企业厂长、经理被评选上，给予每人 5 万元奖励。

2009 年 4 月 29 日，园区为进一步加大招商引资力度，按照产业定位要求，鼓励外来投资者来园区投资兴业，出台《关于天心创业园内展示厅、办公楼及标准厂房招商优惠办法》《招商引资中介人奖励办法》《招商引资快速决策工作机制》，园区招商部门在接洽项目 2 个工作日内拿出意见报告招商领导小组；招商领导小组在接到招商部门汇报后 3 个工作日作出是否考察意见；招商部门接到领导小组批示后 5 个工作日内完成考察并写出考察报告；招商领导小组接到考察报告后提交园区工委，3 个工作日内召开工委会议决策；工委会议决策后 7 个工作日内办理合同签订手续；项目合作合同签订之日起 3 个工作日内报区政府备案。

表 5-1-1　　2009—2012 年天心工业园区可供租赁的办公楼及厂房表

位置	项目		面积（平方米）	年租金（万元）	招商定位	备注
天心创业园范围内	展示厅	第 1 层	1100	17.16	电视购物、动漫、营销、图文制作中心、中高档工艺品等等	①框架结构 ②1 楼层高 4.8 米 2 楼层高 5.7 米 ③13 元 / 月·平方米，含物业管理费
		第 2 层	1045	16.30		
天心创业园范围内	办公楼	第 1 层	760.45	11.86	建筑公司 装饰公司 广告公司 电视媒体 教育机构 律师事务所 文化传播公司 会计师事务所	①框架结构 ②层高 3.6 米 ③13 元 / 月·平方米，含物业管理费
		第 2 层	815.58	12.72		
		第 3 层	871.70	13.60		
		第 4 层	928.81	14.49		
	6 号栋	第 2 层	2000	24	引进高新技术中小型企业等	①标准厂房 ②层高 4.5 米 ③内空：78 米×24 米 ④10 元 / 月·平方米，含物业管理费

表 5-1-2　　2009—2012 年天心工业园区展示厅租赁优惠实施办法表

租赁方式	实施办法
租一层	1. 国税达到 150 万元 / 年以上或者税收区级所得达到 40 万元 / 年以上的，园区免费提供场地； 2. 国税达到 200 万元 / 年以上或者税收区级所得达到 60 万元 / 年以上的，园区除免费提供场地外，还将按区级所得的一定比例给予奖励，奖励三年：第一年奖励 40%，第二年奖励 30%，第三年奖励 20%； 3. 如未达到上述税收标准，按每平方米每月 13 元收取租金
租两层	1. 国税达到 300 万元 / 年以上或者税收区级所得达到 100 万元 / 年以上的，园区除免费提供场地外，还将按区级所得的一定比例给予奖励，奖励三年：第一年奖励 40%，第二年奖励 30%，第三年奖励 20%。 2. 如未达到上述税收标准，按每平方米每月 13 元收取租金

表 5-1-3　　2009—2012 年天心工业园区厂房多层租赁优惠实施办法表

租赁方式	实施办法
租一层	1. 国税达到 200 万元 / 年以上或者税收区级所得达到 50 万元 / 年以上的，园区免费提供场地； 2. 国税达到 400 万元 / 年以上或者税收区级所得达到 100 万元 / 年以上的，园区除免费提供场地外，还将按区级所得的一定比例给予奖励，奖励三年：第一年奖励 40%，第二年奖励 30%，第三年奖励 20%； 3. 如未达到上述税收标准，按每平方米每月 13 元收取租金

续表 5-1-3

租赁方式	实施办法
租两层	1. 国税达到 400 万元 / 年以上或者税收区级所得达到 100 万元 / 年以上的，园区免费提供场地； 2. 国税达到 800 万元 / 年以上或者税收区级所得达到 200 万元 / 年以上的，园区除免费提供场地外，还将按区级所得的一定比例给予奖励，奖励三年：第一年奖励 40%，第二年奖励 30%，第三年奖励 20%； 3. 如未达到上述税收标准，按每平方米每月 13 元收取租金
租三层	1. 国税达到 600 万元 / 年以上或者税收区级所得达到 150 万元 / 年以上的，园区免费提供场地； 2. 国税达到 1200 万元 / 年以上或者税收区级所得达到 300 万元 / 年以上的，园区除免费提供场地外，还将按区级所得的一定比例给予奖励，奖励三年：第一年奖励 40%，第二年奖励 30%，第三年奖励 20%； 3. 如未达到上述税收标准，按每平方米每月 13 元收取租金
租四层	1. 国税达到 800 万元 / 年以上或者税收区级所得达到 200 万元 / 年以上的，园区免费提供场地； 2. 国税达到 1600 万元 / 年以上或者税收区级所得达到 400 万元 / 年以上的，园区除免费提供场地外，还将按区级所得的一定比例给予奖励，奖励三年：第一年奖励 40%，第二年奖励 30%，第三年奖励 20%； 3. 如未达到上述税收标准，按每平方米每月 13 元收取租金

注：企业根据自身需要可不整层租赁，但租赁面积原则上不得低于 50 平方米。园区代办或协助企业在园区内注册；入驻企业连续三年享受上述优惠政策。享受园区上述优惠政策的基础上同时享受省、市、区（除税收优惠政策外）相关优惠政策。未达到园区规定的区级税收标准的仅享受省、市、区有关优惠政策，不再享受园区的税收优惠政策。企业入园后，根据企业需要，园区优先解决企业发展用地。

2011 年，执行区委区政府《关于促进区域经济发展奖励办法》，适用范围为扶植或奖励对象为园区辖区内企业、单位或个人，要求企业税收关系必须在园区。创优创新奖中对建安企业创优质工程的奖励仅要求建安企业对区级税收产生贡献，不限定税收关系和行政归属。企业入驻奖奖励范围为区域内新注册企业，不含更名、股改等形式变更的。授纳税贡献奖条件 有纳税大户奖：凡房地产开发企业年度实缴税收区级所得 1000 万元以上的，建安企业年度实缴税收区级所得 500 万元以上的，按 2%给予奖励；其他企业年度实缴税收区级所得 100 万元以上的，按 5%给予奖励。有税收增长奖：除房地产开发企业、建安企业外，在年度实缴税收区级所得 50 万元以上，且年度实缴税收区级所得较上年增长达到 30%以上的，按区级所得增量部分给予 10%奖励，其中文化企业按区级所得增量部分给予 50%奖励。授企业入驻奖条件 有金融企业（含银行业、保险业、证券业企业）入驻奖：凡自建或购置自用办公用房面积在 2000 平方米以上的金融企业，形成营业税后，按 300 元 / 平方米标准给予一次性购房补助，最高不超过 300 万元。若奖励金额高于受奖企业当年实缴税收区级所得，可分年兑现，兑现期不超过三年，每年兑现奖金以当年实缴税收区级所得为上限。凡租赁自用办公用房面积在 1500 平方米以上的金融企业，自开业之日起三年内，按每年 100 元 / 平方米标准给予租房补贴，年度租房补贴金额最多不超过该企业当年实缴税收区级所得 50%。租金补贴期内购买自用经营用房，按购房补贴标准给予一次性购房补贴（同时扣除已享受的租金补贴金额）。对入驻金融企业高管工薪所得缴纳个人所得税区级所得部分，自企业入驻起由区财政给予全额奖励。有总部企业入驻奖：凡世界 500 强企业中国总部、区域性总部及国内 100 强企业总部、区域性总部注册入驻园区，且自建或购置办公用房面积 2000 平方米以上，按 300 元 / 平方米的标准给予购房补助，最高不超过 300 万元。若奖励金额高于受奖企业当年实缴税收区级所得，可分年兑现，兑现期不超过 3 年，每年兑现奖金以当年实缴税收区级所得为上限（世界 500 强企业指最新被《财富》杂志或《福布斯》杂志评为世界 500 强的企业，具备中国大陆境内总结算资格的为中国总部，具备湖南境内总结算资格的为区域性总部。国内 100 强企业指最新被中国企业联合会或中国企业家协会评为中国 100 强的企业，具备中国境内总结算资格的为国内总部，具备湖南境内总结算资格的为区域性总部）。有文化创意企业入驻奖：凡数字出版、现代传媒、动漫游戏、信息服务、设计服务、艺术品业、文化会展等文化创意企业注册入驻园区，开业起前三年分别按实缴税收区级所得的 80%、60%、40%给予奖励。有品牌酒店入驻奖：凡品牌酒店入驻园区并获全国旅游饭店星级评定机构颁发五星级及以上证书和标志牌的，自授星当年起，连续三年分别按实缴税收区级所得 50%、40%、30%给予奖励。有新办现代服务业、中介业、高新技术企业奖（不含金融企业、总部企业、文化创意企业、品牌酒店）：自开业之日起一年内实缴税收区级所得 50 万元以上，自当年起连续三年分别按实缴税收区级所得 50%、40%、30%给予奖励。有新办新型工业企业奖：凡列入《长沙市产业发展指导目录》鼓励类产业，符合“两型”社会发展要求的新型工业企业入驻园区，注册之日起一年内实缴税收区级所得 50 万元以上，自当年起连续三年分别按实缴税收区级所得 50%、40%、30%给予奖励（享受企业入驻奖励的企业须与园区管委会签订入驻协议，保证五年内不迁出园区。若出现违反协议行为，应全额退还该项奖金）。授楼宇（街市）经济促进奖条件 有新建商业地产奖：凡对新建商务面积 2 万~4 万平方米及商务面积 4 万平方米以上，配备中央空调、地下停车场、充足电梯、高端物业服务的纯商务楼宇，在全面投入使用当年，分别给予开发商20元/平方米、40元/平方米一次性奖励。对新建商务面积4万～6万平方米及商务面积6万平方米以上的城市综合体，在全面投入使用当年，分别给予开发商20元/平方米、40元/平方米一次性奖励（核算面积指标时，按已投入经营并产生区级所得税收商业面积计算）。有楼宇提质改造奖：对建筑面积1.5万平方米以上现有商务楼宇进行提质改造，公共部分和公共设施设备投入超过300万元，改造后楼宇品质提高、服务功能齐全、配套设施完善，自提质改造完成当年起连续三年分别按整栋楼宇实缴税收区级所得增量部分（不含楼宇内房地产、建安企业缴纳的税收）100%、70%、50%给予改造投资主体资金扶植。有新建特色街市奖：对新建特色街市营业面积达到1万、2万、3万平方米以上，在竣工投入使用且产生区级所得税收的当年，分别按每条特色街市10万元、20万元、30万元标准给予一次性奖励。授招商引资重大贡献奖条件 为调动园区内各界参与招商引资积极性，设立招商引资重大贡献奖，每年评定不超过3个重大项目或企业，对每个项目或企业分别评定不超过3个先进单位、6名突出个人。评奖要求为参评项目或企业落户园区年度实缴税收区级所得达500万元，且符合园区产业政策和规划导向（奖励标准：先进单位奖10万元/个、突出个人奖5万元/人，奖励总额不超过60万元。突出个人奖原则上不含政府公职人员）。授产业发展奖条件 有技术改造奖：对符合园区产业发展方向，利用原有厂房、土地，通过技术改造淘汰原有落后生产设备、工艺、技术，固定资产投资额达1000万元以上，实现产品换代升级、内在品质提高，同时企业生产能力显著增强，改造完成当年或次年实缴税收区级所得增长15%以上的工业企业，给予30万元奖励。有产业转型奖：对列入国家、省高新技术产业化工业项目，分别给予企业20万元、15万元奖励。有文化创业奖：对推动文化产业发展做出突出贡献的文化企业高管人员进行奖励，其中对上市企业高管工薪所得缴纳个人所得税区级所得部分给予全额奖励；对国家、省、市文化产业主管部门认定文化产业示范基地或重点文化企业高管工薪所得缴纳个人所得税区级所得部分分别给予80%、60%、50%奖励。对预期良好、成长潜力较大的企业，贷款或一次性付款购置生产经营场地、增资扩大生产经营规模，连续三年分别给予实缴税收区级所得增量部分100%、70%、50%奖励。对预期良好，符合园区文化创意创业大厦入驻条件的企业，连续三年分别给予租金80%、60%、50%补贴。有会展奖：对当年在园区承办各类市场化运作的国际性、全国性、省级会展项目，展览面积达1万平方米以上，吸引参展客商达200家以上，实现社会消费品零售总额达到10亿元以上，并经市会展办登记或备案企业，分别给予15万元、10万元、5万元奖励。授创优创新奖条件 有名牌名企奖：凡当年获国家工商总局认定为“驰名商标”或省工商局认定为“著名商标”，分别给予企业30万元、10万元的奖励。凡当年产品被质量技术监督部门评为国家级、省级名牌产品的，分别给予企业15万元、8万元的奖励。凡当年企业被评为全国质量奖、湖南省省长质量奖，分别给予50万元、30万元的奖励。凡建安企业在园区建设项目创国家优质工程“鲁班奖”或创省级优质工程“芙蓉奖”，分别给予50万元、20万元奖励。凡物流企业当年获得国家AAAAA或AAAA资质证书，分别给予20万元、10万元奖励。凡物业服务企业管理的园区内项目当年获全国物业管理示范住宅小区（大厦、工业区）或省优秀物业管理项目，分别给予10万元、5万元奖励。

2012年，天心经开区执行《长沙市天心区促进区域经济发展奖励办法》，设税收增长奖：对文化创意企业年度实缴税收区级所得50万元以上，且年度实缴税收区级所得较上年增长达到30%（含）以上，按区级所得增量部分给予50%奖励。除房地产开发企业、建安企业、文化创意企业外，年度实缴税收区级所得100万元以上，且年度实缴税收区级所得较上年增长达到30%（含）以上，按区级所得增量部分给予10%奖励。设企业入驻奖有金融企业（含银行业、保险业、证券业企业）入驻奖：奖励范围仅限新设机构或网点，具体依照《长沙市天心区促进金融产业发展的若干办法》执行。跨区搬迁的金融企业，根据《关于加强对市内已建金融机构跨区搬迁管理的通知》精神，不享受奖励政策。有总部企业入驻奖：对世界500强企业中国总部、区域性总部及国内100强企业总部、区域性总部注册入驻天心经开区，且自建或购置办公用房面积2000平方米以上，按300元/平方米标准给予购房补助，最高不超过300万元。若奖励金额高于受奖企业当年实缴税收区级所得，可分年兑现，兑现期不超过三年，每年兑现奖金以当年实缴税收区级所得为限。

第二节 招商方式

2002年9—12月，随着园区建设的启动，园区优越投资环境吸引着省内外各路商家和企业，到园区洽谈和协商的商家和企业先后实地考察的40多家，园区对其中16家重点企业项目有针对性地进行考察。积极开展招商活动，组织到深圳参加全国高交会。2003年5月27日，园区管委会与省服装工业公司签订项目用地转让协议书，规划用地146.67公顷建中国湖南服装科技工业园，省服装工业公司在园区内建设湘服多功能展示中心及湘服科技中心，集服饰展示与品牌推介、科技研究与发展、产品交易、国际贸易、物流配送及服装会所于一体、项目建设周期三年，总投资约5亿元，招商对象主要为国内外知名服饰品牌企业，建成投产后，可解决近1万人就业，每年可实现约15亿元销售。

2004年11月25日，园区在引进大项目和标志性项目上取得突破，区委副书记、代区长夏建平与中信（深圳）集团公司总经理郭志荣分别代表双方签订中信新城正式合同，中信（深圳）集团公司有关负责人和园区主要负责人参加签约仪式。“中信新城” 项目落户园区，是一个集商贸、文化、娱乐、金融、信息、高科技工业、绿色生态居住于一体综合组团，是打造天心区仍至长沙市又一名片；是提高天心生态新城区域竞争力又一特色项目。12月中旬，特别是中信深圳集团公司投资建设的“中信新城”项目取得实质性进展。在区委高度重视和邀请下，中国中信集团董事长王军亲赴长沙，对中信新城项目进行实地考察，并与省、市区主要领导进行座谈，争取更大政策支持，还与三家银行签订30亿元贷款专门用于项目建设。同时，省委常委、市委书记梅克保，市委副书记、市长谭仲池及市国土局、市规划局等主要负责人等相继为中信新城项目到园区现场办公，为该项目的推进明确要简化手续、减免费用等一系列优惠政策；该项目总投资50亿元，占地面积133.4公顷，该大型综合组团项目包括三部分（其一具有国际一流水准的商务购物休闲中心—中信城市广场，其二用于建设高科技工业企业基地，其三建设与工业园进行功能配套的高尚生态居住区）；项目建成投入使用后，会成为长沙市标志性“城市商务名片”。是年，香港佳程集团税控收款机生产基地和晓清环保、怀其集团、锐信医疗机械等签定入园投资意向书。全年经优化投资环境，完善基础设施建设，扩大园区招商面，吸纳精优项目入园开发建设，共引进正式入园项目18个、意向入园项目6个，协议投资金额84亿元。

2005年，园区做好项目协调服务工作，严格履约，抓紧为企业办好用地手续，做好拆迁腾地工作，协调好周边关系，支持企业尽快开工建设或尽快投产创效和正常经营。特别是加大对超世洋服项目的督促和指导，超世洋服又启动2栋标准厂房建设，其工业小区将计划列为市经委支持的中小企业孵化器。

2006年，园区根据产业要求，突出重点，选优择强加强协调，优质服务，推进重点项目入驻步伐。与长沙防火装备厂、湖南长高高压电器有限公司、湖南双舟医药集团、湖南康尔佳医药管理集团、湖南益丰投资有限公司等五家企业签订入园用地开发协议。对园区总部产业定位形成及将园区打造成旅游景点、产业亮点、社会卖点和提升园区整体形象产生积极作用。

2007年，园区采取"定位、定向、定点"的招商方式，加大产业招商力度，远赴北京、上海、成都、浙江、福建等地开展小分队招商活动。9月9日，通过实地考察，引进日本东宇、友阿集团奥特莱斯公园购物广场等项目，在"2007中国（厦门）投资洽谈会" 上与日本东宇公司投资东宇（长沙）食品有限公司签约，友阿集团奥特莱斯公园购物广场项目达成意向落户园区。11月15日，园区立足已引进项目，配合指导做好二次招商，引导中国影视集团公司与湖南省中信控股有限公司签约，入驻中信新城。12月14日，中国电子科技集团公司第四十八研究所与西班牙索拉日科（Solarig）公司投资50亿元建设光伏产业基地正式落户园区。2008年，园区参加"2008年中部博览会""2008年'沪洽周'活动""全国知名企业家长沙行活动""2008中国长沙（日韩）现代制造业及服务外包主题招商会""2008对接珠三角招商活动""2008中国·长沙现代农业投资合作洽谈会""2008世界渔具博览会"和"2008湖南·长沙·天心（深圳）投资说明会"等招商活动。3月下旬，由市经委带队，园区组织长沙电机厂有限公司、长沙防火装备厂、湖南龙盛科技有限公司等入园企业赴上海、苏州、无锡及武汉对光伏产业进行实地考察，开展小分队招商活动。是年，园区获市招商目标考核三等奖。

2009年，园区成立创业富民工作小组和招商引资领导小组，有成员11人，进行明确分工，责任到人，利用商务代理作用，与商务代理公司合作开展招商活动，园区建立起一支高效务实的招商引资工作队伍，指派2位专人负责商务代理工作，利用"创业富民，就业惠民"创业平台招商，在韶山南路旁，规划用地约27.4公顷，作为创业富民基地——天心创业园。开发建设面积约8万多平方米，其中工业标准厂房3.2万多平方米，办公楼0.8万多平方米，商业区2万多平方米，与其配套的员工宿舍、食堂等服务设施2万多平方米。引进企业30家，从业人员达2000人。天心创业园被市认定为市级创业基地之一。实施"走出去宣传，请进来考察"招商宣传策略，积极参加"第四届中部博览会""2009湖南港澳洽谈周""2009天心区区域资源推介会""2009中国（长沙）

科技成果转化交易会”“2009长沙地产投资洽谈会和2009长沙（北京）市情推介会”等国家、省、市、区级举行的招商活动并发布招商项目，同年，园区分赴广州、无锡、北京等地开展小分队招商活动。对引进中电集团48研究所光伏产业基地项目进行论证，园区为发展光伏产业，决定在中电集团48研究所周边扩征5.53公顷（含路幅），解决光伏产业链扩展用地；其中中电集团48研究所西侧规划为工业用地（S5号地块和S17号地块），有效面积3.4公顷多，中电集团48研究所北侧（S8号地块） 和南侧（S2号地块）两块规划为科研用地，有效面积为1.8公顷多。

2010年2月9日，市委常委、常务副市长谢建辉主持召开专题会议，就奥特莱斯项目建设有关问题解决方法、方式予以强调，有涉及任务的18个部门负责人参会，会议听取区政府关于奥特莱斯项目建设情况汇报，该项目位于省府新区，地处长株潭经济一体化的桥头堡和“两型社会”建设前沿，是全市高品质现代服务业重点项目，项目商贸业态新、投资规模大、产业含量高、就业岗位多、辐射带动强，对加快长株潭经济一体化进程意义重大；会上就有关问题逐一落实到相关部门解决；要求各有关部门从提升长沙商业整体竞争力、促进经济发展的高度出发，切实为奥特莱斯项目建设提供服务支持；涉及到省、市部门的事项由市里负责，涉及区有关部门的事项由区政府负责，并要求主动上门服务；原则同意奥特莱斯项目列入市重点工程项目，力争3月10日开工建设，各部门要开辟绿色通道，确保项目如期开工；关于设计总图问题，该项目在前期因设计单位对规范及长沙市规划相关规定要求不熟，造成设计方案存在诸多问题，建设单位要尽快督促设计单位按要求进行规范，涉及法律法规及规划程序方面的问题不能省；关于放线单问题，为满足3月10日开工需要，市规划局于3月5日前先开具1栋—4栋放线单；关于修改设计问题：在北侧离界能满足要求情况下，建筑整体布局向北侧平移或局部偏移，在尽量保证建筑物整体不变情况下不违规占用城市规划绿地；关于绿化问题：按核实总图指标，绿地率达不到规划设计条件要求，总图阶段先不作考虑，在环境景观设计阶段再作调整，尽可能在停车场内增加绿化，提高项目环境景观品质；关于层高问题：建筑物一层高度6米，按规定按两层计算建筑面积，建设单位适当调整层高；使奥特莱斯项目建设得到落实。是年，积极参加市、区相关商务活动，主动开展小分队招商活动，成功对接大项目、大客商。利用优惠招商政策，通过节会、网络有效宣传，吸引大量客商来园区投资洽谈。全年共接待来电来访客商120多批次，共700多人次。为确保招好商招优商，园区主动与项目对接，对每个投资项目可行性进行综合评价、评估，严格把关，趋利避害，优先引进无污染、低耗能、高效益等高新技术项目，保证招商引资质量和效果。全年成功签约大小项目10多个，是年，与神州数码、北京凯博能源科技有限公司、省旅游开发总公司等洽谈电子商务产业基地、新能源产业基地、省旅游服务中心落户园区等相关事宜。

2011年，园区按省市区三级的要求参加“湘浙、湘苏经贸洽谈会”“第六届中国中部投资贸易博览会”“2011湖南经济合作洽谈会暨湘商大会”“2011年科交会及第三届区域资源推介暨总部企业招商大会活动”等大型招商活动，分赴北京、天津、上海、四川、江浙地区开展产业论证和小分队招商活动，大力推介和宣传园区，同年，发挥工商部门优势，形成招商与工商良好的互动工作机制，鼓励、吸引企业总部、“非地”企业入驻园区，成效显著。同时，积极做好已建和在建商业项目、工业标准厂房项目宣传和推介，帮助奥特莱斯、中信购物中心及龙盛电子产业科技等项目进入市级招商目录，支持和指导其做好二次招商。奥特莱斯购物广场项目基本完成招商，并全面营业，引进品牌252个。中信新城项目与沃尔玛、华润集团等洽谈购物中心及文化广场合作事宜，着手将签订合作意向书。龙盛电子产业基地一期厂房已基本完成招商并帮助入驻企业做好工商注册登记，二期厂房已有多家企业意向落户。塑峰塑料科研综合楼，组织多家企业到项目实地考察，有两家总部企业意向整体入驻。是年，继续做好园区存量土地招商工作，主动对接项目，争取最大效益化。支持和指导先锋、新路两村农民安置用地招商引资，积极探索两村农民安置用地招商合作模式，围绕产业特色，定位实施招商，给两村农民带来更多实惠。与物流仓储基地项目、长沙移动公司总部基地项目、湖南会计师服务示范基地、工业地产孵化器项目以及湖南省旅游服务中心项目进行洽谈。年内物流仓储基地项目顺利签约。

2012年，园区组织参加第七届中国中部投资贸易博览会、长沙与中央企业合作发展暨重大项目推介会、第八届“泛珠三角区域经贸合作洽谈会”“2012科技成果交流会”“天心区新加坡专场招商会暨长株潭中央休闲商务区推介会”“天心区北京央企对接会及驻京企业长沙行活动”等各类招商活动，并自行举办和组织多次招商活动，其中进入中博会上市级签约项目2个，央企对接会上签约项目1个。新入驻注册企业60家。园区二次招商全面推进，支持和指导中信购物中心、中信酒店、龙盛高科及华宇做好二次招商，共接待客商80批次共300余人次。中信购物中心项目有华润万家、沃尔玛、人人乐、通程百货、大洋百货、苏宁电器 、通程电器、星美实业、嘉禾实业、迪卡龙实业等企业洽谈；中信数码港项目与IDG资本投资顾问（北京）有限公司、铁狮门房地产有限公司签署战略合作协议，联合引进和定制世界500强企业、世界知名企业和湖南深圳商会下属企业的湖南总部；龙盛电子产业基地一期厂房完成招商并帮助入驻企业做好工商注册登记，二期厂房有多家企业意向落户；塑峰塑料科研综合楼，组织多家企业到项目实地考察，且有相关企业意向进驻。

第三节　招商成果

重大入驻项目　2003年7月，天鹅工业泵项目签约入园，项目占地60.5亩，计划投资5000万元，总建筑面积4万平方米，建设各类工业泵的研发、生产基地。8月，湖南龙盛高科技电子产业基地签约入园，项目由湖南龙盛实业有限公司投资建设，占地面积2.67公顷，计划投资2亿元，总建筑面积5万余平方米，基地设计有电子行业国际标准高层厂房2栋、值班宿舍1栋和1000多平方米的人防地下室，为长株潭融城核心区首家9层国际标准厂房。12月，长沙贤盛发机电设备市场项目签约入园，项目由湖南华宇集团投资兴建，位于长沙市天心区中意一路1199号，占地面积约9.57公顷，计划投资1.2亿元，总建筑面积95179.91平方米，包括8栋双电梯交易市场、2栋科研楼、1栋酒店和1栋员工宿舍，其中机电设备核心交易市场占地6.53公顷，建筑面积34025.3平方米，单层面积约1200平方米。市场中央设有45米宽大型设备展示长廊，能集中、完美展示各展位市场内优秀设备产品。该项目是长沙乃至湖南地区规模最大，功能设施最完善的工程设备、机电设备商业销售基地之一。

2004年6月10日，《湖南天心环保工业园入园项目建设管理暂行办法》颁发执行。7月，长沙电机厂总部搬迁项目签约入园，项目占地面积26.4公顷，计划投资4亿元，总建筑面积74978.39平方米，建成后总部和生产基地搬迁至园区。11月，长沙中信新城签约入园，项目由中国中信集团公司投资的一个大型城市综合体项目，占地面积135.2公顷，总建筑面积200万平方米，计划总投资150亿元。由中信城市广场、中信文化广场、中信凯旋城、中信凯旋蓝岸花园、中信数码港、融城中央公园和中信绿色生态企业家会所等功能组团组成，集购物、文化、休闲、娱乐、酒店、商务办公、总部经济和高尚居住于一体的国际一流水准的“长（长沙）株（株洲）潭（湘潭）融城中央商务区”。中信城市广场购物中心项目是中信新城核心商业综合体，集大型Shopping Mall、风情商业街和AAAAA级写字楼于一体，总投资15亿元。包括大型购物中心、AAAAA级写字楼及配套公寓，总建筑面积23万平方米，包含有大型品牌超市、顶级百货、豪华电影院、真冰溜冰场、世界名品旗舰、高档餐饮店等全部高档商业态势。

2006年，中信新城项目是园区迄今为止引进规模最大、投资额最多的综合型项目，列入2006年度省、市重点工程。是年，建成投产或运营的有天鹅工业泵、三远钢结构等项目，开工建设的有中信城市广场等项目3个，具备启动建设条件项目4个。湖南双舟医药集团、湖南康尔佳医药管理集团、湖南益丰投资有限公司等三家医药企业将联手打造年销售额过20亿元，成为中南地区最大药品生产销售集散基地。全年累计完成固定资产投入60387万元。

2007年7月，湖南中信城市广场投资有限公司再次扩大投资规模，对园区3-01号地块绿化广场进行征用开发建设；整个项目征用土地面积达159.6公顷，总投资约56亿元，形成“一港一园二区三广场”。“一港”即中信数码港，该项目以北京总部经济模式为样板，在中信新城内引进30～40家高科技企业，打造一个科技企业聚集、科技人才云集、教育资源汇集、生活服务设施完备的总部基地，形成年10亿元以上的税收收入，项目占地面积约33.4公顷，投资额约 15亿元。“一园”即中信商贸物流园，项目以信息技术和现代物流作为支撑的代理配送、直达供货、品牌专卖、仓储销售、网上交易和电子商务等全新流通模式，由五星级生态酒店、商务交流平台、仓储式大卖场等仓储服务区、物流配送区、管理办公区、辅助服务区等功能区块组成，占地面积约26.67公顷，投资约6亿元。“二区”即企业会所区（项目为入驻中信新城企业及精英人士提供展示、接待、会议、培训及居住休闲等多功能为一体的综合服务区，占地面积约15公顷，投资额约7亿元）和情景居住区（项目作为中信新城的重要配套，以住宅开发为主，占地面积约26.67公顷，投资额约9亿元）；“三广场”即中信文化广场，该项目为一个集群众休闲、戏剧歌舞演出、文化展示、艺术创作、演艺娱乐等一体的艺术中心，占地面积约13.4公顷，投资额约4亿元；中信城市广场，该项目为一个集购物、娱乐、旅游、餐饮等为一体且突出娱乐、餐饮、休闲等功能的一站式购物中心，占地面积约13.4公顷，投资额约

9亿元；中信绿化广场，该项目是一个集文化、娱乐、休闲、体育等为一体的市民活动场地，占地面积约13.4公顷，投资额约2亿元。

2008年3月，友阿奥特莱斯购物公园项目签约入园，由湖南友谊阿波罗商业股份有限公司投资兴建，位于长沙市芙蓉南路与107国道交汇处，占地面积17.4公顷，计划投资4亿元，建筑面积达17万平方米，其中商铺面积10万平方米，拥有独立店铺400多间，可容纳品牌500多个，拥有国际标准超6000平方米的电影院和1.2万平方米巨型儿童天地，更有长沙最大室内游乐中心、大型游乐项目、健身中心，并配置2000个车位大型停车场。是中南地区最大奥特莱斯，长株潭城市群中心地标建筑之一，以集国际国内知名品牌折扣中心与休闲游乐公园双重概念相结合的购物公园，除主题卖场外，是一个集儿童乐园、奥巴克公园、名吃食街、影楼、酒吧、咖啡厅、娱乐城、网络天地、健身中心、银行、邮局、票务商务中心及诊所等多项功能设施于一体的休闲中心。公园内有简洁明快的步行街道、宽敞大气的休闲广场，业态汇聚吃、喝、玩、乐、购。7月，湖南五田医药物流中心签约入园，由湖南五田实业集团投资建设，位于长园区内新电路与新梅路交界处。占地面积3.4公顷，计划投资1.5亿元，建筑面积5.24万平方米，包括物流仓库、办公楼、员工宿舍及配套。其中，物流中心仓库面积3.6万平方米，全部用于货物存储使用。仓库整体建设规划严格按照国家《药品经营质量管理规范》对仓库硬件及设施设备要求建造，仓库达到医药行业药品无尘存放要求，同时仓库配备24小时恒温中央空调和冷库，物流中心南、西面分设两条宽15～25米交通道路，停车区域长达到35米，物流中心办公楼建筑面积为8600平方米，可满足上千人集中办公。楼内设2台客用电梯、2台消防楼梯、200平方米信息处理中心、大小会议室、观景阳台等配套设施。该项目是长沙天心区规模最大、配套最齐全、设施设备最先进医药物流中心。8月，湖南红太阳新能源科技有限公司光伏产业基地项目签约入园，由中国电子科技集团公司第48研究所投资兴建，占地面积12.73公顷，计划投资4亿元，建设200兆瓦晶体硅太阳能光伏产业链和光伏产业研发大楼，并开发太阳能发电系统。晶体硅太阳能电池组件封装生产实现产业化、规模化，产品涵盖125单多晶组件、156单多晶组件和柔性组件、抗PID组件、双玻组件等，可广泛应用于屋顶、建筑物、天窗、幕墙等领域。该公司投产运营后建设的太阳能发电系统开发项目示范案例有：内蒙古80兆瓦时大型地面光伏电站、长沙麓谷科技园12.82兆瓦时光伏并网发电示范工程（金太阳工程）、北京市光机电一体化产业园15兆瓦时光伏并网发电示范工程、湖南粮食集团10兆瓦时光伏并网发电示范工程（金太阳工程）、蓝思科技5兆瓦时分布式光伏电站、顶立科技630.72千瓦时光伏发电工程等。2010年10月，宇航科技项目入园，由湖南宇航科技有限公司投资建设，占地面积1.2公顷，计划投资1亿元，建筑面积约2.3万平方米，建设公司总部及科技型工业产品的研发和生产基地。截至2012年年底，园区引进重大项目共9项。

招商成果汇总　2003年，为启动园区建设、增强园区人气，引进长沙新兴电器控制设备厂、长沙天鹅工业泵、长沙三远钢结构、长沙楚天包装机械、长沙塑峰塑料实业、长沙龙盛电子产业科技实业、华宇工程机械、德佳空调制造、香港超世洋服、长株潭精品汽车城等一批中小项目入园。2004年，园区在引进大项目和标志性项目上取得突破，中信深圳集团、香港毕华服饰、宁波先锋电器集团、长沙电机厂、湖南韶峰水泥集团等大型或外资企业先后入园开发建设。园区引进招商项目16个，全年完成到位省外境内合同资金3020万元，完成到位省外境内资金形成固定资产投资5674万元。2005年，招商引资注重实效，年内共引进天鹅工业泵二期、怀其集团、德康制药、钢龙钢结构、长庆机电科教5个项目入园。其中天鹅工业泵完成产值1.1亿元。2006年，重点引进天鹅工业泵二期（属省级高新技术企业，极具市场竞争力和技术优势）等20个项目。至2006年年底的4年间，园区完成到位省外境内资金1.13亿多元，完成到位省外境内资金形成固定资产投资1.9亿多元，完成合同外资1785万美元，完成到位外资850万美元。

2007年，园区引进中信城市广场投资园区绿化广场项目，促成中国电子科技集团公司第48研究所建设光伏产业基地等重大项目落户园区。全年园区实现实现合同外资1625万美元，到位外资1168万美元，实际到位省外境内资金1.06亿多元，完成固定资产投入2.33亿多元。

2008年，园区组织参加各类招商活动，全年引进友阿—奥特莱斯等大型项目投资建设5家；依托中信新城重大项目，进行二次招商，引进日本西五百货、法国欧尚集团等项目落户中信城市广场。全年实现合同外资1926万美元，实现到位外资1327万美元，实际到位省外境内资金2亿元，完成固定资产投入4亿元。2009年，园区利用优惠招商政策，吸引大量客商来园区投资洽谈，全年共接待客商100多批次共600人，共发布项目15个，引进和新注册内资企业（项目）19个，新批外资项目2个，实现合同外资2600万美元，实现到位外资

1675 万美元，实现省外境内到位资金 3.2 亿元，省外境内资金形成固定资产投资 5.2 亿元，完成标准厂房建设 6 万多平方米。2010 年，积极参加市相关商务活动，开展小分队招商活动，全年实现合同外资 3900 万美元，到位外资 1705 万美元，实际到位省外境内资金 5.13 亿元，完成固定资产投入 6.15 亿元。

2011 年，园区按省市区的要求赴北京、天津、上海、四川、江浙地区开展产业论证和组织 3 次小分队招商活动，大力推介和宣传园区。共接待客商 70 批次共 260 人次，主动上门对接项目 12 个，共签约项目 14 个。全年园区新入驻注册企业达到 70 余家，其中“飞地”企业 40 家，1000 万元以上企业 6 家。全年实现合同外资 4700 万美元，实现到位外资 2050 万美元，实现省外境内到位资金 6 亿多元，省外境内资金形成固定资产投资 7 亿多元。2012 年，实现到位外资 2350 万美元，实现省外境内到位资金 7 亿多元，省外境内资金形成固定资产投资 9 亿多元。全年先后与麦德龙项目、中科院长沙中科院育成中心项目、省建筑设计院总部搬迁项目、省第一工业设计院总部搬迁项目、省黄金集团总部搬迁项目、长沙市电力局项目、长沙移动公司总部基地项目、金荣天心创意产业园、中航控股总部项目、湖南建安投资集团总部项目和中国铁路通讯信号集团公司湖南总部等项目进行洽谈。全年，实现合同外资 5000 万美元，实现到位外资 2300 万美元，实现省外境内到位资金 7.2 亿元，省外境内资金形成固定资产投资 9.06 亿元。

至 2012 年，园区 10 年间实现合同外资 2.15 亿美元，实现到位外资 1.1 亿美元，实现省外境内到位资金 25.75 亿元，省外境内资金形成固定资产投资 35.7 亿元。园区超世创业园至 2012 年的 10 年内共注册企业近百家，经营范围包括房地产开发、服装生产、机动车修理、五金加工、化妆品销售、药品制作与销售、实验动物繁殖、养殖及技术咨询服务、家电销售、液压机械制造等方面。签约合同项目达 33 个，总投资约 127.6 亿元（见 5-3-1 至 5-3-3 表）。

表 5-3-1　2003—2012 年天心工业园超世创业园入户企业情况表　（单位：万元）

名称	注册时间	注册资金	经营范围	入园时间	具体地址
长沙必富制衣有限公司	2004 年 12 月	100	服装、鞋帽、纺织品、羽毛制品、皮革制品的生产、销售	2004年12月	创业园 7 栋 3-4 楼
长沙超世实业有限公司	1995 年 2 月	1050	房地产开发；服装、服饰的生产、销售等	2006 年 3 月	创业园副楼 2 楼
长沙岳迩投资股份有限公司	2003 年 9 月	1950	投资管理及咨询；国家法律、法规允许的城市基础建设、房地产开发	2006 年 5 月	创业园副楼 2 楼
长沙友欣实业有限公司	1997 年 5 月	50	分析仪器的研究、开发生产和销售及相关的技术服务	2006年10月	创业园 8 栋
湖南新源厨具设备有限公司	2009 年 5	500	厨具、灶具、五金的生产、销售、安装	2007 年 5 月	创业园 11 栋 1 楼
长沙新画佳光电子公司	2007 年 6 月	100	电子显示屏、舞台灯光、音响产品的组装、销售及安装；计算机及辅助设备、家电、照明器材、灯光控制设备的销售。	2007 年 9 月	创业园 11 栋 3 楼
长沙时代自控电气有限厂	2000 年 5 月	100	自控电器设备、冷作柜体、低压电器成套设备、电器产品、民用电器的生产、加工及销售	2007年10月	创业园 10 栋 1-2 楼
长沙东创试验动物科技服务部	2001 年 6	20	实验动物繁殖、养殖及技术咨询服务	2007年11月	创业园 11 栋 4 楼
长沙君建科达模型厂	2008 年 3 月	50	微型电机、航空模型及配件的生产、销售；电子产品的生产、销售、进出口贸易	2008 年 3 月	创业园 11 栋 2 楼
长沙华建液压有限公司机制分公司	2009 年 6 月	60	液压机械、管接头钢丝增强液压橡胶软管和软管组合件、液压附件、液压油缸、液压管件、金属软管、液压软管的制作加工	2009 年 6 月	创业园 9 栋
湖南众源汽修厂一分店	2009 年 4 月	50	一类机动车修理；汽车配件的销售	2009 年 6 月	创业园 6 栋 1 楼
长沙康德服装有限公司	2010 年 9 月	500	服装、鞋帽、纺织品、羽毛制品、皮革制品的生产、销售	2009 年 8 月	创业园食堂 2 楼
湖南普瑞康制药有限公司	2006 年 4 月	2000	中成药、化学药制剂、抗生素制剂、生化药品、生物制品的销售	2009 年 8 月	创业园 6 栋 4 楼
湖南娃哈哈桶装水有限公司	2010 年 4 月	210	桶装水生产、销售	2009年10月	创业园食堂 1 楼
湖南仙都辣酱食品有限公司	2009 年 3 月	200	销售预包装、散装卤制类熟食	2010 年 3 月	创业园洗衣房
湖南华建投资发展有限公司	2010 年 6 月	1000	投资管理及咨询；国家法律、法规允许的城市基础建设、房地产开发	2010 年 6 月	创业园 9 栋（华建液压内）
长沙麓兴生物科技有限公司	2009 年 6 月	30	药材中间体、液晶材料中间体的研究、开发	2010 年 6 月	创业园 10 栋 4 楼

续表 5-3-1

名称	注册时间	注册资金	经营范围	入园时间	具体地址
湖南斯埃建材有限公司	2008 年 8 月	200	建筑装饰材料生产、销售	2010 年 7 月	创业园 7 栋 1 楼
长沙梧桐贸易有限公司（仓库）	1995 年 8 月	500	化妆品、鞋帽的代理和销售	2010年10月	创业园 6 栋 3 楼、7 栋 2 楼
湖南三和研磨有限公司	2010 年 4 月	200	研磨设备 磨具 五金加工		创业园 6 栋 2 楼
长沙天钰医疗器械有限公司	2011 年 5 月	50	医疗器械销售	2011 年 4 月	创业园 10 栋 3 楼
长沙市湘能滤油机制造有限公司	2011 年 5 月	200	滤油机生产、销售	2011 年 5 月	创业园锅炉房
湖南卡普包装有限公司	2011 年 4 月	200	食品包装容器、纸塑制品、日用品、办公用品、办公设备、餐具、酒店用品的销售	2012 年	长沙市天心区创业园 6 号栋 2 楼。
湖南威晟标识有限公司	2011 年 10 月	200	标识、标牌、发光字、灯箱、路牌设计、制作、安装、销售	2012 年	长沙市天心区工业园创业园区 30# 栋
合计		9520			

表 5-3-2　　2003—2012 年天心工业园区合同签约项目情况表

合同名称	单　　位	签约时间	面积（亩）	价格（万元/亩）	总投资（万元）	用地性质	备注
超世创业园项目	香港超世洋服	园区成立前已有	199		16400	工业用地	园区成立前已有
矿业集团项目	长沙矿业集团	园区成立前已有	38		8000	工业用地	园区成立前已有
新兴电器项目	长沙新兴电器控制设备厂	2003 年 6 月 25 日	30	12	2500	工业用地	
天鹅工业泵项目	长沙天鹅工业泵有限公司	2003 年 7 月 10 日	60	12	2960	工业用地	
东方厨具项目	东方厨具设备厂	2003 年 7 月 18 日	18		2800	工业用地	
龙盛高科技电子产业基地项目	长沙龙盛实业有限公司	2003 年 8 月 31 日	32	12	2500	工业用地	
三远钢构项目	长沙三远钢结构有限公司	2003 年 9 月 6 日	55	12	5200	工业用地	
塑峰项目	长沙塑峰实业有限公司	2003 年 9 月 6 日	53	12.6	3500	工业用地	
华宇机械商贸城项目	湖南华宇科技开发有限公司	2003 年 12 月 27 日	56	35.16	12000	商业用地	
韶峰星苑项目	湖南韶峰集团有限公司	2004 年 1 月 19 日	56	27.8	19000	住宅用地	
贤盛发电器制造基地项目	长沙贤盛发电器制造有限公司	2004 年 5 月 12 日	149	14.36	15000	工业用地	2007 年 2 月被华宇公司收购，项目变更为贤盛发机电设备市场项目
长沙电机厂总部搬迁项目	长沙电机厂	2004 年 6 月 26 日	396	12	52000	工业用地	
中信新城项目	中信深圳（集团）公司	2004 年 11 月 25 日	2280	38 30.2 35 15 20～25	1000000	综合用地 综合用地 综合用地 工业用地 居住用地	中信新城
爱迪尔科创项目	怀其皮革集团鑫丽爱迪尔创业科技公司	2005 年 1 月 7 日	28	15.8	3000	工业用地	
德康制药项目	湖南德康制药股份有限公司	2005 年 5 月 19 日	10	17.8	1000	工业用地	2010 年 10 月，将土地转让给湖南宇航科技有限公司，项目变更为宇航科技项目
长电机电科教项目	湖南长庆机电科教有限公司	2005 年 6 月 17 日	22	15.2	1500	工业用地	

续表 5-3-2

合同名称	单　　位	签约时间	面积（亩）	价格（万元/亩）	总投资（万元）	用地性质	备注
钢龙钢结构项目	长沙钢龙钢结构有限公司	2005 年 6 月 17 日	12	15.6	1500	工业用地	
山水嘉园项目	湖南君和创业投资责任有限公司（市地税二分局宿舍）	2005 年 12 月 27 日	128.39	30	15000	居住用地	
防火装备项目	长沙防火装备厂	2006 年 5 月 24 日	61	18.2	8500	工业用地	
长高高压项目	湖南长高高压电器有限公司	2006 年 8 月 7 日	55.5	18	8400	工业用地	2008 年 3月解除协议
科技创新中心项目	湖南科技创新中心	2006 年 11 月 10 日	46.39	30（总）	4800	行政用地	
双舟医药项目	湖南双舟医药有限责任公司	2006 年 11 月 22 日	61.5	21.5	8500	工业用地	
康尔佳医药项目	湖南康尔佳药业管理集团有限公司	2006 年 11 月 22 日	61.5	21.5	8500	工业用地	
益丰医药项目	湖南益丰大药房连锁有限公司	2006 年 11 月 22 日	61.5	21.5	8500	工业用地	
中信数码港项目	湖南省中信控股有限公司（数码港）	2006 年 11 月 28 日	485	15		工业用地	
卷烟厂仓库配套项目	湖南中烟工业公司（长沙卷烟厂）	2007 年 3 月 30 日	60.62	35.169		工业用地	
中信绿化广场项目	中信城市广场投资有限公司	2007 年 7 月 6 日	134	2000（总）	10000	绿化设施用地	租赁 50 年
东宇食品项目	东宇（长沙）食品有限公司	2007 年 9 月 9 日	45.75	挂牌价	1000 万美元	工业用地	
奥特莱斯项目	甲方：长沙市天心区大托镇先锋村民委员会 乙方：家润多商业股份有限公司 鉴证方：湖南天心环保工业园管理委员会，长沙市天心区大托镇人民政府	2008 年 01 月 18 日	280	合作开发	合作开发	农民生产安置用地→商业用地	
五田医药物流园项目	湖南五田医药有限公司	2008 年 7 月 9 日	55.5	50	15000	工业用地	
金鹰汽车项目	长沙市雨花区金鹰进口汽车修理厂	2010 年 5 月 19 日	31	挂牌价		工业用地	
印美彩印项目	湖南印美彩印有限公司	2010 年 11 月 8 日	26	挂牌价		工业用地	
融城时代酒店项目	湖南融城时代酒店管理有限公司	2011 年 2 月	25.5	租赁		已建房屋	
		2012 年					
合计			511315		1276060/1000 万美元		

表 5-3-3　　2003—2012 年天心工业园区招商引资完成情况表

年份	完成数			
	到位外资（万美元）	合同外资（万美元）	内联引资（万元）	
			市外境内资金完成固定资产投资	省外境内到位资金
2003	0	0	1200	1000
2004	0	0	2100	1800
2005	280	500	5040	3000
2006	570	1285	10500	5500
2007	1168	1625	23300	10600
2008	1327	1926	40000	20000
2009	1675	2600	52000	32000
2010	1705	3900	61500	51300
2011	2050	4700	70687	60330
2012	2300	5000	90560	72000
合计	11075	21536	356887	257530

第六章
工程项目建设

第六章　工程项目建设

2003年2月，园区工程建设项目被列入区重点工程建设项目实行考评。园区项目以高科技环保产业为主，占地面积约600公顷，先期投资2.8亿元，其中：基础设施投入1.2亿元，采取招商引资入园企业1.6亿元。6月14日，制定《湖南天心环保工业园工程建设管理制度》，依据国家、省、市、区工程建设有关法律、法规、规章及规范性文件制定，共5章38条予以规定，适应园区招投标、工程质量管理、财务管理、施工安全管理、征拆建设等工程建设管理工作。关于招投标：园区建设中，凡涉及工程设计、工程监理、土建、消防、强电弱电、装饰、园林绿化、材料设备等项目工程，须进行公开招投标的均严格按有关规定执行；所有项目的招投标，在依法依程序前提下，由区纪委监察，财政、审计、建设等部门参与监督，集体讨论决定各项目工程招投标具体事宜，遵循公开、公平、公正原则，引入市场竞争机制，在保证质量前提下，尽量降低建设成本；对土建、监理、消防、强电弱电、装饰、园林绿化要对队伍单位和项目负责人资质、信誉程度和工作业绩等进行考察；招标规模标准以施工单项合同估算价在100万元以上的，主要设备、材料等物质采购，单项合同估算价在30万元以上的；勘察设计、监理等服务，单项合同估算价在30万元以上的；达到上述规模标准之一的，必须按规定进入市建设工程交易中心进行招标。施工单项合同估算价在20万元以上、100万元以下的；主要设备、材料等物质采购，单项合同估算价在10万元以上、30万元以下的；勘察设计、监理等服务，单项合同估算价在10万元、30万元以下的；达到上述规模标准之一的，由区建设领域专项治理领导小组组织进行招投标；在上述下限限额以下的规模标准之一的，由园区主任会议决定组织招投标。关于工程质量管理：项目工程质量管理应遵循科学管理、文明施工、责任落实的原则，建立严格的工程质量管理体制；项目工程图纸设计由设计方负责，土建、装饰及所有设备安装由施工方和监理方负责，所有设备质量由厂方负责；为确保工程质量，每个施工工程项目除监理方外，园区安排1名以上工程师驻施工现场，负责处理施工过程中有关技术问题。关于财务管理：设立园区建设项目专项账户，由管委会统一管理，实行专款专用。关于施工安全管理：建设方有责任督促施工方落实安全管理制度，不定期地组织检查，消除隐患，坚持“谁主管、谁负责”原则，杜绝任何安全事故发生。征拆建设由园区征拆建设部组织实施。7月，园区和超世洋服生产基地被列入市重点工业建设项目进行考核。

2004年，严格把好项目入园关。即入园项目须是科技含量高、附加值高、环保型、发展前景好、投资强度不低于省、市规定的，并经过园区考察洽谈、专家综合论证、区招商领导小组和省、市审核批准，方可入园开发建设。6月，出台《湖南天心环保工业园入园项目单位建设管理暂行办法》，加强工程建设和项目建设管理，园区所有工程建设从设计、招投标到施工、结算，都严格按规定和程序办理，并主动请财政、纪检监察、审计、质监等部门全程指导、动态监督。对入园项目规划设计、施工安全和质量、工程进度、建筑风格等进行综合协调管理。是年，工业园区项目二期续建、基础设施建设项目和入园项目建设被列入区重点工程建设项目。园区项目获区重点项目建设二等奖和重点工程建设先进单位。2006年，天心环保工业园项目拆迁建设获区重点工程奖。

2007年，园区主动协助办理中信城市广场、天鹅工业泵二期、龙盛电子产业基地、塑峰塑料科技等15个项目报建手续，办理用地面积125.13公顷，为项目节约资金5050万元，使15个项目如期相继启动建设。有中信城市广场、新谷路—环保路（长700米，宽36米）、长沙电机厂迁建工程，占地面积26.4公顷；天鹅工业泵二期，占地面积2.2公顷，被列入区重点工程进行目标管理考核。

2008年，列入区重点工程项目14个，并与区政府签订重点项目目标管理责任书。7月，园区负责的中信城市广场、天鹅工业泵二期、长沙塑峰塑料项目获区委、区政府“四项工作讲评”一等奖。全年项目开工面积23.14万平方米，竣工面积9.05万平方米，在建项目9个。长沙塑峰塑料生产基地项目获区项目建设一等奖；中信新城项目获区项目建设二等奖。

2009年，在区季度评奖中，光伏产业、长沙电机厂、中信新城、长庆机电获一季度项目建设二等奖；光伏产业和长庆机电获二季度一等奖；长庆机电获三季度一等奖，龙盛电子科技产业获二等奖。

2010年，长沙电机厂和长沙防火装备厂新厂搬迁项目、新世纪东方厨具厂房扩建项目实现竣工投产，长沙电机厂一期续建、7月，长沙电机厂有限公司与北京核二院比尼新技术有限公司在园区签署核级电动机合作开发协议。是年，被园区评出项目先进单位有长沙防火装备厂新厂搬迁、奥特莱斯、山水嘉园等项目部。有长沙电机厂一期续建、长沙防火装备厂新厂搬迁项目、光伏产业基地、奥特莱斯、山水嘉园等项目获区重点工程奖。

2011 年 3 月，深入开展“两帮两促”活动，把“两帮两促”与“两型社会综合配套改革”建设结合起来，与深化“创业富民”活动结合起来，突出帮助 29 个区级“两帮两促”活动项目，集中解决项目建设和企业发展中的重点难点问题共 12 个，有效促进园区企业经济发展。是年，龙盛电子科技产业基地获区重点工程奖。

2012 年，经开区“两帮两促”项目共 18 个（含基础设施项目），其中新建项目 12 个，续建项目 6 个；被列入区“两帮两促”项目 8 个（分别是光伏产业基地、中信城市广场、长沙电机厂、龙盛电子科技、宇航科技、思为科技、新东方厨具、中信小学，其中中信城市广场项目列入全市“两帮两促”重大商贸建设项目）。共完成投资 16 亿元，实现开工面积 100 万平方米，竣工面积 21.7 万平方米。

第一节　工业项目建设

2002 年 9 月，园区 5.83 平方千米中有 154 公顷作为工业发展用地。按照一般第二产业工业种类，以每公顷工业用地上 120 个就业岗位测算，可创造约 2 万个工作岗位。园区工业类型以环保产业和轻型、非污染的服装加工业为主体，相应配套部分相关产业。其中名牌服饰产业园用地占工业用地的 55%，环保工业园用地占工业用地的 30%，部分相关产业占工业用地的 15%。根据概念性规划确定园区发展总体目标，作为一个生态产业园，污染性工业和重工业禁止入园。

2003 年 10 月，新兴电器项目进场施工建设，是园区成立以来首家入园动工建设的企业；随后天鹅工业泵、三远钢结构项目进场平整工地。

2004 年，抓工业项目引进建设，已引进项目中，三远钢结构、天鹅工业泵、新兴电器、东方厨具、华宇工程机械展示厅建成投产开业，建成综合楼面积 6.4 万平方米、厂房面积近 10 万平方米。超世洋服、香港毕华服饰、湖南省煤炭坝能源集团总部等加快建成投产进程，长株潭精品汽车城、塑峰塑料科技、龙盛电子科技实业等项目启动建设。

2005 年 2 月，长沙电机厂搬迁项目，总投资 4.56 亿元，计划投资 1 亿元，被列入区重点工业建设项目。

2006年3月，长沙电机厂工业用地手续已全部办结，项目拆迁腾地正式启动，并筹备项目建设。该厂是国家大型企业，也是市财源建设重点企业之一，享受国家“扶优扶强”政策，已列入2006年度市重点工程。引进长高高压电器、双舟医药等项目5个。10月，长沙电机厂主体厂房基本竣工，年内实现投产。

2007年8月，开展“工业项目服务月”活动，采取领导分片负责，干部分组到20多个重点服务对象协调解决已入园龙头企业、重点在建和重点已签约尚未开工招商引资项目中及基础设施建设遇到困难和问题，共解决共性问题6个，个性问题10个（其中长庆机电1个、钢龙钢结构2个、长沙龙盛电子科技2个、香港必富制衣3个、新兴电器2个）。

2009年1月，长沙钢龙钢结构有限公司项目竣工投产。3月，天鹅工业泵二期扩建工程占地面积5.63公顷多，其中3.8公顷办妥权证，且建成投产。同月，湖南红太阳新能源科技有限公司二期，光伏产业4条25兆瓦太阳能电池片生产线等建成投产。4月18日，龙盛电子产业基地项目开工奠基;占地面积2.67公顷，总投资2亿元，总建筑面积为5万余平方米。至年底，1号厂房已封顶，完成建筑面积约1万平方米。2号标准厂房在建。塑峰塑料科技二期项目综合性大楼，完成四层框架结构，竣工面积5800平方米。5月，长沙电机厂迁建项目用地面积31公顷，总投资5.48亿元。办公楼、厂房、职工值班宿舍已竣工。正在进行设备基础、厂区道路硬化、排水、电力、绿化、污水处理等生产、生活配套设施建设。完成建筑面积7.5万平方米，完成投资4亿元。6月，长庆机电科教项目用地1.47公顷，全力打造新型教学仪器生产基地，厂房、办公楼等建筑面积6600平方米全部竣工，实现新址生产。同月，光伏产业扩张用地摘牌，完成地面清表工作和高压、低压、电信等所有的杆线迁移工作，项目用地面积7.47公顷，拆迁私房93栋，动迁人口367人，成功实现交地，启动建设。10月，长沙防火装备厂项目启动建设，生产厂房及办公楼4.2万平方米，年内厂房主体竣工。长沙龙盛电子科技实业公司一期工程已完成1万平方米标准厂房建设；华宇科技一期等8个项目在年内开工建设。长沙电机厂项目用地面积31公顷，总投资5.48亿元；办公楼、厂房、职工值班宿舍已竣工；正在进行设备基础、厂区道路硬化、排水、电力、绿化、污水处理等生产、生活配套设施建设；完成建筑面积7.5万平方米，完成投资4亿元；年前完成全部设备安装调试。

2010年，园区定位为“项目建设提质年”。根据年初建设计划，续建8个项目，新开工 11 个项目，计划投资 19 亿元，完成建筑面积 90 万平方米。其中：新能源光伏产业基地完成 200 兆瓦封装组件生产线并投产，应用产品方面风能发电机已研制成功，并批量生产，全年完成产值近 40 亿元。2 月，长沙电机厂正式开工生产。

2011 年 7 月，长沙防火装备厂迁建工程完成厂房整体建设及设备安装和配套设施建设，并实现竣工投产，累计实现投资约 6000 万元。龙盛电子科技产业基地完成一期各项手续办理，并抓紧厂房整体建设和配套设施建设，年内实现竣工投产，累计投资约 1.5 亿元。10 月，光伏产业基地完成 3 栋生产厂房建设及设备安装和配套设施建设，且实现竣工投产，全年累计实现投资约 4 亿元。长沙电机厂二期工程完成样机生产工作，累计实现投资约 3 亿元；华宇工程机械商贸城完成各项手续办理及 8 栋厂房桩基工程施工，在进行 4 栋厂房主体建设，累计投资约 1.2 亿元。

2012 年，园区建成或在建的工业地产项目有湖南思为科技项目完成固体废弃物和废旧泡沫再利用生产线 2 条、PK 保温砌块生产线 3 条。累计投资约 5600 万元；湖南新东方厨具项目正进行厂房前期申报阶段累计投资约 910 万元；湖南宇航科技项目在办理报规报建手续，提交市规划局审图纸；龙盛电子科技园项目完成宿舍大楼至第三层，厂房已封顶，外墙装修基本完工，累计投资约 5900 万元。

第二节　商业项目建设

2003 年始，园区商业核心区建设位于芙蓉南路以东，环保大道两侧的三个街坊内，在该区兴建室内商业步行街，超级市场、餐馆、宾馆、邮电所、银行等配套设施。同时发展商办、商住综合用途土地的开发，建设商办楼和商住楼。一些综合性地段成为商业区到住宅区的过渡地带，地面层和裙楼作商业用途，确保整个商业核心区公共活动的连贯性。至此，园区内商业项目已经形成以奥特莱斯、中信购物广场为中心的商业圈。园区居住用地总面积为 110.74 公顷，其中一类商居住用地占总居住用地的 28.22%；二类商居住用地占总居住用地的 71.78%，二类居住用地为多层住宅，按组团式建设，部分村民安置区以商住楼的形式建设，确保满足拆迁村民生产生活安置要求。

2006 年 12 月 28 日，中信城市广场项目破土动工，省、市、区领导以及中国中信集团公司董事长孔丹参加开工典礼仪式。作为长株潭一体化的标志性项目，中信新城项目已有60.47公顷土地办至湖南中信公司名下。另外，中信酒店群项目用地已在市国土局进入挂牌前期审批阶段，正在办理承诺书；中信数码港项目用地协议转让进入市国土局前期摸底调查阶段；中信会所用地项目用地手续办理工作也在抓紧推进。2007年5月，中信城市广场报建工作全部完成，一期达到正负零，二期正在全面进行基础建设；中信文化广场地块地质勘测完毕，建筑方案设计通过市规划局评审；中信数码港、酒店群项目拆迁工作也同步推进。

2008年10月，山水嘉园项目投资2亿元，开工建设8栋住宅楼，建筑面积7万平方米。其中4栋年底全面竣工。华一融城院项目占地4.4公顷，总投资1.2亿元，建成高档总部经济商务楼宇，按设计进行土方挖运。

2009年，中信文化广场二期3栋约6万平方米，年底封顶。中信新城项目计划总投资56亿元，累计投资12亿元，其中城市广场一期住宅和商业区完成建筑面积10万平方米。商业区面积共1.4万平方米，已销售4000平方米，完成29%。文化广场住宅完成建筑面积8万平方米。12月31日，友阿集团奥特莱斯购物中心项目在协商解决先锋村小学搬迁问题，工程报建手续完成，友阿集团奥特莱斯购物中心项目启动建设。

2010年，中信新城项目文化广场南地块已建成19万平方米青年社区，北地块原计划建6万平方米集娱乐、时尚、餐饮等一体的文化娱乐休闲城，后调整计划建五星级酒店，已启动规划设计。酒店群项目因有城际铁路高架通过，对星级酒店档次影响较大，鉴于此，重新调整地块规划。已启动规划设计。文化广场一期已建成，并已交房销售。3月10日，奥特莱斯购物广场项目顺利开工，已完成投资近4亿元，建筑工程分A、B、C、D四大区域，建筑面积达16万平方米，其中商业面积10万平方米，年底工程进入内、外装修扫尾阶段，绿化、停车坪、人文景观完成工程量的80%，项目计划次年1月开张营业。7月，中信新城城市广场二期商业幕已启动基坑建设，目前项目施工图已全部优化完毕，正进行桩基工程和总承包单位的招标工作，港子河治理完成施工图设计方案。8月，山水嘉园项目一期8栋9万平方米，基本竣工并已售完，二期9栋11万平方米，全部启动建设。11月，山水嘉园项目一期3栋全面竣工，另6栋主体在建，年底竣工，完成投资1.5亿元。12月，全面启动中信新城数码港地块开工建设。

2011年，奥特莱斯购物广场完成项目整体建设、相关配套设施施工、招商引资和开门营业，累计实现投资约4亿元。中信城市购物广场完成桩基工程、筏板基础和地下室工程施工，正进行主体建设，累计实现投资约4.5亿元。五田医药物流中心完成科研楼、仓储中心和职工宿舍建设，总建筑面积达5万平方米，累计投资约2亿元。5月，山水嘉园二期完成22万平方米商品房施工和配套设施建设，已全部实现售罄，累计投资约6.2亿元。2012年12月，园区已建成商住项目有中信城市广场、中信文化广场、中信凯旋南岸、中信凯旋城、山水嘉园以及韶峰星苑等。

第七章
产 业 经 济

第七章 产业经济

2002年9月，园区重点抓好环保工业项目建设。突出工业项目对产业投资的拉动作用。产业结构布局突出机械制造、服装加工、环保设备、金属制品、家具制造、食品加工等优势产业，发展无污染、科技含量高、产品附加值高的新型产业。2004年，明确产业目标定位，以市场为导向，以高新技术和环保型产业为主，以电子信息、机械电器、服装加工产业为龙头，以现代制造产业为支撑，以楼宇经济和总部经济相配套，按照“技术产业化、产业规模化、产品外向化、投资多元化”原则，发展园区产业，提升园区产业经济效益。引进长沙电机厂、天鹅工业泵二期等企业22个相继启动建设并投入生产。2008年，长沙电机厂、天鹅工业泵二期、光伏产业基地获区产业重点工程奖。2009年，产业项目建设全面加速，湖南红太阳新能源科技有限公司、长沙天鹅工业泵股份有限公司二期、长沙三远钢结构有限公司等企业有7个项目投产；作为市两帮两促重点项目的长沙电机厂生产基地完成建设，现在抓紧进行生产、生活设施建设与搬迁工程，该项目完成投资4亿元，办公楼、厂房竣工总面积达7.5万余平方米，年内实现投产，成为全区最大的工业企业。至2012年的10年间，园区形成以建设服装工业产业开始，着力电气电机产业载体的打造，致力产业链群的扩张，倾力特色产业基地建设，逐步形成机电、新能源光伏产业、创新孵化、中信城市广场和友谊阿波罗奥特莱斯商贸服务业产业链。经开区业已由一片乡村农田崛起成为一个交通发达、多产业集聚、环境优美、设施配套完善、社会和谐发展的现代科技产业新园区。

第一节 产业政策与措施

2003年，产业政策以政府规划为引导，争取政府支持 把园区建设规划纳入天心区政府经济和社会发展规划，在政府总体经济社会发展战略指导下，制定符合园区产业特点，既能发挥本地资源优势和区位优势，又能顺应国际国内投资需求变化趋势发展战略和发展模式；明确园区定位、发展定位、产业定位、功能定位，合理配置政府提供的资源；加强与政府沟通、联系，争取政府职能部门参与对园区产业宏观管理，充分利用各项税收等优惠政策，营造发展园区宏观经济环境，为园区参与市场竞争提供必要的政策支持和制度保障。园区建设实现与政府发展战略的完美对接，达到互利双赢目标，把园区发展作为扩大区域经济规模、提高城市化水平的平台。以招商引资为中心，创新投融资体制：建立政府引导、市场运作、多元投入机制，组建具有法人资格的园区开发经营实体，进行企业化运作，把招商引资作为园区首要任务。科学确定招商引资项目：园区招商引资坚持生产性项目与研发性项目产业并重，龙头项目、核心项目与配套项目产业并重，注重引进与本市企业高度关联的国内外高新技术产业到园区落户，重点引进“有天有地”的工厂项目。

2004 年，用优惠政策创新产业引进方式：采用“请进来、走出去”的招商方式。同时，创新设立专门投资促进人员和机构，实行专业化招商。引导政府相关职能部门为招商引资提供服务，扩大委托招商范围，做到市内外相结合，省内外相结合，举办多种形式说明会、推介会，扩大园区知名度和影响力。促进外资与内资协调发展，在积极引进外资的同时，加强对国内资本引进与集聚，营造多种所有制企业公平竞争环境，引导一批科技含量高、经济效益好的内资企业落户园区，解决好内资企业发展中实际困难，着力培育管理水平高、综合实力强、外向程度高、辐射作用广的大型内资产业企业集团。以产业集聚为重点，优化产业结构以园区现有优势产业为基础，将优惠政策逐步由原来向项目倾斜转向技术和产业倾斜，支持优势产业发展；突出培育市场潜力大、科技含量高、具有环保特色和优势，对天心区经济发展起关联带动作用的支柱产业，培育和壮大以机械电器制造、电子信息、楼宇经济、生物技术为重点税源型、环保型项目；结合园区科技、产业、人才、资源状况，制定园区高新技术产业发展规划，加快推进以企业为主体的自主创新，鼓励企业积极开发具有自主知识产权的品牌；加快科技成果转化步伐，提高高新技术企业产出在全区经济增长中的贡献份额；营造有利技术创新和实现产业化政策环境，促进产、学、研相结合。以集约用地为手段，拓展发展空间。

2006 年，“十一五”计划时期，用地紧缺对园区发展瓶颈制约开始显现，因此，出台上报园区扩大产业规划方案，争取国家、省、市、区政策支持，争取批准园区产业规划面积达到 20 平方千米以上。到 2020 年，园区规划面积达 50 平方千米以上。要做好集约用地工作，提高土地利用率，探索和制定园区土地集约利用管理办法，向现有土地要空间。做好现有土地和扩增土地利用总体规划修编工作，结合园区实际，进行科学规划，切实保障园区未来产业发展建设用地空间；要按照“效益优先、适度超前、引导集聚、集约经营”的原则，全面提高单位面积项目投资密度和产出率；适当抬高入园项目用地标准，坚持供地量与投资额、产出效益、建筑密度、容积率等指标挂钩，逐步淘汰占地多、投资少、效益差的产业项目，突出具有总部经济性质项目和“三无”（无烟尘、无废水、无污水）第二产业项目。把土地调整供应给用地省、效益好的产业项目，充分挖掘土地潜力，让园区有限土地资源发挥最大效益。

制定并实施《湖南天心环保工业园鼓励自主创新办法》，以自主创新为动力，优化创新环境，鼓励企业集成创新，激励各类高级人才来园区创业，扶持科技型企业技术创新活动，形成一批具有自主开发能力的科技型龙头企业。营造标新立异、兼收并蓄、勇于创新、尊重个性、团结协作和宽松自由的创新创业氛围和人文环境，促进园区文化和企业文化融合。建立以企业为主体、市场为导向、产研相结合的技术创新体系，促进园区经济增长方式根本性转变，构建创新平台，加快科技创业中心建设，打造一流创业基地、项目孵化器。以完善服务为支撑，营造创业环境　坚持“人人都是投资环境、人人都是服务环境”，以客户需求为关注焦点“客户至上，追求卓越”，“以人为本、人性化管理、人性化服务”为主要内容的服务理念，逐步建立适合园区发展服务支撑体系。依法行政，解决好审批事项过多，审批手续烦琐，办事不透明等问题，将工作重心和主要精力转到产业导向、政策落实、信息发布、平台构筑、环境改善等宏观性、政策性和引导性服务上来。改善公共服务，提高园区职能部门服务质量、效率和水平，为投资者和经营者提供全程服务和长期跟踪服务，把首问责任制、服务承诺制、限时办结制等落到实处。建立健全园区信用体系，创诚信示范园区，做到一诺千金，以行践诺，示信于人，取信于商，逐步推进园区诚信，企业诚信和个人诚信建设。加大对园区供电、供水等生活服务设施建设力度，营造和优化工作、生活环境，提升“软实力”。加强中介服务体系建设，积极引进、支持人才服务、信息服务、公证服务、劳动服务、会计服务、专利服务等中介服务机构进园区开展业务。

以环境保护为根本，建设生态园区，重视环境保护，既是园区定位特色产业，又是园区发展战略，要把环境保护放在与园区建设和发展同等重要位置上，坚决避免走“先污染，后治理”弯路。研究编制园区环境保护专项产业规划，建立科学、合理的环境保护管理机制及指导、监督服务体系。全面实施产业项目入园准入制度，提高产业项目入园门槛，加强对引进产业项目筛选，严格限制高耗能、高耗水、高污染产业项目，鼓励发展资源消耗低、附加值高的服务产业和高新技术产业。发展循环经济，在节约土地、节约能源、节约水资源、节约原材料和提高资源综合利用效率等方面取得突破，为长沙天心区在转变经济增长方式、走新型工业化道路、发展循环经济等方面创造经验。加大环境保护投入力度，逐年提高环境保护投入占园区预算支出比重；提高园区规划建设环保标准，完善项目建设环保先行审批制度，坚持“环保一票否决”制度。加强环保宣传和教育，倡导环境友好生产方式、生活方式。建立和完善园区环境安全应急体系，建立环境污染事件应急指挥、处置、监测系统，提高环境安全保障能力。动员各方力量参与园区绿化建设，提高开发区绿地率；走出一条经济发展、生活富裕、环境良好的科学发展道路。

以产业人才队伍建设为关键，构筑智力高地：树立人才是第一资源、科学技术是第一生产力理念，把人才队伍建设放在园区优先发展地位。加强机制创新，加大人力资本投入力度，着力营造尊重人、依靠人、发展人、为了人的人本环境，加快构筑园区科技人才高地，营造持久竞争优势，到2010年，各类专业技术人才占园区人才总量的50%以上；加快纳才载体、创新氛围、创业环境建设，通过政府、园区、企业共同努力，以共建科技研发机构为依托集聚各类科技创新人才；推动高新技术产业发展，以高新技术项目引进为载体，集聚高级经营管理和科技服务人才；加强创新创业基地建设，集聚各类科技创业人才；加强人才引进和培养，优化人才结构，完善激励机制，建立自由流动柔性人才制度和与之相适应的各种福利、社会保障和服务体系，使园区成为“科技创业乐土、知识致富宝地”；适应园区长远发展，培养高素质园区管理人才。以保持稳定为前提，打造和谐园区，积极稳妥作好拆迁安置工作，坚持安置先行，建立有利于加快进度、降低成本、减少矛盾的拆迁机制，为园区拓展空间提供保障。按照宜于人居、宜于创业原则，合理布局园区基础设施和市政配套设施。加强园区路网配套，依托城区主干道路、未来轨道交通、城市环线构成交通体系，切实改善园区出行条件；不断完善水、电、气、通信等网络建设，形成能够满足生产生活需要的管网系统和适应数字化需要的硬件基础。切实加强园区管理，完善园区管理职能，始终保持园区良好产业发展环境，打造和谐园区。

2008年4月，执行市委市政府出台《关于加快工业园区发展的若干意见》，在优化布局，明确区域规划，完善产业规划，优化功能规划；理顺体制，调整领导体制，完善管理体制，健全财税体制等方面作出明确规定，是推动加快工业园区建设又一重要文献。2009年，园区加强指导，帮助争取政策扶植。结合政府出台的产业帮扶政策，逐一指导企业，使一批企业享受到政策的“阳光温暖”。至2012年12月，继续执行上述产业政策措施不变。

第二节　产业发展规模

2002年9月，建园初期，以产业发展为导向，引进高新技术和高科技环保型产业为重点，开创 园区产业发展之路。2003年，园区引进企业12个，其中工业企业8个，从业人员有965人，主要产品种类有电器、工业泵系列、工程机械类、服装品牌销售类等。实现技工贸总收入1亿元；其中规模工业总产值1000万元；利税总额1500万元，其中上缴税收600万元。

2004年，园区引进企业10个，共有企业22个，其中工业企业16个，企业从业人员有2085人，主要产品种类增加有电机系列产品、液压与气动传动、机械设计与创新、机械制造技术基础、模具设计与制造、汽车结构与测控等实验设备产品系列等。实现技工贸总收入4亿元，同比增长300%；其中规模工业总产值2.95亿元，同比增长247%；利税总额6000万元，同比增长300%，其中上缴税收2100万元，同比增长250%。

2005年，园区引进企业2个，共有企业24个，其中工业企业18个，从业人员有2964人，主要产品种类增加有轻、重钢架构建筑（刚性框架、连续梁、空腹式框架、倾斜单一梁），钢丝网架结构建筑，C、Z型钢檩条，压型彩色涂层钢板，钢承楼板，集成式活动房等。实现技工贸总收入10.32亿元，同比增长158%；其中规模工业总产值6.91亿元，同比增长134%；利税总额1.58亿元，同比增长163%，其中上缴税收2995.55万元，同比增长43%。

2006年，园区引进企业5个，共有企业29个，其中工业企业21个，从业人员有3852人，主要产品种类增加有日用百货、家用电器、医用器械、药品、保健品等。实现技工贸总收入15.65亿元，与2005年同比增长52%；其中规模工业总产值11.79亿元，与2005年同比增长71%；利税总额23480万元，与2005年同比增长49%，其中上缴税收8218万元，与2005年同比增长174%。

2007年，园区引进企业5个，共有企业34个，其中工业企业26个，从业人员有5131人，主要产品种类增加有工程机械、重型机械等，实现技工贸总收入 28.53 亿元，与 2006 年同比增长 82%；其中规模工业总产值 23.63 亿元，与 2006 年同比增长 100%；利税总额 28259 万元，与 2006 年同比增长 20%，其中上缴税收 12338.4 万元，与 2006 年同比增长 50%。2008 年，园区引进企业 5 个，共有企业 39 个，其中工业企业 31 个，从业人员有 6722 人，主要产品种类新增有新能源光伏组件，具备 500 兆瓦光伏组件等。实现技工贸总收入 47.75 亿元，与 2007 年同比增长 67%；其中规模工业总产值 44.62 亿元，与 2007 年同比增长 89%；利税总额 44328 万元，与 2007 年同比增长 57%，其中上缴税收 17890 万元，与 2007 年同比增长 45%。2009 年，园区引进企业 11 个，共有企业 50 个，其中工业企业 40 个，从业人员有 6816 人，主要产品种类新增有 HLBK、HLKS 抽芯式高效节能立式斜流泵，LW 型高效节能蜗壳泵，S、SA、TS 型单级双吸离心泵，TGS 型高效节能双吸离心泵，LDTN 型高效节能凝结水泵，LC 型立式长轴泵，WLZ、WZY 无泄漏立式自吸泵，TD、TDG、TMD、TDF、TDY 自平衡型多级泵，SKD 双吸入多级中开泵等系列。实现技工贸总收入 57.61 亿元，与 2008 年同比增长 21%；其中规模工业总产值 56.71 亿元，与 2008 年同比增长 27%；利税总额 29968 万元，与 2008 年同比增长 49%，其中上缴税收 25370 万元，与 2008 年同比增长 35%。

2010 年，园区引进企业 3 个，共有企业 53 个，其中工业企业 43 个，从业人员有 8062 人，主要产品种类新增有低碳建筑节能的新型墙体材料、横孔连锁保温型混凝土空心砌块、聚醚醚酮泵用耐磨复合材料、新型高端节能泵阀产品等。实现技工贸总收入 136.44 亿元，与 2009 年同比增长 137%；其中规模工业总产值 114.51 亿元，与 2009 年同比增长 102%；利税总额 7.78 亿元，与 2009 年同比增长 41%，其中上缴税收 16299.8 万元，与 2009 年同比下降 32%。2011 年，园区引进企业 17 个，共有企业 70 个，其中工业企业 45 个，从业人员有 8354 人，主要产品种类有男女服饰、箱包、鞋帽、运动休闲及餐饮、配套服务 230 多个品牌。实现技工贸总收入 154.89 亿元，与 2010 年同比增长 14%；其中规模工业总产值 145.68 亿元，与 2010 年同比增长 27%；利润总额 7.38 亿元，与 2010 年同比增长 26%，上缴税收 24088 万元，与 2010 年同比增长 48%。2012 年，园区引进企业 8 个，共有企业 78 个，其中工业企业 49 个，第二产业比重占 62.8%，第三产业比重占 37.2%。从业人员有 10916 人，主要产品种类增加有电站装备系列产品、防火装备系列产品等。实现技工贸总收入 173.63 亿元，与 2011 年同比增长 12%；其中规模工业总产值 165.84 亿元，与 2011 年同比增长

14%；利润总额 75874 万元，与 2011 年同比增长 17%，上缴税收 38190 万元，与 2011 年同比增长 34%。

表 7-2-1　　　2003—2012 年天心工业园区产业规模情况表

年份	企业家数（个）	从业人数（人）	技工贸总收入（亿元）	税收收入（万元）
2003	12	1365	1	600
2004	22	2085	4	2100
2005	24	2964	10.32	2995.55
2006	29	3852	15.65	8218
2007	34	5131	28.53	12338.4
2008	39	6722	47.75	17890
2009	50	6816	57.61	25370
2010	53	8062	136.44	16299.8
2011	70	8354	154.89	24088
2012	78	10916	173.63	38190
合计			629.82	146839.75

第三节　新能源光伏产业

第二产业　2004 年，引进企业 22 家，其中工业企业 16 个，第二产业所占比 72.7%。2008 年，企业 39 家，其中工业企业 31 个，第二产业所占比重 79.5%。2012 年，企业 78 家，其中工业企业 49 个，第二产业所占比重 62.8%。

光伏产业　2008 年 6 月，湖南红太阳新能源科技有限公司在园区注册成立，是中国电子科技集团公司第四十八研究所全资子公司。该公司开展光伏组件生产、研发工作，当前具备 500 兆瓦光伏组件生产能力。组件产品优质、高效，获得国际国内多家权威机构认证，包括中国金太阳、欧洲 TUV/CE、美国 UL、英国 MCS 等。生产特色产品售出主要在两处，其一在内蒙古，即内蒙古 80 兆瓦时大型地面光伏电站，电站装机容量为 80 兆瓦时。其二在长沙，即湖南粮食集团 10 兆瓦时光伏发电工程（金太阳工程），电站装机容量为 10 兆瓦时。项目效益为年平均发电量约 961 万千瓦时，可节约标准煤约 3460 吨，减排二氧化碳 8624 吨。2009 年 3 月，湖南红太阳新能源科技有限公司二期光伏产业 4 条 25 兆瓦太阳能电池片生产线建成投产。该公司被认定为省高新技术企业和省级企业技术中心。是年，湖南红太阳新能源科技有限公司有员工410人，其中技术及管理人员150人，从事研究开发人员占职工总数的30%。公司主要从事光伏电站EPC和光伏组件供应两大业务，具有自主知识产权的核心技术，产品技术水平居行业前列，产值规模位列长沙市工业前十强。在光伏电站方面，作为国内起步最早的专业的光伏系统集成服务商之一，公司累计已建成400兆瓦光伏电站项目:包括内蒙古80兆瓦大型地面光伏电站项目、北京市光机电一体化产业园15兆瓦光伏并网发电示范工程、湖南粮食集团10兆瓦光伏发电工程项目、蓝思科技5兆瓦分布式光伏电站项目等，在业内具有较高知名度。公司具备电力工程施工总承包资质和机电安装专业承包资质，拥有一支电站EPC专业人才队伍，可为大型地面电站、分布式电站、家用小系统等各类电站项目提供申报、设计、建设和运维等一站式服务。在光伏组件方面，全部8条生产线全年实现产值17亿元，利税达8400万元。2012年，示范产品销售给内蒙古80兆瓦时大型地面光伏电站、长沙麓谷科技园12.82兆瓦时光伏并网发电示范工程（金太阳工程）、北京市光机电一体化产业园15兆瓦时光伏并网发电示范工程、湖南粮食集团10兆瓦时光伏并网发电示范工程（金太阳工程）、蓝思科技兆瓦时5兆瓦时分布式光伏电站、顶立科技630.72千瓦时光伏发电工程等。全年新能源光伏产业实现产值28.5亿元，实现利润0.85亿元，上缴税收约0.52亿元。成为园区重要支柱产业之一。

第四节　电气电机制造业

2004年6月26日，长沙电机厂有限责任公司签约入园（该厂创建于1946年，其前身是由建华电机厂等6家私营电器电工厂组成。1956年成立公私合营的长沙电机厂；1964年更名为国营长沙电机厂；1993年晋升为国家大型二档企业）。12月，经改制，成立股份制企业—长沙电机厂有限责任公司。公司至今已有60年专业研发生产电机（泵）历史，是中国最大的500家电气机械及器材制造企业之一，是全国电机行业协会副理事长单位，是国家电机行业大型骨干企业。有员工1300多人，企业总资产近4亿元。2005年6月17日，湖南长庆机电科教有限公司签约入园，该公司为从事高等院校机械学科实验教学设备研发与生产的民营高新技术企业。经过40多年的艰苦创业与创新开拓，已经形成液压与气动传动、机械设计与创新、机械制造技术基础、模具设计与制造、汽车结构与测控等实验设备产品系列。产品以设计思想科学、技术水平领先和售后服务优良等特点畅销全国各大专院校，并出口泰国、新加坡、朝鲜、斯里兰卡等国家和地区。该公司秉承“源于高校，服务高校”的企业宗旨，奉行“诚信、敬业、创新”的企业经营理念，努力建立现代企业制度，打造“长庆教仪”知名品牌，不断提升企业核心竞争力。公司与清华大学机械系与精密仪器系建立战略合作伙伴关系，通过 ISO 9001：2000 质量管理体系认证和美国 ANAB 认证，获得 23 项国家专利。2006 年，长庆机电科教有限公司荣获中国市场监测中心、中国名优精品选购指导委员会颁发的中国教学专用仪器十大著名品牌、中国教学专用仪器制造业 10 强企业证书。2009 年 6 月，长庆机电科教项目用地 1.47 公顷，厂房、办公楼等建筑面积 6600 平方米全部竣工，打造新型教学仪器生产基地。9 月，作为市两帮两促重点项目的长沙电机厂生产基地完成建设，在抓紧进行生产、生活设施建设与搬迁工程，该项目完成投资 4 亿元，办公楼、厂房竣工总面积达 7.5 万余平方米，实现投产，成为全区最大的工业企业。12 月，长庆机电科教项目实现竣工投产和新址生产。2012 年，园区电气电机制造业完成产值 53.35 亿元，实现利润 1.78 亿元，上缴税收约 0.83 亿元。

第五节　工程机械业

2003 年 7 月 10 日，长沙天鹅工业泵股份有限公司签约入园，是省高新技术企业。该公司建立十年来，高度重视创新工作，依靠技术创新和管理创新，提升产品技术含量和品牌价值。完善创新激励机制，企业每年研发投入占企业销售收入比重 6%以上，形成一套针对创新激励制度，与高等院校、科研院所建立长期稳定的合作关系，积极开发新产品、新材料，完善设计、工艺技术，保证水泵综合性能不断提升。9 月 6 日，长沙三远钢结构有限公司签约入园，该公司创建于 2002 年，是专业从事建筑钢结构开发、设计、制造、生产、安装为一体的现代化、专业化企业。公司注册资金 1500 万元，固定资产 2138 万元，公司一期投资 5000 万元，占地面积 4 公顷多，厂房建筑面积 2.5 万平方米（建有两条轻钢生产线、一条重钢生产线、一条网架生产线）。二期投资业已启动，预计投资 2000 万元，对厂房和生产线进行改、扩建，重点生产开发钢结构高端产品为主。公司有员工 150 人，其中：工程技术人员 58 人（高级工程师 6 名，钢结构博士 2 名），拥有大小生产工艺设备 300 多台套。公司设有技术中心进行科研开发，全面提升核心竞争力。是省内最大的钢结构制造安装企业，是中国钢结构协会会员单位，是省内最早通过 ISO 9001 质量体系认证的钢结构公司，具有专项钢结构二级资质，正申报一级资质和甲级设计资质，已成为省最具专业水平和最有代表性钢结构企业。公司产品主要有轻、重钢建筑（刚性框架、连续梁、空腹式框架、倾斜单一梁），网架结构建筑，C、Z 型钢檩条，压型彩色涂层钢板，钢承楼板，集成式活动房：包括集成箱式、标准可拆式活动房通过中国建材绿色产品认证。产品适用范围包括制造业、物流业、商业、农业、市政、民用等建筑领域。2006—2010 年“十一五”计划期间，长沙天鹅工业泵股份有限公司研究开发并完成 HLBK、HLKS 抽芯式高效节能立式斜流泵，LW 型高效节能蜗壳泵，S、SA、TS 型单级双吸离心泵，TGS 型高效节能双吸离心泵，LDTN 型高效节能凝结水泵，LC 型立式长轴泵，WLZ、WZY 无泄漏立式自吸泵，TD、TDG、TMD、TDF、TDY 自平衡型多级泵，SKD 双吸入多级中开泵的研发与生产，并全部投入市场，得到用户好评。

2007 年 3 月 20 日，湖南思为科技开发有限公司成立并入园，注册资本为 3000 万元。主营业务为横孔连锁保温型混凝土空心砌块的研发、生产和销售。生产基地位于园区，占地面积 10 公顷，产品具备辐射长、株、潭优越的地理位置。已有 4 条生产线投产，年产 5000 万块保温空心砌块，折合建筑面积 3000 万平方米。2009 年 1 月，工程机械工业产业项目建设全面加速，长沙钢龙钢结构有限公司项目竣工投产，长沙三远钢结构有限公司等企业有 7 个项目投产。3 月，长沙天鹅工业泵股份有限公司二期扩建工程占地面积 5.63 公顷，其中 3.8 公顷建成投产，办妥权证。

2010 年，湖南思为科技开发有限公司产品“横孔连锁保温型混凝土空心砌块”综合技术经省建设厅科技成果鉴定委员会鉴定已达到国际先进水平，获得“湖南省科技进步一等奖”，该公司低碳建筑节能的新型墙体材料，获省建设厅科技成果推广证书、省节能新墙办颁发的湖南省新型墙体材料产品认定证书及市节能新墙办颁发的长沙市节能备案证书。产品在湖南华凌钢铁集团总部工地广泛使用，赢得用户及施工单位一致好评。是年，长沙翔鹅节能技术有限公司签约入园，该企业是一家专业从事水泵、风机、压缩机等电机拖动系统节能技术与节能产品研发、生产并按国际合同能源管理模式（EMC）提供节能服务的高新技术企业。公司是中国节能协会节能服务产业委员会会员，国家发改委、财政部第一批备案专业节能服务公司。是年 12 月，长沙天鹅工业泵股份有限公司研究的“聚醚醚酮泵用耐磨复合材料开发与应用”，被省科技厅评为“湖南省科学技术进步三等奖”，“新型高端节能泵阀产品关健技术研究与产业化”被市科技局评为市科技计划项目，并评为市科学技术进步三等奖。公司大型水泵检测中心，被授于“省机械工业流体机械产品质量监督检测站” 牌匾。自主开发首创的管道系统和水工结构设计，为国内首创，有效地解决各种大型水泵的汽蚀性能测试问题，填补国内泵行业空白。2012 年，工程机械业完成产值 35.56 亿元，实现利润 1.53 亿元，上缴税收约 0.75 亿元。

第六节　商贸仓储物流服务业

第三产业　2004 年，招商引进企业 22 家，其中商贸服务业企业 6 个，第三产业所占比 27.3%。2008 年，招商企业 39 家，其中商贸服务业企业 8 个，第三产业所占比重 20.5%。2012 年，招商引进企业 78 家，其中商贸服务业企业 29 个，第三产业所占比重 37.2%。园区以引进中信城市广场，友阿奥特莱斯购物中心为主的二大支柱商贸服务业，形成一个国际一流水准的“长株潭融城中央商务区”，拉动长株潭一体化区域商贸经济产业整体升级，成为长沙新城市名片。

商业　2004 年，园区在市芙蓉南路和中意路两厢规划建设中信城市广场购物中心、中信五星级酒店、中信风情商业街、凯旋蓝岸商业街、文化广场商业街、凯旋城商业街、地铁商业街、华宇机械商贸城等项目，总投资约 25 亿元，建筑面积约 80 万平方米。其中，中信城市广场购物中心项目总投资 15 亿元，总建筑面积 23 万平方米，集大型 Shopping Mall、风情商业街和 AAAAA 级写字楼于一体，包含有大型品牌超市、顶级百货、豪华电影院、真冰溜冰场、世界名品旗舰、高档餐饮店等高档商业业态。 2006 年，园区以中信新城项目为发展平台，以总部经济和都市经济为产业重点，按照天心生态新城整体布局，着力引进和培育市场潜力大、科技含量高、竞争能力强、社会影响广的优势商贸企业，不断推进园区产业结构优化升级，将园区打造成为经济繁荣、具有发展优势的先导区；荟萃高新技术、现代服务和高级专业人才聚集区；推进长沙城市化建设和新型工业化进程核心区。同时，积极打造以总部经济为特色的“试验区”。

2007 年 3 月 18 日，引进湖南友阿集团“ 生态商业广场”项目，湖南友阿集团总裁胡子敬到园区实地考察，明确表态希望能在该地块建设湖南友阿集团

“ 生态商业广场”项目，按奥特莱斯模式打造湖南的“世界品牌折扣店”， 该项目是一个以国际品牌专卖店为载体，集购物、休闲、旅游为一体的现代商业购物公园。2011 年 1 月，友阿奥特莱斯购物公园运营，主要经营产品有国际一线奢侈品、男女服饰、箱包、鞋帽、运动休闲及餐饮、配套服务等，已引进 250 多个品牌，包括 Burberry（巴宝莉） 、Lacoste（ 法国鳄鱼)、Charriol （夏利豪)、TIBAO AUCHEHO （迪宝 阿治奥 ）等国际一线奢侈品牌，耐克、李宁、路卡迪龙、卡迪黛尔、影儿、欧时力等一些国内外知名品牌，全年销售额 2 亿元，2012 年，友阿奥特莱斯购物公园实现销售收入 5 亿元，年销售收入与上年同期相比增长率为 150%。全年园区商贸业实现销售收入 35.5 亿元，实现利润 2 亿元，上缴税收约 1 亿元。

仓储物流业 2003—2007 年，园区仓储物流业没有形成规模，未形成一项产业。2008 年，园区仓储物流业这项产业初显雏形。7 月，湖南五田医药仓储物流中心项目入园，由湖南五田实业集团投资建设，位于园区内新电路与新梅路交界处。至 2010 年年底的 3 年间，园区内共引进有 5 个物流仓储项目，以医药仓储物流为主，其中 1 个仓储型物流项目（湖南中烟公司大托库区片烟醇化仓储物流项目），4 个医药物流项目（五田医药物流园、康尔佳医药物流园、益丰医药物流园、双舟医药物流园）。总投资约 18 亿元，总建筑面积约 53.5 万平方米。园区仓储物流业初具规模，形成一项产业。2011 年，五田医药物流园建成运营，且有湖南五田医药有限公司和湖南医药有限公司入驻，同年，仓储物流业实现营业收入 10 亿元。2012 年，7 个仓储物流业实现营业收入 18 亿元，实现利润 6556 万元，上缴税收约 3600 万元。

服务业 2004 年，园区引进中信五星级酒店，是园区第一家五星级餐饮酒店服务业。2005 年，融城时代酒店、湖南餐谋天下实业（集团）有限公司（中信新城店)、油盐故事、胡记饭铺（先锋店)、长沙新环境房地产经纪有限公司(中信新城店)、湖南中信物业管理有限公司等入驻园区。2006 年，长沙先富物业管理有限公司、长沙市鑫福物业管理有限公司、长沙市先锋物业管理有限公司等签约。2008 年，长沙拓智教育信息咨询服务有限公司、长沙凌峰安全技术咨询服务有限公司、长沙拓智教育信息咨询服务有限公司等服务业项目和企业签约入驻建设。2011 年，融城时代酒店运营，建筑面积约 1.7 万平方米，实现营业额 200万元；同年，餐谋天下中信新城店建成营业。实现营业额 920 万元。2012 年，融城时代酒店实现营业额 300 万元，同比增长 50%；餐谋天下中信新城店实现营业额1100万元，同比增长45%。园区服务业全年实现销售收入8.5亿元，实现利润约5800万元，上缴税收约2250万元。

第七节　重点企业选介

园区加强与区域内重点企业重点项目联系，促其发展（包括天鹅工业泵、龙盛电子产业基地、长沙电机厂有限责任公司、中信新城、奥特莱斯、光伏产业基地、湖南五田医药物流中心、宇航科技、长沙贤盛发机电设备市场9个企业项目）。通过信息反馈和项目专题调度会及专人跟踪服务，及时了解重点企业生产动态和存在困难，帮助解决问题。

长沙天鹅工业泵股份有限公司　2003年7月，长沙天鹅工业泵，占地面积4余公顷，投资5000万元，总建筑面积4万平方米，有员工650余人，是从事不锈钢多级泵类的生产和销售企业。2006年3月，天鹅工业泵二期扩建工程占地84.5亩，建成投产。全年完成产值1.78亿元，实现利税3478万元。该厂在2006－2010年“十一五”计划期间，依靠技术创新和管理创新，提升产品技术含量和品牌价值。完善创新激励机制，企业每年研发投入占企业销售收入比重6%以上，与高等院校、科研院所建立长期稳定的合作关系，积极开发新产品、新材料，完善设计工艺技术，保证水泵综合性能不断提升。研究开发并完成抽芯式高效节能立式斜流泵，高效节能蜗壳泵，单级双吸离心泵，高效节能双吸离心泵，高效节能凝结水泵，立式长轴泵，无泄漏立式自吸泵，自平衡型多级泵，双吸入多级中开泵的研发与生产，并全部投入市场，得到用户好评。2008年，实现销售收入16156万元，上缴税收518万元，实现利润2010万元。2010年，实现销售收入20569万元，上缴税收1294万元，实现利润2961万元。2012年，厂区面积20.8万平方米，注册资本4.28亿元，总资产1.35亿元，有员工680余人，其中各类工程技术人才240余人。共有26个泵产品系列，2160个规格，业已建设成为一个集各类工业泵的研制、生产、经营和服务为一体的综合企业基地。实现销售收入20331万元，比2008年增长26%；上缴税收646万元，比2008年增长25%；实现利润2332万元，比2008年增长16%。

湖南龙盛实业有限公司　2003年8月，湖南龙盛高科技电子产业由湖南龙盛实业有限公司投资建设，占地面积2.67公顷，总投资人民币2亿元，总建筑面积为5万余平方米，基地拥有电子行业国际标准高层厂房2栋和宿舍1栋，并设计面积1000多平方米的人防地下室，建筑风格博采众长，引入国际先进设计理念，为长株潭融城核心区首家9层国际标准厂房。

长沙贤盛发机电设备公司 2003年12月，长沙贤盛发机电设备市场项目签约入园，项目由湖南华宇集团投资兴建，位于长沙市天心区中意一路1199号，项目占地面积约9.53公顷多，总投资1.2亿元，总建筑面积约95180平方米，包括8栋双电梯交易中心、2栋科研楼、1栋酒店和1栋员工宿舍，其中机电设备核心交易市场占地面积6.53公顷，建筑面积约34025平方米，单层面积约1200平方米。市场中央设有45米宽大型设备展示长廊，将集中、完美展示各位市场内优秀设备产品。该项目是长沙乃至湖南规模最大，功能设施最完善的工程设备，机电设备销售基地之一。

长沙电机厂 2004年6月，长沙电机厂生产基地与园区签约入园，项目占地面积26.4公顷，投资5亿元，总建筑面积约74978平方米。（该厂创建于1946年，其前身是建华电机厂。1956年成立公私合营的长沙电机厂；1964年更名为国营长沙电机厂；1993年晋升为国家大型二档企业）。12月，经改制，成立长沙电机厂有限责任公司，企业性质由国有企业变成股份制企业。公司已有60年专业研发生产电机历史，是中国最大的500家电机及器材制造企业之一，是全国电机行业协会副理事长单位，是国家电机行业大型骨干企业。2006年，长沙电机厂实现产值3.01亿元，完成产量157万千瓦，综合实力位居全国电机行业前10名。2007年10月，长沙电机厂举行新厂迁建园区工程奠基仪式，标志新厂搬迁项目正式启动建设。2008年，长沙电机厂实现销售收入3.70亿元，上缴税收783万元，实现利润2869万元。2010年，长沙电机厂新厂整体搬迁入园。实现销售收入3.67亿元，上缴税收889万元，实现利润—820万元。2012年，长沙电机厂占地面积21万平方米，注册资本1602.5万元，企业固定资产总值5.2亿元，有员工1300多人。实现销售收入4.01亿元，比2008年增长8%；上缴税收1662万元，比2008年增长112%；实现利润—2043万元，比2008年下降171%，主要是原材料成本增加受影响。

长沙中信新城 2004年11月，长沙中信新城是由中信集团公司投资的一个大型城市综合体项目。占地面积146万平方米，总建筑面积200万平方米，总投资约100亿元。由中信城市广场、文化广场、凯旋城、凯旋蓝岸花园、融城中央公园和绿色生态企业家会所等功能组团组成，是一个集购物、文化、休闲、娱乐、酒店、商务办公、总部经济和高尚居住于一体的国际一流水准的“长株潭融城中央商务区”。其中，中信城市广场购物中心项目总投资 15 亿元，总建筑面积 23 万平方米，集大型品牌超市、顶级百货、豪华电影院、真冰溜冰场、世界名品旗舰、高档餐饮酒店等高档商业业态。2007 年，中信新城建商品房 3050 套，计 35 万平方米，实现技工贸收入 1.8 亿元。2008 年，中信新城开发园区 1 号地块建高层商品房 1974 套计 14，3 万平方米，在园区 3 号地块建高层商品房 585 套计 9.9 万平方米，实现技工贸收入 2.52 亿元，上缴税收 1386 万余元。2012 年，中信新城凯旋蓝岸花园建设，由 5 栋高层商品房 876 套、公寓 824 套和一条 12 栋 2～3 层的西班牙风情商业街商铺 300 套组成，建筑面积 22.1 万平方米，全年实现技工贸收入 4.25 亿元，比 2008 年增长 69%；上缴税收 2357 万余元，比 2008 年增长 70%。

友阿奥特莱斯购物公园　2008 年 3 月，友阿奥特莱斯购物公园项目签约，2010 年 5 月由友谊阿波罗商业股份公司投资，启动建设。项目位于芙蓉南路与 107 国道交汇处，占地面积 260 亩，总投资 4亿元，建筑面积达 17 万平方米，其中商铺面积达 10 万平方米，拥有独立店铺 400 多间，可容纳品牌 500 多个，同时拥有 6000 平方米的电影院和 1.2 万平方米巨型儿童天地，更有长沙最大室内游乐中心、大型游乐项目、健身中心，还配置有 2000 个车位的大型停车场。是中南地区最大的奥特莱斯，长株潭城市群中心地标建筑，是以国际国内名品折扣中心与休闲游乐公园双重概念相结合的购物公园，除主题卖场外，还是一个集儿童乐园、奥巴克公园、名吃食街、影楼、酒吧、咖啡厅、娱乐城、网络天地、健身中心、银行、邮局、票务商务中心及诊所等多功能设施于一体的休闲中心。内有简洁明快的步行街道、宽敞大气的休闲广场（业态汇聚吃、喝、玩、乐、购)。2011 年 1 月，友阿奥特莱斯购物公园运营，主要经营产品有国际一线奢侈品、运动休闲及餐饮、配套服务等，已引进 250 多个品牌，全年实现技工贸收入 2 亿元。2012 年，友阿奥特莱斯购物公园有固定资产原值 4.57 亿元，固定资产净值 4.37 亿元，在职员工 1397 人；实现技工贸收入 5 亿元，占园区商贸物流饮食服务业销售收入 26.99 亿元的 18.5%，年销售收入与 2011 年同期相比增长率为 150%，实现税收 0.12 亿元，占园区税收 3.82 亿元的 3%。

湖南五田医药物流中心　2008 年 7 月，湖南五田医药物流中心由湖南五田实业集团投资建设，位于园区内新电路与新梅路交界处。占地面积 50 亩，总投资 1.5 亿元，建筑面积为 5.24 万平方米，包括物流仓库、办公楼、员工宿舍及配套设施。其中，物流中心仓库面积为 3.6 万平方米，全部用于货物存储。仓库整体建设规划严格按照国家《药品经营质量管理规范》，按仓库硬件及设施设备要求建造，仓库达到医药行业药品无尘存放要求，同时仓库还配备24小时恒温中央空调和冷库，物流中心南、西面分设两条宽约15～25米的通道，停车区域长度达到35米，物流中心办公楼建筑面积为8600平方米，可满足上千人集中办公。楼内设有客用电梯、消防楼梯及200平方米信息处理中心、大小会议室、观景阳台等配套设施。该项目是目前湖南规模最大、配套最齐全、设施设备最先进的医药物流中心。2011年，五田医药物流中心建成运营，全年实现技工贸收入4亿元，上缴税收983万元。2012年，五田医药物流中心有固定资产原值1.57亿元，固定资产净值1.37亿元，在职员工149人；实现技工贸收入5.6亿元，与2011年同期相比增长率为40%，占园区商贸物流饮食服务业销售收入26.99亿元的21%；实现税收0.15亿元，与2011年同期相比增长率为52%，占园区税收3.82亿元的4%。

湖南红太阳新能源科技有限公司 2008年8月，湖南红太阳新能源科技有限公司成立，以新能源产品研发、制造、销售与技术服务为主的高新技术企业，主产是新能源光伏产业项目，是唐景庭（任中电科技第48所所长）率先提出发展湖南太阳能光伏产业的计划设想，由中电科技集团第48所投资兴建“湖南太阳能光伏产业链”项目被列入省“双百工程”，占地面积12.73余公顷，总投资4亿元，从业人数1100余人，建设200兆瓦晶体硅太阳能光伏产业链和光伏产业研发大楼，重点开发太阳能发电系统。晶体硅太阳能电池组件封装生产实现产业化、规模化，产品涵盖125单多晶组件、156单多晶组件和柔性组件、抗PID组件、双玻组件等，可广泛应用于建筑物、屋顶、天窗、幕墙等领域。实现销售收入10.12亿元，上缴税收1003万元，实现利润6630万元。2009年3月，该公司二期光伏产业4条25兆瓦太阳能电池片生产线建成投产。被认定为省高新技术企业和省级企业技术中心。公司有员工1400余人。公司主要从事光伏电站EPC和光伏组件供应两大业务，具有自主知识产权的核心技术，产品技术水平居国内同行业前列，产值规模位列长沙市工业前十强。在光伏电站方面，作为国内起步最早的专业光伏系统集成服务商之一，公司累计已建成400兆瓦光伏电站项目，在业内具有较高知名度。公司具备电力工程施工总承包资质和机电安装专业承包资质，拥有一支电站EPC专业人才队伍，可为大型地面电站、分布式电站、家用小系统等各类电站项目提供申报、设计、建设和运维等一站式服务。是年，唐景庭获全国“五一”劳动模范奖章。2010年，实现销售收入

45.63亿元，上缴税收2302万元，实现利润3.2亿元。2012年始，太阳能发电系统开发项目，生产特色产品售出主要在两处，其一在内蒙古，即内蒙古80兆瓦时大型地面光伏电站，电站装机容量为80兆瓦时。其二在长沙湖南粮食集团10兆瓦光伏发电工程（金太阳工程），电站装机容量为10兆瓦。项目效益为年平均发电量约961万千瓦，可节约标准煤约3460吨，减排二氧化碳8624吨。是年，公司占地面积191亩，有员工1700余人，固定资产总值4亿元。全年实现销售收入55.01亿元，比2008年增长443%；上缴税收5435万元，比2008年增长442%；实现利润9322万元，比2008年增长41%。

湖南宇航科技有限公司　2010年10月，宇航科技项目签约入园，项目由湖南宇航科技有限公司投资建设，占地面积1.2公顷，总投资1亿元，总建筑面积约2.3万平方米，为公司科技产品的研发和生产基地。

第八节　企业生产安全管理

生产安全管理　生产安全管理规章制度：2002年8月至2005年12月，生产安全管理工作由天心区安监局代管，执行生产安全管理制度主要依区安监部门所制定的。2006年，园区管委会制定《天心环保工业园区管委会安全生产管理制度》，明确应结合每个时期的特点，组织开展“安全生产月”、“职业病防治法宣传周”等群众性安全生产活动。运用横幅、简报、标语等形式，开展群众性安全生产教育，普及安全知识。有计划地对辖区内企业法定代表人、专（兼）职安全管理人员进行安全生产培训。督促园区各企业特种作业人员参加有资质考核部门组织的专业安全技术教育，取得特种作业人员操作证后，方可上岗作业。确保园区内企业特种作业人员持证上岗率100%。是年，制定《天心环保工业园区企业安全生产教育管理制度》规定，所有企业负责人，应按国家有关规定要求，参加法定安全生产教育培训，经考核合格后持证上岗。所有企业的安全技术管理人员应经过安全教育培训，考核合格后方能任职。安全教育培训主要内容是：国家和有关职业安全卫生的方针、政策、法律、法规、制度和标准； 安全管理、安全技术、职业卫生和安全文化等知识；易发事故的基本知识；有关事故案例及事故应急管理等。安全教育培训时间不得少于40学时。制定《天心环保工业园区安全生产例会制度》，规定每季召开一次园区管委会安全例会。由委托分管负责人主持，有关人员出席。要求分析、布置、督促和检查园区安全生产，研究、解决园区安全生产方面存在的突出问题和重大事项；作出决定并形成纪要。园区安委会成员例会每季召开一次，由园区管委会安全生产办公室主任主持。会议内容要求:听取季度有关园区企业安全生产管理情况汇报，分析园区内安全生产面临形势和存在问题，研究、部署安全生产的对策措施和下阶段工作重点;讨论制定园区安全生产的相关措施；讨论决定提交园区管委会班子会议研究解决的相关事项。会议有书面记录保存以便备查。园区制定《天心环保工业园区安全生产台账管理制度》，要求所有企业要建有包括安全组织、安全会议、安全教育、安全检查、隐患治理、事故管理、安全考核与奖惩等七类内容的安全工作台账。企业要建立安全领导小组到班组的安全组织网络台账，安全会议台账要填写企业召开的安全会议内容，尤其对安全生产文件的传达、学习贯彻情况。要设有会议名称、时间、地点、召集单位和主持人、与会单位和人数、会议内容以及处理结果等栏目。安全检查台账至少设有检查日期、检查内容、受检部门、发现问题、要求整改日期、整改完成日期及检查人签字等栏目。隐患治理台账对凡发生在企业的事故隐患不论级别，不论资金来源，均应在企业的隐患治理台账中填写。事故隐患治理台账应设有隐患存在部位、计划费用、实际费用、资金来源、计划治理完成时间、实际完成时间及隐患治理后的评估情况。事故台账要按照事故调查处理的有关规定，企业应建立相应的事故台账，分别记录本企业所发生的事故。事故台账应设有事故发生所在部门、发生时间、事故类别、事故概况、人员伤亡与财产损失情况和事故处理情况。安全工作考核与奖惩台账要设有考核项目（内容）、被考核部门、主要事实和存在问题、考核意见和结果、奖惩情况、考核部门及审批部门等。企业安全活动记录台账填写部门、车间和班组安全活动开展情况。2007 年，制定《天心环保工业园区安全生产方案》，抓好安全生产基层单位和基础工作，实现安全生产关口前移和重心下移，实行“谁主管，谁负责” 的原则，一级抓一级。截至 2012 年 12 月的 5 年间，园区安全生产管理制度建立完备，依法依制度管理安全生产，未发生一例安全事故。

安全生产宣传活动：2004 年 6 月， 开展安全生产宣传，共下到 10 户企业和 15 个项目工地。2007 年 5 月，开展安全生产教育培训，共有 23 家企业主要负责人、安全生产管理人员 80 多人参加，全年累计培训 208 人。9 月，组织 4 人代表队参加区安监局举办的“星城杯” 安监员技能大赛，取得好成绩。2008 年 6 月，是第七个“全国安全生产月” 活动月，园区组织参加，在各重要地点悬挂宣传横幅100余幅，氢汽球宣传标语100余条，出大小板报50块，印发宣传资料3000余份。2012年5月，开展重点节后复工复产期间开展安全宣传教育活动。截至年底，园区内未发生一例重大安全责任事故。

生产安全监督 2002－2005年，园区生产安全监督由区安监局代管，园区协助。2006年，园区管委会要求各组成部门根据自身职责，制定安全检查计划。日常监督检查坚持严格督查、热情服务原则。严格执行国家法律法规，纠正违法违规行为；同时要热诚为企业服务，帮助和促进企业强化安全生产管理；以定期检查与不定期抽查相结合，重点检查安全生产法律法规和安全生产规章制度执行情况、生产作业现场安全管理状况、事故隐患整改情况；日常监督检查期由各部门根据实际工作需要确定，原则上半月至少检查一次。园区管委会每月组织一次安全生产督查（含现场办公），参与督查的部门由区安监办根据实际需要确定。对检查中发现的安全生产违法行为，要当场予以纠正或责令限期整改；应由部门进行处理的，需及时移送相关部门，并形成记录备查。检查、督查后，应及时向受检单位反馈检查、督查意见，对检查中发现的事故隐患下达事故隐患整改通知书，明确整改内容、整改期限、整改责任单位和责任人，责令立即整改；对重大事故隐患实行挂牌督办，同时书面报区安监委员会。对检查中发现的事故隐患，应按照“编号登记、限期整改、跟踪督查、复查销号”要求，实施全过程跟踪。对未在规定期限内按要求整改的生产经营单位，由相关部门依法给予行政处罚并责令停产停业整顿。在检查前要制订检查计划，做到目标明确，有的放矢，检查人员应当忠于职守、坚持原则，同时遵守法定程序，保守被查单位技术秘密，不得影响被查单位正常生产经营。园区安全生产监督管理部门应及时汇总检查情况，定期向区安监委员会汇报。是年，与15户重点企业及项目签订安全生产责任状，对优秀单位及项目予以表彰奖励，对未达标且不合格单位予以评先评优一票否决，有三远钢结构工程有限公司获区年度安全生产管理先进企业，鑫远建设有限公司获年度安全生产技能鉴定先进企业。

2007年，园区管委会与区政府签订安全生产责任状，园区内生产企业和项目20余个与园区管委会签订安全生产责任状，为做好重要节假日安全生产工作，共开展元旦、春节、“五一”劳动节、国庆节等多次安全隐患大排查大督查，采取值班带班、现场检查、做好检查记录、发现问题及时解决，确保重要节假日应急状态下各项应对措施落实，实地检查20余个项目工地，17个企业生产基地，园区拆迁户临时过渡安置点，未发现重大安全隐患但仍存在有建筑施工地违规搭建工蓬，安全网铺设不到位，脚手架搭建不规范，用电用气不规范，乱搭电现象较多，过渡房内存在安全隐患等8类问题进行及时处置，安全隐患得到消除。2008年，与被管理单位签订安全生产目标管理责任状，按月开展安全隐患大排查大督查，加强对存放化学危险品、烟花鞭炮仓库及建筑施工、企业生产车间、人员密集地消防安全设施等5个方面重点危险源严格检查。有天鹅工业泵、三远钢结构、长沙电机厂、岳迩工业园等被评为年度安生产目标管理优秀单位。有7家企业获评安全生产合格单位。

2009年，与20多户签订安全生产目标管理责任状，开展重要节假日安全生产检查、安全生产百日安全督察专项检查、加大建筑项目工地专项整治行动等活动，做好消防器材、消防通道等安全设施维护，实现园区零概率安全生产事故发生。12月，为使2010年元旦期间安全稳定，严防防冻、防火、防重大责任事故的发生，根据区政府《关于做好当前安全生产及应急工作的通知》文件精神，经园区决定，从12月下旬起在园区范围内开展2010年元旦期间安全生产大检查，从园区的实际情况出发，制定长沙天心工业园区元旦期间安全生产大检查工作方案。明确指导思想（树立安全发展理念，坚持“安全第一、预防为主、综合治理”方针，严格落实“谁主管、谁负责”的一岗双责监管制度，创新思路，着力抓好当前安全生产工作，建立健全安全生产责任体系和安全生产长效机制，促进园区生产形势持续安全稳定）。明确工作目标（通过安全生产大检查，及时发现各企业安全生产薄弱环节和突出问题，治理和消除安全隐患，提高企业安全生产管理水平，保证生产安全。对生产车间、基建工地、拆迁工地和重点工程工地开展专项整治，严防防冻、防火、防重特大责任事故的发生，为园区经济发展创造安全稳定的环境）。规定检查内容（重点督查入园生产经营单位、基建工地、拆迁工地和重点工程工地安全生产工作落实情况。其一，各单位制定和落实安全生产责任制和一岗双责制的情况。其二，各单位安全生产组织体系建设和落实情况，特别是安全生产制度、应急预案、安全生产施舍的落后情况。其三，隐患排查治理情况，特别是已排查出的隐患治理情况。其四，安全生产监管情况，特别是重大安全危险源、危险化学品、易燃易爆物品的监管情况以及工地的塔吊、升降机和生产企业的行车等起重设备的管理、制度、规程的实施情况。检查时段安排实施步骤）12月20日至25日，为企业自查阶段，要求各企业根据本单位的具体情况和本次检查的内容，开展全面的、地毯式的安全生产大检查。12 月 26 日至 2010 年 1 月 31 日，为园区督查阶段。督查主要以听取汇报、现场检查为主，对重点单位、重大隐患、重点环节进行重点检查，切实督促有关单位加大隐患排查治理力度，提高企业安全保障能力。检查要求各单位、各企业要从维护人民群众根本利益的高度，从维护园区政治安定、社会稳定的高度，充分认识这次安全生产检查的重要性和必要性，切实加强领导，认真组织，精心布置，全面落实本方案。切实落实安全生产责任制，加大安全投入、加大隐患治理、加强安全管理，凡对安全生产工作部署不周密、责任不落实造成安全事故的单位和个人，将依法依规严肃处理。各单位、各企业要精心安排、周密部署，要强化基层、夯实基础，着力解决好长期没有解决的重点、难点问题，务必将各项安全生产措施落实到实处。

2010 年，园区与 30 余家单位签订安全生产目标管理责任状，开展重要节假日安全生产检查、安全生产百日安全督察专项检查，实现园区零概率安全生产事故发生。1 月，根据《长沙市天心区人民政府办公室关于切实做好春节、“两会”期间的安全工作的通知》文件精神，经管委会研究，园区于元旦中旬起开展安全生产大检查。为保证安全检查工作的顺利进行，制定《长沙天心工业园区春节、“两会”期间的安全生产大检查工作方案》。明确指导思想和工作目标，要贯彻落实省、市、区有关安全生产的重要精神，通过检查，促使各入园企业、各局室，针对当前存在的薄弱环节，从组织领导、明确责任、工作制度、隐患整改落实等方面采取有力措施，使安全生产的各项工作真正落实到实处，坚决消除事故隐患，严防重、特大事故发生。成立春节安全生产大检查领导小组，下设 4 个工作小组。每个工作小组务必抓好落实，要明确检查范围和重点内容，做到责任到位、到人和建立检查记录。开展检查具体事项（包括各企业制定和落实安全生产责任制和一岗双责制及安全生产组织体系建设和落实；对重特大事故隐患排查整治；对重大危险源监控；对清理整顿无证无照非法经营行为；对危险物品、建设、消防等专项整治开展；对基建工地安全措施落实及施工安全整治；对拆迁工地安全稳定的排查；对重点工程工地安全生产工作落实及其他有关安全生产等 10 余类情况）。采取全面检查方法，从 1 月 14 日始至 20 日结束，对园区各企业，各局、室等行业、单位开展全面的、地毯式的安全生产大检查。督查评价阶段从 21 日至 31 日，由园区领导牵头，组织辖区各负有安全生产监督管理职责部门对重点地区、重点行业、重点部位进行督查，重点督查本次安全大检查的部署实施情况，对安全大检查效果进行实地评估。检查要求各入园企业，各局、室主要领导要亲自组织、亲自部署，针对当前安全生产工作的特点，采取强有力措施，认真查找园区生产经营和生产建设中存在的薄弱环节，真正做到认识到位、责任到位、措施到位和落实到位，扎实做好当前安全生产工作，坚决遏制重特大事故的发生。各检查小组对照自身实际，制定切实可行，具体的检查工作方案，并落实专人负责，责任到位。各局、室负责人要把这次安全生产检查作为落实安全生产责任制、落实安全生产监管职责和落实重大事故防范措施的一个重要环节来抓紧抓好。检查中要立足于消除隐患和解决突出问题，加大对重点场所、重点建设工地的检查力度和隐患整改力度，坚决防止重特大事故的发生；要力戒形式主义，突出重点，抓住关键，着力发现和解决一批问题，预防和整改一批隐患，构建防范重特大事故发生的防线；要明确检查责任，建立检查工作台账，凡因安全检查不深入、隐患督促整改不到位等导致发生重特大安全生产事故的，要依法依纪追究相关人员的责任。督查情况要详细记录，对查处的问题（隐患），要提出整改措施，并负责督促整改到位。做好值班和安全事故信息汇报工作 要做好春节、“两会”期间的值班值守工作，保证信息渠道畅通。各企业，各局、室主要负责人为值班工作第一责任人，必须亲自过问、总负责，要严格执行安全生产 24 小时值班和领导干部到岗带班制度，全面做好生产安全事故和其他紧急突发事件的信息报送和处理工作。一旦发生意外，要及时上报信息并迅速按规定启动应急预案，切实履行各自肩负的重大责任，确保全园区安全生产形势的稳定健康，对因值班值守工作不到位造成严重后果的，要依照有关规定给予严肃处理。4 月，贯彻落实《关于转发〈省安委办转发国务院安委会关于立即开展全国安全生产大检查的通知〉的通知》文件精神，为保持经济平稳较快发展创造良好安全环境，根据园区实际情况，决定在园区开展一次安全生产大检查活动，制定《长沙天心工业园关于开展安全生产大检查的实施方案》。明确指导思想（以省、市、区安全工作会议精神和坚持以人为本的科学发展观为指导，以“关注安全、关爱生命”为目的，以遏制重特大事故为核心，通过安全检查，落实各单位安全生产主体责任、排查治理事故隐患，认真解决安全工作中存在的突出问题和薄弱环节，有效防范和遏制事故的发生）。检查对象为园区内各企业、建筑施工工地、重点部位的安全生产责任主体的落实情况，各企业单位是否重视安全生产检查，明确各区域安全责任主体。安全生产宣传教育情况，加强安全生产宣传教育力度，确保人人能意识到安全生产的重要性。园区重点监管企业单位的安全生产落实情况。是否加强对危险化学品生产、经营、储存企业的安全检查，以查“三违”、查隐患、查制度、查培训、查应急预案为主要内容，加强对危险化学品生产经营场所防雷、防静电装置的定期检测和监管力度；督促企业加强和规范安全管理。是否特种设备生产企业动态管理和检查，确保各项安全管理制度和措施落到实处。建筑施工工地安全隐患的排查，确保进入工地就应配备“工地三宝”，排查各种安全隐患。对公共人员密集场所安全隐患排查。重点检查人员密集场所消防设施、设备的维护、保养和管理情况，重点检查人员密集场所的安全疏散出口是否畅通、消防安全制度是否建立健全等。加大对火灾隐患的治理力度，对挂牌督办的重大火灾隐患限期治理整改到位。检查的主要内容是各企业制定和落实安全生产责任制情况；各企业安全生产组织体系建设和落实情况；各企业安全生产集中宣传教育活动方案制定和落实情况；各类安全生产隐患排查治理、生产安全事故调查处理和加强公共聚集场所安全防范情况；重特大事故隐患排查整治情况；重大危险源监控情况；清理整顿无证无照非法经营行为情况；危险物品、建设、消防等专项整治开展情况；基建工地安全措施落实及施工安全整治情况；重点工程工地安全生产工作落实情况；其他有关安全生产情况。检查时段安排 4 月 20 日至 30 日为企业自查自纠阶段，各企业根据通知的各项要求做好自查自纠，切实做好安全隐患的预防，不留任何安全隐患的死角。5 月 1 日至 15 日为督查评价阶段，由园区牵头，成立安全生产大检查领导小组，下设四个工作小组，每个工作小组下企业抓好落实，明确检查范围和重点内容，做到责任到位、到人和建立检查记录。组织园区各负有安全生产监督管理职责的部门对重点地区、重点行业、重点部位进行督查，重点督查本次安全大检查的部署实施情况，对安全大检查效果进行实地评估。检查要求(加强组织领导，严格落实责任。各部门各单位要按照分级负责、行业主管的原则，立即制订工作方案，突出工作重点，落实工作责任，迅速开展安全生产大检查；主要负责人要亲自组织研究部署，带队深入基层检查，及时妥善处理安全生产检查中发现的重大问题。全面深入检查，强化监管执法。按照通知的要求，逐个企业、逐个项目全面深入、严格细致进行检查，做到全面覆盖，不留死角、盲区和漏洞。加强督查指导，严肃工作纪律。各部门各单位要加强督查指导，确保安全生产大检查平衡深入开展；分析研究安全检查中发现的共性和难点问题，采取切实有效的措施认真解决；对责任不落实、作风不深入、检查不认真，工作流于形式、敷衍塞责的，通报批评，因此导致较重大事故发生的，要从严追究有关单位和人员的责任）。加强值班和安全事故信息汇报工作，做好“五一”劳动节期间的值班值守工作，保证信息渠道畅通。各企业，各局、室主要负责人为值班工作第一责任人，要亲自过问、负总责，要严格执行安全生产24小时值班和领导干部到岗带班制度，全面做好生产安全事故和其他紧急突发事件的信息报送和处理工作。一旦发生意外，要及时上报信息并迅速按规定启动应急预案，切实履行各自肩负的重大责任，确保全园区安全生产形势的稳定健康，对因值班值守工作不到位造成严重后果的，要依照有关规定给予严肃处理。6月23日始，全省大部分地区先后出现暴雨以上强度降雨，据气象部门预报，新一轮强降雨过程将持续到6月25日，因前期连续降雨已使湘江水位较高，新一轮强降雨将市防汛形势更加严峻。按国务院和省政府防汛抗洪救灾视频会议精神，执行天心区委区政府决策，落实防汛责任、全力做好新一轮洪峰迎战工作紧急通知，要求务必保持高度警惕；严格落实防汛责任；严格实行责任追究。2011年，园区被评为区安全生产先进单位。2012年，安全生产责任落实到位，园区安全生产未发生一起重大责任事故。经开区被评为区安全生产先进单位。

第八章
科 技 创 新

第八章　科技创新

2002年9月，园区把引进高新技术产业、高科技产业和高科技人才摆在重中之重，以科技创新项目为主，推动园区可持续发展。2004年，园区荣获市科技进步目标考核优秀奖。长沙天鹅工业泵有限公司（WLZ无泄漏立式自吸泵项目）获区级科技进步三等奖；长沙四通管业有限公司获区级科技进步三等奖。园区管委会黄柏文获市科技管理工作先进个人。2006年，园区获市科技进步目标考核二等奖。2007年4月，园区制定《天心环保工业园创新型园区发展规划》，为实施科技兴园战略，鼓励自主创新，提高园区科技创新能力和入园企业核心竞争力，发挥科技在经济社会中的引领和支撑作用；以政府总体规划为引导，争取政府支持；以招商引资为中心，创新投融资体制；实施园区科技创新专项资金项目管理，重点支持围绕园区经济结构调整、产业优化升级、重点科技领域关键技术跨越而开展重大科学研究、新产品开发、高新技术引进和重大科研成果转化、并形成具有自主知识产权和较强市场竞争力产品的科技项目。是年，园区为2户企业获取上级扶持自主创新科技经费共120万元。园区再获市科技进步目标考核二等奖。2010年，共接待客商80多批次，引进14家企业及项目。全年投入技术改造资金3.73亿元开发新产品20个并投入生产，实成新产品产值12.66亿元，比上年同比增长66%。是年，园区评出湖南红太阳新能源科技有限公司、长沙电机厂、长沙天鹅工业泵有限公司、新世纪东方厨具设备有限公司、长沙三远钢结构有限公司、长沙华建液压器材有限公司为科技创新先进单位。2011年3月，被列入长沙市中小企业“三百之星” 名单“行业之星”有长沙天鹅工业泵有限公司、长沙三远钢结构有限公司、红太阳新能源科技有限公司；“成长之星”有长庆机电科技；列入市“小巨人” 企业名单有长沙天鹅工业泵有限公司、长沙三远钢结构有限公司。园区获评市年度“科技进步目标考核管理一等奖”。2012年，经开区获评市年度“科技进步目标考核管理二等奖”。

第一节　科研创新平台

2006年11月，为给入园企业科技创新和成果转化提供更好服务平台，园区供地面积约 1.33 公顷，联合省、市、区科技部门在全市省级工业园区中率先建设科技创新中心。2007 年，园区科研平台包括孵化器和技术中心，建立创新平台，孵化新生企业，孵化器有龙盛高科技电子产业基地、天心创业园、湖南五田物流生产基地 3 家，入园孵化企业达 12 家。2008 年，加强科技企业孵化器建设，落实国家关于扶植孵化器发展政策、对在孵化器企业当年所缴纳税收留成的全部和上年度企业缴纳税收留成的 5%拨付给孵化器，用于建立种子资金，把孵化器的改扩建项目纳入园区的统一规划，采取政府资助、社会融资和企业股权投资相结合的办法筹措资金。2009 年，为加快“创业富民，就业惠民”服务平台建设，实现“创业兴发展、三年新跨越”战略目标，园区在韶山南路旁，规划面积约 27.33 公顷，作为创业富民基地命名为天心创业园。是年底，创业园已开发建设面积约 8 万多平方式米，其中工业标准厂房 3.2 万多平方米，办公楼 8000 多平方米，商业区 2 万多平方米，配套服务设施 2 万多平方米。共引进企业 30 家，从业人员 2000 人。天心创业园被长沙市推进创业富民工作领导小组认定为长沙市市级创业基地之一。2010 年，园区被省批准有 2 家省级技术中心：长沙电机厂和长沙天鹅工业泵。2011 年，园区奖励创新科技投入 152 万元，申报扶植奖励资金 2000 多万元，新增科技孵化器面积 15384 平方米，增加孵化企业 15 家，引进高新技企业 3 家。长沙天鹅工业泵被园区评为创新示范企业。湖南思为科技开发有限公司的新型墙体应用技术获“湖南省科技进步一等奖”； 中电集团 48 研究所、湖南红太阳新能源获“市科技进步一、二等奖”。截至 2012 年年底，园区市级创新型单位 4 家，市级技术中心 3 家，省级技术中心 4 家，国家级技术中心 1 家（见市、省、国家等各级技术中心表）：

表 8-1-1　　2009—2012 年天心工业园区创新型单位名单表

类别	单位名称	批准时间
创新型企业	长沙电机厂有限责任公司	2009 年
	长沙天鹅工业泵股份有限公司	2009 年
	湖南长庆机电科技有限公司	2009 年
创新型科研院所	中国电子科技集团公司第四十八研究所	2009 年
创新型园区	长沙天心工业园	2012 年

表 8-1-2　　2008—2012 年天心工业园国家省市级企业技术中心表

企业名称	级别	批准时间
中国电子科技集团公司第四十八研究所	国家光伏装备工程技术研究中心	2012 年
湖南红太阳新能源科技有限公司	湖南省企业技术中心	2010 年
长沙电机厂有限责任公司		2010 年
长沙天鹅工业泵股份有限公司		2010 年
中国电子科技集团公司第四十八研究所		2010 年
湖南长庆机电科技有限公司		2008 年
长沙防火装备厂	长沙市企业技术中心	2008 年
长沙三远钢结构有限公司		2009 年

第二节　产学研活动及成果

2006 年，园区实现工业总产值 100642 万元，与 2005 年同比增长 46%；完成企业技工贸总收入 146767 万元，与 2005 年同比增长 48%；工业企业销售收入 128053 万元，与 2005 年同比增长 75%；工业企业利税总额达到 8111 万元，与 2005 年同比增长 236%；工业企业实交税金 3944 万元%。园区各项主要经济指标均超额完成。2007 年，园区积极与全国各大名牌高校、重点科研院所联系，广泛开展产学研合作，促进园区科技产业化发展。组织园内企业积极与名牌高校和科研院所开展成果转化活动。5 月 18 日，组织天鹅工业泵有限公司与西华大学水机教研室就衬胶石灰石浆液循环泵召开成果转化交流会， 8 月 28 日，组织长庆机电科教仪器公司与清华大学就模具教学多媒体软件项目召开成果转化交流会。12 月 6—8 日，园区组织长沙防火装备厂、长沙电机厂、湖南长庆机电科教有限公司、长沙三远钢结构有限公司和长沙天鹅工业泵有限公司参加中国（长沙）首届科技成果转化交易会。积极与清华大学、西华大学、昆明理工大学等院校协调联系，组织开展“院校园区行”活动，大力推进科技成果转化为生产力。转化科技成果并实现投产的有四项，它们分别是：湖南长庆机电科教仪器有限公司与清华大学精密仪器与机械学系就“模具教学多媒体软件”项目进行转化和投产；长沙天鹅工业泵有限公司与西华大学水机教研室就“衬胶石灰石浆液循环泵”项目进行转化和投产；湖南长庆科教仪器有限公司与清华大学精密仪器与机械学系就“机械基础试验虚拟软件系统”项目进行转化和投产；长沙三远钢结构有限公司与湖南大学设计研究院就“交错桁架结构体系改造工程项目”进行转化和投产。是年，园区企业获得国家知识产权局颁发专利14项，同时长沙电机厂两项产品获得省级三等奖，并且被授予“省级高新技术企业”。

2008年，园区按照2008中国（长沙）科技成果转化交易会组委会要求，制定科交会工作方案，明确专人负责科交会组织工作。积极动员企业进行实物参展。精心收集项目，共收集技术难题需求10个，融资需求10个、科技成果20个。成功签约2个项目。引进长沙孚德调味品有限公司，湖南红太阳有限公司和江西佳辉光电子有限公司签约太阳能电池片生产设备2.78亿元。园区牵线搭桥，促成5家企业与全国各大高校、重点科研院所开展合作，使产、学、研科技成果在园区实现产业化的转化。5月，组织园区企业到长沙理工大学召开产学研合作研讨会，加强园区企业和高等院校的合作。7月，组织湖南长庆机电科教有限公司与清华大学精密仪器与机械学系召开成果转化交流会。11月，组织园区企业参加长沙(中国)科技成果转化交易会;鼓励园区企业自主研发新产品、新技术，提高企业核心竞争力。全年，园区开发、引进产学研项目30个，其中长沙电机厂7个、天鹅工业泵有限公司1个、湖南长庆机电科教有限公司2个、湖南红太阳新能源有限公司5个、长沙孚德调味品有限公司1个、长沙三远钢结构有限公司4个、其他12个。园区抓住国家出台一系列振兴产业政策的大好机遇，积极支持企业进行技术改造、技术创新，大力推进产业结构调整。帮助企业申报各类科研项目36个，帮助企业申报各项专利突破100个。是年，园区搭建平台，开展企业技改与创新，帮助8家企业争取列入市科技扶持计划;帮助6家公司申报长沙市创新型企业。搭建企业与科研院所合作平台。组织企业参与“北美留学生创业行”活动，支持企业与多家大学开展技术合作。搭建企业与企业合作平台，帮助5家企业签订合作意向。是年，继续加强科交会组织工作，督促落实“2007—2008”科教会项目落地。是年，获评园区“创新型企业”有长沙电机厂、天鹅工业泵有限公司、湖南长庆机电科教有限公司；获园区“资源节约型、环境友好型企业”有湖南红太阳新能源有限公司、长沙友欣实业有限公司。

2009年，在长沙“2009科交会”上，市科技局下达科技项目15项，完成技术需求10项，完成签约项目5项，签约资金达2亿元。园区继续加强企业与全国各大高校、重点科研院所联系，组织开展“专家园区行”活动效果明显：邀请湖南大学、中南大学、江苏大学专家教授为企业解决技术难题；邀请科技特派员为企业服务；邀请知识产权专家指导企业宣传申报专利和保护知识产权。获评园区“科技创新型企业先进企业” 有天鹅工业泵有限公司、湖南红太阳新能源有限公司。

2010 年，园区按照 2010 中国（长沙）科技成果转化交易会组委会要求，明确专人负责科交会组织工作；组织园区企业共 200 人参会参展；组织红太阳新能源、天鹅工业泵、长沙电机厂、北极熊和长庆机电科教等 5 家企业进行实物参展；完成收集技术难题、技术需求 20 个，融资需求 11 个；成功签约 10 个项目，其中红太阳新能源、长沙电机厂、北极熊、华建液压等企业进行现场签约。园区实现项目签约资金 17.5 亿元。2011 年，组织专家对园区产业方向和未来发展进行研讨，推动中电集团 48 所与长沙理工大学开展战略合作，协助长沙电机厂与北京核二院共同研发核级电机，帮助天鹅工业泵、长庆机电科教等企业与清华、北大等院校牵线搭桥。

2012 年，邀请中科院湖南技术转移中心主任、湖南省科技厅厅长助理费璟昊带领 20 名由中科院专家及知名科技企业高层组成的中科院专家团到园区考察交流。专家团一行考察中国电子科技集团公司第 48 研究所及湖南红太阳新能源科技有限公司等企业，并与天心区政府、园区领导以及企业负责人展开座谈交流。邀请省科协科技咨询中心推广部部长朱喜民、省科协科技咨询中心主任黄天旭等领导和专家对园区企业负责人、科技专干进行“专利信息推介应用”培训。推动湖南思为科技开发有限公司与湖南大学签订产学研合作协议；协助长沙全程数字机电科技有限公司成为长沙理工大学、湖南工程学院产学研合作基地，并与中国兴业太阳能技术控股有限公司签订产业合作协议。特别是中科院湖南第一个院地合作项目——长沙中科院文化创意与科技产业研究院落户园区。

表 8-2-1　　2009—2012 年天心工业园区企业产学研签约成果表

签约项目名称	签约甲方	签约乙方	签约丙方及其他方	项目类别	签约年度
高效率三相异步电动机（IE2 标准）、超高效率三相异步电动机（IE3 标准）技术开发	长沙电机厂有限责任公司	上海电科电机科技有限公司		高新技术改造传统产业	2009
长沙中南可再生能源研究开发所建设	长沙北极熊节能环保有限公司	长沙理工大学能源与动力工程学院		新能源及节能技术	2009
100 兆瓦太阳能电池生产线建设	内蒙古山路煤炭集团有限责任公司	中国电子科技集团公司第四十八研究所		新能源及节能技术	2009
不锈钢波纹管件成型机技术开发	衡水鑫驰管业制造有限公司	长沙华建液压器材有限公司		高新技术改造传统产业	2010

续表 8-2-1

签约项目名称	签约甲方	签约乙方	签约丙方及其他方	项目类别	签约年度
中电 48 所——中南大学光伏新材料与工程技术实验室建设	中国电子科技集团第四十八研究所	中南大学		高新技术改造传统产业	2011
中、低压电机 H 级绝缘结构热老化评定技术开发	长沙电机厂有限责任公司	上海电器科学研究所		电子信息技术	2011
组建湖南城建建筑节能研究所	长沙北极熊节能环保技术有限公司	湖南城建职业技术学院	风机、水泵、压缩机专用高效率和变频三相异步电动机开发	高新技术改造传统产业	2011
风机、水泵、压缩机专用高效率和变频三相异步电动机开发	长沙电机厂有限责任公司	上海电器科学研究所		高新技术改造传统产业	2011
齿轮传动强度综合设计实验台研制	湖南长庆机电科教有限公司	中南大学		高新技术改造传统产业	2011
120 兆瓦晶硅太阳能电池片生产线研发	湖南红太阳新能源科技有限公司	上海优太应用材料有限公司		新能源与节能技术	2011
《叶片泵的非设计工况及其优化设计》软件版开发	长沙天鹅工业泵股份有限公司	湖南科技大学计算机科学与工程学院	中国农业大学	电子信息技术	2011
螺旋流恒压泵的系列开发	长沙天鹅工业泵股份有限公司	中国农业大学李世煌教授		高新技术改造传统产业	2011
100 兆瓦晶硅太阳电池组件开发	湖南红太阳新能源科技有限公司	新疆裕天新能源投资有限公司		新能源与节能技术	2011
宁夏陶乐 10兆瓦光伏电站建设	中国电子科技集团公司第四十八研究所	宁夏国电阿特斯新能源开发有限公司	国电光伏（江苏）有限公司	新能源与节能技术	2012
泵及系统节能测试试验室的合作开发	湖南国腾建设工程有限公司	长沙翔鹅节能技术有限公司		高新技术改造传统产业	2012
可再生能源（木质生物质能）电站生物质用检测设备和制样设备研制	广东电网公司电力科技研究所	长沙友欣一起制造有限公司		高新技术改造传统产业	2012
齿轮传动强度综合设计实验台研制	湖南长庆机电科教有限公司	中南大学		高新技术改造传统产业	2012
湖南永州东安县 10兆瓦地面电站项目太阳能光伏系统 EPC 研制	湖南天润新能源有限公司	湖南红太阳新能源科技有限公司		新能源与节能技术	2012

第三节　知识产权

2003年5月，中电集团第48研究所获1项外燃式氢氧合成氧化装置实用新型技术发明。2007年，湖南长庆机电科教有限公司获外观设计专项技术15个；中电集团第48研究所获国家发明专利2个。2008年，中电集团第48研究所获国家发明专利5个、获实用新型技术发明23项；天鹅工业泵有限公司获实用新型技术发明13项。2010年10月26日，湖南红太阳新能源科技4项实用新型国家专利获批。全年共获国家各种专利42项，科技创新项目20个。2011年，园获各类技术成果78个，各类专利142项，其中发明专利18个。

至2012年年底的10年间，园区企业相继获得各项知识产权专项技术合计外观设计23个，发明专利30个，实用新型175个（见表8-2-2）。

表 8-2-2　2003～2012 年天心工业园区企业外观设计及发明／实用新型专利技术

专利名称	专利类型	申请号	授权日	申请人	专利地址（申请）
智能动平衡测试实验台	外观设计	200630048487	2007-03-28	湖南长庆机电科教有限公司	长沙市太平街 7 号
机械传动组合分析实验台	外观设计	200630048467	2007-03-28	湖南长庆机电科教有限公司	长沙市太平街 7 号
轮胎压力温度监测报警系统	外观设计	200530048882	2007-05-02	中国电子科技集团公司第四十八研究所	长沙市长沙经济技术开发区漓湘路 186 号
蜗杆传动效率测试实验台	外观设计	200630048466	2007-05-30	湖南长庆机电科教有限公司	长沙市太平街 7 号
螺旋传动综合实验台	外观设计	200630048484	2007-05-30	湖南长庆机电科教有限公司	长沙市太平街 7 号
多功能螺栓组测试实验台	外观设计	200630048465	2007-05-30	湖南长庆机电科教有限公司	长沙市太平街 7 号
带传动效率测试分析的实验台	外观设计	200630048485	2007-05-30	湖南长庆机电科教有限公司	长沙市太平街 7 号
多媒体搭接实验台(轮系)	外观设计	200630048468	2007-05-30	湖南长庆机电科教有限公司	长沙市太平街 7 号
气动系统创新设计综合实验台	外观设计	200630048472	2007-05-30	湖南长庆机电科教有限公司	长沙市太平街 7 号
液压系统创新设计综合实验台	外观设计	200630048464	2007-05-30	湖南长庆机电科教有限公司	长沙市太平街 7 号
液体动压滑动轴承测试实验台	外观设计	200630048486	2007-05-30	湖南长庆机电科教有限公司	长沙市太平街 7 号
组合机械系统搭接综合实验台	外观设计	200630048471	2007-05-30	湖南长庆机电科教有限公司	长沙市太平街 7 号
空间机构多媒体搭接实验台	外观设计	200630048469	2007-10-03	湖南长庆机电科教有限公司	长沙市太平街 7 号
液压系统组合实验台	外观设计	200630048463	2007-10-10	湖南长庆机电科教有限公司	长沙市太平街 7 号
模块化机电液气创新设计综合实验台	外观设计	200630048462	2007-10-24	湖南长庆机电科教有限公司	长沙市太平街 7 号
液气压传动与控制实验教学培训系统单面操作台	外观设计	200930309258	2010-07-14	湖南长庆机电科教有限公司	长沙市天心区太平街 7 号
液气压传动与控制实验教学培训系统双面操作台	外观设计	200930309250	2010-07-14	湖南长庆机电科教有限公司	长沙市天心区太平街 7 号
双吸泵(高效节能)	外观设计	201030303536	2011-01-19	长沙天鹅工业泵股份有限公司	长沙市天心区大托镇湖南天心环保工业园
在线振动监测分析系统（ANG6092)	外观设计	201230106823	2012-08-22	长沙全程数字机电科技有限公司	长沙市天心区环保西路 189 号龙城高科技电子产业基地 8 楼
振动分析模块（ANF1021)	外观设计	201230106820	2012-08-22	长沙全程数字机电科技有限公司	长沙市天心区环保西路 189 号龙城高科技电子产业基地 8 楼

续表 8-2-2

专利名称	专利类型	申请号	授权日	申请人	专利地址（申请）
振动监测系统（ANG5424）	外观设计	201230106807	2012-08-22	长沙全程数字机电科技有限公司	长沙市天心区环保西路 199 号龙城高科技电子产业基地 8 楼
振动监测仪（ANF1041 低频结构）	外观设计	201230106810	2012-08-22	长沙全程数字机电科技有限公司	长沙市天心区环保西路 199 号龙城高科技电子产业基地 8 楼
控制柜（ANG7045）	外观设计	201230106816	2012-08-22	长沙全程数字机电科技有限公司	长沙市天心区环保西路 199 号龙城高科技电子产业基地 8 楼
强流氧离子注入机的晶片自转动装置	发明	200410023102	2007-01-31	中国电子科技集团公司第四十八研究所；北京中科信电子装备有限公司	长沙市天心区黑石铺路 48 号
一种离子注入厚膜 SOI 晶片材料的制备方法	发明	200710034778	2007-11-07	中国电子科技集团公司第四十八研究所	长沙市天心区新开铺路 1025 号
一种用于高温扩散系统的尾气收集装置	发明	200710034256	2008-07-16	中国电子科技集团公司第四十八研究所	长沙市天心区新开铺 1025 号
一种用于制备太阳能电池的快速尖峰烧结工艺	发明	200710034271	2008-07-23	中国电子科技集团公司第四十八研究所	长沙市天心区新开铺 1025 号
用于多晶硅铸锭工艺的石墨加热器	发明	200710036107	2008-09-17	中国电子科技集团公司第四十八研究所	长沙市天心区新开铺路 1025 号
半导体晶片的封闭式红外线加热装置	发明	200610031369	2008-10-22	中国电子科技集团公司第四十八研究所	长沙市天心区新开铺路 1025 号
一种用于多晶硅铸锭工艺的真空压力连续控制方法及其控制系统	发明	200810030829	2008-11-26	中国电子科技集团公司第四十八研究所	长沙市天心区新开铺路 1025 号
离子注入高温靶盘	发明	200610031370	2009-06-17	中国电子科技集团公司第四十八研究所	长沙市天心区新开铺路 1025 号
一种多晶硅铸锭炉控温热偶故障处理方法	发明	200810030830	2010-03-24	中国电子科技集团公司第四十八研究所	长沙市天心区新开铺路 1025 号
晶体硅太阳能电池的扩散工艺	发明	200910044002	2010-05-12	湖南红太阳新能源科技有限公司	长沙市天心区新开铺路 1025 号
改善单晶硅太阳能电池减反射膜特性的方法	发明	200910044001	2010-05-12	湖南红太阳新能源科技有限公司	长沙市天心区新开铺路 1025 号
一种用钢丝软轴构成的多点同步升降机构	发明	200710036108	2010-05-19	中国电子科技集团公司第四十八研究所	长沙市天心区新开铺路 1025 号
一种高靶材利用率的矩形靶	发明	201010104349	2010-07-14	中国电子科技集团公司第四十八研究所	长沙市天心区新开铺路 1025 号
一种多线切割机砂浆喷流装置	发明	201010296722	2011-02-09	中国电子科技集团公司第四十八研究所	长沙市天心区新开铺路 1025 号
绝缘体上硅晶片的制造方法	发明	200910042748	2011-04-20	中国电子科技集团公司第四十八研究所	长沙市天心区新开铺路 1025 号
可调式叶轮密封部件试压装置	发明	201010112951	2011-04-27	长沙天鹅工业泵股份有限公司	长沙市天心区大托镇天心环保工业园

续表 8-2-2

专利名称	专利类型	申请号	授权日	申请人	专利地址（申请）
单晶炉副炉室垂直度调节装置	发明	200710303414	2011-05-04	中国电子科技集团公司第四十八研究所	长沙市天心区新开铺路 1025 号
一种用于镀制贵金属膜的磁控溅射靶	发明	200910042535	2011-05-25	中国电子科技集团公司第四十八研究所	长沙市天心区新开铺路 1025 号
一种教学用齿轮插齿机床	发明	201110127639	2011-09-21	湖南长庆机电科教有限公司	长沙市天心环保工业园港子河路 129 号
聚苯醚复合材料及其制备方法和应用	发明	201110143042	2011-09-28	长沙天鹅工业泵股份有限公司	长沙市天心区大托镇天心环保工业园
悬喷式 MOCVD 反应器	发明	201110160623	2011-11-09	中国电子科技集团公司第四十八研究所	长沙市天心区新开铺路 1025 号
晶体硅太阳能电池各色氮化硅膜制备方法	发明	201010146391	2011-12-21	湖南红太阳新能源科技有限公司	长沙市天心区新开铺路 1025 号
平衡盘间隙固定的节能多级离心泵	发明	201110266686	2012-01-11	长沙利欧天鹅工业泵有限公司	长沙市天心区大托镇天心环保工业园
低温蓄电池充电加热方法及装置	发明	201110247105	2012-01-25	中国电子科技集团公司第四十八研究所	长沙市天心区新开铺路 1025 号
一种晶体硅太阳能电池多层氮化硅减反射膜及其制备方法	发明	201110301555	2012-02-01	湖南红太阳新能源科技有限公司	长沙市天心区新开铺路 1025 号
一种带肋钢筋混凝土预制构件板	发明	201010519371	2012-05-09	吴方伯	长沙市天心区大托镇天心环保工业园
一种槽式多晶硅湿法制绒设备	发明	201010146372	2012-05-23	湖南红太阳新能源科技有限公司	长沙市天心区新开铺路 1025 号
晶体硅太阳能电池的扩散工艺	发明	201110342961	2012-06-20	湖南红太阳新能源科技有限公司	长沙市天心区新开铺路 1025 号
一种用于金属有机化学气相沉积反应器的斜入式气体喷淋头	发明	201210118049	2012-07-04	中国电子科技集团公司第四十八研究所	长沙市天心区新开铺路 1025 号
一种晶体硅太阳能电池 PECVD 彩虹片返工方法	发明	201110301650	2012-12-05	湖南红太阳新能源科技有限公司	长沙市天心区新开铺路 1025 号
外燃式氢氧合成氧化装置	实用新型	200202224095	2003-05-21	信息产业部电子第四十八研究所	长沙市黑石铺路 48 号
一种无泄漏立式自吸泵	实用新型	200320114083	2004-11-17	吴波;长沙天鹅工业泵有限公司	长沙市井圭路 77 号 1 栋 4 门 2 楼东
分体式金属有机物化学气相淀积反应器	实用新型	200520051300	2006-10-25	中国电子科技集团公司第四十八研究所	长沙市天心区新开铺路 1025 号

续表 8-2-2

专利名称	专利类型	申请号	授权日	申请人	专利地址（申请）
轮胎压力温度监测报警系统	实用新型	200520051992	2006-12-13	中国电子科技集团公司第四十八研究所	长沙市长沙经济技术开发区漓湘路 186 号
用于氮化镓材料制备工艺的辐射式加热器	实用新型	200520051301	2007-01-03	中国电子科技集团公司第四十八研究所	长沙市天心区新开铺路 1025 号
气动系统创新设计综合实验台	外观设计	200630048472	2007-05-30	湖南长庆机电科教有限公司	长沙市太平街 7 号
立式车床用大型内球面机走刀靠模装置	实用新型	200620052386	2007-10-24	长沙天鹅工业泵股份有限公司	长沙市天心区大托镇天心环保工业园
衬胶石灰石浆液循环泵	实用新型	200620052387	2007-10-24	长沙天鹅工业泵股份有限公司	长沙市天心区大托镇天心环保工业园
卧式车床用大型外球面加工走刀靠模装置	实用新型	200620052391	2007-10-24	长沙天鹅工业泵股份有限公司	长沙市天心区大托镇天心环保工业园
碳化硅软着陆装载机构	实用新型	200620052941	2007-10-31	中国电子科技集团公司第四十八研究所	长沙市天心区新开铺 1025 号
大尺寸石墨电极	实用新型	200620053159	2007-12-12	中国电子科技集团公司第四十八研究所	长沙市天心区新开铺 1025 号
自动炉门开启装置	实用新型	200620053160	2008-01-02	中国电子科技集团公司第四十八研究所	长沙市天心区新开铺 1025 号
用于氮化铝材料制备工艺的辐射式加热器	实用新型	200720062703	2008-01-23	中国电子科技集团公司第四十八研究所	长沙市天心区新开铺路 1025 号
一种用于制备 PN 结的高温炉门自动密闭结构装置	实用新型	200720062149	2008-02-06	中国电子科技集团公司第四十八研究所	长沙市天心区新开铺 1025 号
用于金属有机物化学气相淀积设备真空系统的快卸冷阱	实用新型	200720063948	2008-05-28	中国电子科技集团公司第四十八研究所	长沙市天心区新开铺路 1025 号
一种电阻丝加热器的电极连接装置	实用新型	200720064919	2008-08-20	中国电子科技集团公司第四十八研究所	长沙市天心区新开铺路 1025 号
液相外延用双层石英管反应器	实用新型	200720064920	2008-09-24	中国电子科技集团公司第四十八研究所	长沙市天心区新开铺路 1025 号
垂直吸水无泄漏立式自吸泵	实用新型	200720065400	2008-10-08	长沙天鹅工业泵股份有限公司	长沙市天心区大托镇天心环保工业园
用于真空室的循环水冷旋转密封工件台	实用新型	200720065473	2008-10-15	中国电子科技集团公司第四十八研究所	长沙市天心区新开铺 1025 号
一种可整体植入真空室的离子束源装置	实用新型	200720065470	2008-10-15	中国电子科技集团公司第四十八研究所	长沙市天心区新开铺 1025 号

续表 8-2-2

专利名称	专利类型	申请号	授权日	申请人	专利地址（申请）
永磁毛坯储坯器	实用新型	200720065039	2008-10-15	中国电子科技集团公司第四十八研究所	长沙市天心区新开铺路 1025 号
立式单级双吸离心泵	实用新型	200720065399	2008-10-15	长沙天鹅工业泵股份有限公司	长沙市天心区大托镇天心环保工业园
立式轴流泵或立式斜流泵用叶片调节机构	实用新型	200720065398	2008-10-15	长沙天鹅工业泵股份有限公司	长沙市天心区大托镇天心环保工业园
一种用于高粘度流体压力测量的传感器	实用新型	200720065547	2008-10-29	中国电子科技集团公司第四十八研究所	长沙市天心区新开铺路 1025 号
一种调节精密磨抛头压力的装置	实用新型	200720065561	2008-10-29	中国电子科技集团公司第四十八研究所	长沙市天心区新开铺路 1025 号
一种微压传感器校准辅助装置	实用新型	200720065548	2008-10-29	中国电子科技集团公司第四十八研究所	长沙市天心区新开铺路 1025 号
一种用于传感器的广角度引出线结构	实用新型	200720065546	2008-10-29	中国电子科技集团公司第四十八研究所	长沙市天心区新开铺路 1025 号
大型轴类零件检测装置	实用新型	200820052187	2008-11-05	长沙天鹅工业泵股份有限公司	长沙市天心区大托镇天心环保工业园
一种套筒联轴器及其拆卸工具	实用新型	200820052182	2008-11-12	长沙天鹅工业泵股份有限公司	长沙市天心区大托镇天心环保工业园
大型双吸泵轴孔镗削加工装置	实用新型	200820052212	2008-11-12	长沙天鹅工业泵股份有限公司	长沙市天心区大托镇天心环保工业园
一种用于辊道窑生产线的活动挡板机构	实用新型	200720065041	2008-11-19	中国电子科技集团公司第四十八研究所	长沙市天心区新开铺路 1025 号
五氧化二钒一次烧成钒氮合金高温氮气氛烧结窑	实用新型	200720065042	2008-11-19	中国电子科技集团公司第四十八研究所	长沙市天心区新开铺路 1025 号
刻蚀机载片盘的旋转机构	实用新型	200720065471	2008-11-19	中国电子科技集团公司第四十八研究所	长沙市天心区新开铺 1025 号
一种用钢丝软轴构成的多点同步升降机构	实用新型	200720065040	2008-11-19	中国电子科技集团公司第四十八研究所	长沙市天心区新开铺路 1025 号
海水循环泵外加电流阴极保护系统	实用新型	200820052185	2008-12-03	长沙天鹅工业泵股份有限公司	长沙市天心区大托镇天心环保工业园
立式车床加工大中型联轴器锥孔装置	实用新型	200820052211	2008-12-03	长沙天鹅工业泵股份有限公司	长沙市天心区大托镇天心环保工业园
一种单级双吸离心泵	实用新型	200820052435	2008-12-10	长沙天鹅工业泵股份有限公司	长沙市天心区大托镇天心环保工业园

续表 8-2-2

专利名称	专利类型	申请号	授权日	申请人	专利地址（申请）
一种可抽出式立式斜流泵	实用新型	200820052436	2008-12-10	长沙天鹅工业泵股份有限公司	长沙市天心区大托镇天心环保工业园
双吸泵无泄漏稀油润滑轴承	实用新型	200820052434	2008-12-10	长沙天鹅工业泵股份有限公司	长沙市天心区大托镇天心环保工业园
立式泵自润滑推力轴承装置	实用新型	200820052437	2008-12-10	长沙天鹅工业泵股份有限公司	长沙市天心区大托镇天心环保工业园
立式长轴泵导轴承固定装置	实用新型	200820052433	2008-12-10	长沙天鹅工业泵股份有限公司	长沙市天心区大托镇天心环保工业园
立式泵陶瓷轴承	实用新型	200820052184	2008-12-17	长沙天鹅工业泵股份有限公司	湖南省长沙市天心区大托镇天心环保工业园
单级双吸热网循环泵	实用新型	200820052186	2008-12-17	长沙天鹅工业泵股份有限公司	长沙市天心区大托镇天心环保工业园
立式泵用停机密封装置	实用新型	200820052183	2008-12-17	长沙天鹅工业泵股份有限公司	长沙市天心区大托镇天心环保工业园
大直径圆柱形真空钟罩的垂直升降与移动机构	实用新型	200720065472	2008-12-17	中国电子科技集团公司第四十八研究所	长沙市天心区新开铺 1025 号
用于多晶硅铸锭工艺的石墨加热器	实用新型	200720065043	2008-12-17	中国电子科技集团公司第四十八研究所	长沙市天心区新开铺路 1025 号
一种低电压大电流加热器的温度控制装置	实用新型	200820052557	2008-12-17	中国电子科技集团公司第四十八研究所	长沙市天心区新开铺路 1025 号
一种兼容方片和圆片的机械夹片装置	实用新型	200820053642	2009-04-08	中国电子科技集团公司第四十八研究所	长沙市天心区新开铺路 1025 号
一种抽芯式高效节能立式斜流泵	实用新型	200820158582	2009-06-24	长沙天鹅工业泵股份有限公司	长沙市天心区大托镇天心环保工业园
一种能排除泄漏液体的防抬机	实用新型	200820210743	2009-06-24	长沙电机厂有限责任公司	长沙市韶山中路 542 号长沙电机厂有限责任公司
一种用于减薄微压传感器弹性膜片的激光装置	实用新型	200820210983	2009-10-07	中国电子科技集团公司第四十八研究所	长沙市天心区新开铺路 1025 号
一种双传感器制作的压差变送器	实用新型	200820210986	2009-10-07	中国电子科技集团公司第四十八研究所	长沙市天心区新开铺路 1025 号
扩散系统硅片装载装置	实用新型	200820210864	2009-10-14	中国电子科技集团公司第四十八研究所	长沙市天心区新开铺 1025 号

续表 8-2-2

专利名称	专利类型	申请号	授权日	申请人	专利地址（申请）
一种单驱动双运动的挡板机构	实用新型	200820210863	2009-10-28	中国电子科技集团公司第四十八研究所	长沙市天心区新开铺 1025 号
制备非晶硅薄膜的连续式等离子体增强化学气相淀积反应室	实用新型	200820210906	2009-10-28	中国电子科技集团公司第四十八研究所	长沙市天心区新开铺 1025 号
低频结构振动监测仪	实用新型	200820211160	2009-10-28	长沙全程数字机电科技有限公司	长沙市芙蓉中路三段 398 号新时空大厦 1110 室
一种精密温度控制系统	实用新型	200820210944	2009-10-28	中国电子科技集团公司第四十八研究所	长沙市天心区新开铺 1025 号
一种节能型真空高温感应加热器	实用新型	200820210862	2009-10-28	中国电子科技集团公司第四十八研究所	长沙市天心区新开铺 1025 号
用于低温共烧多层陶瓷层压系统的升降装置	实用新型	200920062974	2009-11-18	中国电子科技集团公司第四十八研究所	长沙市天心区新开铺路 1025 号
一种大型法兰平面径向切削装置	实用新型	200920064522	2010-03-03	长沙天鹅工业泵股份有限公司	长沙市天心区大托镇天心环保工业园
一种液下排污泵	实用新型	200920064515	2010-03-03	长沙天鹅工业泵股份有限公司	长沙市天心区大托镇天心环保工业园
一种普通卧式镗床扩大加工范围的立铣头装置	实用新型	200920064519	2010-03-03	长沙天鹅工业泵股份有限公司	长沙市天心区大托镇天心环保工业园
立式泵用盘车装置	实用新型	200920064518	2010-03-03	长沙天鹅工业泵股份有限公司	长沙市天心区大托镇天心环保工业园
一种机械全调立式斜流泵叶轮部件	实用新型	200920064520	2010-03-03	长沙天鹅工业泵股份有限公司	长沙市天心区大托镇天心环保工业园
一种高压立式长轴泵用密封装置	实用新型	200920064521	2010-03-03	长沙天鹅工业泵股份有限公司	长沙市天心区大托镇天心环保工业园
泵用无接触型轴承	实用新型	200920064517	2010-03-03	长沙天鹅工业泵股份有限公司	长沙市天心区大托镇天心环保工业园
一种防锈蚀的叶轮轮毂结构	实用新型	200920064516	2010-03-03	长沙天鹅工业泵股份有限公司	长沙市天心区大托镇天心环保工业园
一种用于方形基片的化学机械磨抛头	实用新型	200920064616	2010-05-12	中国电子科技集团公司第四十八研究所	长沙市天心区新开铺路 1025 号

续表 8-2-2

专利名称	专利类型	申请号	授权日	申请人	专利地址（申请）
无泄漏快换接头	实用新型	200920064692	2010-05-12	湖南长庆机电科教有限公司	长沙市天心区太平街 7 号
一种用于变频电机的轴承装置	实用新型	200920063008	2010-05-12	长沙电机厂有限责任公司	长沙市雨花区韶山中路 542 号
防飞溅油盆	实用新型	200920064690	2010-05-12	湖南长庆机电科教有限公司	长沙市天心区太平街 7 号
液压气压传动与控制实验教学培训装置	实用新型	200920064691	2010-05-12	湖南长庆机电科教有限公司	长沙市天心区太平街 7 号
一种用于化学机械抛光装置的在线终点检测系统	实用新型	200920064617	2010-05-26	中国电子科技集团公司第四十八研究所	长沙市天心区新开铺路 1025 号
一种大型立式泵椭圆形导流墩	实用新型	200920313161	2010-07-21	长沙天鹅工业泵股份有限公司	长沙市天心区大托镇天心环保工业园
一种立式筒袋式凝结水泵	实用新型	200920313162	2010-07-28	长沙天鹅工业泵股份有限公司	长沙市天心区大托镇天心环保工业园
一体化振动监测仪	实用新型	200920063303	2010-09-08	长沙全程数字机电科技有限公司	长沙市芙蓉中路三段 398 号新时空大厦 1110 室
高扬程高效率水泵叶轮	实用新型	200920312489	2010-09-22	长沙天鹅工业泵股份有限公司	长沙市天心区大托镇天心环保工业园
一种高效节能立式管道式双吸泵	实用新型	201020301825	2010-09-22	长沙天鹅工业泵股份有限公司	长沙市天心区大托镇天心环保工业园
一种高效节能立式蜗壳泵	实用新型	201020301814	2010-09-22	长沙天鹅工业泵股份有限公司	长沙市天心区大托镇天心环保工业园
在普通外圆磨上磨削顶尖的手动装置	实用新型	201020301815	2010-09-22	长沙天鹅工业泵股份有限公司	长沙市天心区大托镇天心环保工业园
一种内馈电机的集电环装置	实用新型	200920063007	2010-10-06	长沙电机厂有限责任公司	长沙市雨花区韶山中路 542 号
一种快速回温控制系统	实用新型	200920259656	2010-10-13	中国电子科技集团公司第四十八研究所	长沙市天心区新开铺路 1025 号
反应腔压力自平衡控制系统	实用新型	200920259653	2010-10-13	中国电子科技集团公司第四十八研究所	长沙市天心区新开铺路 1025 号
晶体硅太阳能电池电极印刷浆料中有机物的定向收集装置	实用新型	200920259654	2010-10-13	中国电子科技集团公司第四十八研究所	长沙市天心区新开铺路 1025 号

续表 8-2-2

专利名称	专利类型	申请号	授权日	申请人	专利地址（申请）
晶体硅太阳能电池烧结炉的顶针网带	实用新型	200920259655	2010-10-20	中国电子科技集团公司第四十八研究所	长沙市天心区新开铺路 1025 号
一种可调式叶轮密封部件试压装置	实用新型	201020121492	2010-11-10	长沙天鹅工业泵股份有限公司	长沙市天心区大托镇天心环保工业园
一种斜拉桥式泵站	实用新型	201020301826	2010-11-17	长沙天鹅工业泵股份有限公司	长沙市天心区大托镇天心环保工业园
一种普通卧车车内球面机走刀装置	实用新型	201020164913	2010-11-24	长沙天鹅工业泵股份有限公司	长沙市天心区大托镇天心环保工业园
一种普通卧式车床加工叶片内球面仿形靠模装置	实用新型	201020164579	2010-11-24	长沙天鹅工业泵股份有限公司	长沙市天心区大托镇天心环保工业园
一种危险警示标志	实用新型	201020148041	2010-12-15	长沙贤盛发科技发展有限公司	长沙市天心区大托镇天心环保工业园
汽车遮阳罩	实用新型	201020148408	2010-12-15	长沙贤盛发科技发展有限公司	长沙市天心区大托镇天心环保工业园
移动升降机	实用新型	201020149155	2010-12-22	长沙贤盛发科技发展有限公司	长沙市天心区大托镇天心环保工业园
旋转撞击式燃油雾化机	实用新型	201020147996	2010-12-29	长沙贤盛发科技发展有限公司	长沙市天心区大托镇天心环保工业园
太阳能光伏瓦	实用新型	201020202282	2011-01-05	湖南红太阳新能源科技有限公司	长沙市天心区新开铺路 1025 号
太阳能光伏空气制水饮用机	实用新型	201020158653	2011-01-05	湖南红太阳新能源科技有限公司	长沙市天心区新开铺路 1025 号
一种槽式多晶硅湿法制绒设备	实用新型	201020158657	2011-01-05	湖南红太阳新能源科技有限公司	长沙市天心区新开铺路 1025 号
一种解决普通龙门铣上铣键槽后轴弯曲过大的夹压装置	实用新型	201020210887	2011-01-05	长沙天鹅工业泵股份有限公司	长沙市天心区大托镇天心环保工业园
一种水压试验中的密封结构	实用新型	201020211004	2011-01-05	长沙天鹅工业泵股份有限公司	长沙市天心区大托镇天心环保工业园
双槽多晶硅湿法制绒设备	实用新型	201020202273	2011-01-05	湖南红太阳新能源科技有限公司	长沙市天心区新开铺路 1025 号

续表 8-2-2

专利名称	专利类型	申请号	授权日	申请人	专利地址（申请）
高层吊运机	实用新型	201020147989	2011-02-02	长沙贤盛发科技发展有限公司	长沙市天心区大托镇天心环保工业园
一种双吸泵的试压装置	实用新型	201020210914	2011-02-09	长沙天鹅工业泵股份有限公司	长沙市天心区大托镇天心环保工业园
径向变速装置	实用新型	201020147572	2011-04-13	长沙贤盛发科技发展有限公司	长沙市天心区大托镇天心环保工业园
多线切割机主辊驱动张力调节装置	实用新型	201020548070	2011-05-04	中国电子科技集团公司第四十八研究所	长沙市天心区新开铺路 1025 号
用于全自动太阳能电池测试分选设备的定位装置	实用新型	201020548079	2011-05-25	中国电子科技集团公司第四十八研究所	长沙市天心区新开铺路 1025 号
一种多线切割机砂浆喷流装置	实用新型	201020548069	2011-05-25	中国电子科技集团公司第四十八研究所	长沙市天心区新开铺路 1025 号
一种用于测试晶体硅太阳能电池的电动测试台	实用新型	201020554320	2011-05-25	中国电子科技集团公司第四十八研究所	长沙市天心区新开铺路 1025 号
一种垂直分半的密封环结构	实用新型	201020622777	2011-06-15	长沙天鹅工业泵股份有限公司	长沙市天心区大托镇天心环保工业园
一种钻床加工中小型工件用可调角度加工斜孔装置	实用新型	201020622807	2011-06-15	长沙天鹅工业泵股份有限公司	长沙市天心区大托镇天心环保工业园
一种螺母紧固专用扳手	实用新型	201020623017	2011-06-29	长沙天鹅工业泵股份有限公司	长沙市天心区大托镇天心环保工业园
一种叶轮动平衡快速装夹装置	实用新型	201020623027	2011-06-29	长沙天鹅工业泵股份有限公司	长沙市天心区大托镇天心环保工业园
一种锥度联轴器结构	实用新型	201120129277	2011-11-09	长沙天鹅工业泵股份有限公司;长沙翔鹅节能技术有限公司	长沙市天心区大托镇天心环保工业园
一种多线切割机主辊装卸装置	实用新型	201120030509	2011-11-09	中国电子科技集团公司第四十八研究所	长沙市天心区新开铺路 1025 号
一种丝网印刷机定位凸轮及丝网印刷机	实用新型	201120031219	2011-11-09	中国电子科技集团公司第四十八研究所	长沙市天心区新开铺路 1025 号
一种高效节能无泄漏立式自吸泵	实用新型	201120143793	2011-11-16	长沙天鹅工业泵股份有限公司;长沙翔鹅节能技术有限公司	长沙市天心区大托镇天心环保工业园

续表 8–2–2

专利名称	专利类型	申请号	授权日	申请人	专利地址（申请）
一种叶轮连接结构	实用新型	201120143758	2011-11-30	长沙天鹅工业泵股份有限公司；长沙翔鹅节能技术有限公司	长沙市天心区大托镇天心环保工业园
一种大型筒体通用吊钩	实用新型	201120143791	2011-11-30	长沙天鹅工业泵股份有限公司；长沙翔鹅节能技术有限公司	长沙市天心区大托镇天心环保工业园
一种节水型导轴承	实用新型	201120129632	2011-11-30	长沙天鹅工业泵股份有限公司；长沙翔鹅节能技术有限公司	长沙市天心区大托镇天心环保工业园
一种无泄漏高效双吸泵	实用新型	201120176824	2011-12-21	长沙天鹅工业泵股份有限公司；长沙翔鹅节能技术有限公司	长沙市天心区大托镇天心环保工业园
一种新型防水万能转换开关	实用新型	201120229881	2012-01-11	湖南新兴电器控制设备有限公司	长沙市天心区大托镇新路村长沙天心工业园新岭路 88 号
一种新型高低压开关柜	实用新型	201120229865	2012-01-11	湖南新兴电器控制设备有限公司	长沙市天心区大托镇新路村长沙天心工业园新岭路 88 号
一种多极低压断路器	实用新型	201120229913	2012-01-11	湖南新兴电器控制设备有限公司	长沙市天心区大托镇新路村长沙天心工业园新岭路 88 号
一种低压漏电断路器	实用新型	201120229905	2012-01-11	湖南新兴电器控制设备有限公司	长沙市天心区大托镇新路村长沙天心工业园新岭路 88 号
一种高低压预装式变电站	实用新型	201120229903	2012-01-11	湖南新兴电器控制设备有限公司	长沙市天心区大托镇新路村长沙天心工业园新岭路 88 号
太阳能组件封装结构	实用新型	201120219885	2012-01-18	湖南红太阳新能源科技有限公司	长沙市天心区新开铺路 1125 号
一种多层防密封铝合金槽的结构	实用新型	201120219881	2012-01-18	湖南红太阳新能源科技有限公司	长沙市天心区新开铺路 1125 号
一种高低压预装式变电站的密封结构	实用新型	201120229883	2012-01-18	湖南新兴电器控制设备有限公司	长沙市天心区大托镇新路村长沙天心工业园新岭路 88 号
一种太阳能组件双卡式安装结构	实用新型	201120219876	2012-02-08	湖南红太阳新能源科技有限公司	长沙市天心区新开铺路 1125 号
一种教学用齿轮插齿机床	实用新型	201120157816	2012-03-07	湖南长庆机电科教有限公司	长沙市天心环保工业园港子河路 129 号

续表 8-2-2

专利名称	专利类型	申请号	授权日	申请人	专利地址（申请）
一种叶轮型式耐磨渣浆泵	实用新型	201120311703	2012-04-25	长沙天鹅工业泵股份有限公司;长沙翔鹅节能技术有限公司	长沙市天心区大托镇天心环保工业园
一种可调圆筒式结构渣浆泵	实用新型	201120311544	2012-04-25	长沙天鹅工业泵股份有限公司;长沙翔鹅节能技术有限公司	长沙市天心区大托镇天心环保工业园
高效节能卧式渣浆泵	实用新型	201120311598	2012-04-25	长沙天鹅工业泵股份有限公司;长沙翔鹅节能技术有限公司	长沙市天心区大托镇天心环保工业园
一种卧式轴用迷宫挡水盘结构	实用新型	201120311704	2012-05-02	长沙天鹅工业泵股份有限公司;长沙翔鹅节能技术有限公司	长沙市天心区大托镇天心环保工业园
一种太阳能组件安装支架	实用新型	201120325823	2012-05-09	湖南红太阳新能源科技有限公司	长沙市天心区新开铺路 1025 号
一种晶体硅太阳能电池多层氮化硅减反射膜	实用新型	201120379041	2012-05-09	湖南红太阳新能源科技有限公司	长沙市天心区新开铺路 1025 号
用于气液两相流分析的红外线检测装置	实用新型	201120299395	2012-05-23	中国电子科技集团公司第四十八研究所	长沙市天心区新开铺路 1025 号军品部
一种改善多晶硅槽式酸制绒绒面的装置	实用新型	201120395110	2012-05-30	湖南红太阳新能源科技有限公司	长沙市天心区新开铺路 1025 号
一种新型太阳能电池正面栅线电极	实用新型	201120324514	2012-05-30	湖南红太阳新能源科技有限公司	长沙市天心区新开铺路 1025 号
一种节能冷却循环水系统	实用新型	201120338091	2012-05-30	长沙翔鹅节能技术有限公司	长沙市天心区大托镇天心环保工业园
平衡盘间隙固定的节能多级离心泵	实用新型	201120338193	2012-05-30	长沙天鹅工业泵股份有限公司	长沙市天心区大托镇天心环保工业园
一种带有恒温槽保护装置的三氯氧磷控温系统	实用新型	201120395165	2012-05-30	湖南红太阳新能源科技有限公司	长沙市天心区新开铺路 1025 号
一种压力敏感芯体	实用新型	201120299394	2012-05-30	中国电子科技集团公司第四十八研究所	长沙市天心区新开铺路 1025 号军品部
一种可任意弯曲的热偶	实用新型	201120299375	2012-05-30	中国电子科技集团公司第四十八研究所	长沙市天心区新开铺路 1025 号军品部
带温度调节风机过滤洁净单元	实用新型	201120394194	2012-06-20	湖南红太阳新能源科技有限公司	长沙市天心区新开铺路 1025 号
低温蓄电池充电加热装置	实用新型	201120314867	2012-07-04	中国电子科技集团公司第四十八研究所	长沙市天心区新开铺路 1025 号

续表 8-2-2

专利名称	专利类型	申请号	授权日	申请人	专利地址（申请）
电缆固定装置	实用新型	201120415899	2012-07-04	中国电子科技集团公司第四十八研究所	长沙市天心区新开铺路 1025 号
一种快速响应薄膜热电偶温度传感器	实用新型	201120363854	2012-07-04	中国电子科技集团公司第四十八研究所	长沙市天心区新开铺路 1025 号
一种实现温度和压力信号的同时测试的溅射薄膜芯片	实用新型	201120416632	2012-07-04	中国电子科技集团公司第四十八研究所	长沙市天心区新开铺路 1025 号
一种带保湿装置的丝印机	实用新型	201120430181	2012-07-04	湖南红太阳新能源科技有限公司	长沙市天心区新开铺路 1025 号
单晶槽式制绒防烧装置	实用新型	201120430467	2012-07-04	湖南红太阳新能源科技有限公司	长沙市天心区新开铺路 1025 路
太阳能电池组件支架系统	实用新型	201120488192	2012-07-11	湖南红太阳新能源科技有限公司	长沙市天心区新开铺路 1025 号
一种低发火电压的 Ni-Cr 合金薄膜桥点火器	实用新型	201120360028	2012-08-15	中国电子科技集团公司第四十八研究所	长沙市天心区新开铺路 1025 号
一种应变式压力传感器的绝压封装结构及应变式压力传感器	实用新型	201120458203	2012-08-15	中国电子科技集团公司第四十八研究所	长沙市天心区新开铺路 1025 号
一种无引线封装薄膜桥发火器	实用新型	201220004185	2012-10-24	中国电子科技集团公司第四十八研究所	长沙市天心区新开铺路 1025 号
一种钢结构门	实用新型	201220097749	2012-10-31	长沙三远钢结构有限公司	长沙市天心区大托镇湖南天心环保工业园内
一种可开启式电动天窗	实用新型	201220097773	2012-10-31	长沙三远钢结构有限公司	长沙市天心区大托镇湖南天心环保工业园内
一种钢结构厂房	实用新型	201220097778	2012-10-31	长沙三远钢结构有限公司	长沙市天心区大托镇湖南天心环保工业园内
一种钢结构的连接件	实用新型	201220097774	2012-10-31	长沙三远钢结构有限公司	长沙市天心区大托镇湖南天心环保工业园内
一种钢结构支撑梁	实用新型	201220097780	2012-10-31	长沙三远钢结构有限公司	长沙市天心区大托镇湖南天心环保工业园内
一种钢结构墙体	实用新型	201220097775	2012-10-31	长沙三远钢结构有限公司	长沙市天心区大托镇湖南天心环保工业园内
无机折叠式防火卷帘门	实用新型	201220113807	2012-11-21	湖南长沙防火装备厂有限公司	长沙市天心环保工业园

续表 8-2-2

专利名称	专利类型	申请号	授权日	申请人	专利地址（申请）
差动装置	实用新型	201220113835	2012-11-21	湖南长沙防火装备厂有限公司	长沙市天心环保工业园
一种立式卷帘助力器	实用新型	201220113768	2012-11-21	湖南长沙防火装备厂有限公司	长沙市天心环保工业园
立式防火卷帘	实用新型	201220113831	2012-11-21	湖南长沙防火装备厂有限公司	长沙市天心环保工业园
平式防火卷帘门	实用新型	201220113809	2012-11-21	湖南长沙防火装备厂有限公司	长沙市天心环保工业园
逃生门	实用新型	201220113799	2012-11-21	湖南长沙防火装备厂有限公司	长沙市天心环保工业园
一种多冗余安全保护的 PECVD 推舟自动控制系统	实用新型	201220171879	2012-12-05	中国电子科技集团公司第四十八研究所	长沙市天心区新开铺路 1025 号
一种扩散炉炉门的密封装置	实用新型	201220170919	2012-12-05	中国电子科技集团公司第四十八研究所	长沙市天心区新开铺路 1025 号
一种花篮盒自动插片机用上料盒	实用新型	201220171851	2012-12-05	中国电子科技集团公司第四十八研究所	长沙市天心区新开铺路 1025 号
一种全自动太阳能电池片测试分选设备上料装置	实用新型	201220176932	2012-12-05	中国电子科技集团公司第四十八研究所	长沙市天心区新开铺路 1025 号
一种用于太阳能电池扩散设备的送片机构	实用新型	201220205577	2012-12-05	中国电子科技集团公司第四十八研究所	长沙市天心区新开铺路 1025 号
一种用于太阳能电池片生产线清洗设备的左右推盖槽体	实用新型	201220171774	2012-12-05	中国电子科技集团公司第四十八研究所	长沙市天心区新开铺路 1025 号
一种基于 EtherCAT 总线技术的多轴同步运动控制系统	实用新型	201220172118	2012-12-05	中国电子科技集团公司第四十八研究所	长沙市天心区新开铺路 1025 号
一种振动监测设备综合试验检测台	实用新型	201220221141	2012-12-05	长沙全程数字机电科技有限公司	长沙市天心区环保西路 199 号
一种转速监测仪	实用新型	201220208218	2012-12-05	长沙全程数字机电科技有限公司	长沙天心区环保西路 199 号龙盛高科技电子产业基地 8 楼
一种振动检测分析仪	实用新型	201220281300	2012-12-12	长沙全程数字机电科技有限公司	长沙天心区环保西路 199 号龙盛高科技电子产业基地 8 楼

第四节　科协与科研活动

2006年2月，执行长沙市委组织部、市科协联合发布的《长沙市科技、经济园区科学技术协会组织通则》，共分总则、组织、任务、会员、经费及资产管理、附则等六章，共二十二条，开展园区科研和科技创新工作。5月20—22日，园区组织部分入园企业参加省科技活动周—科技博览会，有天鹅工业泵、湖南新世纪东方厨具、长沙贤盛发电器制造等企业参会。2007年，贯彻落实市科技大会精神，着力科技型和创新型园区发展思路，与区科技局共同打造湖南天心科技创新中心，创建一流科技创新基地，辐射带动园区高新技术产业发展和传统产业升级改造。同时，开展科技对接活动，组织入园企业积极与名牌高校和科研所开展一系列成果转化活动，其中湖南长庆机电科教有限公司与清华大学精密仪器与机械学系共同开发模具教学多媒体软件，取得突出成效。8月9日，园区科学技术协会成立，刘科宁任园区科协主席（兼）；李文蒲、李露露、周小乔、李藏龙、熊志斌、李洪辉任园区科协委员。

截至2012年年底的5年间，园区科研重大活动以科技活动周、科普日活动为主。

第九章

经济管理

第九章　经济管理

2002年8月，从建园开始，园区坚持以经济建设为中心，发展才是硬道理。从财税管理上，运用财政税收经济杠杆，扶植入园企业发展。对经批准入园企业中的工业项目用地，可按协议出让方式办理用地手续，其土地出让金优惠30%，土地出让金增值部分市级财力所得全额返还园区；区财政每年预算安排工业企业挖潜改造资金和科技三项经费中的50%，用于扶持入园重点工业企业发展。对园区内的工业企业所得税由区财政比照“免二减三” 政策进行奖励；对增值税征收，三年内区财政按区留成50%奖励给企业， 用于企业自身发展。对投资规模大、发展后劲足的重点企业实行一企一议，保证重点项目入园开发建设；2005年，帮助入园企业在融资贷款筹措上，落实开发银行长贷资金，全年长期贷款资金11025万元用于企业开发建设。2006年，融资渠道进一步拓宽，先后从中信银行申请1年期贷款3000万元，从交通银行申请中期贷款5000万元，申请国家开发银行长期贷款资金2800万元，支持3家企业基础设施建设。2007年，为两家企业申请政策性贴息贷款，共贴息236.6万元。2009年，园区为企业获得到位省、市、区扶持资金共1553多万元。2011年，落实各项区级政策返还3818万元。2012年，落实财税优惠政策，深入企业调研，了解企业发展动态，帮助企业充分享受国家、省、市关于支持中小企业发展优惠政策，争取多获得税费政策优惠和财政资金补贴。推动企业加快发展。

至2012年的10年间，园区共引进企业78家，实现技工贸收入由2003年的约1亿元到2012年的173.63亿元，以年均177%的速度递增，其中实现规模工业总产值由2003年约0.85亿元到2012年165.84亿元，以年均180%的速度递增。企业人均劳动生产率由2003年的约7.32万元/人提高到2012年的159万元/人；地均产值率由2003年的约1.14万元/亩提高到2012年的224.53万元/亩。实现利税由2003年的约0.15亿元到2012年的11.41亿元，以年均163%的速度递增，其中税收收入实现由2003年的约0.06亿元到2012年的3.82亿元，以年均158%的速度递增。企业人均纳税率由2003年的约0.62万元/人提高到2012年的3.5万元/人。实现固定资产投资94.43亿元。

第一节　财政管理

财政管理体制　2002年8月，园区财政管理是执行区委、区政府《关于加快天心环保工业园建设的试行办法》中的第九条、第十二条、第十三条规定，凡经批准的园区规划用地中的工业项目用地，可按协议出让方式办理用地手续，其土地出让金用作园区基础设施建设投入；对入园工业企业，其土地出让金优惠30%，应交部分可分期缴纳；已办出让手续的项目用地，如项目确实无法实施，两年内依法收回，变更业主，土地出让金增值部分市级财力所得全额返还园区；区财政每年预算安排工业企业挖潜改造资金和科技三项经费中的50%，用于扶持入园重点工业企业发展；对投资规模大、发展后劲足的重点企业实行一企一议，保证重点项目顺利实施；园区内实行一家收费制，区级行政性收费全免，企业缴纳的除税金以外的其他区级规费，除向企业公开种类和收费标准外，原则上按规定最低限额50%收取，由园区管委会统一征收，上缴财政。9月， 园区财税工作由天心区财政局代管。

2005年3月，设立园区管委会财政分局，为区财政局派出机构，负责园区财政税收及财务管理。2008年7月29日，执行区委、区政府印发《天心区环保工业园财政管理体制实施办法》，园区进一步规范财务管理，明确财权事权，确保责权利统一，明确园区财政管理体制基本原则：规范税收征管、促进财政增收；明确财权事权、实现责权统一；确保正常运转、加快园区发展；考核内容为园区范围内区级地方税收（简称：园区收入）。主要做法是：由区编委、区人事局核定园区的正式干部人员经费（含公务费、业务费）， 按区直机关统一标准全额纳入财政预算；园区管委会办公楼和装修经费由区财政全额纳入预算，分年度安排到位；经区委、区政府批准的在2008年1月1日前到位贷款产生的利息由区财政全额纳入预算，其贷款本金和自2008年1月1日以后新增贷款本金及利息由园区管委会在税收返还中和其他收益中归还；入园企业生产经营所产生的区级税收扣除税收成本（含征收成本和企业奖励，下同）后全额返还给园区管委会，园区开发过程中产生的建安营业税和耕地占用税扣除税收成本后全额返还给园区管委会，销售不动产营业税和园区引进的天心区区外地方税收扣除税收成本后，按区财政40%、园区管委会60%比例分成。结算办法：园区税收由园区管委会与税务局相关科所衔接核对，经国（地）税务局计会科核实后，按月报区财政局审核；区财政局与园区管委会每半年结算一次；其中税务部门征收经费、手续费和奖励资金按市政府统一标准扣除，为方便操作，统一按入库数 10%（耕地占用税按 5%）扣除。奖励办法：按区委、区政府 2008 年对园区管委会下达的收入目标进行考核，如未完成财政收入任务，实行财税工作一票否决。其他事项：园区管委会应将税收返还收入优先用于贷款还本付息；应加强对入园企业税收征管，确保开发过程中产生的建安营业税等地方收入全额缴入区财政；与大托镇政府的分成比例由园区管委会与大托镇政府协商确定；本办法自 2008 年 1 月 1 日起实施，暂定两年，如遇省、市财政体制发生变化，再作相应调整。

2012 年，设立经开区财政分局，为经开区内设机构。财政分局实行局长负责下岗位分工责任制，按岗位分工，各自承担工作任务；负责起草本级财政预算草案、编制财政预、决算，汇总园区收支预、决算，整理、编制园区相关财务资料。负责总预算会计工作，同上级财政部门和国库联系及协调。负责本级预缴款、拨款和财政资金调度。负责搭建园区融资平台，争取各种优惠政策，为园区的发展提供经济保障。负责园区内企业国有资产收益等国有资产管理，负责企业财务登记、建章立制，财务人员培训管理，行使监督、监察职能。负责园区相关税收、审计工作。

表 9-1-1　　2003—2012 年天心工业园历年经济指标统计表

年份	技工贸总收入（万元）	同比增长(%)	规模工业总产值(万元)	同比增长(%)	规模工业增加值(亿元)	固定资产投资(万元)	利税(万元)	企业数(个)
2003	10000		8500				1500	1
2004	40000	300	29535.8	247			6000	3
2005	103197	158	69100	134		105421 (2002—2005 年累计)	15779	6
2006	156539	52	117900	71		60387	23480	11
2007	285338	82	236300	100		71432	28259	16
2008	477496	67	446235	89		99796	44328	25
2009	576085	21	567096	27		73354	55338	28
2010	1364360	137	1145139	102	34.69	143144	77775	53
2011	1548964	13.5	1456791	27	36.9	165323	97798	70
2012	1736327	12	1658445	14	49.78	225480	114064	78
合计	6298306		5735041.8		121.37	944337	464321	

财政收支管理 2003年2月，执行《天心区财政局重点工程现场跟踪审查管理办法》，按国家有关方针政策规定，对辖区内项目工程实施从工程招投标、合同签订、竣工决算进行全程跟踪监督，对项目工程概算、预算、决算进行审核、对资金来源、资金使用进行全程跟踪监督。6月，按区财政局关于基建预决算审查规定，对重点工程资金拨付，在工程竣工决算审查结果未出前，预付款不得超过工程预算的70%。7月，按《天心区工程指挥部和临时机构财务监督管理办法》，遵国家法律法规及规章制度，制定财务管理制度、财务开支审批报账程序、财产物资管理等制度，并报备区财政局监督执行。对大额资金10万元以上开支，按区大额资金管理规定执行。9月，天心区组织对园区上半年大额资金申报使用情况进行检查，受到好评。11月，按《天心区工程指挥部和临时机构财务会计管理制度》，建立健全财产管理、会计档案管理、财务审批、费用开支、会计票据管理等制度；正常办公业务经费、专用用途专款由主管财务领导审批；福利、奖金、补贴、津贴依文件规定执行，无文规定则参照区政府统一标准，报区人事局审批；重大基建、维修、购置或5000元以上单项开支须经集体研究；管理费用额度严格按工程管理费提取标准表中规定执行，其中业务招待费不得超过管理费总额10%。管理费开支包括：不在原单位发工资的工作人员工资、基本养老保险费、基本医疗保险费、失业保险费、办公费、劳动保护费、差旅交通费等。

2004年5月21日，园区制定《湖南天心环保工业园工业统计制度》，规定调查统计范围为园区全部工业企业（即在园区进行工商注册，税务登记的），规模以上工业企业每月3日前报送上月工业产销总值及主要产品产量月报表，在每月10日前报送上月工业企业主要经济指标（销售收入、利润，税金）月报表；规模以下工业企业每月5日前报送上月工业企业主要经济指标（销售收入、利润，税金）月报表，在每月15日前报送上月工业产销总值及主要产品产量月报表。12月，园区对大额资金严格管理，专款专用，使用合理，在区组织对单位大额资金监控抽查中受到通报表扬。2005年，园区被评为全省工业园区年度统计工作先进单位。2006年9月15日，园区管委会制定出台《湖南天心环保工业园财务管理制度》，从日常经费开支标准，到日常经费报账程序细则、物资采购、领用、误工费审批、工程建设资金支付审批、拆迁款审批支付等予以明确规定，预防和杜绝违反财经纪律事情发生。2007年7月1日，出台《天心环保工业园各局室费用预算包干试行方法》，规定局室费用开支限额，严格厉行节约经费开支。

2009年1月，制定《天心工业园区财务工作管理制度》，从财务管理原则，即在工委集体领导下“一支笔”审批原则，坚持经费管理“收支两条线” 原则；财务审批办法做到审核原始票据必须合法、内容真实、准确、完整，凡非正规的发票、收据、不符合规定的自制原始凭证及内容不完整的原始凭证不得报销；资金审批额度，从单笔日常性经费不超过500元、500元以上不超过1000元 、1000元以上不超过5000元、5000元以上不超过1万元、1万元以上的审核审批人予以规定；资金审批具体事宜，由工程建设和拆迁资金支付，项目建设的税费支出，工作协调经费支出，政府采购物品支出，日常办公用品采购，机关办公电话、网络、水电、煤气、物业管理、道路绿化保洁等费用按合同或实际需要支付列入“专项经费”，差旅费、的士费“有公车人员不予报销”、食堂经费、公车维修费、招待费等；资金审批程序，财务监督机制等六个方面予以明确规定，细化管理。8月，开展严格财政支出，打造节约型机关活动。制定并下发《关于严格财政支出管理，打造“学习型、廉洁型、节约型、示范型”机关的通知》。园区干部职工认真学习文件精神，严格按照区监察局、区财政局、区审计局有关厉行节约、严格财政支出管理文件要求，增加财务管理透明度，切实实行财务公开，严格履职，加大违规违纪行为查处力度，全年财务收支管理良好。是年，随着园区开发建设进程加快，园区项目开发成本和各项政策性资金返还随之增加。为缩短资金返还时间，提高资金使用效率， 园区积极争取省、市支持，加强沟通协调，做到在政策性资金返还中到位及时。

2010年，严格编制财政预算，重点保障重要基础设施建设，重大支出提前报计划，并提交工委集体研究决定；财务管理严格规定收支两条线，统一归口财政分局，所有支出要求符合财经有关管理规定，禁设“小金库”， 四费管理明确公开，严格审批程序，严格审核把关，对不符合规定要求的经费一律不予批准，不予报销。2011年，落实各项区级政策返还3818万元（其中：税收体制分成3300万元，贴息资金318万元；其他建设经费200万元）。及时催收各种应收款。上半年催收凯创置业税收垫付款300万元，超世实业借款50万元，确保资金流转回笼。严格按照收支两条线管理的要求，做好非税收入资金上缴及领拨工作，共上缴区非税收入11250万元，并全部返还到位。是年，被区财政局评为年度会计工作先进单位。2012年，园区落实区二八分成（即区本级税收区财政按比例20%、园区比例80%）财税体制，全年区级各项政策拨款4264万元，其中税收体制分成 3367 万元，年度贴息资金 898 万元，有力保障园区开发建设。严格按照收支两条线管理要求，做好非税收入资金上缴，全年上缴非税收入 1 亿余元。

表 9-1-2　　2002—2012 年天心工业园区管理费提取标准表

工程总概算（万元）	费率（%）	算例	
		工程总概算（万元）	提取管理费（万元）
1000 以下	1.5	1000	1000×1.5%=15
1001—5000	1.2	5000	15+(5000-1000) ×1.2=63
5001—10000	1	10000	63+(10000-5000) ×1=113
10001—50000	0.8	50000	113+(50000-10000) ×0.8=433
50001—100000	0.5	100000	433+(100000-50000) ×0.5=683
100001—200000	0.2	20000	683+(200000-100000) ×0.2=883
200000 以上	0.1	280000	883+ (280000-200000) ×0.1=963

财政收入：2002 年 9 月，区委区政府决定区财政主要解决园区规划设计费用等有关工作经费，从 2003 年起连续 3～5 年财政每年预算安排 300 万～500 万元资金作为园区建设专项经费。在这一期间内园区区级税收全额返还用于基础设施建设和园区滚动发展。区财政实行二八分成财税体制，保障园区开发建设资金返还。2003 年上半年，天心区财政拨入资金 638 万元，委托湖南天心环保工业园作为股东投资到湖南天环经济开发有限责任公司用于园区开发建设。7 月 14 日，天心区财政拨入资金 500 万元。2005 年，落实税费返还的优惠政策，争取市财政返还土地出让金和区财政对园区的耕地占用税及扶植资金投入共计 1759 万多元，在一定程度上缓解园区重点工程建设资金压力。2006 年，争取长沙电机厂等项目土地出让金返还 1027 万元。强化购地款催收，共收到购地款 6350 万元，并收回历史欠款 60 万元，投入基础设施建设。2007 年 3 月，争取区财政返还土地出让金 4412.74 万元（其中：中信城市广场 1497 万元、中信新城 2667.64 万元、德康制药 78.45 万元、天鹅工业泵 169.65 万元）；返还耕地占用税 163 万元（其中:长沙高压电器 16.2 万元、中信绿化广场 62.42 万元、三家医药企业 84.38 万元），投入入园企业建设。2008 年，园区落实各项政策返还 2210 万多元，争取区级科技资金 400 万元，市工业发展资金 500 万元，工业技术引导资金 500 万元。落实入园企业贷款贴息资金 247 万多元，全年共催收中信绿化广场在内的 4 个项目单位合同购地款 3385 万元，保障项目手续办理和

拆迁如期完成。2009 年，园区为企业获得并到位省、市、区项目建设、技术改造、节能减排等各项扶持资金资金支持共 1553.3 万元（按企业分：天鹅工业泵 157.7 万元，湖南长庆机电科教仪器 37.6 万元，长沙电机厂 98.6 万元，三远钢结构 69.3 万元，长沙新兴电器控制设备厂 2 万元，湖南华宇科技 12.7 万元，长沙防火装备厂 11 万元，中国电子科技集团 422 万元，湖南红太阳新能源科技有限公司 727 万元，湖南龙盛实业 12.4 万元，长沙北极熊节能环保公司 3 万元。按项目分：工业奖励资金 138.4 万元；企业技改扶持、贷款贴息资金和信息产业发展补贴资金共计 893.9 万元（企业技改扶持资金 143 万元，贷款贴息资金 50.9 万元，信息产业发展补贴资金 700 万元）；知识产权培育企业补助资金 10 万元 / 年，连续三年补助；企业开拓资金实贴 15 万元；科技资金共计 496 万元。获得政策返还资金 1.2 亿元。2010 年 10 月，园区为企业争取省、市、区扶持资金 1610.5 万元。2008—2010 年，园区共返还项目土地开发成本 2.07 亿元，落实各级政策返还共计 1.29 亿余元。其中：市级土地出让金 7551 万元、市级工业发展资金 1120 万元、贴息资金 132 万多元、信息发展资金 700 万元、区级耕地占用税返还 3235 万元、双高企业城市基础设施配套费返还 57 万元，企业节能补贴 64 万元。2011 年，落实各项区级政策返还 3818 万元。其中：办公楼建设经费 200 万元；税收体制分成 3300 万元，贴息资金 318 万元。2012 年，区级各项政策拨款 4265 万元，其中税收体制分成 3367 万元，年度贴息资金 898 万元。全年园区实现财政收入（按区本级税收“二八”分成体制）约 2 亿余元。

表 9-1-3　　2008 年园区获省市区扶持资金明细表统计表

申报项目	申请资金来源	申报企业名称	金额（万元）	
				合计:
冰灾贷款贴息	市经委中小企业处	长沙防火装备厂	4.03	13.64
		湖南长庆机电科教	2.22	
		长沙新兴电器控制设备厂	0.67	
		长沙三远钢结构	6.72	
2008 年市技改引导资金	市经委投资处	长沙电机厂（免息借款）	200	230
		长沙天鹅工业泵	20	
		湖南长庆机电科教	10	

续表 9-1-3

申报项目	申请资金来源	申报企业名称	金额（万元）	
				合计:
湖南省企业技改补助资金	省经委投资处	长沙电机厂	30	45
		长沙天鹅工业泵	15	
市2008年第二批科技计划项目资金	市科技局	长沙天鹅工业泵	50	50
2008年湖南省科技计划项目资金	省科技厅	湖南红太阳新能源有限公司	300	300
服务经济百日大行动企业贷款贴息资金	市经委中小企业处	长沙防火装备厂	8	62.4
		长沙三远钢结构	5	
		长沙电机厂	7.5	
		湖南长庆机电科教	4.9	
		长沙天鹅工业泵	5	
		长沙新兴电器控制设备厂	12	
		长沙贤盛发科技发展	9.5	
		湖南华宇科技	10.5	
08年市节能专项资金	市能源办	天环经济开发有限公司	6	6
		长沙防火装备厂	3	3
08年第三批技改资金	市经委中小企业处	超世实业	30	30
08年技改引导资金项目	市经委投资处	长沙电机厂	20	20
08年第三批科技计划项目	市科技局	湖南天心环保工业园管委会（光伏产业基地规划编制）	5	105
		湖南红太阳新能源有限公司	100	
区08年科技计划项目	区科技局	湖南天心环保工业园管委会（光伏产业基地规划编制）	10	180
		湖南天心环保工业园管委会（孵化器建设）	105	
		长沙天鹅工业泵	10	
		长沙新兴电器控制设备厂	50	
		孚德调味品	5	
合计	—			1045.04

说明：长沙天鹅工业泵100万元，湖南长庆机电科教17.12万元，长沙电机厂257.5万元，长沙三远钢结构11.72万元，长沙新兴电器控制设备厂62.67万元，湖南华宇科技10.5万元，长沙贤盛发科技发展9.5万元，长沙防火装备厂15.03万元，湖南天心环保工业园管委会、天环经济开发有限公司126万元，孚德调味品5万元，湖南红太阳新能源有限公司400万元。超世实业30万元。

表 9-1-4　　2009 年园区企业获省市区扶持资金统计表

申报项目	申请资金来源	申报企业名称	金额（万元）	合计
2008 年区政府奖励资金	天心区政府	中国电子科技集团	49	85.4
		长沙天鹅工业泵	29.4	
		长沙三远钢结构	1	
		长沙防火装备厂	6	
2008 年全省推进新型工业化资金	省经委 省统计局	湖南红太阳新能源科技有限公司	15	15
2008 年工业经济奖励资金	市经委运行处	湖南红太阳新能源科技有限公司	12	38
		长沙三远钢结构	10	
		长沙天鹅工业泵	5	
		长沙市防火装备厂	5	
		湖南长庆机电科教	5	
		长沙电机厂	1	
市 2009 年第一批科技计划项目资金	市科技局	长沙电机厂	10	10
2009 年长沙市科技计划项目资金（第二批）	市科技局	中国电子科技集团第四十八研究所	300	460
		长沙天鹅工业泵	100	
		长沙电机厂	30	
		湖南长庆机电科教	20	
2009 年创新型企业创建	市科技局	长沙电机厂	10	
2009 年第一批技改扶持资金	市经委	长沙三远钢结构	20	20
2009 年第一批市技改扶持资金	市经委	长沙电机厂	20	60
		长沙三远钢结构	20	
		湖南长庆机电科教	10	
		湖南龙盛实业	10	
2009 年“两帮两促保增长，银企对接促融资”企业贷款贴息资金	经委中小企业处	长沙三远钢结构	13.3	50.9
		长沙电机厂	14.6	
		湖南长庆机电科教	2.6	
		长沙天鹅工业泵	3.3	
		长沙新兴电器控制设备厂	2	
		湖南华宇科技	12.7	
		湖南龙盛实业	2.4	
2009 年长沙科技成果转化奖	市人民政府	中国电子科技集团第四十八研究所	10	10
2009 长沙市科学技术创新贡献奖	市人民政府	中国电子科技集团第四十八研究所	10	10
2009 年太阳能光伏建筑应用示范项目补助资金	建设厅	中国电子科技集团第四十八研究所	53	53

续表 9-1-4

申报项目	申请资金来源	申报企业名称	金额（万元）	合计
2009 市企业技术创新专项资金	市经委	长沙天鹅工业泵	10	10
长沙市第二批知识产权优势培育企业	市知识产权局	长沙天鹅工业泵	10	10
2009 年第一批信息产业发展专项资金	省信息产业厅	湖南红太阳新能源科技有限公司	700	700
2009 年第五批省级科技计划（国际科技合作计划）项目补助资金	省科技厅	长沙电机厂	3	6
		长沙北极熊节能环保公司	3	
2009 企业开拓资金	市经委	长沙电机厂	10	15
		长沙三远钢结构	5	
合计	壹仟伍佰伍拾叁万叁仟元整（1553.3 万元）			

说明：2009 年园区为企业争取并到位省、市、区资金支持共 1553.3 万元。（按企业分：长沙天鹅工业泵 157.7 万元，湖南长庆机电科教 37.6 万元，长沙电机厂 98.6 万元，长沙三远钢结构 69.3 万元，长沙新兴电器控制设备厂 2 万元，湖南华宇科技 12.7 万元，长沙防火装备厂 11 万元，中国电子科技集团第四十八研究所 422 万元，湖南红太阳新能源科技有限公司 727 万元，湖南龙盛实业 12.4 万元，长沙北极熊节能环保公司 3 万元。按项目分：工业奖励资金138.4 万元；企业技改扶持、贷款贴息资金和信息产业发展补贴资金共计893.9万元（企业技改扶持资金 143 万元，贷款贴息资金 50.9 万元，信息产业发展补贴资金700 万元）；知识产权培育企业补助资金 10 万元 / 年，连续三年补助；企业开拓资金实贴15 万元；科技资金共计 496 万元。

表 9-1-5　　2010 年园区企业获省市政府扶持资金统计表

序号	申报项目名称	申报企业名称	补助金额（万元）	合计	申请资金来源	备注
1	工业经济预警预测网络建设	天心工业园区管委会	5	45	市经委	
2	长沙市 2009 年度工业经济奖励	湖南红太阳新能源科技有限公司	10			
3		长沙三远钢结构有限公司	10			
4		湖南龙盛科技实业有限公司	10			
5		长沙天鹅工业泵股份有限公司	5			
6		湖南长庆机电科教有限公司	5			
7	贷款贴息补助资金	长沙天鹅工业泵股份有限公司	3.9	19.4		
8		长沙三远钢结构有限公司	15.5			
9	市技术改造项目补助资金	湖南龙盛科技实业有限公司	20	50		
10		长沙三远钢结构有限公司	10			
11		长沙贤盛世发科技发展有限公司	10			
12		长沙智多星农机制造有限公司	10			

续表 9–1–5

序号	申报项目名称	申报企业名称	补助金额（万元）	合计	申请资金来源	备注
13	技术改造补助资金	中电集团第 48 研究所	1000	1000	市经委	
14	地方特色产业中小企业发展专项资金	湖南红太阳光电科技有限公司	100	100	市财政局	
15	省技术改造资金（小巨人企业）	长沙天鹅工业泵股份有限公司	30	30	省经信委	
16	第一批信息产业专项资金（100 兆瓦多晶硅铸锭项目）	中电集团第四十八研究所	200	200	省经信委	
17	中央财政补助资金（并网发电系统）	中电集团第四十八研究所	22	22	国家发改委	
18	市级技术中心补助资金	湖南红太阳新能源科技有限公司	5	5	市经委	
19	创优创新奖	湖南长庆机电科教有限公司	10	64.1	区政府	
20		长沙市防火装备厂	10			
21		湖南红太阳新能源科技有限公司	1			
22		中电集团四十八研究所	1			
23	优秀企业家奖	长沙天鹅工业泵股份有限公司	5			
24	纳税贡献奖	长沙天鹅工业泵股份有限公司	21.5			
25		长沙电机厂有限责任公司	6.7			
26		湖南红太阳新能源科技有限公司	6.5			
27		湖南五田医药有限公司	2.4			
28	天心工业园科创平台建设	湖南天环经济开发有限责任公司	35	35	市科技局	
29	第三批科技计划项目	湖南红太阳新能源科技有限公司	50	130		
30		长沙北极熊节能环保技术有限公司	20			
31		长沙天鹅工业泵股份有限公司	60			
32	第五批科技计划项目（地源热泵机组国产化项目研究）	长沙北极熊节能环保技术有限公司	20	20		
33	第六批省科技计划项目	长沙北极熊节能环保技术有限公司	2	54	省科技厅	
34	第十批省科技计划项目	长沙北极熊节能环保技术有限公司	52			
35	区科技计划项目	长沙电机厂有限责任公司	20	53	区科技局	
36		长沙天鹅工业泵股份有限公司	20			
37		长沙三远钢结构有限公司	5			
38		长沙智多星农机制造有限公司	8			
39	长沙天心工业园专家工作站建设项目	长沙天心工业园管委会	5	5	市科协	
40	合计　壹仟捌佰叁拾式万伍仟元整		1832.5	1832.5		

表 9-1-6　2011 年园区企业获省市政府扶持资金统计表

序号	项目	企业名称	资金来源	金额（万元）
1	产学研合作资金（光伏产业博士后工作站建设）	工业园区	市科技局	15
	省信息产业发展专项（200 兆瓦晶体硅太阳能电池片生产线）	湖南红太阳新能源科技有限公司	省信息产业厅（2011.01）	1000
2	2010 年工业技术补助资金	长沙龙盛电子科技	市工信委（2011.3.18）	20
3	市技改资金	智多星		10
4	市技改资金	长沙贤盛发科技		10
5	补助资金	中电集团 48 所		22
6	2010 年工业技术改造补助资金	长沙电机厂		20
7	“经济调度平台”建设项目补贴资金	天心工业园区管委会	市工信委（2011.4.25）	20
8	工业经济奖金	中电集团 48 所	市工信委（2011.7.8）	71
9		长沙天鹅工业泵		10
10		长沙三远钢结构		10
11		长庆机电科教有限公司		5
12		长沙电机厂		5
13	技术改造资金	长沙三远钢结构有限公司	市工信委（2011.8.29）	20
14	省技术改造资金	长沙贤盛发科技发展有限公司	省工信委（2011.8.29）	10
15	工业发展引导资金扶持项目	长沙智多星农机制造有限公司	市工信委（2011.12.9）	10
16		长沙三远钢结构有限公司		10
17		长沙市防火装备厂		10
18		长沙市南田收割机制造有限公司		10
19	技术创新补助资金（湖南省新产品）	长沙电机厂有限责任公司	省工信委（2011.12.24）	8
20	省技术中心补助资金	长沙天鹅工业泵股份有限公司	省工信委（2011.12.12）	25
21		长沙电机厂		25
22	新型工业化专项引导资金	中电集团 48 所	市工信委（2011.2）	100
23	促进区域经济发展奖	长沙天鹅工业泵	区政府（2011.8）	37.8
	工业经济奖金	长沙天鹅工业泵		10
24	纳税贡献奖	中电集团 48 所		11
25	纳税贡献奖	湖南红太阳新能源科技有限公司		8.3
	纳税贡献奖	长庆机电科教有限公司		4.7
	工业经济奖金	长沙三远钢结构		10
26	湖南省外经贸发展资金	湖南红太阳新能源	省商务厅（2011.1）	34.7

续表 9–1–6

序号	项目	企业名称	资金来源	金额（万元）
27	2010 年出口增量奖	湖南红太阳新能源	市商务局（2011.1）	15.42
28	58 千瓦太阳能建筑一体化并网示范光伏发电系统	中电集团 48 所	2009 年太阳能光电建筑应用示范补助资金（2011.2）	22
29	全省加速推进新型工业化二等奖	中电集团 48 所	省经信委	5
30	2011 年长沙市第一批专利补助	湖南红太阳新能源	市知识产权局（2011.9）	0.44
31	2012 年长沙市第一批专利补助	中电集团 48 所	市知识产权局（2011.9）	0.26
32	槽式多晶制绒清洗机的研制及应用	湖南红太阳新能源	天心区科技计划项目（2011.12）	20
	合计　壹仟陆佰贰拾伍万陆仟贰佰元			1625.62

财政支出：2002 年 10 月，园区编制预算支出：公务费 2000 元 / 人年，车辆费 15000元 / 台年，业务费 2000 元 / 人年。2003 年 1 月，园区编制预算支出：福利费 1000 元 / 人年，公务费 2000 元 / 人年，车辆费 15000 元 / 台年，业务费 2000元 / 人年。财政支出根据园区可用财力，按照收支平衡原则进行统筹安排贷款资金和其他资金，支出范围大部分用于基础工程建设、征地拆迁、支持企业发展、项目用地手续费等重点项目资金的支付，还有小部分用于管委会的行政支出，包括工作人员工资、行政费用等。基础工程建设以及征地拆迁款由园区管委会财政分局视资金情况及时拨付给天环经济开发有限责任公司，公司根据财务收支计划安排资金支付。支出管理方面：从预算开始，优化支出结构，控制非生产性支出，提高资金使用效果，建立和完善支出定期报告分析制度和支出分配研究制度，规范财政资金拨付和使用。从 2003 年—2012 年园区分年财政支出明细资料未收录。但收支平衡。

融资管理　2002 年 9 月，园区按照“政府引导、市场运作、法人经营管理”模式，组建法人化、业主化的股份有限公司，负责工业园区基础设施建设和土地滚动开发，通过财政资金引导，整合社会资源，调动社会资金投入，形成多元化投融资体系，充分利用城市主干道和大型项目等有效途径，加快园区基础设施建设。园区按照区金融办规定，采取摸底调查，融资对接，风险排查等方法，致力改善园区金融发展环境，防范和化解金融风险，帮助企业拓宽融资渠道等工作，实现园区企业持续健康发展。2003 年 8 月，注册成立湖南天环经济开发有限责任公司，注册资金 1000 万元，由园区管委会与区城建投资有限责任公司共同组建，主要负责园区土地开发建设、基础设施建设和园区投融资、园区服务等业务。其职责是改善园区金融环境 ，通过开展环境综合整治和强化园区社会服务，实施提质改造工程来使园区建设提标提档；全面启动现代服务业招商。制定有针对性的招商政策，鼓励在建项目与金融机构达成合作意向，积极引导和鼓励金融机构和服务部门在园区落户发展，建立担保平台。针对区内无适合担保公司这一状况，园区对园区企业资源进行整合建立一个新担保平台，园区内企业利用优质资产相互进行担保；多方位开发融资渠道，合理使用园区政府信用资源，在严格管理控制前提下，运用各种金融手段，努力开发融筹资渠道。如财政担保下的银团贷款及开发建设委托贷款；发行专项园区开发建设债券，为园区企业搭建融资平台。为充分整合政企双方资源优势，推进融资方式创新，实现中小企业融资需求与银行业务拓展的对接，为园区企业发展提供强大而先进的融资平台，园区拟与区政府一起出资建设银行成立企业互助发展基金，该基金立足于园区所有高成长性的中小企业，进行市场化运作、专家团队管理，通过互助发展基金引导信贷资金、产业整合运作、增值服务支持，实现技术资本、金融资本和产业资本的有机融合，优化产业结构，促进产业转型升级。是年，在区委区政府“政府担保，财政贴息” 政策支持下，向国家开发银行申请贷款 5000 万元，用于园区道路基础设施建设。

2004 年，探索公司化运作，使园区开发建设逐步向市场化过渡。园区下属天环公司融资到位 5000 万元开行贷款全部用于园区基础设施建设。是年，与市财政协调，解决园区工业项目土地出让金返还问题，仅此一项就增加园区基础设施投入 5500 万元左右。在区财政监督、指导下，园区不断完善制度、规范操作，合理安排使用每一笔资金。园区大额资金管理和使用情况得到区专项检查组肯定。天环公司获区财政局授年度会计决算报表编制工作一等奖。2005 年，在融资贷款筹措上，及早落实开发银行长贷资金资料准备工作，完善资金申报使用方案，全年实际使用长期贷款资金 1025 万元用于支付各种工程款项。在区委、区人大、区政府支持下，园区 3000 万元短贷和 1 亿元长贷得到批准。2006 年，融资渠道进一步拓宽，先后从中信银行申请 1 年期贷款 3000 万元，从交通银行申请中期贷款 5000 万元，着力申请国家开发银行长期贷款资金 2800 万元。长沙天鹅工业泵、长沙电机厂获区重合同守信用单位。2007 年，为两家企业申请政策性贴息贷款，共贴息 236.6 万元（其中天鹅工业泵 221.9 万元、新兴电器 14.7 万元）。

2008年8月12日，区委副书记、代区长曹立军，区委常委、园区工委书记师大学，园区管委会主任彭泽南出席市商业银行在西野大酒店举办的“走进园区，融入市场”专业营销活动。园区与市商业银行签定银企合作框架协议，湖南康尔佳医药有限公司代表园区企业发言，活动进一步拓宽园区和企业的融资渠道。是年，以银行和信贷机构为平台，广开融资渠道，争取银行对园区和入园企业信贷支持，全年完成贷款1.3亿元。2009年，园区搭建平台，主动推动银企合作，扩宽中小企业融资渠道。组织16家有融资需求的企业参加 “银企融资对接洽谈会”，协助企业获得贷款融资1.99亿元。帮助企业获得项目建设、技术改造、节能减排等各类扶持资金300.4万元；帮助企业申报区政府促进区域经济发展奖励，有6家企业共获得奖励资金79.4万元；帮助企业落实市、区级各项政策返还资金1.12亿元，有力缓解企业资金压力。2011年，落实各项区级政策返还3818万元（其中：税收体制分成3300万元，贴息资金318万元；其他建设经费200万元）。是年，办理天环公司退出政府融资平台有关手续。从年初就开始完善天环公司所有贷款的抵押担保手续，并办理好退出平台的各项程序，保障交行贷款到期后的顺利续贷。

2012年，天环公司通过各种融资渠道为园区融资发展提供资金保障，针对国家扶持中小企业贷款，而制约政府平台信贷的宏观信贷政策，及各类商业银行贷款要求必须有担保或抵押情况，园区出台若干拓宽融资渠道的措施，努力抓融资工作确保园区资金正常运转，先后与北京银行、长沙银行、华融湘江银行、天心农合行接洽，争取各大银行对园区信贷支持，基本达成合作意向，并寻找有资质并符合银行要求的担保单位，落实好新增贷款相关手续。是年，园区财政分局调度资金按期归还天环公司到期贷款本金5936万元和利息1700余万元，并成功续贷2000万元及市经委工业扶植资金500万元。同时，为企业做好服务，帮助企业融资和争取土地成本返还，在中电集团四十八所用地实际拆迁资金大幅高于摘牌价情况下，通过与市区国土和财政部门的20多次协调，在6月底争取市级土地成本3462万元返还到区财政，并返还该企业的土地出让金和配套费1106万元。截至2012年年底，园区年末贷款余额23282万元。

第二节 税务管理

2002年8月，执行区委区政府《关于加快天心环保工业园建设的试行办法》，第八条、第十条、第十三条明确规定3～5年内园区的区级税收全额返还工业园用于基础设施建设和园区滚动发展；对园区内的工业企业所得税由区财政比照“免二减三” 政策进行奖励；对增值税征收，三年内区财政按区留成的50%奖励给企业， 用于企业自身发展；园区实行封闭式管理，实行项目审批代办制，对入园投资企业，由管委会代办所有证照，代报批相关手续，实行一站式办公，一条龙服务，企业提供相关证照，承担相关税费。12月9日，园区制定《关于天心区环保工业园有关税收事项办法》，提出政府及政府招商部门要尽量要求入园企业，将企业核算地纳入园区管理，部分分支机构在园区有投资项目的，尽量做工作，促使企业将核算地变更到园区，区政府在税收管理方面的措施将促进园区税收征管；区政府组织区属一家施工企业统一承包施工项目，然后再发包给其他施工企业，或要求部分已接施工任务的外地施工企业挂靠天心区施工企业，在招投标上施加一定影响；关于外地驻长单位所得税征管问题，严格按照长地税函〔1996〕68号文件办理，只要符合《企业所得税条例》规定的，应按规定就地征收企业所得税；关于外地施工企业管理，根据长地税函〔1995〕27号文件规定，此项税收应由开福区地税分局办理，建议分局请示市局，将园区施工环节营业税纳入天心区地税二分局管理，凡超过3个月工期的施工项目，必须到天心区地税二分局办理临时税务登记证；其他如印花税、个人所得税、城建税及教育费附加等项税收按长沙市税务部门有关规定执行。

2003年，入园企业提供相关证照，所承担的税费，区级原则上按规定最低限度50%收取。是年，有长沙新兴电器控制设备厂、长沙天鹅工业泵有限公司、省汽车城华南汽车有限公司、长沙三远钢结构有限公司、长沙龙盛饲料实业有限公司、省服装工业总公司、超世洋服、长沙塑峰塑料制品有限公司等8户企业营业执照，国地税务登记证，企业法人证照登记入园，享受到税收减免优惠，全年征收全口径税收600万元。2004年，所有入园企业工商注册、税务登记证照业已变更到园区内。同时，对农民“两安” 用地税费缴纳问题，明确农民“两安” 用地耕地占用开垦费的缴纳继续按原办法和标准执行，即按重点工程对待，实行5000元/亩的收费标准。全年完成全口径税收2100万元，比2003

年同期增收1500万元，比2003年同期增长2.5倍。2006年，税费返还政策得到落实，返还耕地占用税88万元。2008年，随着园区的不断发展壮大，区政府正式对园区开始进行税收目标考核，为全面完成年度考核任务，园区制定一系列有关企业纳税奖励政策，并逐户建立企业台账，通过不断加强与税务部门衔接，完善征管手段，以及积极争取与上级部门支持。全力配合大托镇的协税护税工作，争取园区税收应收尽收，全年完成全口径税收1.79亿元，比2007年同期增收0.56亿元，比2007年同期增长46%。其中区级税收入库6038万元（含耕地占用税1988万元）。

2009年，制定《长沙天心工业园区2009年税收奖励办法》，适应范围为园区管委会全体干部，湖南天环公司全体聘任人员；明确管委会及公司内个人引进天心区外地方税收，实际税收入库10万元以内（含10万元）的按2%进行奖励；10万～30万元（含30万元）奖励3%；30万～50万元（含50万元）奖励4%；50万元以上部分按照5%进行奖励；园区范围内区级地方税收入库责任单位为园区财政分局，全年完成区财税任务以内部分按2%提取奖金，超任务部分按3%提取奖金，奖金按照20%、80%比例奖励责任单位和园区局室；区外地方税收税额由园区财政分局按个人提供税票复印件核实统计，园区范围内区级地方税收入库数据报区财政局审核。2010年，落实市政府文件精神，深入企业调研，了解企业发展动态，支持协助企业充分享受国家、省、市关于支持中小企业发展优惠政策，多争取税费政策优惠和财政资金补贴。同时，协同区职能部门研究电站装备产业配套扶持政策，推动电站装备业加快发展。园区评出纳税先进单位5个（红太阳新能源科技、天鹅工业泵、中信控股集团、五田医药、长庆机电科教）。（园区2008—2010年的税收增幅均保持在40%以上，规模工业总产值在2010年历史性地突破110亿元，税收实现过亿元；区财政税收分成体制不断向园区倾斜。从2008年到2010年园区共争取区级税收分成8213万余元，确保园区工作运转和开发建设投入）。

2011年，园区做好协税护税，应收尽收税收。全年完成全口径税收2.41亿元，其中区本级税收4500万元，为全年税收目标任务2750万元的168%，比2010年同期增长130%。2012年，为确保税收应收尽收，园区财政分局将税收入库作为工作重中之重，上半年牵头组织国、地税对园区规模企业和重点税源企业进行调研，并形成调研材料，为园区科学决策及安排完成年度税收目标任务提供重要依据。全年完成税收收入约3.82亿元，同比2011年增长48%，其中区级税收入库5600万元，园区超额完成本级税收任务目标。年底，园区评选9人为年度协税工作先进个人。

国家税务 园区税收征管是随着区财税体制变化而不断完善的。根据国家税务属地征管原则，园区国税征管归口为天心区国家税务局。主要负责征收和管理的项目有：增值税、消费税。

园区税源主要集中在红太阳新能源有限公司、长沙电机厂以及长沙天鹅天鹅泵业等20余户重点企业。截至2012年12月10年间，国家税收征管范围未变。2013年8月1日起，湖南交通运输业和部分现代服务业营业税改征增值税（简称“营改增”）试点将正式启动。

地方税务 根据地方税务属地征管原则，园区地方税收征管归口为天心区地方税务局。主要负责征收和管理项目有（不包括已明确由国家税务局负责征收的地方税部分）：营业税、个人所得税、城市维护建设税、土地增值税、车船税、房产税、资源税、城镇土地使用税、耕地占用税、契税、印花税以及随增值税、消费税、营业税附征的城市维护建设税和教育费附加、地方教育附加（2008年开征）、防洪保安基金（2011年改为“水利建设基金”）。2011年1—5月，园区把税源清查作为工作抓手，由园区财政分局牵头与办公室、产业发展局一道将园区所有重点税源企业全部走访一遍，通过取得一手资料，并与历年的税收情况进行对比分析，为园区科学确定和完成全年任务提供重要参考。下半年又与招商局一道，根据工商局提供新登记企业名单逐户对新入园企业税务登记进行清查，并纳入园区提供给税务部门项目税收数据登记表，即时跟进企业纳税情况，与税务和项目衔接，园区财政分局派驻一名专人到天心区地税七分局窗口进行企业税务登记和开票工作，把好园区税源信息采集源头关，有效地堵住窗口零散税外流漏洞。另外还通过派协税员定期和不定期与项目单位和税务部门衔接，使园区及时了解各项目缴税动态，防止税收流失。是年8月24日，以奖励兑现促税收入库，在园区四楼会议室召开上半年财税工作总结及2010年度经济奖励兑现大会；通过积极宣传区域经济奖励办法和兑现奖励等手段激发项目主动缴税的积极性和主动性。园区结合区域内实际，通过抓促产，积极培植税源，对有发展前途的行业与企业给予重点扶持，使税收收入快速增长。截至2012年12月的10年间，地方税收征管范围未变。

第三节 经济效益

人均劳动生产率 2003年，引进各类企业12个，从业人员1365人，实现技工贸收入1亿元，人均劳动生产率7.32万元/人。2004年，引进各类企业共22个，从业人员2085人，实现技工贸收入1.05亿元，人均劳动生产率5.03万元/人。2005年，引进各类企业共24个，从业人员2964人，实现技工贸收入10.32亿元，人均劳动生产率34.82万元/人，与2004年同比增长592%。

2006年，引进各类企业共29个，从业人员3852人，实现技工贸收入15.65亿元，人均劳动生产率为40.63万元/人，与2005年同比增长17%。2007年，引进各类企业共34个，从业人员5131人，实现技工贸收入28.53亿元，人均劳动生产率为55.6万元/人，与2006年同比增长37%。2008年，引进各类企业共39个，从业人员6722人，实现技工贸收入47.75亿元，人均劳动生产率71.04万元/人，与2007年同比增长28%。2009年，引进各类企业共50个，从业人员6816人，实现技工贸收入57.61亿元，人均劳动生产率为84.52万元/人，与2008年同比增长19%。

2010年，引进各类企业共53个，从业人员8062人，实现技工贸收入136.44亿元，人均劳动生产率为169.24万元/人，与2009年同比增长100%。2011年，引进各类企业共70个，从业人员8354人，实现技工贸收入154.89亿元，人均劳动生产率185.41万元/人，与2010年同比增长9.5%。2012年，引进各类企业共78个，从业人员10916人，实现技工贸收入173.63亿元，人均劳动生产率159.06万元/人，与2011年同比下降14%。

地均产值率 天心环保工业园区位于长沙天心区大托镇先锋村、新路村境内绕城线以南、火星大道以北、新韶山路以西，占地总面积5.83平方公里。园区规划土地总面积583.21公顷，共8748亩。

2003年，招商引资开发建设，引进各类企业12个，实现技工贸收1亿元入，地均产值率为1.14万元/亩。2004年，引进各类企业共22个，实现技工贸收入1.05亿元，地均产值率为12002元/亩，与2003年同比增长5%。2005年，引进各类企业共24个，实现技工贸收入10.32亿元，地均产值率为11.8万元/亩，与2004年同比增长883%。

2006年，引进各类企业共29个，实现技工贸收入15.65亿元，地均产值率为 20.18 万元 / 亩，与 2005 年同比增长 71%。2007 年，引进各类企业共 34 个，实现技工贸收入 28.53 亿元，地均产值率为 36.72 万元 / 亩，与 2006 年同比增长 82%。2008 年，引进各类企业共 39 个，实现技工贸收入 47.75 亿元，地均产值率为 61.32 万元 / 亩，与 2007 年同比增长 67%。2009 年，引进各类企业共 50 个，实现技工贸收入 57.61 亿元，地均产值率为 74.2 万元 / 亩，与 2008 年同比增长 21%。

2010 年，引进各类企业共 53 个，实现技工贸收入 136.44 亿元，地均产值率为 175.85 万元 / 亩，与 2009 年同比增长 137%。2011 年，引进各类企业共 70 个，实现技工贸收入 154.89 亿元，地均产值率为 200.47 万元 / 亩，与 2010 年同比增长 14%。2012 年，引进各类企业共 78 个，实现技工贸收入 173.63 亿元，地均产值率为 224.53 万元 / 亩，与 2011 年同比增长 12%。

人均纳税率 2003 年，园区引进企业 12 个，从业人员有 965 人，上缴税收 600 万元，人均纳税率 6218 元 / 人。2004 年，共有企业 22 个，企业从业人员有 2085 人，上缴税收 2100 万元。与 2003 年同比增长 249%，人均纳税率 1 万元 / 人，与 2003 年同比增长 61%。2005 年，共有企业 24 个，从业人员有 2964 人，上缴税收 2995.55 万元，与 2004 年同比增长 43%。人均纳税率 1.01 万元 / 人，与 2004 年同比增长 1%。

2006 年，共有企业 29 个，从业人员有 3852 人，上缴税收 8218 万元，与 2005 年同比增长 174%。人均纳税率 2.13 万元 / 人，与 2005 年同比增长 111%。2007 年，共有企业 34 个，从业人员有 5131 人，上缴税收 12338.4 万元，与 2006 年同比增长 50%。人均纳税率 2.4 万元 / 人，与 2006 年同比增长 13%。2008 年，共有企业 39 个，从业人员有 6722 人，上缴税收 17890 万元，与 2007 年同比增长 45%。人均纳税率 2.66 万元 / 人，与 2007 年同比增长 11%。2009 年，共有企业 50 个，从业人员有 6816 人，上缴税收 24120 万元，与 2008 年同比增长 35%。人均纳税率 3.54 万元 / 人，与 2008 年同比增长 33%。

2010 年，共有企业 53 个，从业人员有 8062 人，上缴税收 16299.8 万元，与 2009 年同比下降 32%。人均纳税率 2.02 万元 / 人，与 2009 年同比下降 42%。2011 年，共有企业 70 个，从业人员有 8354 人，上缴税收 24088 万元，与 2010 年同比增长 48%。人均纳税率 2.88 万元 / 人，与 2010 年同比增长 43%。2012 年，共有企业 78 个，从业人员有 10916 人，上缴税收 38190 万元，与 2011 年同比增长 34%。人均纳税率 3.5 万元 / 人，与 2011 年同比增长 21%。

财税收入 2002年9月，园区财税工作由天心区财政局代管。2003年，征收税收600万元。2005年3月，设立园区管委会财政分局，为区财政局派出机构，负责园区财政税收管理。全年征收税收2995.55万元，与2004年同比增长43%。2008年，执行区委、区政府印发《天心区环保工业园财政管理体制实施办法》，进一步规范园区财税管理，明确园区财政管理体制基本原则是规范税收征管、促进财政增收；加强对入园企业税收征管，确保开发过程中产生的建安营业税等地方收入全额缴入区财政。全年征收税收17890万元，与2007年同比增长45%。2012年，全年征收税收38190万元，与2011年同比增长21%。

截至2012年，园区10年间共实现税收收入14.81亿元（见税收收入征收成果图）。

2003—2012年 天心工业园税收征收成果曲线图

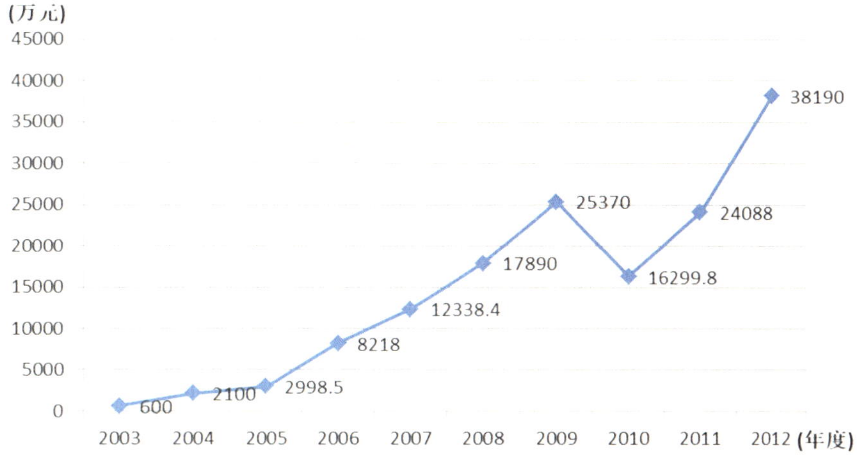

第十章

劳动人事管理

第十章　劳动人事管理

2003 年，建园以来，园区始终贯穿以人为本理念。规范园区管理、保障工作运转，按照“依法、精简、规范、效能”的原则。制定园区有关工作制度，用制度管人管事，规范管理。2004 年，制定《2004 年度综合目标管理考核办法》，对干部职工从德、能、勤、绩上实行百分制考核评比计分，全面考评工作效率和工作实绩。2005 年，加强创新型人才的引进培养，引进一批高水平学科带头人和技术专家，园区拥有一批高素质的专业技术人才做后盾，采取优惠措施留住更多的科技人才为园区的发展壮大提供关键支撑。2009 年，制定《湖南天心环保工业园关于推进法制园区建设工作的实施意见》，牢固树立法治观念，增强依法执政能力，提升园区依法行政水平，推进园区法制建设，为园区经济社会又好又快发展提供坚实的法制保障。2012 年，全面修改并实施绩效考核办法，通过多项管理体系认证，效能管理逐步完善。

至 2012 年的 10 年间，园区人才库拥有享受国务院津贴的各类研究员、教授级的高级人才 4 人；其他高级技术岗位人才 218 人；高级技工类岗位人才 435 人，中级技术职称岗位人才 1092 人。园区绩效效能管理健全完善，严格依法行政，没有发生一例因征地拆迁引起的行政复议和行政诉讼案件。

第一节　人才引进及聘用人员管理

人才引进　2004 年，制定和完善科技人才激励机制，注重于科技人才的长期发展，为促进园区企业的可持续协调发展，主营业务核心竞争力的增强，新型产品的研发、提供先进的科学技术人才支柱，拥有一大批高素质的专业技术人才做后盾，以留住更多的科技人才为园区的发展壮大提供关键支撑，拥有勇于创新的高素质专业技术人才队伍，使园区的技术创新充满希望和活力。2005 年，加强创新型人才的引进培养，坚持在创新实践中发现人才，在创新活动中培育人才屯在创新事业中凝聚人才，努力造就一批高水平学科带头人和技术专家，健全人才引进机制，大力引进科技创新创业人才，完善分配激励机制，鼓励企业实行年薪制、技术和管理等要素入股、突出贡献人员股权期奖励等多元分配方式，探索建立人才资本产权制度，通过知识产权和技术作价入股、人才资本入股等方式，促进人才资本及科研成果有偿转移。2006年1月24日，园区管委会制定《湖南天心环保工业园区2006—2010年“十一五”人才规划》，园区有大中专以上学历和初级以上专业技术职称人才总人数1500名，高级职称人才62人，占3.4%，人才与人口密度比1：1.15。明确“十一五”规划期间，通过招聘、培训等多种机制引进中高级人才，人才总量目标达到5000人，人才与人口密度比为1：0.85；人才结构目标为各类人才学历80%达到大中专以上文化水平；人才职称结构目标为高级以上职称应在人才总量中占5%左右、中级以上职称应在人才总量中占45%左右、初级以上职称应在人才总量中占50%左右；人才产业结构目标为增强第三产业人才数量，改进第二产业人才技能，提高第二、三产业人才素质；人才职业结构目标为行政管理人才比例下降，专业技术人才和经营管理人才数量稳步提高。2007年，长沙防火装备厂从事研发科技人才24人，其中归国留学科技人才1人，高级工程师1人，外聘高级专家顾问3人。长沙三远钢结构有员工180人，有大专以上学历研发人员35人。2008年，长沙电机厂高薪聘请高级工程师3人，电机制造技术专家5人，引进大学毕业生20人，有电机制造技术专家及工程师102人（其中：高级工程师12人、博士生2人、从事研发的外聘专家6人，其他研发工程师以上级82人）。2009年，长沙节能环保技术有限责任公司，引进新产品研发人员27人（研究员1人，教授、博士生导师级3人，教授4人，高级工程师7人；其他中级职称人才12人）。8月，对天鹅工业泵、长沙包装材料厂、长沙电机厂三家企业通过人才摸底调查，共有职工1322人。其中各类技术职称岗位人才339人（初级技术职称岗位人才209人、中级技术职称职称岗位人才87人、高级技术职称职称岗位人才43人）。

2010年，园区对规模以上企业13家开展人才调研，有各类高级职称技术人员233人（其中拥有研究生以上学历114人），各类技术特长的中级以上技术人员500余人。2011年，入园企业53家，规模以上企业28家，“双高”（高新技术产业、高科技产业）企业共有就业员工5200余人。园区有工程技术职称岗位人员252人，其中有中级以上技术职称岗位人才167人，高级以上技术职称岗位人才85人。2012年，湖南红太阳新能源开发责任公司拥有员工1200多人，其中从事科技研发人员388人（研究员级高级人才13人、高级工程师43人，其他中级技术职称以上人员为342）。长沙全程数字机电科技有限公司，研究覆盖应用电子、测控技术与仪器、市场营销等。从事专业研发团队9人；其中按学历分（博士1人、硕士3人、本科5人）；按技术职称分（高级工程师3人、中级会计师1人、工程师5人）。据统计，园区人才库拥有享受国务院津贴的各类研究员、教授级的高级人才4人；其他高级技术岗位人才218人；中级技术职称岗位人才1092人，其他类专业技术岗位人才2183人，其中高级技工类岗位人才435人。

聘用人员管理 2002年10月，园区聘用管理人员6人，工资和福利待遇比照同等在编干部执行。2006年，与21名临聘工作人员签订劳动合同书，明确责任和权利及义务。2007年，按劳动合同法，妥善解决园区10多名聘用工作人员用工待遇问题。2008年1月1日，实施《中华人民共和国劳动合同法》，对园区工作人员按规定缴纳五险。与16名新聘工作人员一年期签订劳动合同。2009年3月，园区举办《中华人民共和国劳动合同法》培训学习，培训员工43人。与其中15名新临聘工作人员签订三年期劳动合同。2010年10月，园区举办管理执行力培训班，从如何加强园区经济开发建设执行力、提高管理艺术方面予以培训，共培训员工30人。2012年3月，对园区干部职工和入园企业负责人开展《中华人民共和国劳动合同实施条例》培训，共有115人参加培训。

第二节 人事管理

2002年8月29日，区委书记刘新程兼任天心区环保工业园建设协调领导小组组长，区人大常委会副主任杨建国兼任管委会主任，黄柏文任管委会（常务）副主任，胡浩、黄会任管委会副主任。园区机构编制，人员调配，工作经费和劳动工资由天心区区委区政府直接授权湖南天心环保工业园建设协调领导小组管委会领导和管理，园区实行统一领导、统一规划、统一协调，领导小组下设工业园区管委会，具体负责园区的规划建设和管理。是年，有工作人员12人，其中从区属单位借调干部6人，聘任人员6人，有2人获得区嘉奖；蒋良核荣记三等功。2003年2月26日，园区管委会下设办公室、招商经营部、征拆建设部。由管委会副主任胡浩兼任办公室主任、管委会常务副主任黄柏文兼任招商经营部部长、管委会副主任黄会兼任征拆建设部部长；人员编制10人。3月7日，中共天心环保工业园工作委员会成立，区委副书记曹健任园区工委书记（兼），陈志恺任副书记，黄柏文、胡浩、黄会等为委员。与园区管委会合署办公。3月10日，召开园区领导班子调整工作会议，区委副书记兼园区工委书记曹健、园区管委会主任杨建国、园区副书记陈志恺、副主任黄柏文、胡浩、黄会等参加会议。区委常委、区委组织部部长夏艳兰宣读区委有关任职文件，宣布陈志恺任园区管委会主任；杨建国任园区顾问，同时免去其园区管委会主任职务。7月16日，为维护社会秩序稳定，园区治安执勤室借调2名公安干警进行治安执勤。是年，为便于园区基础设施建设的管理和操作，由园区出资参股组建湖南天环经济开发有限公司。8月12日，区委、区政府任命主管财经工作的副区长易亮伦任湖南天环经济开发有限责任公司董事长；陈志恺任总经理。11月3日，经管委会主任会议研究决定：彭明娟任园区管委会办公室副主任，李凌波任招商经营部副部长，石昊鹰任拆迁建设部副部长，刘小波任经费出纳。是年，4人被评为园区先进个人。

2004年，制定《2004年度综合目标管理考核办法》，对干部职工从德、能、勤、绩上实行100分制考核评比计分，建立严格的考核评比制度，做到季考核、月讲评、周计划、日安排，全面考评工作方法、工作效率和工作实绩。3月16日，园区聘任孔建军为征拆建设部副部长。3月30日，区政府免去陈志恺园区管委会主任职务。8月25日，区政府免去易亮伦湖南天环经济开发有限责任公司董事长职务；同日免去陈志恺湖南天环经济开发有限责任公司总经理职务。9月8日，园区聘任罗孟怡为征拆建设部部长；免去黄会征拆建设部部长（兼）职务。全年人员编制22人，按精简高效的原则，调整充实内部机构，内设办公室、招商经营部、征拆建设部、财务部四个部室。年底，园区1人被评为区优秀公务员；5人获园区特殊贡献奖。

2005年5月，彭泽南任园区管委会主任。7月17日，蒋良核任规划建设局局长（正科级）。7月25日，胡伏林任中共园区工委副书记，兼任纪委书记。7月29日，刘科宁、谭雄伟任中共园区工委委员，管委会副主任。胡浩任管委会办公室主任、免去管委会副主任职务，王若飞任管委会任招商合作局局长，周军任管委会财政分局局长。8月11日按照区委要求和部署，在《全区开展第二批先进性教育学习活动动员阶段的意见》，园区召开第一阶段学习动员会议。8月18日在区委四楼会议室召开园区干部会议，区委任命张玉玺任园区工委书记，同时免去曹健园区工委书记职务。11月24日，彭泽南任中共园区工委副书记、肖时昂任中共园区工委副书记兼大托镇党委书记。是年，园区正式编制为10人，借调10人，聘任14人，共34人，其中本科以上学历13人，占38%；大专7人，占20%；大专以下14人，占42%；中级以上专业技术人员6人，占

18%；党员 16 人，占 47%。是年，有 6 人被评为园区建设先进个人。

2006 年 1 月 25 日，谭雄伟任湖南天环经济开发有限公司董事长兼总经理。3 月 26 日，胡伏林任中共园区机关党支部书记、王若飞任副书记、陈庆云、周军、罗孟怡任支部委员。6 月 1 日，胡伏林任园区工会主席、刘科宁、王若飞任委员，刘科宁任经审委员和女职工主任（兼）。6 月 26 日，师大学任中共园区工委委员、园区工委书记（副县级）；免去张玉玺中共园区工委书记职务。7 月，师大学参加中共天心区第三次代表大会，当选中共天心区第三届区委委员、区委常委。8 月 4 日，罗青任中共园区工委委员、管委会副主任。8 月 17 日，蒋良核任园区办公室主任；胡浩任园区社会事务局局长；罗孟怡任园区规划建设局局长（副科级）；以上任职人员同时免去原任职务。8 月 29 日，彭泽南任湖南天环经济开发有限公司董事长兼总经理，免去谭雄伟湖南天环经济开发有限公司董事长兼总经理职务。是年，园区根据工作需要，定期组织工作人员进行业务培训，开展群众民主测评和岗位民主推荐，实行年度考核末位淘汰制度，对园区工作人员薪酬实行定级管理，推行“因岗设薪、奖优罚劣、末位淘汰”的用人体制，形成有事干、想干事、能干事、干成事的良好工作氛围。全年园区编制 18 人，聘任 21 人，共 39 人。年底，有 2 人受到区嘉奖；1 人获园区突出贡献奖；6 人获评园区先进个人。

2007 年 3 月 4 日，王若飞任园区产业发展局局长；钟辉任园区招商合作局局长，以上任职人员同时免去原任职务。5 月，钟书宏任园区产业发展局局长。8 月 2 日，曹出任共青团园区团支部书记，何峰、刘庆任支部委员。8 月 9 日，汪菲任园区机关妇联主任、刘小波、周青任委员。是年，年度考核，末位淘汰辞退员工 1 名。年底，有 1 人获评区优秀公务员。7 人被评为年度园区先进个人。

2008 年 2 月 28 日，黄柏文任中共园区工委副书记，阎伟奇任中共园区工委副书记兼纪委书记，免去胡伏林中共园区工委副书记兼纪委书记职务。3 月 13 日，曹出任园区规划建设局副局长。8 月，翁开明任中共园区工委副书记。是年，坚持以建设“和谐、创新、效能”园区为载体，着力打造创业团队，为园区发展提供组织人才保障。园区注重加强机关效能和作风建设，建立和完善园区绩效考核办法，注重平时的考核督查，实行行政问责和兑现奖罚措施，提升园区服务水平和办事效率。全年有干部职工 36 人，罗孟怡被区政府记三等功，有 3 人受到区嘉奖；4 人获评园区效能之星；4人获评园区创新之星；3 人获评园区和谐之星。

2009 年 1 月 16 日，园区 2008年度总结表彰大会在机关四楼会议室召开，对长沙天鹅工业泵股份有限公司等 15 家单位进行表彰奖励，授予园区财政分局为优秀服务示范岗，对 14 名工作人员进行表彰奖励。是年，园区工委重视队伍建设，对 35 周岁以下干部职工每周集中进行一次培训，干部素质得到提高。切实提高队伍素质，激发干部活力与潜力，提高工作效率。实行绩效考核，提高行政效率。以科学发展观为指导，按照建立“效能园区”要求，客观地评价干部职工工作实绩，全面科学地评定工作绩效，激励先进，鞭策后进，提高工作效率，全面提高园区管理和服务水平。园区干部职工及聘任人员 45 人。3 月 4 日，鲁志高任中共园区工委副书记；方婉人任中共园区工委副书记兼纪委书记；免去阎伟奇中共园区工委副书记兼纪委书记职务。4 月 22 日，余宏卿任中共园区工委副书记兼大托镇党委书记；免去肖时昂中共园区工委副书记兼大托镇党委书记职务。8 月 30 日，曹出为园区社会事务局局长（副科级）。年底，7 人评为园区先进个人。

2010 年 1 月 8 日，园区组织干部绩效考核，对 2009 年度先进个人投票。7 人获得“先进个人”荣誉。同年，园区修改并实施绩效考核办法，在内部公开选拔局室副职，实行干部双向选择竞聘上岗，调动职工的工作积极性。3 月 4 日，成立长沙天心工业园工会联合会第一届委员会。翁开明任工会主席，邓凰、肖满生、杨灿辉、刘小波任委员，杨灿辉任经费审查委员会主任（兼），刘小波任女职工委员会主任。3 月 8 日，经民主投票推荐，园区工委集体研究决定，李银拟任办公室副主任；刘小波拟任产业发展局副局长；杨念先拟任招商合作局副局长；李敏拟任规划建设局副局长并进行公示。3 月 11 日，李银任办公室副主任；刘小波任产业发展局副局长；杨念先任招商合作局副局长；李敏任规划建设局副局长。4 月 20 日，钟书宏任中共园区工委委员、办公室主任，免去产业发展局局长职务。截至 2010 年年底，有工作人员 40 名，其中聘任人员 21 名，有 6 人评为园区先进个人。1 人在天心区创建全国文明城市工作人员受到嘉奖。

2011 年 2 月，制定《机关副科以下干部职工双向选择竞岗实施方案》，实行干部双向选择竞聘上岗，竞岗原则“自主择岗、自主选人、公开公正、过程透明”；对落聘者，是聘用人员予以解除劳动合同、借用人员退回原单位、正式在编人员转为待岗考察，报区人事局备案。待岗考察 3 个月，期满合格者再分配岗位，对不合格者年度考核为不称职。并在内部公开选拔各局室副职，充分调动干部职工工作积极性；通过竞选，6名借调、聘请人员走上局室负责人岗位：园区聘任杨灿辉任办公室副主任，李露露任财政分局副局长，杨念先任规划建设局副局长，李银任招商合作局副局长，刘小波任产业发展局副局长，孔建军任社会事务局副局长。4月，邓志平任中共园区工委副书记。5月28日，免去黄柏文园区管委会副主任职务。5月30日，曹出任园区社会事务局局长职务。同年，全面修改并实施绩效考核办法，以创建“两型”示范园区为契机，通过多项管理体系认证，效能管理逐步完善。是年，有1人获评区先进个人，受到嘉奖。

2012年8月，1人被评为市政研室系统先进个人。是年12月，钟辉被区政府记三等功，有1人被区政府评为先进个人。1人获评区财政局优秀会计工作者，有6人评为经开区年度统计工作先进个人。全年有干部职工45人，其中聘请专业技术人员23人，借调4人，在职在编18人。

第三节　依法行政

2003年始，园区把依法行政列入议事日程，成立依法行政领导小组，在征地拆迁中严格依法依规，按法定程序办事，全年没有发生一例因征地拆迁引起的行政复议和行政诉讼案件。2006年，开展“五五”普法教育学习活动，依法治理园区，组织参加天心区普法考试，有14人参加，均取得优异成绩。

2009年，根据《中共长沙市天心区委员会长沙市天心区人民政府关于建设法制天心的实施意见》和“六五”普法要求，制定《湖南天心环保工业园关于推进法制园区建设工作的实施意见》，牢固树立法治观念，着力强基础、抓创新、促落实、谋长远，通过增强党工委依法执政能力、提升园区依法行政水平。开展普法教育，推进园区法制建设，为园区经济社会又好又快发展提供坚实的法制保障。在推进法治园区建设过程中，坚持服务大局，围绕区委、区政府中心工作，认真落实法治建设各项任务，服务区域经济建设；推进依法执政：完善党的领导方式，保证党的路线方针政策和工委决策部署贯彻落实。按照工委总揽全局、协调各方的原则，依照法律开展工作。加强对工会、共青团和妇联的领导，支持其依照法律和各自章程开展工作。园区各级党组织在宪法和法律范围内活动，全体党员特别是党员领导干部牢固树立法治观念，带头学习法律，成为法治园区宣传者、实践者和推动者。提高园区领导干部依法执政意识和能力，党员领导干部带头学法用法，提高法律素养，争当遵守宪法法律的模范和依法履职的表率。以“法律进机关”活动为载体，健全和落实工委中心组学法、领导干部法制讲座、法律知识考试考核制度。建立健全领导干部任职前法律知识考察、离任评估制度，将考评结果作为领导干部考核、任用的重要依据。将法律知识纳入培训规划和教学计划，加强对领导干部法律知识轮训。运用湖南省干部教育培训网络学院平台，通过网络学法、短信普法、专题讲法和分类考法形式，组织开展园区领导干部学法用法工作。健全完善党工委工作机制，健全工委议事规则和重大决策程序规定，推进工委依法决策科学化、民主化和规范化。完善专家咨询论证、代表委员讨论、群众参与见证与决策民主议事的决策机制，把调查研究、征求意见、法律咨询和集体讨论决定作为党工委重大决策必经程序。建立健全党内情况通报和党内事务听证咨询制度，畅通党员意见表达渠道，提高党员对党内事务的参与度，保障党员民主权利。健全完善工委信息发布制度，及时准确、客观全面地向社会发布党工委的重要战略、重大决策、重点工作、重要会议和党的建设情况。推进党务公开，强化党务公开督导，完善党务公开审查制度、党务公开责任制度和意见收集反馈制度。健全工委规范性文件制定程序，完善规范性文件备案审查制度。加强对权力运行监督，加强党内监督，加大重点领域、重点岗位、关键环节领导干部和工作人员廉政培训力度。严格执行领导干部公开述廉、任前廉政谈话和廉政承诺、报告个人有关事项等制度。按照党内监督条例，把领导干部特别是领导班子主要负责人作为重点监督对象，加强对涉及人、财、物管理等关键环节的监督。在党政机关和国家工作人员中全面推行工作责任制和责任追究制。推进廉政风险防控管理，坚决查处各种违法违纪案件。强化人大监督，转变监督视角，综合运用评议、视察、执法检查、听取和审议工作报告等方式，围绕园区改革发展稳定大局和人民群众关心的重点难点热点问题，推进依法行政，支持社会监督，加强与民主党派、工商联、无党派人士的监督和工会、共青团、妇联等群众团体的监督。贯彻落实《湖南省政府服务规定》，明确园区服务内容、标准、程序和时限，推进和发展社区服务和社会求助服务平台。扎实开展加强行政效能建设活动，建立健全岗位责任制、服务承诺制、限时办结制、一次性告知制、首问负责制、代理制等制度。加强公共服务行政事业性收费监督。创新行政管理模式：采取行政指导、行政规划、行政合同、行政奖励、行政给付、行政调解以及间接管理、动态管理和事后监督管理等方式管理经济社会事务。健全政务公开机制，充分发挥政务服务作用，加强监督考评力度。推进网上政务服务和电子监察系统纵深建设，提高非行政许可系统的办理率。精简办事流程和环节，推进“两集中、两到位”行政审批权相对集中改革，强化非行政许可及服务事项的监管。

开展法制宣传教育：推进“六五”普法活动开展，认真实施“六五”普法规划和《湖南省法制宣传教育条例》。按照“分月重点、分类施教”的思路，加强重点对象的学法用法工作。将“关爱明天、普法先行”、“法治文化进校园”以及青少年普法教育周等活动与社会主义核心价值体系教育相融合，组织开展“与法同行、健康成长”青少年教育主题活动。依托园区小微企业“法律服务联盟”，推进法律顾问进企业，通过以会代训、以案说法、开展培训讲座等方式，提高企业经营管理人员及员工的法律意识和素质。围绕全区“百个乡村百场法治讲座”“法律顾问进社区”以及农村法制宣传月等活动，组织开展“送法进企业”活动。集中开展“共建法制园区，共享和谐园区”专项法制宣传教育活动，重点加强对园区流动人口的法制宣传教育力度。加强法治文化建设，围绕打造文化强园区工作要求，着力强化普法阵地建设，积极推进城镇户外法制宣传公益设施建设。充分发挥广播、电视、报刊、网站等各类新闻媒体开展公益性法制宣传教育的作用。注重法治文化的理论研究，多渠道、多形式地探讨法治文化的科学内涵，探索法治园区建设与文化相融合的有效方式，鼓励各类文化团体参加法治文化建设，加强法治文化产品创作和推广，推出各种优秀的法制文化作品。积极参与年度最具影响力法治人物和法治事件评选活动。

开展“法律六进”主题活动，加强以宪法为统帅的中国特色社会主义法律体系的学习宣传，提高公民的法律意识和法治观念。围绕“稳增长、调结构、促民生、保稳定”总要求，深化“法律六进”，满足基层群众的法律需求。抓好实用典型案例的法制宣传，结合工作、生活中遇到的典型案例、实例，进行有效整理，利用电视、报纸、网络等多渠道大力宣传。继续开展法制宣传教育月、青少年法制宣传教育周、整合部门资源，坚持“谁主管、谁负责”的原则，利用“3·15”消费者权益日、“6·26”禁毒日、国土日、环境保护日等相关活动，“12·4”全国法制宣传日暨全省社区法制宣传日等主题宣传活动。开展好集中性法制宣传教育，形成园区人人学法尊法守法用法的良好氛围。按照《关于建设法治天心的实施意见》《关于深化法治天心建设活动的实施方案》和《全国法治县（市、区）创建活动指导标准（试行）》要求，深化法治园区建设，积极探索和挖掘具有园区特色的工作经验。要将法治园区建设与促进科学发展、保障改善民生、维护社会稳定、加强党的建设结合起来，以提高依法执政能力为根本，推进党内民主建设；以转变职能为基础，加强法治建设；以公正廉洁执法为重点，促进社会公平正义；以创新社会管理为目标，夯实法治基层基础，着力形成党政推动、部门联动、舆论发动、上下互动、社会齐动的“五方联动”工作格局。实施“法治惠民”工程，创新社会管理模式，完善并推广网格化管理模式，强化园区服务管理平台建设，完善园区公共服务功能。是年，加快形成区域经济发展的法治支撑，运用长株潭中央商务休闲区建设优势，突出抓好行政管理体制改革、生态环境保护、能源资源节约、城市建设管理、相对集中行政处罚权等方面的法制创新研究和实践，加强相关制度政策配套，以形成强有力的法治保障。积极推进“平安园区”建设，构建“党政领导、综治牵头、公安为主、部门联动、齐抓共管”的社会治安大防控工作格局，把社会管理综合治理落实到基层。扎实开展专项整治，强化安全隐患排查，重点加强校车管理及校园周边清查整治力度。以环境节日为契机，开展形式多样的环保宣传活动。强化污染治理工作，有针对性地开展污染防治宣传，建立污染源监管长效机制。加大食品、药品安全宣传监管力度，严厉打击制售假冒伪劣产品的违法行为，推进星级评定机制，积极创建诚信示范企业。完善“依法办事示范窗口单位”工作机制，扩大创建工作范围，推动公正廉洁执法。组织开展“诚信守法企业”创建，探索建立公民个人和企事业单位信用记录平台，开展诚信宣传教育，引导企业加强法制建设，规范内部管理，防范市场风险，促进依法管理。拓展“群众从业满意园区”创建内涵，推进“个十百千万”就业实施工程。健全法律服务体系，完善法律顾问工作体系，充分发挥政府法律顾问团和政务咨询专家库的积极作用，确保政策措施顺应民情、合乎法理。园区以“法律顾问进社区”、“执法为民进基层”以及小微企业“法律服务联盟”为平台，健全律师、公证、基层法律服务、法律援助等法律服务体系。以“法律服务牵手重点工程”活动为依托，积极拓展法律服务领域，为机关、企事业单位、城乡自治组织和其他社会组织提供优质高效的法律服务。以“司法公正长沙行”活动为载体，完善法律服务市场行政管理与行业自律相结合的管理体制，健全法律服务行业的准入机制、执业状况评估机制、职业奖惩机制，加强法律服务接受者权益保护制度建设，建立服务质量纠纷调处机制，促进统一、规范、有序的法律服务市场的形成。11月，组织18名干部参加区年度普法考试，成绩优秀。

2010年，为健全园区依法行政保障机制，增强依法行政工作成效，园区以服务经济建设，维护辖区社会稳定和促进和谐园区建设为目标，积极开展各项工作，园区全年无行政诉讼案件，为创建和谐园区提供有力的法律保障。要求设立普法专项经费用于普法工作，将普法依法行政纳入领导干部年度考核内容。是年，贯彻落实“五五”普法计划，切实将“学法律、讲权利、讲义务、讲责任”为主题的法制宣传教育。加强对机关干部的普法教育。提高园区机关干部的法律意识。着力培养机关干部有权必有责、用权受监督、违法必追究的观念，提高依照法定权限和程序行使公共权力能力。园区管委会主任彭泽南主持学习《长沙市征地补偿实施办法》，园区工委副书记、工会主席翁开明《劳动合同法实施条例》辅导报告，对劳动合同法的贯彻及征地拆迁等园区干部职工关心和工作需要的法律知识进行专题辅导，从而提高园区职工依法争取合法保障的能力和水平。加强企业经营管理人员的学法工作。园区加强对企业经营管理人员法制宣传教育，努力提高其依法管理、守法经营的能力和水平。3月16日，园区对干部和入园企业负责人进行《中华人民共和国劳动合同实施条例》的培训，为企业遵守法律，合法用工提供法律和政策辅导，受到园企业好评。加强对拆迁户的法律宣传教育。园区结合自身工作实际情况，对附近村民特别是拆迁户法律宣传知识教育。在拆迁工作中，累计在园区内悬挂宣传横幅标语达300余次，并多次出动宣传车在大小马路上进行宣传，使得拆迁工作得以顺利开展，取得好的效果。12月24日，组织普法学法考试。园区利用普法专项经费购买普法书籍，组织干部进行认真学习。园区18名干部参加天心区2010年度干部学法考试。

2011年，园区依法行政，依法决策得到规范。争创“依法决策示范班子”，健全完善和落实班子议事制度、工作制度、学习制度、党风廉政等制度，用制度管人管事管财，园区所有建设、招标等重大事项、大额资金支出等全部上工委会，依规依程序集体决策，保证工委领导班子决策科学化、民主化，提升领导班子的工作水平。高薪聘请园区法律顾问从法律法规角度把关各位合同文件，严格按照有关规定将园区所有合同送区纪委和区司法局审核备案，全年未发生一例行政听证、诉讼和行政赔偿案件。

2012年，加强对园区拆迁户法律法规宣传教育，累计在辖区内悬挂宣传横幅标语达300余次，并多次出动宣传车在马路上进行宣传。争创“依法决策示范班子”，依法依规依程序集体决策，保障领导班子决策科学化、民主化，不断提升领导班子工作水平。12月，园区18名干部参加天心区年度干部学法普法考试。

截至2012年的10年间，园区严格依法行政，没有发生一例因征地拆迁引起的行政复议和行政诉讼案件。

第四节　制度管理

2003年，为规范园区管理、保障工作运转，根据法律法规和上级规章制度，按照“依法、精简、规范、效能”的原则。制定园区有关工作制度，用制度管人管事，规范管理。2004年，启动用制度管理模式，制定财务、用车、考勤、廉政、党建等方面管理制度。6月10日，《湖南天心环保工业园入园项目建设管理暂行办法》颁发执行。2005年，园区制定《综合目标管理考核方案》，为加强管理，完善各项工作制度。抓好内部管理，坚持以制度管人管事。2009年，以科学发展观为指导，提高工作效率，规范园区管理，在办公、会议、机要信息管理、后勤管理、聘用人员管理方面，制定一系列制度，全面提高园区管理和服务水平。2010年，园区各项管理制度进一步完善，随着学习实践科学发展活动的深入，园区在边学边改、边查边改的基础上，集中力量解决管理上的薄弱环节，把解决突出问题与创新机制结合起来，建立和完善征地拆迁制度、社会事务管理机制、作风建设和反腐建设长效机制、产业发展导向机制、经费包干机制、干部考核机制、后勤管理机制、项目服务“绿色通道”机制、绩效考核机制、机关内务管理机制10项机制。制度落实进一步加强。全面贯彻落实党风廉政各项要求，强调廉政文化和廉政氛围的营造，全体领导干部递交党风廉政责任书，聘请8名园区企业代表，民主党派代表，人大代表，政协委员作为机关廉政建设监督员。2011年，根据建设“和谐园区、创新园区、效能园区”理念，在发展中致力于机制体制创新，不断推动管理升级，从招商引资、征地拆迁、产业扶持到机关管理、项目服务、绩效考核，严格执行局室费用包干制，完善工委会议制度，细化会议规则，基本形成行政管理、经济管理和社会事务管理的有序规范。2012年，继续完善和执行各项管理制度。

办公制度　考勤制度：2003年，园区工作人员要严格遵守纪律，按要求出勤、值班和加班，做到有事请假，不得擅自离岗、迟到、早退和旷工。要求办公室负责考勤、抽查。凡无故迟到、早退者，每次扣除当月加班费50元，旷工扣100元。周一至周五上班作息时间为：

冬春季：上午 8：00—12：00 下午 2：30—5：30

夏秋季：上午 8：00—12：00 下午 3：00—6：00

值班要求（双休日、国务院规定节假日或上级规定必须值班时，由办公室负责安排。值班人员要严于职守，及时处理相关工作，认真做好值班记录。对值班期间因不负责任或处理不当而贻误工作的，按规定追究责任，严肃处理）。加班规定（根据工作需要安排加班的，要服从安排，不得借故推脱）。请假规定（凡需请事假、病假、婚假、丧假、公休假者，要事先办好请假手续。请假时间必须依照国家人事制度执行，一般情况下不得超假。一天以内请假由分管领导批准，办公室备案；请假两天以上必须报主要领导批准。因特殊情况来不及办理请假手续的，必须先电话请假并随后补办手续。续假经原批准领导同意，其中病休假还应出具医院相关证明。否则，一律按旷工处理）。

工作制度：2003 年，执行党的路线、方针、政策，遵国家法律法规及省、市、区政策、规定。遵守党纪政纪，牢固树立全局意识、服务意识、公仆意识、责任意识和廉政意识；服从工委领导，遵守园区规章制度；秉公办事，不徇私情，严禁官僚作风、形式主义。实行公开办事制（各部门实行公开办事，具体公开内容包括办事依据、主体、程序、过程、结果、纪律和制度、违规行为处理等）。实行限时办结制（一般事务当天办结，复杂事务原则上不得超过一周。上级有规定时限的，应在规定时限内办结。领导交办事项有回复。实行离岗报告制：因公外出，事先报告分管领导，并告知办公室）。实行工作日志制（工作人员对本人每日工作要有书面记录，部门负责人要每月检查工作日志记录情况，作为平时考核的重要依据）。实行岗位责任制（科学划分职责权限，合理设置岗位，明确岗位目标、岗位职责。职责范围内的工作应认真完成，不得推诿；职责范围外的工作应及时汇报、协调，不越权办事。凡领导授权的，严格按要求执行，杜绝越权越位行为）。实行首问责任制（对于来访或来电，第一接见人必须热情、礼貌回答问题。属本人处理范畴及时解答，并对解答问题负责；不属自己工作范畴或不清楚时，应主动耐心解释，或将办事人引导到相关职能部门。不得谩骂、侮辱来访者，不得将一般性的能办理的事推给领导）。实行责任追究制（对于不能按质按时完成目标任务和交办工作的，履行岗位职责不到位的，违反有关法律法规和规章制度的，损害园区形象和企业、群众利益造成不良影响的，一律依照有关规定对直接责任人及相关管理责任人进行过错责任追究）。树立文明意识，保持办公室整洁、卫生，穿着大方得体，不随意串岗，不做私事，不在办公场所打牌、炒股、玩游戏。树立保密意识，遵守保密制度、保密纪律，注意保管好各种资料、文件，做好保密工作。树立安全意识，注意防火防盗，下班关好门窗、切断电源。努力学习，提高自身素质和业务水平，理论联系实际，创造性地开展工作。

接待制度：2003 年，公务接待实行“层次管理、对口接待，热情周到、反对浪费”的原则。实行对口陪餐，凡上级和园区企业来人需要接待就餐的，根据业务对口情况，原则上由分管领导及局室负责人陪餐。重大接待活动由办公室负责制定招待方案，报主要领导批准。一般接待活动，由相关局室报分管领导批准。接待标准按有关规定和园区主要领导意见执行，严禁大吃大喝，铺张浪费。提倡工作招待餐安排在园区食堂，提前半天通知办公室做好准备。园区主要领导参加的接待活动，按专项经费报销。分管领导、局室负责人负责的接待活动，原则上按包干经费报销；特殊情况报主要领导同意后可按专项经费报销。严格执行纪律。财政部门应每季度公开接待经费，接受班子集体监督。纪委要加强检查，对违反接待规定要及时进行批评教育，无视规定、屡教不改的要报工委严肃处理。

对外宣传报道制度：2003 年，园区对外宣传报道工作坚持“统一、归口”原则，按上级宣传部门和党工委要求，对外宣传基调必须保持高度一致。具体工作归口办公室管理。凡以园区企业名义组织对外宣传、新闻报道和信息发布活动，需工委、管委会主要领导出席或市、区领导出席，由办公室归口协调有关工作。园区举办各类对外宣传、新闻报道和信息发布等活动，应事先拟定方案、确定主题，报领导审批同意。报道通稿必须经办公室审查把关才能对外发表。新闻记者来园区采访，由办公室统一协调做好有关资料准备和采访对象安排。办公室和招商合作局每年要策划 1～2 次主题宣传报道活动。是年 3 月 5 日，《天心园区建设》创刊，全年共出 4 期，旨在推介园区优势产业，吸纳外来投资商来园区创业。2004 年，《天心园区建设》共出刊 11 期，共发信息 72 条宣传推介园区。2005 年，《天心园区建设》共出刊 8 期，共发信息 62 条宣传推介重点项目。2007 年 3 月，题为“推进产业发展，打造融城核心——崛起的湖南天心环保工业园”在《长沙通讯》第三期发表，重点报道园区产业发展优势和前景。

会务工作制度：2003 年，会议贯彻“精简、高效”原则，严格控制会议场次、规模和会期。主办会议单位要精心安排会议内容、议程，突出重点，切实解决问题。会务工作包括会议通知、会场准备、资料准备、领导邀请、会议记录、组织服务等，以“全面、细致、无差错”为工作标准。大型会议必须制定会议方案，报主要领导批准后实施。凡在管委会召开会议，提前联系办公室，以便统筹安排会场，做好相应准备。综合性会议由党政主要负责人同意召开，会务由办公室负责，有关业务局配合。业务性会议由工委班子分管负责人同意召开，会务由业务部门为主承办，办公室配合。综合性会议由办公室负责作好会议记录，业务性会议由部门安排负责记录。如需发《会议纪要》，在会后4天之内整理送审，一周内交办公室存档。

政务公开制度：2003年，有关对外管理、服务部门应在办公楼一楼大厅设立服务窗口。窗口服务单位实行挂牌上岗制度，主动接受外界和舆论监督。建立有关工作制度，公开下列内容：职能职责和办事依据、办事程序、办事标准、办事时限、办事纪律、办事结果服务措施、执法纪律等。实行首问责任制和限时办结制。坚守岗位，履行职责；衣着整洁，仪态端庄；待人礼貌，热情服务。爱护公物，讲究卫生，保证办公设施安全和办公环境整洁。

会议制度 党工委会议制度：2003年，会议由党工委书记主持，党工委成员参加，办公室主任列席。党工委书记休假或外出期间，因工作需要可委托常务工委副书记主持。党工委会议根据工作需要，原则上每月召开一次。会务由办公室负责组织。党工委会议任务：传达上级重要指示精神，研究贯彻意见；研究园区党的建设和纪检、监察等项党务工作；研究机关人事聘任和干部任免调整等重大问题；研究涉及园区经济发展的规划、计划、政策和招商引资、项目建设、财政预决算等重大问题；讨论研究《党章》规定的其他事项及其他影响大、涉及面广且必须慎重决策的问题；讨论需要党工委集体决策的其他事项。会议议题由工委书记倡议，或由工委班子成员提出，交办公室汇总，报工委书记批准。因工作需要，工委会可扩大至局、室主要负责人列席和邀请区有关部门、园区有关企业主要负责人参加。会议有重大决策时应发会议纪要。2007年，为抓好园区管理。通过工委会议、书记现场办公会议，主任周调度会议、工作碰头会等方式，建立务实高效的决策机制；通过设立行政效能监督举报箱、举报电话、聘请行政监督员，大力开展行政效能督察工作。2011年，企业有什么难题，就及时解决好难题。解决不了的，就到工委会集体研究；此外，在每周召开的工委会上，定期对1～2个项目进行调度，全年在工委会上调度的项目就达20多个，以坚强领导，有力措施，全面推动项目建设。

书记碰头会议制度：2003 年，会议由工委书记召集主持会议，工委副书记参加。书记碰头会议根据工作需要适时召开。议题由党工委书记提出，或由副书记提出，报书记批准。会议主要任务：及时传达重大事件和重要会议精神；讨论研究解决突发事件和重大事件的处理意见；研究涉及园区重大利益的秘密事项。书记碰头会议一般不印发会议纪要，与会人员应遵守纪律，保守秘密。

工作例会制度：2003 年，会议由工委书记或管委会主任主持，参加人员为工委班子成员和有关局、室主要负责人。工作例会原则上每周一上午 8：30 召开，特殊情况另行通知。会务由办公室负责组织。办公室每周五下午负责收集下周工作例会各线需在会上研究讨论或通报的议题。工作例会主要任务：主要传达上级会议和其他有关指示精神；通报上周工作进展情况和本周拟安排工作及需协调事项；统筹安排园区一周主要活动；研究处理工作中的各类问题，部署阶段性工作或近期计划。

工作人员会议制度：2003 年，工作人员会议主要任务是学习贯彻上级文件和精神；贯彻落实园区党工委、管委会的各项决议、决定精神；组织布置阶段性、临时性的工作，讨论或通报事关全体工作人员切身利益或园区重大经营、管理和改革、建设等事项；组织全体工作人员参加政治、业务学习和其他活动。参加会议的对象为园区全体工作人员或相关工作人员。会议根据工作内容确定一名工委班子成员主持。会议视工作需要召开。与会人员必须遵守会议纪律，并做好记录；不得无故迟到、早退、缺席，因故不能与会，应提前向主持人请假；会议过程中一般不会客，关闭通讯工具。会务由办公室或指定部门负责组织。

党员会议制度：2003 年，由机关支部组织，全体党员参加；原则上每季召开一次。主要任务是：学习贯彻上级党组织的决议、文件和党建相关理论，讨论党支部工作；总结检查党员学习、工作情况，开展批评和自我批评。

机要信息管理制度 公文制发管理制度：2003 年，公文制发要求严谨、规范，符合国家法律法规、方针政策和上级文件精神。公文要目的明确、依据充分、概念准确、文字简洁，不得超越权力界限和范围行文。公文办理必须坚持实事求是原则，严格按照程序和规定进行，做到准确、及时、安全、保密。公文制发具体方法、程序、行文规则及文种格式等，要遵从《国家行政机关公文处理办法》和《长沙市行政机关公文处理办法》规定。公文的发文程序如以工委、管委会名义制发公文，由办公室承办。局室因工作需要要求制发文件时，由局室起草送办公室审核把关，以确定是否需要行文、文稿内容是否正确、公文文种及发文级别是否适当、文件格式及语句是否准确、发送范围及机密等级、紧急程度是否适当，做好发文基础工作，并按程序送审会签。公文送审和签发。以党工委名义发文的，先送领导审签：文件内容涉及多个方面或重大问题的，应先送分管领导审核后送工委书记签发。党工委发布重要决定、规章制度，由工委书记签发。以管委会名议发文的，先送领导审签；文件内容涉及多个方面或重大问题的，先送分管领导审核后送主任签发。管委会发布重要决定、规章制度，由管委会主任签发。公文印制与发送要求凡领导签批同意发文的，由办公室负责进行复核。文稿复核定稿后，再进行编号登记、确定主题词、抄送单位和印刷份数，安排录入、校对、盖章和分发。文件分发时要及时、准确、安全；分发密级文件时，要按保密工作规定，将分发对象、份数登记清楚，防止泄密。

收文处理制度：2003 年，凡送管委会的文件、资料，由办公室接收、登记和保管。发送领导个人文件、资料、信函，由领导委托接收、保管，呈送领导阅示。班子成员参加上级会议发放的文件、会议资料应及时交办公室，按来文进行登记处理。要严格按照收文处理的程序办理。做到随到随办，急事急办，防止文件积压或逾期未办。收文后先登记、编号；再送办公室主任批注。须呈领导阅办的文件，相关领导均要在文件处理单上签字；需要组织实施的，有关领导应该批示相关部门或人员办理并明确办理意见。

保密工作制度：2003 年，所有文件、内部资料、内部刊物、园区网站，特别是经济合同及有关图纸资料必须按上级有关规定要求严格管理。秘密级以上文件，要做到收发有记载，签收、借阅有审批程序，并按期归还。各部门的原件统一归办公室保存，如有需要可保留复印件。利用办公设备传输和处理秘密文件、信息时，必须采取保密措施。绝密文件不得复印；机密和秘密文件需要复印时，要经办公室主任同意并经分管领导批准，严格控制份数。涉及经济、财政数据和招商政策信息发布，需报工委书记或管委会主任同意。2012 年 6 月，成立保密工作领导小组，负责保密工作，建立保密工作制度，做好涉密文件的保管和归档，存入专柜或保险柜专人保管。

印章管理制度：2003 年，党工委、管委会印章由办公室安排专人管理。其他印章由各分管领导授权相关局室专人管理。严格按管理权限使用印章，并登记备案。凡属政治类、经济类等重要文书需使用党工委、管委会及各局、室印章，须填写印章使用审批表并按审批权限经相关领导签字同意。使用党工委印章，须经党工委书记签字同意；使用管委会印章，须经管委会主任签字同意；使用纪律检查委员会印章，须经纪委书记签字同意；使用各局、室印章，须经分管领导签字同意。凡涉及经济合同、政策文件、对外承诺或其他有规定应使用党工委、管委会、纪委印章的，须使用党工委、管委会、纪委印章，任何人不得批准以相关局室印章代替。未经批准，不得对外开具空白介绍信及印有园区管委会印章的文头纸，不得擅自委托他人管理印章。未经批准使用印章或者超越权限使用印章的，追究相关人员责任；造成损失的，依法依规予以处理。

计算机网络管理制度：2003 年，计算机网络系统建设与维护由办公室归口负责。园区政务信息网页（站）管理工作由招商合作归口负责。根据工作需要对相关栏目及信息进行及时完善更新，对上传信息须进行审核把关。软硬件的更换由办公室归口管理。发现故障及时报告，由办公室联系专业人员检修。任何人不得擅自拆卸计算机及辅助设备。计算机使用人应加强对数据存储介质管理，对秘密数据存储介质使用、借阅、复制、传送、携带、移交、保存、销毁等环节，均视同等密级文件进行管理。园区工作人员有责任加大园区宣传力度，主动提供网站所需信息资料，共同维护网站安全，自觉维护园区形象。严禁浏览反动、迷信、黄色、暴力网站、网页；严禁上班时间玩电脑游戏、炒股、上网聊天或做其他私活；严禁在外部网上谈论和泄露园区秘密；禁止下载不可靠软件传播电脑病毒，破坏电脑系统。如有违反上述规定者，一旦发现将严肃查处，追究直接违纪人的责任。情节严重、性质恶劣、造成重大损失或影响的移送司法机关处理。

档案管理制度：2002 年 10 月，依区《关于切实加强建设工程档案工作的有关规定》，对园区整个工程档案资料实行集中统一管理，专人负责档案资料收集、归档和整理，共 6 大项 60 个分项，确保资料真实、内容完整、准确，数据真实可靠。2003 年，档案由办公室集中统一管理，以维护档案的完整与安全。归档程序与要求：各部门原始资料原则上每年分类、整理归档一次，在次年 2 月底以前将需归档档案移交办公室。上级所发重要文件、会议纪要原则上当天要送办公室归档；合同、协议要在签订后一周内送办公室归档；工程资料在竣工验收决算后一个月内将全套资料送办公室归档。归档文书有：各种协议、合同；工程建设各种图纸和报规报建、签证、验收、设计变更等资料；会议原始记录、纪要和决定；制定的计划、预决算、工作总结；上级领导讲话，上级发文及园区发文、上报的重要公文；其他具有保存价值的工作资料、图片和重要工作经验材料等。档案管理：归档文件应分级分类，以充分表达档案的内容、性质为原则，确立名称及编号。档案借阅：借阅档案办理借阅手续。档案借阅一般应当天归还，最长不超过 10 天。续借应办理续借手续；借阅人不得转借、调换、污损档案。未经批准不得复印档案。复印的档案上应注明为复印件。档案保密要求：按照有关档案接收、保管、查阅利用制度，认真履行核对、签字、登记、注销手续。档案员要严守秘密，不得私自摘抄、复印、传播密级档案内容。一般情况下，不允许摘抄、借阅密级档案；特殊情况需要查阅加密档案，须按程序办理手续，并在办公室查阅；绝密档案如经济合同等未经主要领导批准不得借阅。按规定可以销毁的档案材料，按规定造册，经分管领导批准后，由两人以上到场监销。所有档案按密级分级保管；秘密、绝密档案应存放在有保密设施的保密柜中。是年 11 月 18 日，区档案局来管委会检查指导档案工作，并提出建设性意见。年底，在区档案工作行政执法检查中被评为优秀单位。2005 年，立档行政类长期 3 册，短期 4 册，其他类长期 3 册，短期 5 册，共 15 册。2006 年，建档长期 15 册，永久 6 册，短期 3 册。2007 年，建档 10 册，其中长期 3 册，短期 7 册。2008 年，建档 15 册，其中长期 5 册，永久 2 册，短期 8 册。2010 年，建档 9 册，其中长期 2 册，永久 2 册，短期 5 册。2011 年，共建档 12 册，其中长期 2 册，永久 2 册，短期 8 册。2012 年，共建档 11 册，其中长期 2 册，永久 2 册，短期 7 册（以上建档据不完全统计，因园区 2002 年 8 月至 2010 年 12 月，已移交部分档案资料给区档案局管理）。

后勤管理制度 机动车辆及驾驶员管理制度：2003 年，车辆管理原则按照“归口管理、统一调度、相对固定、合理调剂”原则进行车辆管理。车辆管理办法车辆由指定使用人负责管理，确保车辆安全与交通安全。车辆丢失要按区政府规定负责赔偿。办公室负责办理车辆相关手续，如车辆税费、保险费、年检、驾驶证年审等手续。汽车油料由办公室按区政府规定统一配置，实行一车一卡，在指定地点加油。机动加油卡由办公室统一管理。私车油料补助按工委确定标准执行，办公室做好登计统计。车辆维修管理驾驶员负责所用车辆保养。出现故障，无法排除或需要更换零配件的，应到政府采购中心指定修理厂进行维修。凡需进厂维修车辆，要填写“汽车修理派遣单”，按财务管理审批权限报领导批准后，按政府采购中心规定程序送修。进厂后，须严格按送修通知项目进行维修。需调整或增加项目，必须按程序进行报批方能维修。车辆修复后，驾驶员要仔细审查验收更换的零配件及修理项目，严把质量关和数量关。厂房凭结算单及修理报告按月送办公室审核。凡未按维修程序及规定维修车辆的费用一律不予报销；行车安全教育和事故违章管理遵守《中华人民共和国道路交通安全法》及相关法律法规；要及时掌握车辆的安全情况，检查机油、汽油、刹车、冷却水等状况，发现问题及时处理，消除隐患；要积极搞好一年一度的车辆年检、驾驶证年审工作；服从办公室统一调度安排；不得私自将车辆出租、出借。交通事故处罚以公安交警部门报告为依据，驾驶员按事故责任大小承担保险公司理赔后差额；造成严重损失的，驾驶员还应依法承担相关民事、刑事责任；私自出车、出租、出借所造成的一切后果由驾驶员负责。驾驶员违反交通规则的罚款一律不予报销。驾驶员要爱护车辆，保持车辆整洁。

食堂管理制度：2003 年，物品采购（所有食品由办公室负责定点采购，并指定一名食堂管理员负责验收、保管。应保证所需食品及器物的正常供应，保证配备客餐易存储的备用食品。办公室分管食堂人员应定期进行市场询价，及时了解市场行情，根据申购情况，制定采购计划，每周向办公室主任报告。严格采购物品质量关、数量关、价格关，严禁采购过期、变质食品和“三无”产品。办公室分管食堂人员应每天对所购食品进行签字验收，采购资金按月进行结算。财政部门要加强监督，对账目进行审核。厉行节约，严禁奢侈浪费）。卫生管理（食堂工作人员须进行体检，提供相关健康证明方能在食堂工作。遵守有关食品卫生制度，按规定做好食品分类储藏，严禁储藏室堆放杂物、化学试剂等有毒物质。保证厨房用具干净整洁、摆设整齐，注意食堂通风透气）。安全管理（食堂工作人应对储藏食品经常检查，过期、霉变食品经登记后及时销毁；要学习食品有关知识，注意食品搭配，防止意外中毒事件发生。应及时排查安全隐患，保证煤气罐及时关紧，杜绝煤气外泄事故发生。做好器具、食品保管工作，因保管不善造成物品损失应负责赔偿。严禁外来人员私自进入食品储藏室和食堂操作间，严防投毒事故发生。办公室分管食堂人员应经常性进行监督检查，加强安全教育，及时消除安全隐患）。就餐管理（食堂按时开餐，不得提早或延迟。早餐时间为 7：30—8：00；中餐时间为 12：00—12：30。员工应按先后顺序自觉排队就餐，保持食堂安静有序。每人限打两荤两素一汤。就餐采用餐票形式。园区干部职工采用内部餐票，其他人员采用临时餐票。在窗口处拿取食物，不得私自进入操作间拿取食物）。接待用餐制度〔接待用餐按四个档次标准。一档次的标准为 250 元 / 桌，按 10 菜一汤（8 荤两素）标准配备；二档次的标准为200元/桌，按8菜一汤（6荤两素）标准配备；三档次的标准为150/桌，按6菜一汤（5荤两素）标准配备；四档次的标准为120/桌，按4菜一汤（3荤一素）标准配备。以上标准均不含酒水。需要安排接待用餐的，须填写接待用餐审批表，如需使用烟酒，要写明所需数量，报经分管办公室领导批准同意。须提前4小时通知办公室做准备。发生的就餐费用列入班子成员和局、室费用包干经费。重要接待需提高用餐标准，报书记或主任签字同意后，通知办公室做好准备，所发生的就餐费用列入专项经费。为减少接待经费，鼓励在食堂接待。凡在食堂接待的，由办公室统一安排〕。

安全保卫制度：2006年，无重大安全责任事故发生。2008年，园区严格落实安全生产管理规定，确保项目建设安全无事故。明确保安员安全保卫职责(熟悉国家有关治安管理条例、法令、法规和地方有关治安管理规章、规定。具有较强工作责任心，认真履行岗位职责，着装整洁，动作规范，讲究文明礼貌。在机关院内办公楼内执行巡逻任务，发现异常情况及时调查处理；发生紧急事态时，能及时采取正确措施。懂火警、匪警发生时的应急措施及一些救护措施；对外来人员一律进行询问，并填写会客登记表。下班后，要巡视园区内水、电、窗、门等是否关好。认真及时做好报刊、信件分发，保管好邮包与汇款单。机动车进出园区时，督促其减速行驶，停放在指定地点。严格值班时间。值班期间不喝酒，不留宿外来人员。应经常保持一楼大厅及门卫室整洁干净)。园区机关工作人员安全保卫职责（下班或节假日各办公室保证门窗紧闭，窗帘拉紧，电源断开，防止出现意外情况。注意爱惜办公用品，遇到问题及时通知办公室联系维修人员，消除安全隐患。不得将办公用品等公家财产带离办公室，不得将公物挪做他用，一经发现严肃处理。落实防火安全责任制。责任人为局、室责任人。一旦发生火灾，追究责任人责任。办公区内不存放易燃易爆物品和其它危险品；严禁使用电炉等大功率电器；不私拉乱接电线及安装用电设施，不向垃圾桶内倒带火源的纸屑，不乱丢烟蒂；发现意外情况要马上处理，不能处理应迅速上报。各局室责任人在每日上下班和交接班前都应进行一次防火安全检查。对空调、风扇、取暖炉、计算机、照明灯、复印机、打印机等电器设备，做到有专人管理，随时检查，下班时间注意关闭电源。不得随时搬运和动用消防设备。局室内勤人员在每天下班后负责对各办公室门窗、电源进行检查)。

值班制度：2003年，需要安排值班时，由办公室按区委区政府以及工委的要求统一安排。值班人员须认真负责，严守值班纪律。对上级电话和有关直属单位的请示性电话，要认真问清来话人姓名、单位、职务、电话号码和事由，写入值班记录，并报值班领导阅示，根据领导批示及时办理。重大事故、紧急突发事件，按上述程序办理后，须及时向园区党政主要领导报告。客人来访时，值班人员必须搞好接待和服务工作。值班人员要按上级规定搞好信息报送工作。要坚守工作岗位。因工作需要去现场处理的，须保持通讯畅通并报有关领导知晓；无特殊情况不得请人代班，确需代班先征得值班领导同意，不影响值班；值班时间不从事工作以外的其它事情。对值班期间擅离职守、延误时机或处理不当而贻误工作者，要追究责任，严肃处理。要严格遵守保密规定，做好保密工作。值班记录、机要文件和资料要随时放入抽屉内保管好，接转涉及保密内容电话时，要注意周围环境，妥善处理。交接班时，应写明交接班人姓名、时间及交办事项和要求。

空调使用制度：2003 年，园区办公楼空调器使用由办公室负责管理，保安员进行操作，其他工作人员一律不能擅自开关空调器。空调器开启时间：空调器开启时间与园区作息时间相同，节假日原则上停止使用。晚上不开空调。特殊情况需启用空调器的，由使用部门申请报园区主要领导批准后，方可使用。空调器的启用温度：使用空调器应根据季节变化来确定。冬季室外最低温度达到 5℃以下可开启空调器制热，夏季室外最高温度达到 32℃以上可开启空调器制冷。空调器的温度设置：为节约能耗和延长空调器使用寿命，空调器开启后，制冷室内温度设置在 26℃以上，制热室内温度设置在 20℃以下。提倡各办公室设置在“微风”状态。开启空调器时，要正确操作，准确设置，合理选择。避免因误操作而使主机长期通电工作，损坏主机。使用空调器时，应关闭门窗，以免热气或冷气流失，保持室温，禁止开窗使用空调器。各使用部门使用空调器，必须坚持“人离机停”。空调器在使用过程中发生异常，应立即关机并及时报修。由保安员确认后由办公室报空调器专业维保单位修复。

绿化保洁制度：2003 年，园区园林绿化、道路保洁工作由社会事务局负责统一管理。建立并落实目标管理责任制，规范工作标准、工作行为。管理园区内各种花草、树木、绿篱，按时进行保养维护，定期浇水、施肥、除草、灭虫、剪枝等，确保绿化的成活率，做到园区绿化带内无杂草无垃圾、树木无枯枝。落实道路清扫保洁，及时清扫道路垃圾，清理路面渣土、砂石，保证路面干净、安全。对区域内公共设施。包括井盖、留泥井、池水井等经常注意观察，有异常情况立即上报。熟悉安全知识，能及时消除安全隐患，不发生任何人身及意外事故发生；能处理工作中遇到的简单技术问题。积极完成办公室安排其他临时任务。

办公楼卫生保洁制度：2003年，办公楼卫生由办公室负责管理。各局室有义务保持办公室、楼道、卫生间整洁卫生，不随地吐痰。保洁员负责办公楼内卫生工作，具体要求如下：每天早晚必须整理办公室卫生一次以上，对楼道、卫生间持公共卫生区域进行保洁。保证办公楼、走廊、楼梯、灯罩、门窗、玻璃、卫生间、瓷砖墙和其他墙壁等设施的洁净标准达到无污染、无死角要求。工作时间要仪表端庄，卫生工具摆放有序。严格遵守园区规定不迟到早退擅自离岗，不带外人进园区参观留宿等，违反者进行相应处罚。按分工做好有关楼层会务保障工作。按要求承担食堂保洁工作。完成办公室交办的其他任务。

机关建设制度　督查工作制度：2003年，督查工作由办公室负责，对区委区政府下达的年度目标、重要会议作出决策，园区工委确立工作目标、计划、任务以及会议决策事项，各级领导交办任务等，办公室应该开展督查督办。严格登记手续，凡督查的问题，不论是转办、协办还是主办，办公室均应登记。登记内容：问题名称、来源、内容、领导指示、督查方式、承办单位、交办日期、结办时间及要求。实行催办制度。按要求、分类别进行定期催办或日常催办。落实督查结果反馈。办公室必须将督查情况及时报告。对不能按时办结的，不论何种原因，相关责任人须向办公室和相关领导作出说明或解释。2010年，自市政府“两帮两促”活动动员大会召开后，园区积极部署，成立“两帮两促”工作领导小组，建立领导联系项目机制、项目建设奖励机制和定期调度督查机制，“两帮两促”工作得到有效落实，受到上级赞杨。

廉政建设制度及实施：2003年，严格执行国家、省、市、区有关党风廉政建设规章规定，落实党风廉政建设要求。认真落实工委集体决策和党内民主集中制、党风廉政建设一岗双责制和个人重大事情报告制。严禁参与赌博、吸毒、邪教等非法活动。严禁以权谋私，损害企业和群众利益。严禁在公务活动中收受或变相收受礼金、有价证券和贵重物品。严禁接受涉及单位、个人利益协调的宴请和娱乐活动邀请，损害协调公平公正性。必要公务招待按规定执行，严禁利用公款大吃大喝。所有工作人员应自觉接受监督，发现问题及时处理。2004年，落实党风廉政建设，全员签定廉政目标责任状，切实改进工作作风，推动勤政廉政建设。2005年，园区狠抓党风廉政建设，完善党风廉政建设责任目标考核，建立健全党风廉政建设制度、班子成员党风廉政建设分工负责制，完善对工程建设及监督管理，加强财务管理，严格拆迁腾地程序等。把党风廉政建设作为改进作风的重要工作来抓。要求党员严格遵守党的政治纪律、组织纪律、工作纪律、廉政纪律，以好作风推进园区各项事业发展。全年园区无一例失职、渎职、违纪、违法事件发生。2006年，开展“凝聚两心兴天心”党风廉政建设教育月活动，编制廉政电话本，组织开展以“一个廉政文化室、一堂专题讲座课、一趟红色旅游行、一次廉政征文赛、一次述廉评廉会”为内容的“五个一”廉政建设活动。以“作风建设年”为契机，从加强党的执政能力建设和保持党员先进性的高度，建设和谐效能、创新服务型园区，重点解决党风廉政建设方面存在五个突出问题。获区纪委“凝聚两心兴天心”党风廉政建设教育月活动组织工作先进单位。2007年3月，园区开展“机关干部下基层，服务群众促发展”活动，分农村工作组、企业工作组，其目的是加强干部作风建设，密切党群干群关系，排查纠纷化解矛盾的有效措施，是服务群众，共谋良策，促进园区经济又好又快发展。4月，制定《关于开展机关廉政和行政效能监察工作的实施意见》，从三查三看入手，查执行上级指示精神和工委决策落实情况、看政令是否畅通，查遵纪守法、廉洁勤政情况、看作风是否优良，查重点工程、产业发展、项目建设、拆迁腾地和资金管理等情况、看工作是否务实。7月，切实加强勤政廉政教育，强化监督，党风廉政建设得到切实加强，《湖南纪检监察动态》重点推介园区“建立班子内部制约制制，建立监察预报机制，建立教育引导机制”的先进经验。8—9月，园区效能建设和纪检监察工作分别被市纪委予以重点推介到《长沙通讯》第八期和《湖南经济调研》第29期，题为“织密四张网、推进新跨越”，即建立教育网、制度网、监督网、整治网，紧绷廉政建设这根弦不放松，从建园以来没发生一起违纪违法腐败案件。是年，党风廉政建设工作被评为区先进单位。2008年6月5日，园区召开科级领导干部述廉评廉会议。7月4日，园区在区检察院3楼会议室召开2008年工作暨党员廉政建设干部职工大会，纪委书记阎伟奇参加会议并讲话。12月25日，园区在普瑞温泉大酒店会议中心三楼广言厅召开工委民主生活会，园区班子成员和各局室负责人参加会议。是年，园区始终把落实党风廉政责任制作为重中之重，不断完善权利运行监控机制，坚持用制度管人、管钱、管物，努力打造管理规范的阳光政务。坚持工委和纪委对重大事项、工程建设、大额资金使用进行全程监控。园区坚持“公开、公平、公正”的原则，按市、区规定进行招投标，择优选择施工队伍，严格按合同施工确保工程质量，严格按合同支付工程款，园区各施工单位在工程建设中无拖欠民工工资行为。园区干部职工廉洁自律，全年没发生一例违法、违纪、违规问题。2009 年 3 月，开展百日作风建设活动，提倡遵纪守法、爱岗敬业，着力解决工作作风存在的问题，在区作风建设抽查中，无缺勤和违反纪律事件发生，体现良好组织纪律性。同年，从辖区聘请 5 名企业负责人、人大代表、政协委员、民主党派人士担任园区特约督察员，且发聘书，定期召开座谈会，广泛征求和听取建议及意见，接受监督。8 月 18 日，为切实加强作风建设，树立良好形象，制定并下发《关于切实加强作风建设，树立机关良好形象的通知》，做到五个“进一步”（进一步提高认识，强化服务意识；进一步明晰职责，完善岗位责任制；进一步强化举措，狠抓工作落实；进一步开拓创新，突出破解难题；进一步勤俭节约，坚决执行规定），打造“五型”（学习型、高效型、创新型、示范型、廉洁型）机关。2010 年，继续从辖区聘请 3 名企业负责人、人大代表、政协委员担任园区特约督察员，定期召开座谈会。5 月，举办第一届“廉政书法、摄影、美术”比赛，共收到各类作品 50 余件，分别评出一、二、三等奖作品及组织奖 1 名，陶冶园区干部职工情操。6 月，组织对科级干部述职述廉，共 11 人参加。2012 年，强力推进党风廉政建设，始终坚持把党风廉政建设放在突出位置，纳入经开区整体工作布局中来谋划，始终做到与经济社会发展同研究、同部署、同考核。深入开展“党员领导干部廉洁从政警示教育动员大会”“观看廉政警示教育片”“党政领导一把手讲党课”等党风廉政建设系列活动，加大对领导干部教育力度。聘请 5 名企业监督员，定期召开座谈会，加大对党政正职和全体干部监督，全年没出现任何违法违规违纪行为，营造心齐气顺、风清正气的良好氛围。

党建工作制度：2003 年，坚持“三会一课”制度，遵守党的纪律，加强党性修养，牢固树立全心全意为人民服务理念。根据国际国内形势和园区开发建设情况，不定期组织党员进行学习。每月集中学习不少于一次。每年组织班子民主生活会、党员民主评议党员活动。每位党员总结年度思想、工作、学习、作风等方面情况，积极参加党组织活动，发挥先锋模范作用。同时，开展批评与自我批评，并进行集体评议。民主生活会每半年不少于一次。严格按照党章的规定，做好党员的发展工作和入党积极分子培养工作。制定党员发展计划，积极培养，严格审查，成熟一个，发展一个。党员必须如期如数交纳党费。无正当理由连续 6 个月不缴纳党费者，按自动脱离党组织处理。

聘用人员管理制度 2003 年，园区建立《聘用人员管理制度》根据工作需要，园区对外选聘工作人员分专业技术人员、后勤服务人员两类。人事聘用与管理工作归口办公室组织实施。受聘工作人员应具备以下条件：遵守国家法律、法规，政治思想素质好，具有良好的职业道德；专业技术人员原则上要有本科以上学历；具有履行本职位职责的专业技术能力；身体健康；特殊岗位要求有相应国家执行资格证书。试用期（专业技术人员试用期为三个月，后勤服务人员试用期为一个月）。经试用，工作能力达不到岗位要求的，解除劳动合同或延长试用期。试用期内只享受规定的试用期基本工资，不享受其他福利。合同管理所有聘用人员在试用期满、考察合格后，均应签订劳动合同。解除合同按国家有关规定和合同约定事项办理。工资福利待遇（专业技术人员可以参与相关技术职称评聘。评定职称后，在原工资基础上，中级月工资增加 500 元，高级月工资增加 1000 元。专业技术人员同等享受园区国家工作人员的园区福利待遇。后勤服务人员工资原则上执行长沙市公布的最低工资标准，随标准的调整而调整，兼有其他工作的可视情况适当增加工资基数）。所有聘用人员均享有国家法定节假日休假与节假日加班补贴的权利。个人资料变更聘用人员有责任报告个人有关资料变更情况以便及时纳入个人档案。如未主动报告提供有关情况，导致日后应有权益损失由个人承担。工作考核专业技术人员按规定与园区机关工作人员一起参加平时考核和年度绩效考核。后勤服务人员由办公室进行月考核和年度考核。考核实行末位淘汰制，考核结果作为继续聘用或解聘、辞退的依据。专业技术人员在年终考核中评为优秀等级的，月工资增加 30 元；在三年内只评为合格而未被评为优秀的，满三年后月工资增加 50 元；工资增加不设上限。特别优秀的，可以提拔重用为局室负责人。离职手续因年龄、年度考核或其他原因离职时，须到办公室办理手续。交还文件、资料、办公用品等，办结相关财务手续和工作交接，然后方可办理个人有关保险转移手续。计划生育管理：所有聘用人员必须严格遵守国家与省、市计划生育政策，提倡晚婚晚育。如有违反计划生育政策者，一经发现，予以辞退。

第十一章
社会事业

第十一章　社会事业

本章记述的市容环境管理、综治维稳、人口和计划生育、信访、文明建设、教育事业等社会事业，由区有关部门和大托镇政府、先锋街道办事处部署安排，园区协助配合，使各项社会事业开展得井井有条。

第一节　市容环境管理

2002 年 9 月至 2006 年 11 月，园区城管及市容环境工作由区城管局和大托镇城管办负责管理，园区协助。2004 年，有 1 人获区城市管理先进个人。2006 年 12 月，针对园区建设发展加快，社会事务逐渐增多，暴露出各种社会矛盾和问题不断增多，如园区内村民随意改变土地用途、建房出租、搭建违章建筑、肆意阻扰村安置用地拖土、强揽工程、骚扰在建项目施工、乱倾乱倒渣土等等，因园区无行政执法权，有关职能部门（国土、城管、公安、规划、环卫等）多次发布通告进行约束和上门做工作，但一直无法根治，执行到位难。为此，经请示批准，成立园区城管中队，对域内违章建筑和渣土乱倾乱倒等问题进行严厉处理。是年，辖区一力社区获区政府“城市管理工作红旗社区”。2007 年，园区城管中队负责域内城管、环卫、市政、园林等公共事业管理，有效遏制乱搭乱建违章建筑和渣土乱倾乱倒等违法行为。2010 年，为建设资源节约型和环境友好型的生态工业园区，开展国家级生态工业示范园区建设工作，园区贯彻执行《国家生态工业示范园区管理办法（试行）》，做好生态工业园区创建工作，要求高度认识创建国家生态工业示范园区的重要意义；切实加强对创建工作的组织领导；制定具体工作实施方案，全面推进创建工作。2012 年 3 月，园区抽调 60 人配合先锋街道开展“市容环境卫生整治月活动”。5 月 31 日至 6 月 3 日，为迎接省党代会在长沙隆重召开，按照区委、区政府对城管工作的标准及要求，由区城管局组成 4 个督查小组，对园区城市管理情况进行全面检查督查。从督查的情况看，总体情况好的方面是主次干道市容秩序好，主要商业街秩序好。但存在问题不容忽视：社区楼栋间和楼道内堆物多；店外经营杂乱明显；流动摊乱停乱放现象突出；牛皮藓清除不彻底。针对问题，各责任单位采取措施，迅速整改，将整改情况及时报天心区城管局。是年，执行市政府《关于进一步加强城市管理和行政执法工作全面提升全市市容秩序水平的通知》，明确为进一步巩固全国文明城市成果，着力抓好市容秩序管理，提升城市品位和城市形象，按照“属地管理，以块为主”的原则，园区切实加强辖区市容秩序日常指挥和调度，认真履行市容秩序管理职责，园区城管执法中队履行市容秩序执法职能，共同维护良好的市容市貌，全面提升市容秩序水平。落实城市管理和行政执法责任，即落实园区工作责任。按照属地管理、以块为主的原则，各责任区要切实做好辖区范围内城市管理市容秩序工作，抓好门前市容责任落实，对各类违法行为进行教育劝导，加强前置性管理，确保良好的市容秩序。按照党工委领导、分工负责原则，落实班子成员工作责任。在认真履行分管工作职责前提下，严格落实分片包干责任制度，负责一个片区日常市容秩序控制，积极协调园区加强市容秩序管理，督促和指导执法工作，确保日常执法效果。落实网格化管理责任，以园区企业和执法队为单位，将辖区分成若干个网格单元，实行网格化管理，每个单元实行定人、定时、定责，及时处置各类影响市容秩序的违法行为。落实专项整治责任，突出抓好违法建设、违法户外广告、餐厨垃圾、渣土运输等专项整治。对违法建设日常管控，要着力抓好违法建设源头控制；对违法建设执法，辖区城管中队、拆控违部门在查处和拆除方面认真履行职责。对违法户外广告查处和拆除和对餐厨垃圾执法，园区主管领导为组织调度第一责任人。对渣土运输的执法，园区白天值守人员（7：30 至 19：30）为查处第一责任人，晚上值守人员（19：30 至次日凌晨 7：30）为查处第一责任人，主管领导为组织调度第一责任人，园区严格落实检查和督促责任，按照片区、分区负责要求明确责任，落实到位。是年，遵照执行市城市管理和行政执法工作九项制度，继续推行全员上路制度：按《全市城管行政执法队伍全员上路守点巡逻实施方案》要求，由园区城管中队牵头组织，每月逢 5 日、15 日、25 日实行全员上路巡逻守点，并根据辖区内市容秩序情况，适时组织开展集中整治行动，同时安排一辆城管执法宣传车，在辖区范围主次干道、重要场所、重点敏感地段进行流动宣传，设置 1～2 个固定宣传点，发放各类宣传资料，宣传城市管理相关法律、法规，解决城市管理难题，维护主次干道良好的市容效果。继续推行主要路段、重要场所市容秩序管理制度：落实《全市 2012 年主要路段。重点场所守点巡逻工作实施方案》，园区明确主管领导具体负责，主要路段安排 2 名城管执法干部，配备一台执法车辆负责保障，采取车巡、徒步巡查的方式，从每天 7：30 至 19：30 巡逻守点，加强空档时间的巡查力度，并根据路段突出问题进行守点，确保人员、时间、路段和效果的落实。建立重大活动执法等级响应制度：按照迎检文明城市活动规模、活动范围，做好重大活动期间市容秩序维护工作。建立城管业务等级评定制度：根据城管执法干部业务能力及管理水平，对城管执法干部办案数量、质量、文明执法情况、执法效果、业务考试五个方面进行综合考评，建立业务档案，实行等级评定，进行奖优罚劣。建立城管执法干部办案量化制度：全面推行城管执法办案制度，对一线城管执法干部每月完成一般程序案件 2 个以上（3 个简易程序案件折算 1 个一般程序案件），不得由他人代替办案或办假案，其结果作为个人全年绩效考核重要依据。每周统一组织开展一次集中整治，整治工作可结合全员上路开展，由分管领导带队，分三个片区对辖区内市容秩序差、群众投诉多的地段，以及一些难点、热点问题进行集中整治，解决执法中队日常执法中面临的难题。建立空档时间管理和执法制度：园区采取强力措施，加强中午 12：00 至 14：00、傍晚 17：30 至 19：30 空档时间的管理执法工作，重点对流动摊担进行整治，着力控制辖区主次干道空档时间市容市貌。建立夜间执法值班制度：根据辖区内夜间市容秩序情况，成立夜间执法队伍或安排足够执法力量，具体负责晚上 19：30 至 22：30 市容秩序控制，对影响市容秩序的各类违法违章行为进行执法。22：30 以后安排值班力量进行备勤，负责接出警处置及应急处突。建立重点案件督办制度对上级领导批示、媒体曝光、群众反复投诉等重点案件，及市容秩序问题突出路段，报市、区城管执法局执法监督处和直属大队进行督查、督办，强化城市管理和行政执法工作措施。深化城管公安协同机制，研究城管执法工作，解决执法工程中面临的暴力抗法等难题。特别是在开展重大执法活动之前，要及时沟通，紧密协作，制定执法保障方案，保证执法活动顺利开展。加强疏堵结合管理，严格疏导点的选址，疏导点的设置不得影响交通安全和居民的生活。园区明确一名主管领导分管，并明确及办公室副主任主抓，明确专人管理，做到责任上肩，管理到位。同时每个规范点必须安排 1 名城管行政执法人员和 2 名以上城市协管员进行现场管理，配置 1～2 名专业的清扫保洁人员进行保洁，实现疏导点的规范管理；加大非规范点的整治力度，禁止违章摆摊设点行为。打造疏导示范点。借鉴外地城市成功经验，园区着力打造两个高标准的疏导规范点，检查验收合格后，对每个示范点进行奖励，并以此促进园区疏导点全面达标。整合管理执法资源：合理调配城管执法力量。加强城市协管员管理，主要路段明确一位城市协管员，责任到人，实行路段责任制，对责任路段内影响市容秩序的各类问题进行前置性管理，按要求及时处置到位，责任路段的市容秩序效果纳入对园区企业单位城市管理绩效考核。同时协助园区执法中队执法，安排5名以上城市协管员由园区城管中队直接调配，充分发挥其协助管理、教育、劝导和对违章行为监管的职能，使城市协管员真正成为执法队伍控制日常市容秩序的重要抓手。动员社会力量参与城市管理，积极动员市民群众、临街企业单位广泛参与城市管理工作，成立城市管理协会，组织企事业单位、门店业主等社会各界人士参加，共同维护城市市容，努力营造全民参与、齐抓共管的工作氛围。强化绩效考核，把市容秩序管理作为城市管理绩效考核的一项重要工作来抓，考核成绩纳入到对各企业卓位每月城市管理绩效考核成绩，纳入到对园区城管执法中队每月绩效考核成绩。8月，为强化日常城市管理工作，努力改善市容环境卫生状况，有效提升市南入口城市形象，园区决定在先锋街道开展“市容环境卫生整治月”活动，制定活动月实施方案。成立活动月领导小组，成员单位为城管办、执法中队、各村（社区）、驻街单位，具体负责牵头落实整治行动安排。统一认识，开展“市容环境卫生整治月”活动，持之以恒、切实有效地解决一批城市管理工作的热点难点问题。广泛宣传，营造氛围，深入宣传发动，采取多种形式，广泛宣传开展“市容环境卫生整治月”意义、工作重点和具体要求。以活动的开展为锲机，不断深化市民素质教育和道德建设，增强人人参与城市管理的自觉性和责任感，努力营造市容环境整治的舆论环境和浓厚氛围。要明确任务，落实责任。各成员单位采取相应的措施，细化工作环节和时间节点，抓好工作落实。要求及时报告整治工作信息、提出整治工作建议。要强化保障，严格考核；对照整治项目，安排专项资金，保障活动开展，确保整治工作取得实效；组织督促检查，对整治过程和结果进行正确评估，对组织不力、履职不勤、效果不佳的单位和个人进行通报批评。是年，贯彻长沙市“六个走在前列”活动及天心区“四抓四比四争”主题活动的要求，天心经开区着重开展城乡结合部环境综合整治。通过集中整治，展示“洁净、有序、畅通、文明”的经开区新形象。特制定天心经济开发区“六个走在前列”暨城乡结合部环境综合整治活动方案。成立经开区城乡结合部环境综合整治领导小组，成员单位包括社会事务局、先锋街道城管办、城管中队、交警八中队、派出所、工商局、食安办，领导小组下设办公室在社会事务局，负责工作的督查、联络、协调等工作。园区社会事务局每天对市容环境、渣土管理、清扫保洁、园林绿化等情况进行督查，及时发现处理问题。要加强调度。每周召集街道、城管中队、交警八中队、派出所户籍、社区负责人召开城乡结合部环境综合整治分析会，通报情况、多方联动，形成合力、解决难题。

截至2012年的10年间，园区城市管理工作协调大托镇或先锋街道城管办及城管中队完成市容市貌、查处违章建筑、违法行为。

第二节　综治维稳

2002年8月至2003年6月，园区综合治理由区综治办代管，园区协助。2003年7月，按照区委、区政府指示，为加大园区开发建设力度，维护园区治安秩序和社会稳定，借调2名公安干警并成立园区治安执勤室，负责园区拆迁、开发、建设过程中的维稳工作。2005年3月14日，成立园区治安执勤室，维护园区正常的开发建设和生产经营秩序，确保重点工程建设顺利快速推进。2006年，2人获区综合治理先进个人。2007年3月7日，园区成立社会治安综合治理委员会、社会治安综合治理维稳中心、纠纷排查调处领导小组等3个机构，师大学任主任，彭泽南、黄柏文、胡浩任副主任，切实加强辖区综治维稳。9月14日，由园区组织，区公安、城管大队、大托镇政府协助，先后对环保大道边“热土乡村酒店”近2000平方米违章建筑依法依规全部强制拆除；对先锋村托子冲组某村民在园区德康项目范围内自建围墙200余米依法依规全部拆除。同时，严厉打击3例渣土乱倾乱倒行为。通过整治后，再没发生一起渣土乱倾乱倒行为，也没发生一例进省市政府和进京上访事件，社会秩序进一步稳定。2008年，抓综合治理。落实社会综合治理责任制，配备治安专干，建立报表、台账，规范档案管理。致力于建立健全矛盾纠纷排查调处机制，有效化解工程阻工、堵门、拖欠工资等矛盾纠纷，建立综治维稳管理档案。联合园区城管中队与相关部门密切配合管理渣土托运、违章建筑拆除、户外广告管理，配合大托镇积极开展反邪教警示教育等工作。2009年，为落实好社会治安综合治理领导责任制，推动园区社会治安综合治理工作的深入开展，依照省委组织部、省综治委《关于建立党政领导干部履行社会治安综合治理和维护社会稳定职责工作实绩档案的通知》和市委组织部、市综治委《关于建立党政领导干部履行社会治安综合治理和维护社会稳定职责工作实绩档案的通知》精神，执行区委组织部、区综治委决定，天心经开区建立党政领导干部履行社会治安综合治理和维护社会稳定职责工作实绩档案制度。园区和园区企业长沙天鹅工业泵被评为区社会治安综合治理先进单位。

2010年，为抓好园区社会治安综合治理工作，全面实现园区工委制定的工作目标，根据园区实际情况，经工委研究决定：成立园区社会治安综合治理有关机构，社会治安综合治理委员会、社会治安综合治理维稳中心、纠纷排查调处领导小组，领导小组下设办公室，办公室设园区社会事务局。

为切实做好春节、“两会”期间的安全稳定工作，彻底排查和消除事故隐患、防范重特大安全生产事故发生。11月12日，园区开展综合治理市容市貌活动，在治脏专项行动中，共出动300多人次，清除裸露垃圾40余吨，拆除违章搭建帐篷5处，园区城管中队、大托环卫所及相关单位对湘府中学大门周边环境和机场口进行不间断的整治和维持，使得长沙的南大门保持整洁有序。

2011年，执行天心区委办区政府办转发《长沙市天心区关于开展基层群众“办事难”专项治理工作方案》文件精神，园区决定开展基层、群众“办事难”专项治理工作，制定《长沙天心两型产业示范园区关于开展基层群众“办事难”专项治理工作实施方案》。专项治理目标：以密切党群干群关系为核心，以规范运用权力为重点，切实解决基层、群众“办事难”问题，实现办事流程明显优化、办事效率明显提升、办事作风明显改善、服务水平明显提高，为天心经济社会又好又快、率先发展提供坚强保证。专项治理工作任务：解决基层、群众反应强烈的服务态度、服务水平、服务质量差，行政不作为、乱作为、缓作为，滥用权力、以权谋私，形式主义严重，工作不落实，政令不畅等突出问题。专项治理工作举措：要开展主题教育，强化服务意识，开展“以人为本、执政为民”主题教育活动，使党员干部不断强化权为民所有、权为民所赋、权为民所用的意识。结合“忆党史、感恩党、跟党走”活动，强化为人民服务的宗旨意识，大力弘扬密切联系群众的优良作风。组织干部学习讨论市作风办制作的专题教育读本，查思想、查行为、查作风。突出工作重点，改进机关作风突出重点对象。各领导班子、领导干部，特别是主要负责人带头深入基层、服务群众，践行“一线工作制”，做到领导在一线指挥，问题在一线解决，措施在一线落实，作风在一线检验，真诚为群众代言、热枕为群众排忧，在转变作风和服务群众中创先争优。各重点岗位的工作人员要转变服务态度，热心接待群众，尽力为群众排忧解难；要提高执行力，确保政令畅通，切实解决服务差、办事难、工作不落实等问题。要强化岗位职责。园区作为服务平台，无论是在项目建设还是产业扶持、招商引资、社会事务、税收征管等方面，工作人员都要进一步提高服务水平，坚持文明用语、礼貌待人，及时办事、限时办结。要认真落实首问责任制，真正做到流程简洁简单、操作便民利民、办事高速高效、服务优良优质。要突出重点区域。以建设“两型”示范机关为载体，带头改进作风，坚决纠正以文件落实文件、以会议落实会议的不良做法，坚决刹住“空谈风”“推脱风”，提高办文、办会、办事效率；带头转变服务态度，热心接待群众，尽力为群众排忧解难；带头提高执行力，完善限时办结、首问负责、工作“倒逼”等制度，切实做到事有专管之人、人有明确之责、责有限定之期，狠抓工作落实，确保政令畅通，切实解决服务差、办事难、工作不落实等问题，把有限的时间和精力用到为群众、为基层、为企业服务上来。推进管理创新，提高行政效能实行岗位“AB 工作制”。按照规范权力运行的要求，在明确 A 对某项工作主要负责时，同时明确 B 应主动熟悉并协助做好该项工作，当 A 出差或其他原因不能承担完成该项工作时，由 B 马上接替负责完成该项工作。开展专项效能监督。从基层。企业聘请特约监督员，定期组织召开特约监督员座谈会，认真查找部门和个人在服务意识、工作作风、服务态度、工作效率等方面的情况。强化问责考核。将各局室解决基层、群众“办事难”专项治理工作落实情况纳入年终绩效考核范畴，进行重点考核，促进问题有效解决，不断改进政风行风。畅通投诉渠道。明察暗访，查处基层、企业、职工群众“办事难、服务差”的典型事例，整顿作风和纪律。完善投诉平台，畅通投诉渠道)。7 月 5 日至 7 月 15 日，学习动员阶段，完成召开动员大会，贯彻全区会议精神，制定实施方案。7 月 16 日至 7 月 31 日，为自查自纠阶段各局室通过召开座谈会、民意调查等形式进行自查自纠，找准突出问题，剖析原因，制定措施，边查边改；8 月 1 日至 9 月 30 日，为督查整改阶段，由纪委书记牵头，组成督查组，深入各居室开展专项督查，组织召开专项治理讲评会议，总结经验，推介典型，督促整改，扎实推进专项治理。10 月 1 日至 11 月 30 日，为整章建制阶段，完善相关制度，推进精细化管理，建立长效机制)。专项治理要求：成立解决基层、群众“办事难”专项治理工作领导小组。以解决基层、群众“办事难”专项治理工作为契机，结合“三联三为”、创先争优、文明创建等工作，结合自身职能和业务特点，提高制度的执行力，建立长效机制，优质快捷便民地服务基层、群众。营造舆论氛围。及时发布专项治理工作的动态信息，通过树立优质服务、群众满意的正面典型，扩大引领示范作用，以点带面，全面提高。对于性质严重、影响恶劣的反面典型，将进行通报和处理，营造重拳出击不手软、彻查到底不姑息、追究到底不袒护、公开曝光不留情的舆论态势，推动专项治理工作深入开展。8 月 3 日，参加区召开全面加强防范、“防止再中枪”紧急会议，要求各相关部门要严格按照市委、市政府的要求抓好三项工作：按照紧急通知抓好人员落实；确保专人专职专责加强管理；全面落实防范管控，确保工作实效。自天心区综合管理体制改革启动以来，围绕如何下移管理重心、优化网络管理、提高管理效率，从管理机制、管理模式等方面进行一系列有创新、有突破、有实效的探索。通过一个月的运行，园区综合管理的资源得到整合、力量更加集中、责任更加明确，效率大幅提升，与之相应的片区化、精细化网格管理模式的推行，群众区域安全感、生活便捷度、服务满意度比改革前有明显增强，治安发案率和“两抢”发案率同比下降 35%。2012 年，园区综治维稳工作签订责任书 30 多份，从源头抓起，共走访企业和村民组 40 余家，发现苗头事件 20 余起，与村组社区、办事处、派出所一起及时处置、调解各种矛盾纠纷，防止矛盾激化，维护一方平安。

第三节　人口和计划生育

2002 年 9 月至 2007 年 7 月，园区人口和计划生育工作由大托镇妇联负责，园区协助配合。2004 年，园区有 2 人获区计生工作先进个人。2005 年，园区有 2 人获区计生工作先进个人。2007 年 8 月，园区妇联成立，负责园区人口和计划生育工作。2008 年 1 月，制定《天心环保工业园人口和计划生育工作实施方案》，抓好辖区人口和计生工作，全年共对 1000 余名流动人口进行查证验证办证；对育龄妇女做 B 超检查，与育龄夫妇签订计生合同，对药具对象送药上门。2009 年，遵国家人口计生委《关于加快推进人口和计划生育信息化建设的指导意见》文件精神，依湖南省人口计生领导小组办公室《关于印发全员人口信息采集工作方案的通知》要求，园区决定在辖区范围内开展全员人口信息采集。园区范围内各机关、团体、企事业组织等 60 多家单位按要求，认真落实计划生育单位责任制，切实抓好计划生育全员信息采集。是年，加强流动人口管理和服务，建立流动人口服务管理信息系统，按照均等化流动人口服务的要求，推行“以证管人、以房管人、以业管人”的管理模式。健全特殊人群帮扶管理机制，以刑释解教人员、社区矫正对象、吸毒人员、精神病人及残疾人等为重点对象，着重抓好“三个创新”工作。建立完善网络舆情监测研判、重大案件快速反应、舆论引导应急响应、网络民意采集沟通机制，提高对虚拟社会的管理水平。

2010 年 8 月，按全国人口普查工作方案和区计生工作要求，开展辖区人口普查工作，园区人口和计划生育工作继续健康稳定发展，获评区人口普查优秀单位；并获“全国计划生育优质服务先进城区”荣誉称号；在全省人口计生工作综合评估排队中首次获得城（市）区方阵第一名的佳绩，实现区委、区政府提出的“保牌进位”工作目标。2011 年，根据区委、区政府对计生工作要求，健全园区计生工作机制，园区计生工作领导小组、计生工作委员会、计生协会、计生自治议事小组、计生自愿者小组、计生自治监督小组成立。加强辖区范围内在建工程项目工地流动人口计生管理服务，明确各行政村、社区及辖区单位，项目单位职责，根据《湖南省计划生育工作条例》《湖南省流动人口计划生育工作条例》有关规定，园区人口和计生工作管理原则（“谁出租谁负责、谁经营谁负责、谁用工谁负责、谁的地盘谁负责”，明确管理责任。园区人口和计划生育管理职责为各项目工地，每月负责对所在工地流动人口进行一次集中清理，按要求向所在村、社区、单位提供工地流动人口信息采集表，信息变动表；及时报送工地上流动人口生育信息；督促工地上已婚育龄妇女参加园区及镇计生办组织的孕检；协助镇计生办开展流动人口计外隐患处置工作；协助相关村、社区、辖区单位、镇计生办接收各级流动人口计划生育检查工作。村、社区、辖区单位职责：负责对项目工地提供的流动人口信息进行校核、录入、数据更新；负责对流动人口育龄妇女进行 B 超孕检等服务；负责项目工地流动人口计外隐患的处置工作；负责所辖区域迎接各级流动人口计划生育检查工作）。园区人口和计生工作要求（各项目工地务务必按要求落实对流动人口计划生育的管理职责，对不履行职责或工作有严重失职行为的项目工地，将申请天心区计生局依法对项目工地进行处理。各行政村、社区、辖区单位必须主动加强与项目单位的衔接，与各项目工地签订好计划生育责任书，积极主动为项目单位及流动人口提供好优质服务。园区、镇计生办加大项目工地流动人口计划生育管理工作的指导和督查，及时发现问题，及时进行督促和整改）。

2012 年，经开区计划生育工作全面提高，贯彻落实国家《中华人民共和国人口与计划生育法》和《湖南省计划生育条例》以及有关文件规定，加快计生综合改革步伐。园区利用宣传阵地，开展宣传教育活动。着重宣传《流动人口计划生育管理和服务工作若干规定》和《湖南省流动人口计划生育管理办法》。3月，开展“五下乡”和“六上门”及“婚育新风进万家”活动，上门入户发放科技法规知识及生殖保健科普宣传资料等，了解园区育龄群众所想，人口学校定期开展活动。按照计生统计原理，每月按时做好月报表、报告单等，对计划生育全员信息化软件随时异动，做好育龄妇女孕情检查及产后术后随访服务及知情选择避孕方法等，坚持每月发放药具到位。通过对群众走访调查，制定详细工作方案，以园区主任为组长，开展一系列计划生育活动，使居民群众对计划生育实行自我教育、自我管理、自我服务，提高群众知晓率、参与率、满意率。园区流动人口多、流动量大，依托警务室，建立流动人口服务站，配合民警下户查对300多名流动人口进行查证、验证、办证、B超检查、签合同等。抓住春节前后对流出人员回家过年时机，上门服务；对证明过期育龄妇女，通过网上反馈认真审核并重新办理婚育证明；药具对象送药具上门。对整个园区独生子女进行登记，并发放独生子女费；对放弃二孩再生育的家庭进行登记；组织对下岗人员进行再就业培训、推荐重新就业；随访上门解决实际困难；对园区的特困家庭进行慰问，发放现金和生活物资。

园区发动各单位组织各种活动，对儿童发放礼品和组织育龄妇女参加婴幼儿知识讲座等活动。同年，园区妇联结合妇女工作实际，采取各种形式，有计划、有重点、分层次、全方位地加强对妇女教育工作。加强“四自”教育，带动广大妇女弘扬“四自”精神，努力争当与时俱进的“四自”新女性。园区妇联利用园区居民家庭阵地，开展“文明家庭”“文明标兵家庭”“文明楼院”“文明园区”等创评活动，有效推动家庭文化建设。辖区现“文明家庭”户占总户数的75%，充分体现园区家庭文化建设成果。动员广大妇女开展捐资助困献爱心活动。是年，园区妇联组织围绕园区建设中心，全力服务园区发展大局，积极以“双学双比”“巾帼建功”活动为载体，扎实开展“巾帼建功”活动，组织女职工开展“巾帼示范岗”争创活动。实施“巾帼园区服务工程”，健全园区服务网络，对下岗女工在就业提供技能培训、咨询服务、牵线搭桥。园区妇联组织加强组织建设，健全、拓展组织网络。适应城市化进程不断加快的需要，妇联紧紧抓住党建工作进园区的良好机遇，加强园区妇联组织建设，积极协助党工委做好妇联工作，确保妇女工作的顺利开展。结合辖区状况，共举办2期妇女培训班，发放宣传单上千余份，积极参加区、街道等部门组织开展的各项活动，推荐各类优秀女性人才，充实女性人才库，妇联队伍得到充实提高，专职妇联干部文化程度明显提高，园区高中及大专以上文化程度占妇女队伍总数的80%，年龄结构更趋合理，平均年龄在35岁以下。深入家庭，保护妇女儿童权益法。园区居委会十分注重园区文化活动，组织参加计划生育歌咏比赛。居民参与率达到百人以上，满足居民对文化健身需求。组织辖区内爱好文体活动的人参与到园区活动中。开展园区暑假少儿活动，组织辖区青少年学习《关于在全国各族少年儿童中开展不让毒品进园区和公共场所，争当健康小卫士倡议书》，以书信、绘画、网上留言等形式倡导禁毒防艾。关心残疾人事业是园区妇联重要工作之一，结合辖区实际，以残疾人需求为主，以无偿，抵押服务为主，以上门服务为主，开展系列助残活动，如："爱尔日"活动中，工作人员到残疾人钟某家上门帮助收拾房间，清理家务等服务工作，为其排忧解难。是年，为适应新形势下妇女维权工作新要求，园区妇女组织拓展维权工作新领域，开辟维权新途径。

在"四五"普法期间，组织妇女参加新《中华人民共和国婚姻法》《中华人民共和国妇女权益保障法》等法律法规学习，开展"12348"维权周宣传咨询活动和"我爱园区我爱家"活动。完善三项制度建设，有力维护妇女合法权益。重视加强新形势下妇女权益保障工作，重点推进女职工劳动保护，积极参与社会治安综合治理，配合有关部门开展、禁娼、禁毒斗争充分发挥妇联信访网络作用，密切关注信访案件中的家庭暴力等新问题，全年帮助辖区特困户家庭妇女解决劳动就业7人。还十分重视对失足妇女帮教工作，帮助从逆境中走出，选择新的人生。是年，园区妇联从抓自身建设开始，提高业务水平和思想素质，定期学习上级有关文件精神和政策，法律法规，发扬敬业、奉献、求实、创新精神，树立良好形象，明确职责、强化措施，向群众提供生育、生产、生活方面的服务，反映群众意见和要求，使工作经常化、制度化、规范化。建立好"会员活动室"，办好"会员之家"，开展不同形式的活动，有针对地对未婚青年进行生殖、生理及性健康知识教育，对新婚夫妇进行少生、优生、优育教育，对年轻父母进行优养、优教教育。组织会员广泛开展优质服务活动，积极为节育对象提供术前、术后的服务。为孕、产妇提供优生安康服务，搞好孕前管理，及时为计划生育对象提供避孕药具，提供咨询服务。开展计划生育与发展经济，帮助农民致富奔小康，建立文明幸福家庭相结合的三结合工作，引导居民致富为宗旨，会员带头致富，并确定帮扶对象，使其走上少生致富路。在园区经济相当紧张下，为群众排忧解难，解决贫困户、临残户工10户，做到在生活上关心居民，解决他们的生活问题等。对 2710 人流动人口管理达 100%，办证、合同、房屋出租合同均 100%到位，对育龄妇女 B 超检查率 100%，加强人口与计划生育综合治理工作与协调落实各项综合治理工作。

是年，为提升园区计划生育依法管理水平，建立健全园区计划生育依法管理工作新机制，按照《长沙市计划生育依法管理工作项目文本》工作要求，制定《天心工业园区 2012 年度计划生育实施方案》。明确以《中华人民共和国人口与计划生育法》《湖南省人口与计划生育条例》等法律法规为准绳，以“以人为本、依法行政”为准则，有效维护计划生育行政执法的严肃性，充分体现计划生育的人文关怀，规范群众生育行为和妇联干部行政行为，重点围绕“普法、规范、执法、监督”四个环节，提升园区计划生育依法管理水平。整体工作目标是开展“一法三规一条例一办法”的宣传教育活动，计划生育干部普法率达 100%、知晓率达 90%以上；育龄群众普法率达 90%、知晓率达 80%以上。规范计划生育行政行为，加强执法监督，杜绝计划生育违法行政行为和“三乱”行为；无计划生育行政赔偿、行政诉讼败诉案件；违法生育处理案卷质量达标率为 90%以上。及时查处计划生育违法案件，依法追究违法者法律责任，维护计划生育法律法规严肃性。对违法生育者立案处理到位率达 90%以上，社会抚养费征收到位率达 70%以上，行政处分、党纪处分到位率达 100%。

对计划生育工作人员违法行政追究其过错责任、追偿责任到位达 100%；群众对计划生育依法管理满意率达 85%以上。工作要求：围绕计划生育依法管理项目工作目标，重点抓好“普法、规范、执法、监督”四个环节，坚持依法行政、严格执法，努力提升全园区计划生育工作整体水平。抓计划生育普法教育；抓计划生育行政行为规范；抓计划生育执法责任到位；抓计划生育行政执法监督。具体工作步骤：计划生育依法管理项目前期是搞好民情调查，做好园区民意调查问卷摸底，结合实际制定项目运作方案、园区召开计划生育依法管理项目动员会。普法宣传阶段：与婚育新风进万家活动和优质服务工作相结合。组织计生政策法规知识大型宣传和培训，组织育龄群众计生法律法规知识竞赛活动，使普法教育率达 90%以上，育龄群众生育政策知晓率达 80%以上；与居民自治工作相结合。实行计划生育家庭享受优费政策和违反计划生育行政处罚应采取制约措施纳入园区居民自治公约，发动群众参与计划生育民主决策，民主管理和民主监督，健全计划生育利益导向机制。整章建制阶段：全面清理有关计划生育方面的一切不规范合同、制度及法律文书，废除所有与“一法一规一条例”相抵触的居规民约、整理完善计划生育资料、招聘一名计划生育依法管理评议员，做到一季一评，全面规范园区计生工作，做到有标准设立公开栏，设立依法管理意见箱，公开计划生育依法管理监督电话号码。项目运作阶段：按照规范化的管理服务制度和程序开展工作章并接受监督，切实做到计划生育管理工作有章可循，依章办事，按章评议，违章必究。评估验收阶段：根据工作推进情况组织自检，对工作没有到位的及时拾遗补缺，为总结验收做准备；在自检的基础上，迎接市、区的检查，提高创建水平，园区计生工作登上新台阶。至2012年，园区无一例违反计划生育政策的事件发主。

第四节　信访

2002年8月至2005年12月，园区信访工作由区信访部门负责处理。2006年始，制定《信访工作实施方案》，建立健全矛盾纠纷排查协调处理工作机制，做好各种矛盾纠纷排查和超前化解工作，明确专人接待整理来信来访，每季组织1～2次重点摸排，实行责任到人和责任追究制，全年无群体性事件和非正常上访事件发生。2007年，对辖区困难村民上门慰问，对患大病重病之村民及家属进行慰问，访贫问苦，走访村民，全年无一例非正常上访。2008年，信访工作得到延伸。在拆迁安置这类易发生上访的重点领域，园区始终重视发展和稳定的关系，一手抓发展，一手抓综合治理。实行党政主要领导定期接访，处理来信来访。信访机构健全，资料台账齐全，信访业务工作得到有效开展。此外，园区积极探索信访工作新方法，注重从源头上抓好信访工作，主动排查拆迁建设过程中、企业内部的矛盾纠纷，对苗条性事件及时上报并采取有效措施消除解决。人性化拆迁，设身处地替被拆迁者着想，得到群众理解和支持。全年在园区大规模拆迁过程中未出现一起非正常上访事件。

2009年，加强人民信访工作，紧紧围绕信访工作“降量退位”（即降低上访人数量，下退上访排名位置）目标，完善信访制度，畅通信访渠道，依法规范信访行为，引导信访当事人通过法律途径解决矛盾纠纷。以群众工作统揽信访工作，推动领导干部接访、下访、回访的常态化、规范化、制度化。完善信访工作网络，强化社会矛盾调处中心职能，推进园区人民来访接待中心和村民矛盾调解工作室建设，全面推行“群众信访一卡通”，方便群众反映和解决问题；做好涉法涉诉信访积案化解。健全矛盾纠纷解决机制，加强“一推行四公开”工作网络建设，深化“与群众恳谈对话，为群众排忧解难”活动，践行一线工作法。加大新形势下的矛盾纠纷排查化解力度，强化园区矛盾调处中心综合功能，全面落实矛盾纠纷调解“三三”工作措施。深入贯彻调解优先原则，充分发挥人民调解、行政调解、司法调解“三调对接”和区、园区、村组、家庭“四级联动”的矛盾调解机制作用，推动纠纷、事故、拆迁安置、市容环境等各类专业性、行业性调解组织建设。健全重大事项社会稳定风险评估机制和突发事件的应急预案，确保“三个不发生”。

2010年，为维护社会稳定，促进经济发展，构建和谐的社会环境，保障信访群众合法利益，依国务院颁布的《信访条例》及《天心区2010年信访工作目标管理考核细则》要求，制定《长沙天心工业园管理委员会信访工作方案》。明确以为民排忧解难和维护园区稳定为目标，建立健全矛盾纠纷排查协调处理工作机制，认真做好各种矛盾纠纷排查和超前化解工作，高度民主重视并热情耐心地做好群众来信来访工作，把矛盾化解在萌芽状态，把问题解决在基层，为园区创造良好的开发环境。园区成立信访工作领导小组，信访工作室设在办公室，负责信访日常工作，确定一名专（兼）职信访联络员，负责园区信访工作；规范园区信访工作流程，实行领导信访接待日制度，每月至少安排两天时间，采取公开定期、定点、预约和主动下访等方式，切实解决群众反映的各类问题和实际困难；实行定期研究制度，工委会每年至少研究两次信访工作，研究解决一段时间内一个或几个突出的、代表性的信访问题；建立健全矛盾纠纷排查协调处理工作机制。做好各种矛盾纠纷的排查和超前化解工作，做到每季度组织一次扎实摸排，重要时期和重大节日及时摸排，按要求向区信访局反馈排查信息，组织专门力量妥善处理；加大信访问题处理力度，坚持“依法、及时、就地解决问题与疏导教育相结合”原则，对群众提出的合理要求，能够解决的及时解决，应解决而无力解决的，报请上级部门解决，对于不合理的要求，及时向区委、区政府汇报，配合做好疏导教育；对突发信访事件，主管负责人应在30分钟内赶到现场，做好应对和处置；实行信访工作目标管理考核制度，通过查阅相关记录、台账、报表及其他资料，组织实地考察、抽查等方式对涉及园区各局室的信访工作进行考核，每半年进行一次，每年进行一次综合评定，考评结果纳入各局室年度目标管理考核体系，考核工作由园区信访工作领导小组负责组织领导。由园区信访工作室负责具体实施；实行信访工作责任追究制度，对有过错的人员，根据过错性质、程度及造成后果，分别作出处理，通报批评、取消评优资格、追究相关领导责任、责令写出书面检查、诫勉谈话，对后果严重者给予相应党纪政纪处分。是年，切实做好群众来信来访和企业投诉工作，制定《湖南天心环保工业园信访、投诉处理制度》。增强大接访活动实效，使其制度化、规范化、长期化，建立各单位党政一把手大接访长效机制：调整接访时间；调整接访人员；调整接访方式；严格一把手包案；强化责任追究。

是年1月，执行市委办、市政府办《关于建立信访工作“一健三联”机制的意见》，健全信访责任体制，联网受理群众信访、联调解决群众诉求、联合办结信访积案，决定在园区范围内开展“一健三联”活动。整项活动分宣传发动、组织实施、督促检查三个阶段进行。1月31日前为宣传发动阶段，传达文件精神至部门，召开园区学习动员会，组织各街道、部门分管领导和信访专（兼）干进行培训并部署相关工作；充分利用各种形式，广泛开展“一健三联”宣传活动。4月30日前为组织实施阶段，健全信访工作责任体制，执行《天心区2010年信访工作考核办法》和《天心区信访工作责任追究制度》；建立联网受理群众信访工作机制，进一步完善信访信息网络，完善《天心经济开发区办理群众信访事项工作制度》，对群众通过走访、来信、互联网、电话、电子邮件等方式提出的信访事项，实行统一受理、统一转（交）办；建立联调解决群众诉求工作机制，按《天心区矛盾纠纷调处工作制度》，分别挂牌成立矛盾纠纷调处中心；建立联合办结信访积案工作机制，建立信访突出问题信息库，依《天心区联合办结信访突出问题工作制度》。5月31日前督促检查阶段，各部门分别组织开展“回头看”，查漏补缺；园区“一健三联”工作小组对各部门活动开展情况进行检查验收；打造工作亮点，总结推广经验。建立信访工作“一健三联”机制，事关信访工作后续发展问题，也是年度信访工作绩效考核的重点。要高度重视，确保工作进度和质量，高标准完成任务。要加强谋划，信访工作“一健三联”既要加强硬件建设，又要加强软件建设；所制订的措施，既要紧跟形势，各级各部门一定要统筹兼顾，认真谋划，确保工作成效。要加强保障，建立信访工作“一健三联”，需要一定投入，各级各部门要根据工作需要合理安排好人力、物力和财力，确保工作场所、人员力量、办公设施、工作经费等与“一健三联”工作总体要求相适应。

是年，实施天心区领导包案工作制。原则是围绕“事要解决，人要息访”这个核心要求，不断创新工作方法，在工作目标上注重“三解”：了解情况、缓解情绪、化解矛盾。在工作方法上注重“三个坚持”：坚持原则，但不忽视灵活；坚持普遍，但不忽视特殊；坚持法制，但不忽视疏导。在工作要求上注重“四个面对面”：深入一线，面对面的谈心；运用政策，面对面的讲解；消除积怨，面对面的沟通；制定方案，面对面的统一。包案对象是指省、市联办明确要求包案处理及区联办认为确需包案处理的信访突出问题。包案领导工作责任要求听取信访事项有关情况的汇报；研究制定信访事项处理的具体方案；协调解决处理过程中遇到的困难和问题；对信访事项处理的重要环节进行督查；保证信访事项在规定的期限内依照法律、法规和有关政策得到妥善处理；负责结案报告的审核签发；做好信访人的息访罢诉工作。责任单位工作责任是做好来访接待、人员稳定工作；调查核实信访事项的基本情况，根据有关法律、法规和政策规定制定具体的工作措施，报包案领导审核；按照包案领导指示，组织力量对信访事项进行认真处理，在规定的期限内将信访事项办结；向交办机关提交结案报告；跟踪了解信访人是否息访罢诉等方面的情况，未息访罢诉的进一步做好协调和维稳工作，直至信访人息访罢诉；做好包案领导交代的其他工作。稳控单位工作责任，积极协助责任单位做好来访接待工作；协助责任单位调查核实信访事项的基本情况。参与对信访事项的处理，直至信访事项办结；按照“五包一”工作要求，制定稳控措施，严格落实稳控责任；做好包案领导交代的其他工作。工作要求是提升认识，勇于担责。中央、省、市明确要求，信访工作以领导为主导，领导接访重点要放在在“事要解决”上。领导包案攻坚克难已是现实的迫切需要，务必责任上肩、抓紧抓好。加强研究，力求突破。按照省联席会议提出的“有理设定、有过设定、有解设定”的工作原则，深入了解掌握情况，加强研究，找准突破口，创新工作方法，推进问题解决。保持热情，攻坚克难。克服畏难情绪，增强突破性；克服厌战情绪，增强积极性，做到“问题不查清不放过、矛盾不化解不放过、信访人不息访不放过”。7 月至 12 月，为落实“争先创优”工作要求，有效化解信访矛盾，把突出信访问题解决在基层，确保全市社会大局稳定，按照区联席会议统一部署安排，园区决定参加全区范围内开战为期半年的处理突出信访问题竞赛活动。按照“一健三联”工作要求，紧紧围绕切实维护群众合法权益、密切党群干群关系这一主线，坚持源头预防，推进“事要解决”，强化责任追究，严格依法处置，着力预防和减少赴京到省集体访、非正常访和重复信访，把问题解决在基层，把问题化解在萌芽状态。开展集中处理突出信访问题“四比四赛”竞赛活动，即比发现问题早、化解矛盾快、长效措施实、越级信访少；赛计划周密、领导到位、方法创新、奖惩兑现，促使全区各级各部门按照市委“一健三联”工作要求，全面落实信访工作责任，深化信访问题排查化解，在维护群众合法权益上力求实效，最大限度地预防和减少信访问题的发生，集中时间、集中力量解决一批突出信访问题，力争两年内将现有积案基本化解。为确保竞赛活动有序开展，成立活动领导小组，领导小组下设办公室。各参赛单位要相应成立集中处理突出信访问题竞赛活动领导小组，要求主要领导负总责，分管领导具体抓，同事要加强协调和指挥，明确责任，推进工作落实，确保活动有效开展。竞赛内容分为，排查交办，各单位要强化责任落实，坚持集中排查和经常排查相结合，切实掌握信访情况。从 7 月开始，要组织开展“纵到底、横到边”的集中排查，对近年以来发生集体上访案件及历史遗留问题，特别是省、市、区交办案件认真进行核查甄别，对本单位的信访问题进行全面排查。对发生的集体上访案件、交办案件、历史遗留问题及排查出来的信访问题，要逐案建立台账，明确包案领导、责任单位和责任人，并将排查结果于 8 月 10 日前报区联席办备案。同时每周五下午 3：00 前将天心区突出信访问题滚动排查报送表报区联席办，区联席办将依据各单位排查情况和交案情况对突出信访问题进行集中交办。包案化解：各单位针对交办和排查出来的信访问题，分类进行化解，并在 8 月 15 日前各单位将近期可以化解的案件和通过三级终结程序可以终结的案件分别填写天心区突出信访问题近期可能解决的案件摸底表、天心区信访突出问题三级终结案件申报表。要按照“合理诉求解决处理到位，无理要求教育稳控到位，生活困难帮扶救助到位，违法行为依法处置到位”的要求，实行领导包案处理，多策并举，综合施策，集中时间、集中精力化解处理，并严格落实稳控责任，坚决把上访人稳控在当地。在集中处理化解阶段，要组织开展好接访活动，集中解决群众合理诉求。同时积极探索解决历史遗留问题新办法，加快交办案件的办理进度，在 12 月底前全部办结集中交办案件。12 月，由区统一组织，对园区及各街镇、有关部门集中处理突出信访问题竞赛活动开展情况进行全面检查考评，本次竞赛每组评选优秀奖 2 名。竞赛结果作为年度对园区及各街镇综合目标管理考核和有关部门绩效考核的重要依据。对竞赛活动先进单位和先进个人予以表彰。对未按要求完成工作任务、信访问题仍然突出并影响社会稳定的单位和个人予以通报批评，园区受到好评。全年接待来访人数 22 人，办理案件 20 起，办结 19 起。

2011年，园区工委、管委会非常重视信访工作，不断强化组织领导，加大信访案件调处力度，将信访工作作为维护社会稳定的头等大事来抓，按照信访工作领导责任制要求，狠抓各项制度落实，落实领导处理信访问题制度和“一把手”抓信访工作制度；根据园区因征地、拆迁、土地纠份、企业用工等信访新情况新问题，采取信访工作“周汇报”和领导包案、带案下访等措施，对已摸排和发生的信访案件，明确要求领导对所包案负直接责任，要对所包案件调查、谈话、处理和结案、审核、上报上交。抓整顿，着力解决损害群众利益问题。认真搞好干部作风整顿。园区成立信访工作小组，方便企业及员工，使其能了解政策及办理程序。园区开展优化经济发展环境治理工作，以园区干部作风整顿为重点，制定具体措施，从干部的思想、学习、作风入手抓好整顿，在工作中推行“首问负责制”“服务承诺制”，实行信访工作“五个一”活动，即给上访群众一张笑脸、一杯茶水、说一句暖心话，给一个满意答复和一个好的处理意见，改变推诿扯皮和门难进、脸难看，事难办的不良作风。实行信访工作责任追究。对信访工作措施不力，不及时处理重大问题，工作失职读职导致发生群体性越级上访事件以及对情报信息不了解，处置方法失当，进行严格信访工作责任追究。落实园区开发建设及惠民政策。对反映征地补偿低、拆迁安置、土地纠纷等信访案件，园区信访部门大力宣传《中华人民共和国土地管理法》《园区拆迁安置条例》《园区规划》等法律、法规、政策及规范性文件，通过宣传及进村入户做群众思想工作，使广大群众支持园区开发建设。在千方百计促进群众增加收入的同时，认真贯彻各项惠民政策，让广大群众尽早尽快分享园区发展、开发成果。抓监督落实，倡导勤政之风，进一步深化政务公开，严格执行《政务公开管理办法》，对征地拆迁安置、计划生育等情况，从项目、标准、依据、用途等方面进行全面公开，尤其要把群众反映强烈的征地拆迁、计划生育、生产救灾等情况作为公示、公开的主要内容，制定完善相应制度，规范操作程序。让群众看得清楚，看得明白。认真做好矛盾纠纷排查调处工作，对疏理出矛盾纠纷及焦点问题，分类限期包保到人的原则，能在园区调处的，指定专人负责并限期调处同时将调处结果进行公示；对不能解决的要及时汇报并做好群众思想工作或在园区范围内不能解决的，想尽一切办法争取上级支持进行解决。对涉法涉诉案件，对群众做耐心细致的思想工作，通过法律途径来解决。对征地拆迁不合理进行群体性越级上访和其它群体性事件，园区主要领导及时到位，靠前指挥，对群众面对面做地做工作，防止矛盾激化。是年，信访工作计划明确要求建立健全信访工作网络，园区充实加强信访工作力量，做到24小时有人值班、接待，加强民调亲临现场解决，疏导化解矛盾。同时，我们要求各企业单位要及时上报信访动态信息，对本单位有可能发生10人以是集体上访或上访人数较多，有可能引发集体上访重大案件，要及时向园区管委会报告，对漏报、瞒报、迟报而造成严重后果要进行严肃处理。加大信访法规宣传力度。规范群众信访行为，充分利用基层组织建设，采取贴图、流动宣传车等多种形式，大力宣传《国务院信访条例》《湖南省信访条例》，把法制宣传教育贯穿于依法治访工作之中，使广大干部群众树立起依法信访观念，教育群众正确行使权利，依法有序，逐级上访，反映问题。是年，制定《长沙天心工业园管理委员会信访工作方案》。以为民排忧解难和维护园区稳定为目标，建立健全矛盾纠纷排查协调处理工作机制，认真做好各种矛盾纠纷的排查和超前化解工作，高度民主重视并热情耐心地做好群众来信来访工作，把矛盾化解在萌芽状态，把问题解决在基层，为园区创造良好开发建设环境。信访工作室设办公室内，负责信访日常工作。确定一名专（兼）职信访联络员，负责园区信访工作。规范园区信访工作流程。实行领导信访接待日制度；每月至少安排两天时间，采取公开定期、定点、预约和主动下访等方式，切实解决群众反映的各类问题和实际困难。实行定期研究制度。工委会每年至少研究两次信访工作，研究解决一段时间内一个或几个突出的、代表性的信访问题。建立健全的矛盾纠纷排查协调处理工作机制；认真做好各种矛盾纠纷的排查和超前化解工作，做到每季度组织一次扎实的摸排工作，重要时期和重大节日及时摸排，按要求向区信访局反馈排查信息，并组织专门力量妥善处理。加大信访问题处理力度。7月，园区开展“信访积案化解百日行动”。按照中央、省、市关于做好新形势下群众工作的总体要求和创新社会管理的工作部署，把“信访积案化解百日行动”作为园区开展“与群众恳谈对话、为群众排忧解难”活动的一项重要内容，紧紧围绕“事要解决”，落实信访工作原则，强化各级各部门责任，解决突出信访积案，维护群众合法权益，促进社会和谐稳定。目标任务是通过一百天时间的集中化解，解决一批容易引发信访突出问题和群体性事件的矛盾纠纷、长期积累发生的信访维稳突出问题、群众反映强烈的热点难点问题，尽最大努力把矛盾纠纷化解在基层，把信访积案解决在当地，确保实现“一下降三减少”的工作目标（即信访总量明显下降、集体上访明显减少、非正常上访明显减少、群体性事件明显减少）。7月11日至7月15日，为“下访对话周”，为排查交办阶段，全面摸排信访隐患，在辖区范围内开展集中排查，对信访隐患进行全面梳理，掌握情况，分门别类，登记建档，汇编成册。精心制定工作方案。制定“信访积案化解百日行动”工作方案，组织召开动员会议，安排部署信访积案百日化解工作。落实层层交办责任。按照“领导联点”、“属地管理”、“谁主管，谁负责”的原则对重要信访积案进行集中交办。对需要市、区协调的重要信访积案，及时上报，争取支持。对园区及各街镇、各单位排查的信访隐患，分批交办、限期化解。7 月 16 日至 10 月 20 日，化解处理阶段，明确领导包案责任。对每件信访积案，逐一落实包案园区工委及管委会领导。要求包案领导亲自调查了解情况，深入剖析原因，找准问题症结，召集责任单位研究解决问题的措施，按照“五个一”（即一件信访积案、一名包案领导、一个化解工作小组、一套化解方案、一套稳控措施）的要求，采取有效措施予以化解，确保实现案结事了。全面开展恳谈对话。各级各部门深入扎实开展“与群众恳谈对话、为群众排忧解难”活动，带着感情、带着问题、主动上门、放下架子与群众恳谈对话，讲清道理，用准政策，让群众听得清、听得懂、听得进，真正使信访群众的期盼有望、诉求有应、难题有解。着力解决信访诉求。各责任单位对信访人的合理诉求，按照政策化解到位、不留隐患；对信访人的不合理诉求，做好说服解释工作，促使其接受处理意见；对信访人坚持不合理要求并缠访闹访集访非访触犯法律的，坚决依法处理。牵头承办的责任单位要出具信访事项处理意见书，及时送达信访人，争取其理解与配合。严格规范信访秩序。通过“与群众恳谈对话、为群众排忧解难”，引导信访群众依法依规反映问题。通过信访积案化解和矛盾纠纷调处，加快信访问题三级终结。同时，盯紧挑头闹事对象，固定证据，依法处置，维护正常的信访秩序。10 月 10 日至 10 月 30 日，为督查总结阶段，园区信访积案化解督查组通过交办函、督办函和警示函等方式，加强对各责任单位信访积案化解情况的督查，重点督查信访积案案结事了、息访罢诉情况，包括恳谈对话记录、研究解决办法、落实处理意见等情况。适时召开“信访积案化解百日行动”工作总结会议，认真总结经验、查找不足、完善措施，建立长效机制。接待来访人数 26 人，办理案件 16 起，办结 16 起。

2012 年，成立信访工作领导小组，探索信访工作新方法，主动排查拆迁建设中，企业内部矛盾纠纷，对苗头性事件及时上报并采取有效措施解决，实行人性化拆迁，该身处地为拆迁户着想，最大限度争取群众理解和支持，从源头上抓好信访工作，全年在大规模拆迁中未出现一起非正常上访事件。

第五节 文明建设

文明创建活动 2002年9月至2007年12月，园区文明建设工作由区文明办管理，园区协助配合。2008年，园区工委落实区委、区政府关于长沙市“创建全国文明城市”工作部署，把文明建设列入议事日程，成立机构，制定方案，配备人员力量，抓住市创建全国文明城市契机，扎实抓好园区文明创建工作的落实；深入联点大托镇先锋村、新路村、黑石村、桂井村、新港村、一力社区和城南路街道城南中路社区，了解基层在文明创建工作遇到困难和问题，园区共投入7万元，用于“五村两社区”阵地建设和文明创建宣传，为基层办实事，共建文明幸福家园。园区帮扶大托镇失地农民，在组建道路绿化保洁服务队和办公楼物业管理时，安排8名失地农民就业。7月24日，在园区新办公楼前坪，区总工会和园区共同组织辖区内28家企业联合召开“共建全国文明城市，争当文明城市建设者”动员大会，向园区企业全体建设者发出倡议书。倡议园企共创优美环境，迎接创建全国文明城市达标验收，共同创造良好的发展环境，在全国文明城市创建工作中，对园区所有道路和绿化带环境进行一个月集中整治，园区成立绿化保洁文明监护队，并投入20多万元，由专业绿化公司进行对园区已建成道路和绿化带进行规范化、专业化管理。园企共护文明秩序，园区和企业按照区政府城市管理精细化要求，协同城管中队、大托派出所，在园区各企业全面落实市容市貌管理问责制、门前“三包”责任制和社会治安综合治理责任制，重点治理车辆乱行乱停、乱倒渣土、乱贴广告，深化交通秩序整治成果，加大社会治安秩序综合整治力度，积极构建园区（企业）“人防、物防、技防”体系，提升园区公共安全感，为企业发展提供良好外部环境。

2009年7月20日，园区与大托镇创建办协同一力社区在长沙植物生态园开展以老党员、老专家、老教师、老战士、老模范（以下简称“五老”）引领青少年学生开展“做一个有道德的人—我体验，我快乐，我当小绿匠”实践活动。区关工委副主任李映本、园区及大托镇分管负责人与镇民政办、40多名青少年一起参加活动。活动分两项：在“我们的花园，植物我来种”无土栽培、有土栽培现场实践活动部分。青少年朋友被分为两组，在植物专家指导下，进行现场无土栽培、有土栽培实践活动。栽培好后的植物，由青少年朋友对自己所种植物进行标识说明，并集中进行展览。植物专家告诉小朋友，等到国庆节时候，小朋友们种植的植物就都会开花了，到时候小朋友可以对照标签，找到自己所种植物，看看自己种的花到底漂不漂亮。小朋友们听后非常欣喜。在“我给植物挂名片”中青少年、“五老”植物认领活动部分；“五老”与青少年朋友自由结对，达成认领共识。由于青少年对生态园内植物认识不够，植物专家先带领结好对的青少年、“五老”认识园内植物，再由各结对领取认领牌，给要认领的植物挂名片。通过实践活动，在青少年植物生态园快乐体验“我们的花园、我们的植物、我们来认识”等基础上，把“做一个有道德的人”活动引向深入。让青少年有更多机会认识、了解身边植物，激发青少年学习植物知识兴趣，从而达到热爱植物、关注植物，宣传植物知识、保护植物及热爱环境、热爱自然目的。让园区青少年更加热爱植物，用心保护家园环境，争当绿色小使者，争当文明小先锋。

2010 年，根据市创建全国文明城市和建设人民满意城市要求，园区工委、管委会高度重视，落实市、区文明创建工作要求，以建设人民满意城市，迎接全国城市公共文明指数测评和城区文明指数测评为中心，扎实开展创建工作。着重把文明创建与民生工程、经济发展等工作一起研究部署，形成推进文明创建整体合力；把文明创建作为工作重点，列入园区职能部门重要考核内容，健全工作机制，强化组织领导并组织召开文明创建专题会议，深入开展调研，广泛征求意见，科学制定方案。园区工委加大工作力度，多次研究经费投入、人员力量保障及迎检措施。调整充实文明创建力量，建立党政“一把手”亲自抓、分管领导具体抓、班子成员共同抓的工作机制；明确责任，把文明创建中环境卫生、城市管理等各项工作任务，分解到相关部门和驻园区单位，将任务和标准更加具体化；明确经费投入机制，完善考核奖励机制，落实工作推进措施，创建工作的常态化和长效性管理水平得到提升，测评迎检更扎实。对市、区督查中发现的薄弱环节和问题，专题研究，认真整改，确保达标，科学部署迎检工作，重点围绕入城口综合整治、建筑工地达标整治、校园周边环境整治、乡村环境卫生专项治理、社区迎检达标等，迎检工作扎实有效。为有效推进城市管理，参与人民满意城市建设，推进环境卫生集中整治工作，积极改善镇容村貌。大力控违拆违，专题研究部署专项行动，明确重点，完善领导负责制、干部分段包干制、项目跟踪制和经费投入制等“四种机制”，从组织上、制度上、行动上、人力、物力、财力等各方面提供保障。4 月，园区文明创建工作以迎接全国城市公共文明指数测评和城区文明指数测评工作为中心，根据园区际情况，科学制定迎接全国公共文明指数测评方案，对园区环境、安全维稳、蹲点守线及应急处置、校园周边环境整治等方面进行统筹安排、周密部署，以在全国公共文明指数测评工作中夺高分为目标，明确市容环境组（含市容环境综合小组、机关内外环境小组、芙蓉南路沿线建筑工地小组、辖区窗口行业小组）、社区迎检组、安全维稳组、蹲点守线组及应急处理组、校园周边环境专项迎检组、督查组等人员按责任和任务，按园区迎检方案，全部按责任到岗到位，为全市文明创建和人民满意城市建设，做好迎检工作。7 月 25 日上午，园区工委书记师大学带队对大托镇文明创建工作进行指导、督查，重点指导迎接全国公共文明指数测评工作，并协调解决辖区在文明创建迎国检期间遇到的问题和困难。到大托镇督促入城口环境卫生集中、专项整治，深入主次干道，建筑工地进行实地检查，并对入城口整治提出要求：对入城口基础设施损毁情况进行全面摸底，争取上级部门支持帮助，完善入城口基础设施；全面治理入城口环境卫生，建立健全清扫清运机制，明确责任和清扫标准，规范建筑施工地，建立督查督办机制。对重点路段进行环境治理，要求园区城管中队和相关部门支持配合大托城管中队、大托环卫所以及相关单位对湘府中学大门周边环境和机场口空军某部军用道进行不间断整治和维持，确保市南入城口保持整洁有序。

是年 8 月，副区长浣灿勇督促指导大托镇和园区文明创建工作，特别对环境卫生整治、违章建筑控制、建筑工地管理、社区环境综合治理工作，亲临现场研究制定方案，指导工作开展，在校园周边环境专项整治中，组织指挥拆除大托镇披塘中学周边违章建筑，维护校园周边秩序。在浣区长带领下，大托镇创建办、城管办对 10 个行政村全面推进落实乡村环境卫生整治行动进行检查。在“户分类、村收集、环卫转运”垃圾清运处理模式下，通过大清扫、大清理、大清运活动，不但清理镇域内所有的暴露垃圾、而且对新建的 70 个垃圾池，安排专业公司将垃圾进行清理清运，环境卫生得到保障。在督查过程中深入田间地头，督促村民做到房前屋后干净卫生、物品堆放整齐有序，并发动村民对无主垃圾（如路边、水边、田边等地的垃圾）投工投劳进行集中整治。8 月底至 9 月初，迎检工作进入实战阶段，园区提出迎检为重点，不受资金和人员限制的思路，从资金和人力上为迎检工作开绿灯，联合大托镇政府和相关项目单位强化资金、人力投入力度，在人员安排、资金投入和整治方案上进行落实、加强对入城口沿线环境卫生整治和秩序维护。抓住重点，对辖区内情况进行全面排查，迎检工作全面铺开：芙蓉南路沿线工作任务繁重、道路两边正在施工地段都要求做好围档；联合城管、协管队员一同对各重点路段进行“排查、整改、再排查、再整改”，围绕重点中小学校周边环境开展一次全方位整治，尤其是对湘府中学周边环境卫生、“牛皮癣”、流动摊贩采取强有力清理整治措施；在综合治理市容市貌、治脏专项行动中，共出动300多人次，清除裸露垃圾40余吨，拆除违章搭建帐篷5处，共拆除违章建筑1400余平方米，制止违章建筑施工20余处4000余平方米。园区城管中队、大托环卫所及相关单位对湘府中学大门周边环境和机场口进行不间断的整治和维持，使得长沙南大门保持整洁有序。园区加大对文明创建投入力度，制作并悬挂、张贴控违拆违宣传横幅200幅、标语600条，每天出动流动宣传车在辖区内不间断宣传城建知识，让群众对城建知识有一定了解；积极处置信息、反应及时迅速。高度重视数字化城管信息处理工作，数字化坐席员对数字化城管时刻保持跟踪，应急处置小组随时保持通讯畅通，人员到位，确保及时快速地处置数字化信息。在全市三季度文明创建中，一举夺得全市五佳单位。11月12日，园区协助园内一力社区完成农贸市场改造，新的生鲜农贸市场正式开业，一力社区农贸市场焕然一新。全年投入创建经费300万元，确保迎检经费及时到位。是年，园区制定《天心工业园区组织下岗失业人员创业培训实施方案》，目的是以服务群众为宗旨，以零就业家庭清零社区为载体，理顺园内社区与群众的关系，创优社区环境，利用“创新型社区”“创品牌家庭”为载体的契机，为居民创造一个环境优美、秩序优良、文化繁荣、服务优质的新型社区。坚持园区促进、社会支持、市场主导、自主创业的基本原则，以开展强化创业服务、实施创业培训、优化创业环境为主要内容，切实发挥市场准入、税收优惠、融资服务、社会保障等政策扶持效应。总体目标达到通过全面推进园内城镇下岗失业人员自主创业和二次创业，鼓励、引导和扶持自主创业、自谋职业。实施过程第一阶段为项目推介与学员筛选，通过社区平台和前期学员介绍等形式向对象群体宣传推介、组织报名。向报名对象以报告会和咨询等形式进行培训项目推广；让对项目感兴趣的学员填写SYB培训项目学员申请表，进行评分；对筛选评分学员组织面试；依据评分结果和面试结果最终确定合格的准培训学员。第二阶段实施培训，注册报到、开学典礼、领导讲话、创业政策宣传与咨询；创业典型发言、小组介绍、选举班委会与SIYB培训项目及GYB、SYB课程介绍。按课程进行上课。第三阶段后续指导，创业项目开发与推荐；创业开业指导与服务；创业小额担保贷款；创业税费减免认定；创业注册办证代理；创业后续专家问诊；创业挫折关怀行动。

共举办三期培训班，培训学员 126 名

2011 年，长株潭“两型”示范园区创建工作深度推进。区召开创建工作动员大会，园区高度重视，以创建为契机，组织召开会议，就创建工作进行专门研究与部署，把该项工作作为园区工作重中之重来抓。制定创建实施方案；对照创建要求，将 29 个创建指标进行任务分解，责任到部门，落实到个人。已通过 IS09001 质量管理体系认证、环境管理体系认证和安全管理体系认证，其他各项工作在积极推进中，确保“两型”示范园区创建工作落到实处。是年，制定《长沙天心工业园区创建零就业家庭清零社区工作方案》，目标明确是实现把所辖社区建设成为充满活力的创新型社区，园区决定开展创新型社区、创品牌家庭建设工作。以创全国文明城市，建设人民满意城市为目标，提升家庭品味，努力建设环境优美、秩序优良、文化繁荣、服务优质的新型社区，推进三个文明协调发展。创建领导小组走访下岗失业人员家庭，跟踪了解就业再就业情况；对灵活就业人员进行登记和认证管理，建立基础台帐，实施动态管理；协助社区就业专干采用多种形式宣传政策，组织社区下岗失业人员参加各类培训，实行税费减免、岗位补贴和社保补贴等。开展多种形式的再就业援助服务，多渠道开发就业岗位。失业人员再就业开展免费职业介绍和职业指导服务，带助有就业需求的下岗失业人员和“40、50”等各类就业困难群体实现就业再就业。共为 65 人实现再就业。是年，翁开明获区创建全国文明城市活动嘉奖。2012 年，在天心区文明创建工作中，友阿奥特莱斯分公司被评为“优秀驻区单位”。

精神文明活动　2006 年 12 月开始，园区与大托镇机关联合举办迎新年运动会。2007 年 2 月 14 日，与大托镇机关，新路村等举行新春联谊茶话会。9 月 24 日，组织“迎中秋、庆国庆”联欢活动。2008 年 7 月 24 日，区总工会和园区联合举行“共建全国文明城市，争当文明城市建设者”的主题活动，并为部分企业困难职工子女赠送学习用品。7 月 31 日，市政协主席董学生，市委常委、组织部长范小新，市委常委、宣传部长陈泽辉，市人大常委会副主任张菊萍，市政协副主席黄中瑞在区委书记夏建平及有关区领导陪同下来园区视察“文明创建”和“服务经济百日行动”工作，并深入企业对长沙天鹅工业泵有限公司文明建设与发展给予充分肯定。

2010 年 2 月 8 日上午，园区与辖区内一力社区开展迎新春送春联活动，开展“中华民族传统节—春节”系列活动，到老人家中、残疾家庭里开展送春联送祝福。青少年朋友按时到社区，一家一家地送春联。青小少年朋友们不仅把春联送到老人手中，还帮老人把春联贴到家门口，博得老人们称赞。与一力社区关工委一起开展寒假活动，组织落实上级“送温暖、献爱心、受教育”要求，组织青少年开展“送温暖、献爱心”慰问活动和访贫问苦活动、读书征文活动。3月12日，园区与辖区内大托镇先锋村联合开展“清洁新家园”活动，与共青团员和村民志愿者启动开展“相约新农村，清洁新家园”活动，积极树立新风尚，扎实营造新环境，大力建设新文化，从身边的小事做起，共同践行文明理念，清洁美丽新家园。该村文明创建志愿者每月都在村内组织开展卫生清扫行动，清理道路两旁、公园内和人员集中区域（机场口、湘府中学门口）的垃圾和卫生死角，铲除店铺周边墙上“牛皮癣”，营造清洁生活环境和良好村容村貌。一些村民被志愿者行动感染，也纷纷参与到队伍中清扫。7月15日至30日，与一力社区开展“小手拉大手，共建绿色家园”活动，培养学生们热爱劳动的情操，增强社会责任感。让其懂得多为社会做贡献是每个公民的义务和责任，展示辖区学生爱祖国，爱家乡，争做文明小使者、共建美好家园，服务社会的良好形象。9月1日，开展“我为文明创建献份力，清洁环境人人受益”活动，给国检创造一个干净、整洁的市容环境，园区、大托镇一力社区积极响应区以整治环境卫生为重点的卫生大扫除活动，与一力社区居民志愿者、辖区单位供销社全体干部职工、社区全体工作人员组成环保队伍共50多人到区域内机场口社区打扫街道，清除道路两旁垃圾、杂草、铲除墙上牛皮癣，治理区域被清理得整洁干净，营造整洁、优美、有序的城市环境和城市文明形象。10月14日，组织开展以“爱在重阳、孝满天下”为主题节日慰问活动。组织学校、社区文化团队，在敬老院为老年人带来一场感恩演出。另邀请荣军医院医生免费为老人测血压、血糖等常规身体检查，并发放常见药品，把党和政府的关心送到老人们家中。联系和组织湘爱天使志愿者等社会各界爱心人士，自筹资金为大托镇敬老院及社区空巢老人送去礼品和慰问金，并为爱心人士送上爱心证书。同日下午，园区、创建办组织志愿者来到牛角塘社区空巢老人家中，帮助打扫卫生、陪伴谈心，并送上自制祝福卡片和节日慰问食品，为老年人提供贴心、温暖的服务。

2011年，与大托镇一力社区开展“四抓”创建“零暴力社区”活动，抓组织机构建设，成立创建“零暴力社区”协调小组，成员由居民代表、法律顾问、志愿者队伍，民警组成，层层加强对创建活动的领导。抓维权网络，成立妇女儿童维权站，调处家庭矛盾，预防家庭暴力发生和升级，接受妇女、儿童维权投诉，提供法律咨询、援助服务和临时救助措施及其就业指导和社区服务等。抓宣传教育，利用一力艺术团成员组成自愿宣传团，采取发一封信、倡议书，宣传正确的家庭婚姻观和家庭伦理道德观，倡导夫妻之间、长幼之间、邻里之间互相尊重、和睦相处，用群众喜闻乐见的形式宣传法律知识，预防家庭暴力发生。抓载体建设，建立妇女权益保护站、警民联系室、家庭暴力投诉站、妇女谈心室、信访接待处、法律服务站、维权热线等，方便快捷地为遭受家庭暴力的妇女提供第一时间保护。针对那些家丑不愿外扬妇女，社区妇联以唠家常方式安慰遭受家庭暴力的妇女，以进门入室谈心方式化解家庭矛盾，阻止家庭暴力蔓延。组建由法律工作者、离退休老干部、老教师、大学生维权志愿者队伍，协助妇联组织做好信访接待、法律咨询、调解纠纷等工作，维权志愿者成为妇联组织维权工作有力臂膀，园区家庭暴力事件逐渐减少。

2012 年，按园区要求，一力社区继续开展“零暴力社区”创建，园区与镇妇联和有关部门齐抓共管，家家户户都参与创建“零暴力社区”活动，使每个家庭都认识到创建“零暴力社区”是构建社会和谐的基础。对照条件评定自家是否符合条件评为“零暴力家庭”，找差距，制订整改措施，全社区家庭都进行自我评定，参评率达到 95%以上；85%以上家庭符合“零暴力家庭”的标准，社区的“零暴力社区”创建活动取得实实在在的效果。

第六节　教育事业

园区控规范围内规划 3 所小学，其中新路小学和先锋小学为新路村和先锋村所建且投入使用。新路小学创办于 1947 年，学校占地面积 0.63 公顷，校园建筑面积 2000 平方米。先锋小学创办于 1950 年，经过 62 年办学历程，发展成一所全日制完全小学。2002 年 8 月，因芙蓉南路建设，先锋小学从芙蓉南路与韶山路交界处校址搬迁至先锋村托子冲组过渡，过渡学校场地简陋，占地面积 0.43 公顷，校园建筑面积 1800 平方米。2003 年，新路小学有 6 个教学班 100 多名学生。先锋小学有 6 个教学班 213 名学生。2004 年，先锋小学新选校址位于天心区托子冲路与果子园路交汇处，北临新谷路，南抵环保西路，周边商铺、楼盘林立，地理位置得天独厚。学校规划建设占地面积 2 公顷，总建筑面积近 8800 平方米，投资约 5000 万元。是一所环境优美、设施一流的现代化学校。学校计划办学规模为 24 个班，学生人数约 1200 人。2011 年 8 月 18 日长沙天心区青园中信小学奠基仪式举行。9 月，先锋小学租借湘府中学办公楼办学，进入临时过渡阶段。2012 年，先锋小学有 8 个教学班 400 多名学生。新路小学有 7 个教学班 360 名学生。2012 年 12 月，先锋小学新校区主体工程峻工，进入装饰阶段。

第十二章
机　　构

第十二章 机 构

2002 年 8 月，长沙市天心区委、区政府下发《关于加快天心环保工业园建设的试行办法》，决定成立湖南天心环保工业园建设协调领导小组及管委会。按照“政府引导、市场运作” 原则，履行职责，制订园区建设中长期发展规划，年度规划并组织实施；研究园区产业发展布局、产业发展规划、产业发展导向、产业发展重点并实施；探索园区管理模式和运作机制，明确园区发展思路、发展目标、发展战略和发展措施。2003 年 3 月，中共园区工委成立，园区工委及管委会作为区委区政府派出机构，两块牌子，一套人马，合署办公。为启动建设、积极探索公司化运作模式，组建湖南天环经济开发有限责任公司，承担园区开发建设和投融资任务，使园区开发建设逐步向市场化过渡。12 月 12 日，经市政府报湖南省人民政府批准，将园区列入湖南环保科技产业园，晋升为省级工业园。 2008 年 11 月，报省政府批准，湖南天心环保工业园更名为长沙天心工业园区。随后，中共天心区委决定成立中共长沙天心工业园区工作委员会。2011 年 4 月，报市委、市政府批准，长沙天心工业园加挂“长沙天心两型产业示范园区管理委员会”牌子。2012 年 3 月，报省政府批准，长沙天心工业园更名为长沙天心经济开发区。随后，中共天心区委决定成立中共长沙天心经济开发区工作委员会。至 2012 年年底，经开区获得市级荣誉 15 个，获得省级荣誉 5 个。成为长沙市“两区十园”工业重点发展基地和长株潭“两型社会”改革实验区建设重要园区之一。

第一节 党组织建设

中共天心工业园区工委 2002 年 8 月 29 日，天心区委决定成立天心环保工业园建设协调领导小组及管委会；刘新程任领导小组组长，周小春任常务副组长，刘赞春、杨建国、易亮伦任副组长。区委、区政府下发《关于加快天心环保工业园建设的试行办法》中明确：按照“政府引导、市场运作” 原则，认真履行协调领导小组“统一领导、统一规划、统一协调” 总体职责；制订园区建设中长期发展规划，年度计划并组织实施；研究园区产业发展布局、产业发展规划、产业发展导向、产业发展重点并督促实施；探索园区管理模式和运作机制，明确园区发展思路、发展目标、发展战略和发展措施；组织编制园区概念性规划，控制性详规及分步实施的详细规划，并督促实施；研究制定园区用地政策、税费政策、融资政策、安置政策、招商引资政策等，建立健全园区政策配套机制；研究园区基础设施建设投资方式，加大基础设施建设项目融资力度，确定基础设施建设投资主体，融资政策及分步实施年度计划，加快园区基础设施配套；制定园区项目入园准入制度、环境影响评估制度、项目引进公示制度、财务审批制度、工作例会等制度、研究审定园区入园征地项目和入园征地价格等；协调解决园区规划设计、统征用地、基础设施建设、项目入园征地建设中主要矛盾和主要问题；牵头组织园区招商引资重大活动，研究招商引资具体措施，拓宽招商渠道，优化招商环境，注重招商质量，营造园区招商引资良好氛围。

2003 年 3 月 7 日，中共天心区委决定，成立中共长沙市天心区环保工业园工作委员会（简称“园区工委)，曹健任书记（兼)，陈志恺任副书记，黄柏文、胡浩、黄会任委员。明确为中共天心区委在园区派出机构，其职责是贯彻执行党的各项方针、政策、决议、决定，领导园区全面工作，研究园区重大经济社会发展问题；按照党管干部原则，负责中共园区工委、园区管委会各职能部门干部任免、奖惩，实行人事制度和分配制度改革，培养教育干部职工队伍；建立健全各级党组织，加强党的建设和精神文明建设，发挥党组织领导核心作用，党支部战斗保垒作用和党员先锋模范带头作用。负责园区党的纪检监察工作；领导园区工会、共青团、妇联等群团组织的工作；行使中共天心区委授予的其他职责。与园区管委会合署办公，两块牌子，一套人马。3 月 31 日，园区工委、管委会下设办公室、招商经营部、征拆建设部。由管委会副主任胡浩兼任办公室主任，常务副主任黄柏文兼任招商经营部部长，副主任黄会兼任征拆建设部部长。

2005 年，园区工委以邓小平理论和“三个代表”重要思想为指导，以党的先进性教育活动为契机，按照区委的统一部署，在先教办、督导组的指导下，严格按照区委确定的指导思想、目标要求和方法步骤，制定园区党的先进性教育活动方案、成立机构、明确专人负责，开展先进性教育活动。在学习过程中，园区参学党员进一步提高认识，开展自查，深入讨论并制定园区共产党员先进性标准，撰写党员个人和班子党性分析材料。并以群众满意为标准，针对存在问题和不足进行全面整改，切实为村民和入园企业排忧解难。4月11日，园区工委被批准为副处级正式机构。是年，园区组织党员自愿向困难村民捐助2000多元钱和物，为村民推荐安排再就业岗位90余个。7月，经中共天心区委批准，成立中共天心环保工业园纪律检查工作委员会。胡伏林任中共园区工委副书记，兼任纪委书记。随后设纪检监察室受上级纪委和园区党工委领导，其职责是负责党的纪律检查工作；实行民主集中制原则；按照党章的规定行使职权；认真检查党的路线、方针、政策的贯彻落实，领导园区纪检工作；对广大党员进行党风党纪教育，模范遵守党纪国法，坚决同违反党纪现象作斗争；检查和处理党组织和党员违反党纪案件，受理党员控告和申诉以及群众对党员的检举和控告等信访工作；维护党员享有的权利，支持党员的正当要求；纪律检查委员会的成员，要坚持党的原则，带头遵守党规党法，实事求是，廉洁奉公，不徇私情，以对党对人民负责的精神，做好党的纪律检查工作；接受上级党的纪检部门和园区工委交办的其他任务。

2006年，新党工委班子调整到位后，统一“求突破、促发展，以成败论英雄、以实绩评干部”思想认识。全面分析研究园区工作重点、难点、突破点和中长期发展战略，班子整体功能得到全面的发挥。园区发展思路更加明晰，决策更加科学果断，工作更加扎实。8月，明确中共园区工委和管委会主要职责：贯彻执行党和国家有关发展开发区的方针、政策，研究制定和组织实施园区具体管理规定和改革措施，探索园区改革和发展新路子、新模式，开展有关政策、法规的宣传教育，检查督促各项政策、法规的贯彻和执行；在市中长期发展规划指导下，编制、申报和组织实施园区中长期规划和年度计划，并纳入区国民经济整体规划；在市城建总体规划指导下，组织编制、申报园区建设规划，负责园区规划、建设管理，组织审批授权范围内基建项目；对园区内企业进行服务指导、监督和相关管理，组织、协调有关部门对入园项目在立项、规划评审、报建、工商、税务、国土、环保、公安、消防等方面，实行“一站式”服务，审核申报高新技术项目和企业，审批授权范围内合资项目，指导建立现代企业制度，推进高新技术产业化、国际化；指导园区内企业科研、新产品开发，负责科技计划、科研项目、科研成果鉴定审核申报和管理；按规定处理园区涉外事务，管理、指导和协调招商引资、对外经济技术合作与交流，负责承办园区内出国任务和出国（境）人员的报批手续；负责园区党群团体、机构编制、劳动人事、社会治安综合治理、计划生育及精神文明建设等有关工作，协调园区各企业、驻园机构与周边地区、单位的关系；负责园区综合统计和信息工作；完成区委、区政府交办的其他工作任务。

2008 年 8 月 7 日，区委常委、园区工委书记师大学在“长沙‘两型社会’建设汇报会”上以题为《关于加快“两型社会”城区工业园建设的思考》对加快园区建设发展提出真知灼见；同日，《长沙晚报》A15 版刊发“两区九园”唯一代表师大学的题为《工业园要实现规模聚集效应》一文。是年，切实抓好工委班子建设，按照区委提出的“四好班子”标准，努力把工委建设成政治坚定、务实创新、敬业奉献、工作高效、勤政廉洁、团结和谐的坚强领导核心，带领干部职工攻坚创业，推动园区科学发展。11 月 12 日　湖南天心环保工业园更名为长沙天心工业园。随园区更名，中共天心区委决定成立中共长沙天心工业园工作委员会。

2009 年，园区工委开展学习实践科学发展观活动，深刻领会其科学内涵、精神实质和根本要求，其目的是使“党员干部受教育、科学发展上水平、人民群众得实惠”，消除不符合科学发展的思想观念，处理发展中的利益关系，正确处理学习实践整改与园区各项工作关系，结合实际从健全征拆机制、产业发展导向机制、绩效考核机制、招商引资等十余项机制进行整改，真正做到开展学习实践科学发展观活动和推动园区各项工作两不误，两促进，深受企业和群众好评，测评满意率 100%。

2010 年 5 月，园区在党组织和党员中开展“创先争优” 活动，主要以“五好”（领导班子好、党员队伍好、工作机制好、工作业绩好、群众反映好）、五带头（带头学习提高、带头争创佳绩、带头服务群众、带头遵纪守法、带头弘扬正气）为标准，致力于解决突出问题，推动科学发展；开展创先争优联点共创活动。机关党支部与新路村、九峰实业、运程物流和远征驾校等 4 个党支部联点，相互交流、相互促进，达到共同提高的目的。6 月 30 日，组织“我是党员，我做表率” 演讲比赛，要求各支部组织参加，18 名党员和入党积极分子参赛，评选一等奖 2 名，二等奖 4 名，优胜奖 12 名。是年，园区开展创建“学习型党组织”活动，以创建“学习型党组织”活动为载体，全面提高园区机关党员、干部的综合素质和工作能力，提高党组织的创造力、凝聚力、战斗力，为园区更好更快的发展奠定坚实的基础。坚持把学习政治理论与学习专业技能、各种新知识结合起来。抓住重点，突出学习的针对性、实效性，拓展学习领域，不断优化知识结构。深入学习领会中国特色社会主义理论体系。引导园区党员干部准确掌握科学发展观的科学和精神实质，解决影响和制约科学发展的突出问题，创新发展理念，理清发展思路，破解发展难题，积极组织开展促进园区发展主题学习教育活动。使广大党员、干部充分认识建设“学习型党组织”建设的目的、意义，了解和掌握建设“学习型党组织”指导思想、基本要求、方法步骤，增强学习自觉性和责任感。加强领导，精心安排；成立创建工作领导小组，组长由工委副书记翁开明担任，副组长由工委委员钟书宏担任，其他局室负责人为领导小组成员。下设办公室，由钟书宏任办公室主任，具体负责组织学习的日常工作。结合实际，制订学习计划，提出具体任务和要求。党员领导干部要带头参加学习，发挥示范表率作用。狠抓落实，讲求实效；把党员开展学习情况作为评先评优的重要依据，同时，加强检查指导，促进工作落实，总结经验，推广典型。求真务实，开拓创新。建设“学习型党组织”是一项系统的创新工作，党员干部要继承和发扬以往好的学习制度、好的学习方法，并用新的学习理念思考问题，用新的措施开展活动，用新的载体推动工作，使学习成为一种常态化、普遍化、制度化的行为，使广大党员成为勤奋学习、善于思考的模范，解放思想、与时俱进的模范，勇于实践、锐意创新的模范。是年，在全市领导班子正职等次年度评比中，工委书记师大学获一等奖。

2011年4月28日，根据市委、市政府《关于长沙天心工业园管委会（两型）主要领导高配为正县级的通知》（长编委发〔2011〕13号）文件精神，区委、区政府决定园区工委书记师大学高配为正县级。5月，组织参加区党务等知识抢答赛，获优秀组织奖。7月4日，园区召开贯彻区第四次党代会精神及胡锦涛在庆祝中国共产党成立九十周年大会上的讲话精神学习会。8月，开展“与群众恳谈对话，为群众排忧解难” 活动，要求园区工委主要领导各联系10户恳谈对象，其他党员干部不少于5户，采取上门入户方式，与群众促膝谈心，恳谈交流，对困难群众问题责任到人，层层落实，尽量尽快及时解决。

2012年3月15日，经省政府批准，长沙天心工业园更名为长沙天心经济开发区（以下简称“经开区”）， 随后，中共天心区委决定成立中共长沙天心经济开发区工作委员会。是年，组织党员干部学党章党规培训班一期；召开党员座谈会，畅谈园区发展构想；组织到红色革命纪念地参观学习，接受革命传统教育。党的基层组织是党全部工作和战斗力的基础，经开区工委牢固树立“抓发展必须抓党建，抓党建必须抓基层”的理念，以“基层组织建设年”为核心，集中组建非公经济党组织，新建企业支部5个，并通过区委分类定级、查找问题、赶超先进等活动，通过区两新工委规范化验收，组织力量得到壮大。

表 12-1-1　　2003—2012 年天心工业园工委历任领导名录

职　务	姓　名	任职时间	备注
书　记	曹　健	2003.03—2005.07	区委副书记
	张玉玺	2005.08—2006.05	区委常委
	师大学	2006.06—	区委常委
副书记	陈志恺	2003.03—2004.4	
	胡伏林	2005.07—2008.02	兼任园区纪委书记
	彭泽南	2005.11—	
	肖时昴	2005.11—2009.03	兼任大托镇党委书记
	阎伟奇	2008.02—2009.03	兼任园区纪委书记（试用期一年）
	黄柏文	2008.03—2011.05	
	翁开明	2008.08—	
	鲁志高	2009.03—	
	余宏卿	2009.04—	兼任大托镇党委书记
	邓志平	2011.04—	
委员	黄柏文	2003.03—2011.05	
	胡　浩	2003.03—2005.07	
	黄　会	2003.03—2005.05	
	刘科宁	2005.07—	
	谭雄伟	2005.07—2006.12	
	罗　青	2006.08—	
	方婉人	2009.03—	兼任园区纪委书记

机关党支部　2006 年 3 月 26 日，召开机关全体党员大会，选举产生中共湖南天心环保工业园工作委员会机关支部委员会。胡伏林任支部书记，王若飞任支部副书记，陈庆云、周军、罗孟怡为支部委员。4 月 7 日，园区工委明确陈庆云任支部组织委员，周军任宣传委员，罗孟怡任纪检委员。2007 年 6 月 29 日，组织党员参加“重温入党誓词，赴浏阳革命老区学习” 活动。2008 年，根据园区建设发展的需求，充分发挥机关党支部、工会、团支部和妇联的职能作用，着力打造一支政治过硬、业务精湛、勤政廉洁、务实为民、充满活力的机关干部队伍，争当攻坚创业的带头人，推动园区创新发展。园区党组织积极指导企业加强职工队伍建设，把企业员工培养成为企业攻坚创业的主力军和文明城市的建设者，积极帮助企业“引进创业项目、吸引创新人才、推动创业发展” 起

到积极作用。6月，园区有2人被评为市优秀共产党员，2人被评为市优秀党务工作者。2010年，园区机关党支部发展新党员1人。有1人荣获评区优秀党务工作者。2011年7月1日，组织干部职工开展“感党恩、扬正气”红歌赛。有1人荣获全市优秀党务工作者。2012年6月28日，开展支部活动，组织各支部书记及上半年新发展党员赴韶山进行新党员入党宣誓和革命传统教育。

企业党支部 2006年，园区工委重视非公经济企业党的建设，深入企业就党的支部建设、党员发展、制度管理、活动开展等方面形成共识，企业党支部先锋模范作用得到发挥。支持天鹅工业泵有限公司支部创办党建通讯刊物《天鹅之声》，引导企业支部开展“奉献岗位创佳绩”活动，使党员形象得到展示，深受企业好评。2007年8月9日，中共园区工委任命钟书宏为园区企业党支部书记，李小亭为园区企业党支部副书记，李银、罗文夫、李丹为园区企业党支部委员。同年，园区接管或新建辖区企业党支部3个（天鹅工业泵有限公司支部，党员18人、鹤祥包装材料公司支部，党员19人、湖南长庆机电科教有限公司支部委员会，党员12人）。2008年7月，中共天鹅工业泵党支部被评为长沙市“先进基层党组织”。2009年8月18日，批准成立中共天鹅工业泵股份有限公司党总支，下设中共天鹅工业泵股份有限公司生产车间党支部、翔鹅铸造厂党支部、职能部门党支部。2011年，全年先后新建9个企业党支部（长沙同安医药有限公司、龙盛投资有限公司、三远钢结构有限公司、友欣实业有限公司、长沙新画佳光电子有限公司、长沙翔鹅节能技术有限公司、长沙必富制衣有限公司、湖南沅霖仓储有限公司、特邦新材料科技发展有限公司等支部委员会）。2012年7月，园区中共天鹅工业泵党支部被评为天心区“创先争优先进基层党组织”。有1人获区“优秀党员”荣誉。全年先后新建5个企业党支部（湖南华宇机械连锁股份有限公司、长联制药机械有限公司、东莞徐记食品有限公司长沙分公司、长沙超世实业有限公司、湖南卡普包装有限公司）。园区企业基层党组织在企业生产经营和经济建设中战斗保垒及党员先锋模范带头作用得到进一步发挥，为促进园区经济社会发展做出积极贡献。

第二节　行政管理机构

天心工业园区管委会 2002年8月29日，天心区决定成立天心环保工业园建设协调领导小组及管委会。杨建国任管委会主任，黄柏文任常务副主任，胡浩、黄会任副主任，胡浩兼任管委会办公室主任。园区管委会是区委、区政府授权的派出机构，对园区实行统一领导和管理，依法制定和公布园区内行政管理制度，制定园区经济和社会发展规划，并组织实施，按照规定审批投资者在园区投资项目，负责园区范围内土地规划、征用、开发和管理，负责园区产业发展，招商引资，负责园区内规划控制、管理和实施；负责园区内财政和税收，审查园区内财政预、决算，按规定管理其财政收支、财源建设和国有资产；负责管理园区科学、教育、文化、卫生、体育等社会公共事业；负责园区劳动、人事、社保等等管理工作，协助工委抓好党务和群团工作；承办天心区委区政府交办的其他工作。管委会租大托镇政府四楼办公。2003 年 2 月 26 日，经管委会研究决定，成立招商部、办公室、拆迁建设部 3 个内设机构。3 月 10 日，召开园区领导班子调整工作会议，书记曹健、主任杨建国、副书记陈志恺、副主任黄柏文、胡浩、黄会参加会议。会上，区委常委、区委组织部部长夏艳兰宣读区委文件：陈志恺任园区管委会主任，杨建国任园区顾问。7 月 16 日，园区设立治安执勤室，维护辖区社会秩序稳定。8 月 12 日，区政府研究同意成立湖南天环经济开发有限责任公司，注资 1000 万元，由园区管委会和区城市建设投资有限公司各占 50%的股份，实行市场化运作，负责园区的整体开发建设。

2005 年 4 月 30 日，园区管委会被批准为副处级正式机构，园区管委会为区政府派出机构。2006 年 3 月，执行《长沙市人民政府关于进一步理顺长沙市经济开发区管理体制的方案》，园区管理体制进一步得到明确。8 月，园区内设机构增设产业发展局、社会事务局 2 个，内设为 6 个机构。管委会租区检察院四楼办公。园区管委会荣获区建设管理先进单位荣誉。2007 年 7 月 11 日，园区干部职工参加新办公楼设计方案投票活动，选取心中最佳最美设计方案。2008 年 10 月 23 日，园区从区检察院四楼整体搬迁至中意二路 139 号办公楼，并举行搬迁仪式，参加仪式的有各企业负责人、大托镇及先锋村、新路村主要领导及园区干部职工。11 月 12 日，湖南天心环保工业园管理委员会更名为长沙天心工业园区管理委员会。是年，园区被评为全市园区年度经济目标考核一等奖；被评为区年度经济管理先进单位；区年度项目建设目标管理优胜奖。2009 年 1 月，围绕市委市政府“保增长、扩内需、调结构、促就业”总体要求，开展“帮助扶持企业发展、帮助推进项目建设，促进民生改善、促进经济增长”为主要内容的“两帮两促”活动， 有 25 个项目列入市、区“两帮两促” 项目，园区向所有企业和项目提出 10 项服务承诺（承诺解放思想、破解难题，切实履行服务职能，做好项目各项审批，积极搭建融资平台，优化项目建设环境，坚持依法依规拆迁，积极协调办理证照，提供公共设施服务，积极搞好对外宣传，廉洁自律秉公办事)，共分为 5 个服务小组（拆迁建设服务、在建续建服务、生产经营服务、工程报建服务、基础设施服务)，出动干部 40 余人，共到 38 个项目基地、生产经营现场、企业单位等上门服务，解决急需问题 15 个，努力把服务经济促发展做得更实更好。

2010 年，园区管委会获区“环境保护工作先进单位”“经济管理类一等奖”“经济管理先进单位”，并荣获市“加速推进新型工业化工作优胜单位”称号。2011 年 5 月 28 日，区政府免去黄柏文园区管委会副主任职务。是年，获市第五批“创新型园区” 荣誉。2012 年 3 月 15 日，经省政府批准，长沙天心工业园管理委员会更名为长沙天心经济开发区（以下简称“经开区”） 管理委员会 。是年， 经开区管委会获区“经济管理类一等奖”；被评为区“经济管理先进单位”“促进区域经济先进单位”。

表 12-2-1　　2002—2012 年天心工业园管委会历任领导名录

职　务	姓　名	任职时间	备　注
主　任	杨建国	2002.08—2003.03	区人大常委会副主任兼
	陈志恺	2003.03—2004.03	
	彭泽南	2005.05—	
副主任	黄柏文	2003.03—2011.05	(常务副主任)
	胡　浩	2003.03—2005.07	
	黄　会	2003.03—2005.06	
	刘科宁	2005.07	
	谭雄伟	2005.07—2006.12	
	罗　青	2006.08	

行政内设机构　2003 年 2 月，园区成立办公室、招商经营部、拆迁建设部 3 个内设机构。办公室主要负责日常文书管理，政务工作综合以及政策调研、督查、机要、档案信息、宣传策划、行政后勤、财务管理、外事接待、机关考勤等工作；协调建设项目、引进企业与部门和当地的关系，维护建设项目和引进企业的正常秩序。招商经营部主要负责园区内产业布局和产业规划制订；负

责引进项目联系洽谈、审批与签约，代办引进项目用地及规划报建手续，并做好有关协调服务工作；负责园区范围内开发项目筹划和包装工作；与国土部门共同做好土地二级市场经营和拍卖；负责园区范围内资本运营和融资工作。征拆建设部应严格遵守和贯彻执行国家、法律、法规和省、市、区有关规范性文件规定，主要负责做好园区建设各类规划编制和协调，做好园区年度建设计划编制；负责园区各类基础设施和投资项目规划、设计、报建和建设及项目建设资金预算报告的编制和预审；负责园区内建设用地的征收、拆迁、安置、补偿工作；负责园区内水、电、路、通讯等基础设施的规划报建和建设施工，做好工程建设招投标工作，做好引进项目规划设计的预审把关和建设施工现场监管，为引进开发提供相关数据和图表；负责协同有关部门搞好施工现场安全检查，严防各类事故发生，负责协调园区工程建设过程中出现的重大问题和突发事故，并及时报告管委会主任会议。2005 年 4 月，园区内设办公室、招商合作局、规划建设局、财政分局（为区财政局的派出机构，副科级单位）、产业发展局、社会事务局 6 个机构。撤销拆迁建设部，征拆职能并入规划建设局；招商经营部更名为招商合作局；但产业发展局和社会事务局未配备干部，社会事务局职责仍由大托镇承担。明确内设机构职责：办公室负责研究制定并组织实施园区具体管理制度；组织编制园区中长期发展规划和年度计划；负责园区党群、机构编制、人事劳资、纪检监察、考核等工作；负责园区政策调研和形象策划；负责园区工作情况综合、信息反馈和调查研究及准确地反映园区建设工作情况；负责园区重要公文、文稿、信息的审核、起草和处理；负责园区党工委、管委会日常文书处理、政务工作综合、网络管理与维护；负责园区目标督查、机要、档案、宣传、信访、行政后勤、保卫和接待工作、管好园区党工委、管委会及办公室印章；按规定处理涉外事务，负责承办园区内出国任务和出国（境）人员报批手续，完成领导交办的其他工作。招商合作局负责项目引进及相关服务工作；负责入园项目手续办理和协调服务工作；审核、申报高新技术项目，审批授权范围内的合资项目；负责入园企业对外经济技术合作与交流；负责园区对外科技交流和外事接待；负责园区社会发展布局、产业规划、计划和产业政策制定、审核、审报并组织实施；负责入园企业科研计划、项目、成果申报管理和企业技术质量监督，组织企业新产品、科研成果及推广；指导企业建立现代企业制度，推进高新技术产业化、国际化；负责入园企业协调服务、协助企业解决重点困难问题；负责入园企业综合统计和年度考核；负责园区安全生产监督管理和市级项目立项审核报批。规划建设局在长沙市城市建设总体规划指导下，负责编制并申报园区建设总体规划和分步实施详细规划；负责园区规划、建设管理、审核报批基建项目；按国家对土地管理法规，协助处理土地统一开发、利用、管理；负责园区内基本建设项目施工质量监督、组织实施园区内基本建设项目招投标；协调和指导入园企业建设工程招投标；负责园区内道路、给排水、园林绿化、环卫、交通、亮化及电力、自来水、电信、燃气各综合管线等市政设施建设及移交、协调建设、城管、电力、电信等部门工作；负责园区拆迁腾地的组织协调工作。财政分局负责园区财政管理，编制年度财政预决算；负责园区管委会及相关部门、单位的财务工作；负责园区审计、监督工作；负责园区投融资和资本运营工作；协调落实各项财税优惠政策，协助做好税收征管工作。

2006 年 8 月，园区内设办公室、招商合作局、规划建设局、财政分局（为区财政局的派出机构，副科级单位）、产业发展局、社会事务局等 6 个机构。进一步明确、细化各机构职责。各机构中办公室、财政分局、招商合作局、规划建设局其基本职责不变，原部分职能则调整到产业发展局、社会事务局履行；产业发展局负责园区社会发展布局、产业规划、计划和产业政策制定、审核、申报和组织实施；审核申报高新技术项目和企业，审批授权范围内的合资项目，指导建立现代企业制度，推进高新技术产业化、国际化，做好重点企业协调服务；指导园区内企业科研、新产品开发，负责科技计划、科研项目、科研成果鉴定的审核申报和管理，组织企业新产品、科研成果展示及推广；指导企业进行产业发展项目资金申报与协调工作；负责园区企业安全生产监督管理；完成园区综合统计分析及企业年度考核；负责园区市级项目立项审核报批；完成园区工委、管委会交办的其他工作任务。社会事务局负责编制园区社会发展总体规划；负责协调园区拆迁安置，调处征地、拆迁安置中各类矛盾、纠纷；负责园区社会治安综合治理、民政、社会保障、劳动用工、计划生育、教育、文化、广播电视、卫生、体育及社会中介组织等管理；协调园区内各企业、驻园机构和周边地区、单位的关系；完成园区工委、管委会交办的其他工作任务（2002 年 8 月—2005 年 12 月底，社会事务局其大部分职能职责委托大托镇政府承担）。园区财政分局获评园区年度“最佳优质服务单位”。2007 年，办公室共组织各类报告会 5 次，组织各类活动 4 次，完成各类行政工作计划、总结、向人大政协汇报等材料 50 多份，园区后勤、文电、机要、保密、综合调研、督查督办、档案管理、接待等工作规范有序，成效显著。12月，园区办公室获评区年度“宣传工作先进单位”。2008年，园区财政分局获评园区“优秀服务示范岗”荣誉。规划建设局被区妇联评为区“2007年—2008年度巾帼文明岗”。2009年，产业发展局获评园区“优秀局室”荣誉。2010年，招商合作局获评园区年度先进单位。2012年，天心经开区管委会内设机构：办公室、财政分局、产业发展局、规划建设局、招商合作局、社会事务局、纪检监察室等7个局（室）。其局（室）职责职能不变。

表12-2-2　2003—2012年天心工业园内设机构历任领导名录

机构名称	职　务	姓　名	任职时间
办公室	主　任	胡　浩（兼）	2003.03—2005.06
		蒋良核	2006.08—2010.03
		钟书宏	2010.04—
财政分局	局　长	周　军	2005.07—
征拆建设部	部　长	黄　会（兼）	2003.03—2004.09
		罗孟怡	2004.03—2005.07
招商合作局	局　长	黄柏文（兼）	2003.03—2005.07
		王若飞	2005.07—2007.03
		钟　辉	2007.03—
规划建设局	局　长	蒋良核	2005.07—2006.08
		罗孟怡	2006.08—
产业发展局	局　长	王若飞	2007.03—
社会事务局	局　长	胡　浩	2006.08—2009.07
		曹　出	2009.08—2011.05

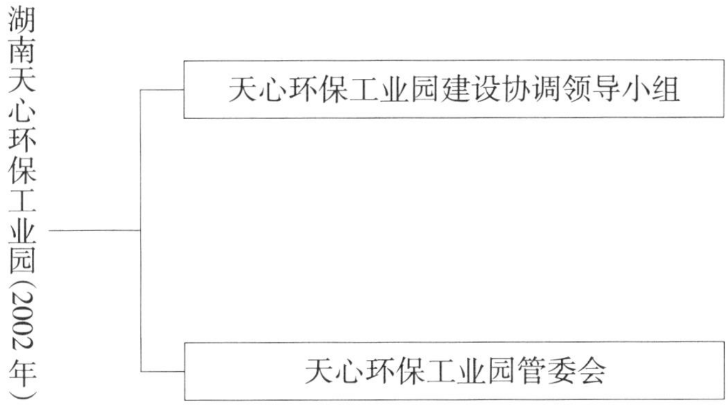

湖南天心环保工业园机构设置变化图（一）

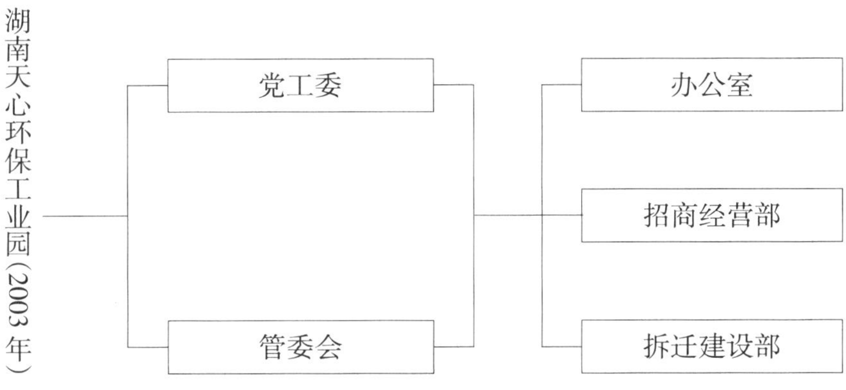

湖南天心环保工业园机构设置变化图（二）

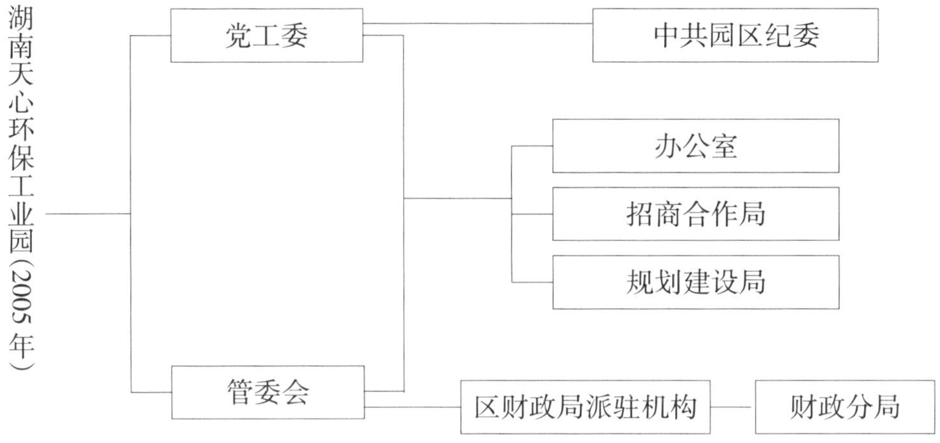

湖南天心环保工业园机构设置变化图（三）

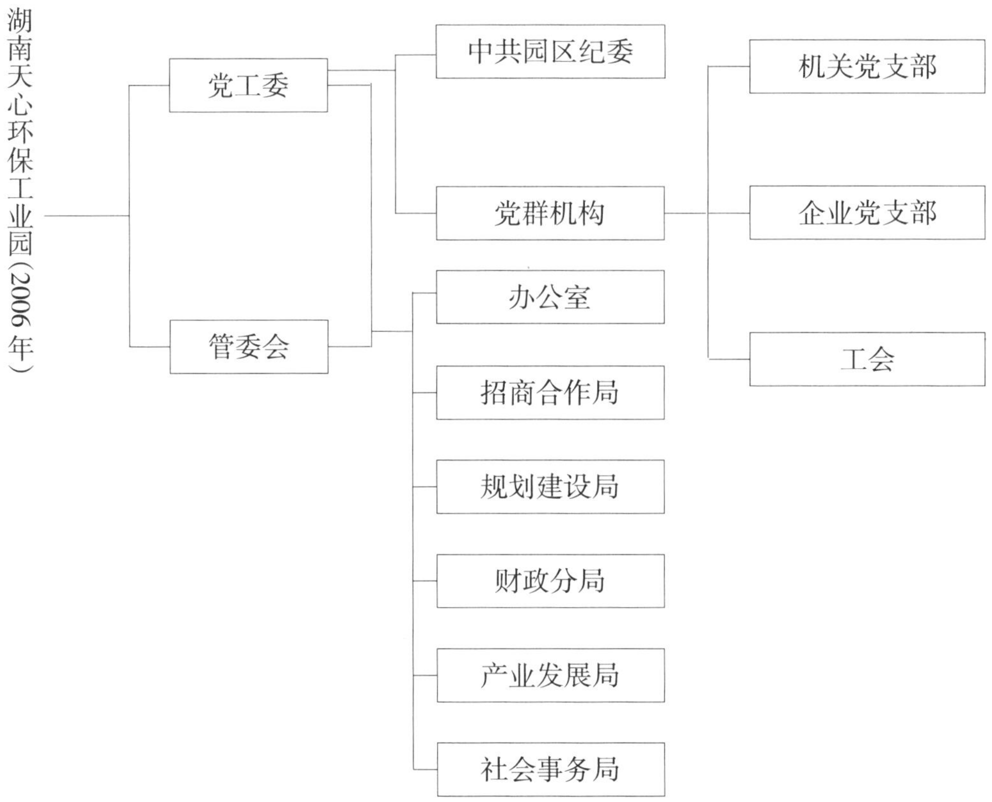

湖南天心环保工业园机构设置变化图（四）

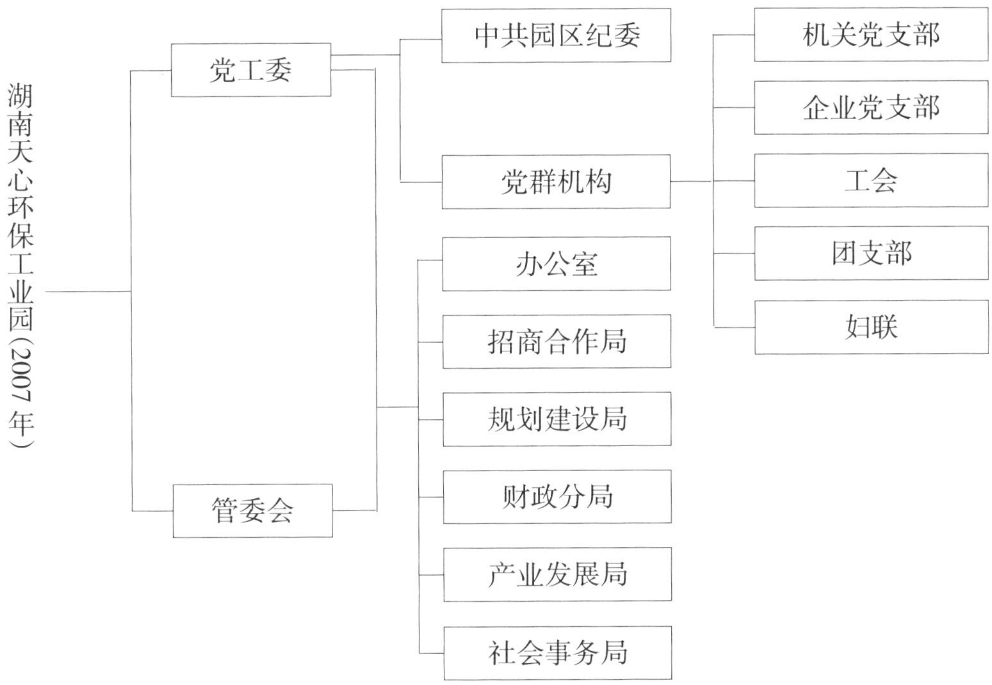

湖南天心环保工业园机构设置变化图（五）

湖南天心环保工业园机构设置变化图（六）

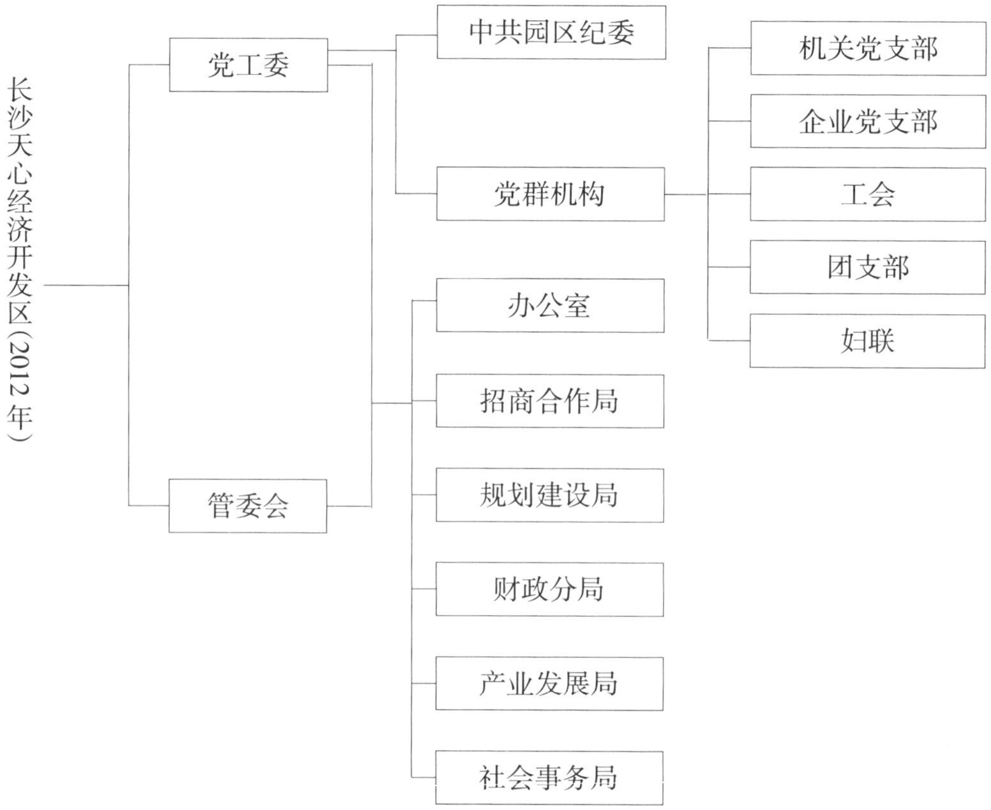

湖南天心环保工业园机构设置变化图（七）

第三节　群团组织

工会　2002年9月至2005年12月，园区未单设工会组织。2006年5月26日，湖南天心环保工业园工会成立。其职能是贯彻党的路线、方针和政策，根据《中华人民共和国工会法》和《中国工会章程》，依法开展工作。根据工会组织特点和广大职工意愿，加强职工教育，做好职工思想政治工作，提高广大职工政治素质，为改革、发展、稳定奠定坚实的思想基础。积极开展“源头”参与，维护职工合法权益，检查和监督劳动保护条例的实施，维护职工安全与健康。实施送温暖工程，搞好困难职工和劳模的走访慰问送温暖活动。加强民主管理工作，推行平等协商签订集体合同制度，维护职工民主权利，推动党的全心全意依靠工人阶级方针的贯彻落实。加强园区工会组织建设，特别是新经济组织和非公有制企业的工会组织建设，确保职工队伍的稳定。指导企业开展技术创新工程、经常性的社会主义劳动竞赛和提合理化建议、技术革新、技术协作活动，提高职工队伍素质，调动广大职工生产积极性和创造性，为园区经济建设充分发挥工人阶级主力军作用。建设“职工之家”，积极开展创建“模范职工之家”活动，并组织职工开展积极向上的文体活动。活跃职工文化生活，促进精神文明建设。按照党和国家政策规定，认真做好职工群众来信来访接待和处理工作，密切与职工群众联系。贯彻党和政府及上级工会有关财务工作方针政策，管好、用好工会经费。加强女职工工作，维护女职工合法权益和特殊利益。 协助政府做好劳动模范评选、表彰、培养和管理工作。搞好工会情况调查研究，不断总结工运经验，创新工会理论，发展工运事业。承担工会社团法人登记、建档任务。完成园区工委、管委会安排的中心工作任务和上级工会交办的其他工作任务。按照区总工会关于“建立区域性工会、二级组织覆盖，工会干部社会化、职业化试点”要求，制定园区工会工作实施方案。6月1日，园区召开机关职工第一次代表大会，选举产生机关工会委员会，胡伏林任工会主席，刘科宁任经审主任（委员）并兼任女职工主任（委员），王若飞为工会委员。2007年4月，园区工会组织捐款3750元，慰问区统计局一干部患重病之子—5岁小朋友，献出一份爱心。2008年5月，组织职工向四川汶川地震灾区捐款5500元，送到区红十字会作为园区“爱心款”。7月24日，区总工会和园区工会组成慰问团，为园区企业一线职工发放了价值2万元的防暑慰问物资。2009

年12月，园区组织职工为张家界慈利县庄塔乡水田村残疾农民严定台捐款献爱心，共捐5600元。2010年年初，区总工会决定成立长沙天心工业园区工会联合会，下辖各企业工会和企业联合工会。园区工会联合会委员会设委员7名。其中主席1名，提议主席由园区管委会副主任翁开明担任；另设6名委员，企业工会选4名，园区干部选2名（其中园区干部刘小波作社会化、职业化工会干部配备）、杨灿辉和长沙电机厂、天鹅工业泵、三远钢结构3家企业工会主席担任，另从入园企业中选1人担任委员。工会联合会内设职工委员会、经费审查委员会、劳动竞赛委员会、劳动保护委员会、文体活动委员会等五个内设机构，分别由1名委员兼任主任，从企业各选2人担任委员。组建园区企业联合工会筹备委员会，开展筹备工作，负责发动，组织暂不具备条件单独成立工会组织的企业组建园区企业联合工会。翁开明兼任筹委会主任，刘小波担任副主任。开展筹备工作，通过组建方案；酝酿联合工会委员会名单，适时召开选举会议并挂牌。3月4日，园区工会联合委员会成立。翁开明任工会主席，邓凰、肖满生、杨灿辉、刘小波任委员。杨灿辉兼任经费审查委员会主任，刘小波兼任女职工委员会主任。4月，组织干部职工向甘肃玉树灾区捐款5300元，向灾区人民表达一份爱心。10月30日，园区干部参加天心区首届机关干部职工运动会开幕式暨广播体操比赛。12月，开展“创业兴园写风” 活动，邀请省、市诗词书画协会专家13人（诗词书法7人、画家6人）参会，旨在提升园区形象。2011年4月27日　园区举办第一次“健康生活、开心道廉”登山活动，全年共举办4次登山活动。是年，有2人获区总工会“五好文明家庭”。2012年，园区有5人被区总工会评为“五好文明家庭”。

共青团　2002年9月至2007年7月，园区未组建共青团支部。2007年8月9日，共青团园区机关支部成立，曹出任园区机关共青团支部书记；刘庆、何峰任机关共青团支部委员。园区共青团组织成立后，领导园区共青团和青少年工作；充分发挥共青团在青年和少先队组织中的领导作用；依法对园区内各青年社团和青少年教育和服务阵地等进行归口管理和业务指导。教育、引导园区团员青少年在实践中树立正确的世界观、人生观和价值观，增强团员青少年思想政治工作，全面贯彻中国共产党在社会主义初级阶段的基本路线、方针和政策。适应园区经济和社会发展需要，紧紧围绕园区中心工作，组织开展志愿服务、学习创新等各类形式多样、适合团员青少年特点、健康有益的活动，充分发挥团员青少年在区域经济建设和精神文明创建中的生力军和突击队作用，满足团员青少年成长成才需要。加强调查研究，掌握园区团员青少年学习、工作状况；参与制定并实施园区青少年工作和青少年事业发展规划和有关政策、法规的学习；协助承担园区工委、管委会处理、协调和督办园区青少年权益保护等相关事务；积极发挥共青团在参与政府和社会事务管理中的民主监督作用。协助党和政府做好园区在校学生、职业青年教育、引导工作；依托社区，整合资源，为社区各青少年群体提供有益的帮助和服务，切实维护社会稳定。开展青年工作，团结园区各族、各界、各党派和一切爱国青年人士为建设新园区作贡献。充分发挥共青团在民主协商、参政议政和民主监督中的积极作用；进一步加强对外联系，积极开展青少年对外交流活动。坚持党建带团建，按照群众化、社会化、民主化和法制化的要求，进一步健全和加强园区基层团组织建设，努力增强共青团组织的凝聚力、感召力和吸引力；积极运用信息技术，推动青少年工作手段的现代化。加强机关建设，提高机关管理科学化、规范化、制度化和信息化水平；努力选拔、培养和输送青年干部；承办园区工委、管委会交办的工作任务。至 2012 年，共青团组织职责职能未变，组织活动记录未存档收录。

妇联 从 2002 年 9 月至 2007 年 7 月，园区未建立妇联机构，委托大托镇代管妇联工作。2007 年 3 月 8 日，组织女干部职工去长沙跳马乡晨武山庄开展庆“三八”妇女节活动，活跃女职工文化生活。8 月 9 日，园区妇联组织成立，选举汪菲任园区机关妇女联合会主席；刘小波、周青任区机关妇女联合会委员。2009 年 5 月，园区新兴电器公司女职员龙新凤获得“优秀创业女性奖”。2012 年 3 月 8 日，组织召开“传承雷锋精神、争做美丽新女性”主题茶话会，欢庆“三八”妇女节，调动女职工工作积极性。至 2012 年 6 年中，园区妇联带领全园女干部职工以“巾帼建功”“双学双比”活动为载体，参与园区经济建设，举办培训班，组织妇女学科学、学技术，提高妇女整体素质，为妇女就业服务。在园区开展创建“巾帼文明岗”活动；以“五好文明家庭”为载体，开展创建“五好文明家庭” 活动，有 3 名女干部家庭获区总工会“五好文明家庭” 称号，组织妇女参与文明建设，加强妇女“四自”教育和政治思想教育。学习《中国妇女发展纲要》《中国儿童发展纲要》《中华人民共和国妇女权益保障法》《中华人民共和国婚姻法》维护妇女儿童的合法权益，为园区经济建设起到积极作用。

附　录

附录　人物介绍

历任工委书记任职工作情况

曹健，男，生于1954年12月，湖南长沙人，中共党员，大学文化，1979年6月，在望城县公安局参加工作，任望城县公安局侦查员、技术员、副股长等职。1987年9月，在湖南电视大学档案管理专业学习；1991年8月，曾任望城县公安局副股长、刑侦队队长、副局长、局党委委员、局长、党委副书记、县政法委副书记、县委常委、县政法委书记（兼县公安局党委书记、局长）、县委副书记等职。2002年10月，任中共天心区委副书记。2003年3月，任区委副书记、兼园区工委书记（任职时间：2003/3/—2005/7/）。

2003年3月，园区工委成立，曹健首任书记，园区工委及管委会作为区委派出机构，与园区管委会合署办公。为启动建设、按照“政府引导、市场运作”要求，积极探索公司化运作模式，组建湖南天环经济开发有限责任公司，承担园区开发建设和投融资任务，使园区开发建设逐步向市场化过渡。全年征地面积24.33余公顷，开工建设道路3条，引进新兴电器、天鹅工业泵、三远钢结构、塑峰实业、龙盛实业、华宇工程机械、长株潭精品汽车城等一批中小项目入园，赢得良好发展环境。荣获市委、市政府颁发的“2003年度工业园区基础设施建设奖”。2004年，在控规整体原则下，不断完善发展规划，明确目标定位，主要以市场为导向，以高新技术和环保型工业为特征，以电子信息、机械电器、服装加工产业为龙头，以现代制造业为支撑，以楼宇经济和总部经济相配套，全力打造“精品园区、实力园区、效益园区”，把园区建成为“湖南天心生态经济园”发展构想，为可持续发展提供充足后续空间，把现有区域规划面积5.83平方千米，扩展到包括南绕城线以南、湘江以东约20平方千米，把产业领域拓展到二、三产业，全力打造自然生态与人文环境和谐统一的示范性生态经济园。优化投资环境，完善基础设施，扩大招商面，吸纳精优项目入园开发建设。出台《天心环保工业园入园项目单位建设管理暂行办法》，严格把好项目入园关，入园项目必须是科技含量高、附加值高、环保型、发展前景好、投资强度不低于省、市规定的，对入园项目规划设计、施工安全和质量、工程进度、建筑风格等进行严格管理。需经园区考察洽谈、专家综合论证、招商领导小组和省、市审核批准，才准入园开发建设。在引进大项目和标志性项目上取得突破，中信深圳集团、香港毕华服饰、宁波先锋电器集团、长沙电机厂、湖南韶峰水泥集团等大型内外资企业先后入园开发建设；特别是“中信新城”项目，总投资50亿元，占地面积133.4公顷多，是一个集商贸、文化、金融、信息、高科技工业、绿色生态居住于一体的大型综合组团；项目投入使用后，即成为长沙市标志性的“城市商务名片”。2005年，园区以党的先进性教育活动为契机，严格按照年初制定的目标任务，完善各项制度强管理，狠抓党风廉政建设，建立健全党风廉政建设制度及班子成员党风廉政建设分工负责制，完善工程建设及监督管理，加强财务管理，严格拆迁腾地程序等贯穿党风廉政建设之中，作为改进工作作风来抓。提高认识，以群众满意为标准，针对问题和不足全面整改，切实为村民和入园企业排忧解难，启动并加快中信新城等项目建设步伐，把书院南路城建投回报用地30%计13.6公顷办至中信名下；征地拆迁工作严格依法依程序组织实施，充分保障村民合法权益。完成塑峰塑料实业项目3.53公顷用地、钢龙钢结构0.67公顷、长庆机电科教1.47公顷、龙盛实业项目2公顷用地征地拆迁；完成华宇工程机械5公顷用地调查和110千伏变电站拆迁调查，大力推进开发建设。园区一季度工业总产值增速列全市“两区六园”第一名。

2005年8月，任中共长沙市天心区委员会副书记

张玉玺，男，生于1963年4月，中共党员，湖南浏阳人，大学学历，1983年8月，参加工作，任湖南古港磷肥厂子弟学校教师；1985年8月，曾任浏阳县委办干部、共青团浏阳市委副书记、书记、太平桥镇党委书记、长沙市天心区区长助理、区政府办主任、区财政局局长；2002年1月，任天心区委常委、区委办主任。2005年8月，任园区工委书记(任职时间：2005/8/—2006/5/)。

2005年8月，张玉玺任职后，园区工委及管委会被批准为副县级正式机构。上任后先以园区升级为契机，从抓队伍建设及班子建设入手，改进工作作风，对重点扶持项目简化手续，落实减免费用等一系列优惠政策，为入园企业排忧解难，推进园区项目建设发展。10月，省政府为进一步促进长株潭城市群经济发展，提出通过整合资源、市场在内的经济要素一体化建设，提高以长沙为核心的长株潭城市群核心竞争力和综合实力。园区借力加快发展，年内共引进天鹅工业泵二期、怀其集团、德康制药、钢龙钢结构、长庆机电科教5个项目入园。抓紧新建项目手续办理，全年共办结9个项目用地手续；全力做好企业项

目协调服务，特别是对超世洋服项目督促和指导，使其启动2栋标准厂房建设，其工业小区被列为市经委支持中小企业孵化器。道路基础建设加快进度，环保大道46米宽的路幅成型，完成工程量约3000万元。新电路（干道二）36米宽的路幅已基本成型，完成工程量约为1500万元，另两条道路完成地勘、设计、拆迁调查摸底及施工前期工作。招商引资注重实效，中信新城项目得到市、区大力支持，园区工委书记张玉玺诚邀，取得实质性进展，中国中信集团董事长王军亲赴长沙，对中信新城项目进行实地考察，省市区主要领导与之座谈，为中信新城项目到园区现场办公，与3家银行签订30亿元贷款专款用于建设，中信新城项目园满落地园区。2006年，组织开展以“凝聚两心兴天心”建设教育月活动，以“作风建设年”为契机，建设和谐效能、创新服务型园区，根据工作需要，对干部职工开展群众民主测评和岗位民主推荐，实行年度考核末位淘汰制度，实行薪酬定级管理，“因岗设薪、奖优罚劣、末位淘汰”用人体制得到创新，上下形成有事干、想干事、能干事、干成事浓厚氛围。项目推进有新举措，确保项目建设加快推进，园区成立入园项目清理再约定机构，严把项目引进关，对申请入园项目进行严格筛选，重点引进长沙高压开关和天鹅工业泵二期等省级高新技术项目，极具市场竞争力和技术优势；强化对项目单位有效管理，规范项目用地合同，加快用地手续办理，在办有中信数码港、中信酒店群、长沙天鹅工业泵二期等6个项目，确保中信城市广场等用地按时交付使用；督促项目建成投产或运营有长沙天鹅工业泵、长沙三远钢结构等项目，开工建设有中信城市广场等项目3个，具备启动建设条件项目4个，加大对入园投产企业的扶持，先后支持天鹅工业泵、三远钢结构等企业完成质量创新和产业升级。加大高新项目扶持力度，积极协助企业做好新产品、新技术专利申报认定及知识产权保护工作，维护企业合法权益，有力推动园区各项建设发展。

2006年5月，张玉玺调任区委常委、常务副区长。

师大学，男，中共党员，生于1964年2日，大学文化，长沙市人，1981年10月参加工作，至1985年8月，在国有长沙市东屯渡农场东升印刷厂工作。1985年8月，历任农场二分场团支部书记、民兵营长、治安主任、副场长、农场三分场党支部书记、场长等职；1996年3月，历任农场党委委员兼三分场党支部书记、场长、启程房地产开发公司经理、农场副场长等职；1998年10月，任芙蓉区东屯渡街道工委委员、办事处副主任，2000年6月，任长沙市湘湖管理局党委委员、副局长。2002年1月，历任芙蓉区东岸乡党委副书记、乡长、党委书记、兼市高新技术产业开发区隆平高科技园工委副书记；2006 年 6 月，任天心区委常委、湖南天心区环保工业园工委书记。2011 年 6 月，不再担任天心区委常委，提拔为正县级（任职时间：2006/6/—）。

2006 年 6 月，师大学调入园区任工委书记时，绝大多数土地都虽已完成招商，但真正入驻企业只有 3～4 家，绝大多数项目既未办理手续，也未启动拆迁，道路及其他配套设施寥寥无几，可以说，园区还处在起步创业初期。以党工委书记师大学为首的新工委班子相信事在人为，有前两任打下的基础，坚定园区发展信念，开始园区发展谋划。首先找出所有合同，对项目逐一研究分析，予以分类处理、区别对待，对好项目全力支持，对落后产业项目坚决清理。其次，根据现状，深入实地调研，建立健全制度，完善招商引资、拆迁安置等办法，园区各项建设掀起新一轮高潮。2007 年，园区积极抢抓长株潭经济一体化和省府新区建设等重大机遇，谋划加速推进新型工业化发展思路，对产业布局、项目建设和完善功能，大胆创新与实践；在招商引资、拆迁腾地、项目建设、管理服务等方面，坚持把招商引资作为增强后劲、夯实基础重中之重来抓，优化投资环境，引进湖南中烟工业公司长沙卷烟厂等 5 户企业项目；采取“定位、定向、定点”招商方式，加大产业招商力度，远赴北京、上海、成都、浙江、福建等地开展小分队招商活动，通过考察洽谈，引进日本东宇—友阿集团奥特莱斯公园购物广场、中国电子科技集团公司第四十八研究所与西班牙索拉日科（Solarig）公司投资 50 亿元建光伏产业基地等落户。全年实到位省内境外资金达 1.3 亿元，固定资产投资总额 7.2 亿元，完成科技创新项目 5 个。是年，重点抓好工商项目建设。突出工商业项目对固定资产投资拉动作用。中信城市广场、天鹅工业泵二期、龙盛电子产业、塑峰塑料相继启动建设；扎实推进基础设施项目建设，新修果子园北路、新电西路相继竣工通车，总投资 5935 万元；大托 110 千伏变电站正式运营。2008 年，是长株潭” 两型社会” 综合配套改革试验区实施的第一年，园区以此为动力，按区政府“创业兴发展，三年新跨越”战略目标，开展“园区干部下基层，帮困解难促发展”、“服务经济建设百日大行动”和等活动，落实园区项目建设责任制，狠抓招商引资、项目建设、产业发展，加快中信新城、奥特莱斯购物公园建设，着力打造长沙南市场群；全力支持中电集团第四十八所为龙头的湖南太阳能光伏产业，打造中部地区最大的光伏产业基地；支持长沙天鹅工业泵、长沙电机厂、长沙三远钢结构、新兴电器、华宇科技、防火装备、长庆机电、新东方厨具、塑峰实业、钢龙钢构等项目做大做强，支持5家医药物流企业建成投产；支持岳迩创业园发展，为园区经济发展寻找经济增长点，园区实现6条道路开工建设，总投资1.2亿元。加强招商项目策划和开发，积极引进大项目，优势项目落户园区。参加各项商贸洽谈会开展招商活动10余次，引进企业5家；依托中信新城投资进行二次招商，实现到位外资1.5亿元，到位市外境内资金形成固定资产投资3亿元，完成省外到位资金5600万元，推动园区跨越发展。园区在全市“两区十园”考核中经济增幅列名前矛，被评为全市工业生产“时间过半，任务过半”先进单位；中信城市广场、天鹅工业泵二期、塑峰塑料项目和次干道十四、新谷路、新电西路也分别荣获区委、区政府3季度“四项工作讲评”一、二等奖。10月，园区新办公楼建成搬迁，内设企业项目展示、职工教育培训、政务中介服务等中心，为企业发展搭建服务平台，提供更多服务，提升园区服务水平和办事效率。坚持以建设“和谐、创新、效能”园区为载体，着力打造创业团队，注重加强机关效能和作风建设，建立完善绩效考核办法，强化平时考核督查，实行行政问责和兑现奖罚措施，增强工作积极性和创造性，增强凝聚力，干部职工积极参与文明创建工作，为谋划园区发展提供坚强有力保障。 2009年，发展是园区第一要务，突出园区科学发展，关键在抓重点产业、重点项目，提高服务企业、服务项目水平。年初确立“危机之中上高速，逆势而上创品牌”思路，提出“经济指标上台阶，项目建设快推进、交通循环要打通”高目标。运用于工作实际，对提振信心发挥积极作用，通过实践，这一目标是切实可行的，园区经济登上50亿元新台阶，各项指标均超额完成市、区目标任务，在全市“两区九园”中增幅排名前列。建立和完善园区十大发展机制，针对城市管理中某些不足，积极向区委区政府建议，得到支持，使园区城管体制更顺畅，机制更灵活，面貌有明显提升。努力优化经济发展服务环境，向入园企业作出十项公开服务承诺；针对项目多、推出班子成员联点项目、联点企业举措；针对园区招商困境，提出将招商引资重点转向协助入园企业搞好二次招商上来，组织研究制定一系列招商举措，园区招商引资取得突破，全年新引进中小型企业30家，新增年产值3.5亿元；突出产业和项目重点，始终把光伏产业发展和中信城市广场、奥特莱斯等重大项目建设作为重中之重，优先力量，优先调度，优先服务。坚持人本理念，抓好拆迁和安置，在实践中，尤其是对辖区内农民拆迁安置上，态度鲜明，决不损害农民利益，竭尽所能为失地农民做实事，营造人性化拆迁氛围，以赢得农民的理解、支持，拆迁任务顺利完成，全年拆迁73.3公顷多土地，动迁上千人口，无一例非正常上访事件发生。

2010年，提出园区“建设提速年”，抓住关键环节，解放思想，着力攻坚克难，把握工作大局，深入领会、贯彻中央省市关于加快长株潭”两型” 社会建设及执行区委“创业兴发展，三年新跨越”发展战略最后一年，创造性地开展工作，抢抓机遇，不断完善发展思路，力求以思路引领发展。强化产业求发展。提出园区发展希望在工业，工业发展战场在企业，企业发展出路在产业。产业是实现发展最强有力的手段，只有抓住产业这条主线，园区才得以发展，把发展光伏产业、电站装备业、现代服务业作为园区发展的三大特色产业来抓，拉长产业链，把这三大产业做大做强做专，实现集群化发展。积极作为，通过招大商带动扩园，与周边资源整合，实现统筹规划发展。积极推进，设想把解放垸纳入扩区范围，按照城市国际化要求，高标准规划，高品位建设，把解放垸区域打造成为城市国际形象代表区、“两型”产业示范区、都市生活精品区。坚持一个项目就是一个增长点，一个项目就是一份带动力，把项目建设作为经济发展的着力点和突破口，园区彰显“一圈（商贸物流圈、一带（新型工业带）、一基地（光伏产业基地）”产业发展格局，产业特色更明显。尤其是重点项目奥特莱斯购物公园和中信新城，发展后势强劲。在全市领导班子正职等次评比获一等奖。2011年，根据园区发展要求，制定《天心工业园“十二五”发展规划》，致力于思路引领、管理创新、项目建设三大理念，园区发展思路更清晰，目标更明确，重点更突出，措施更有力。是年，园区扩区、转型工作得到市委市政府及有关部门大力支持，取得积极进展，转型发展总部经济和楼宇经济，批准园区加挂“长沙天心两型产业示范园区”牌子，建设规划和产业规划积极推进，制定一系列措施，创新拆迁机制，解决安置办法，倡导村集体大胆经营生产生活安置用地，鼓励建设高层安置小区，有效推动拆迁工作，共拆迁700多户、腾地面积约334公顷，实现平稳拆迁、和谐拆迁；努力化解融资难题，用足政策、合理调度，仅用3亿元贷款资金，撬动园区上十条道路近10亿元的建设。积极争取省市政策支持，共争取政策资金约9000万元支持企业发展；建立健全服务机制，大力整顿机关作风，强化机关服务意识；创新招商思路，根据无地可供招商局面，提出继续采取“二次招商” 方式，与企业共同组成招商小组，引导入园企业加快建设、整合资源进行招商，制定“零租金+奖励”招商方案，确立招商快速决策机制和全程服务机制。2012年，始终突出经济建设，以“两帮两促”和“服务企业百日行动”为抓手，深入企业，着力帮扶解困，聚精会神搞建设，心无旁骛抓发展。经济运行在稳增长中有新发展。虽经济形势压力大，尤其是主导产业光伏产业深受欧债危机和美国反倾销、反补贴制裁影响，经开区也受到一定影响，面对市场变化挑战，深入调研，协同四十八所调整思路，采取一系列有效措施积极应对，由于光伏产业的支撑，园区经济实现稳中有进，招商引资在抓调整中有新成效。积极组织参加各类招商活动，创新思路，对优势重大招商项目、采取“一事一议”机制基础上鼓励、吸引企业总部入驻园区，新注册企业42家，全年实现到位外资2350万美元；省外境内到位资金7.2亿元；省外境内资金形成固定资产投资9.3亿元，项目建设在强帮促中有新进展，以项目保增长、用项目促转变、靠项目强后劲，新建项目12个、续建项目6个，全年共完成投资16亿元，实现开工面积100万平方米。年内新谷路、托子冲路、环保大道东延长线、机场三街4条道路相继通车。强化领导责任，加强项目调度，深入项目，全力推进奥特莱斯购物广场、防火装备厂、山水嘉园等一批项目竣工投产；光伏产业基地、中信小学、中信购物中心等一批项目快速建设；三家医药项目、宇航科技总部基地、天亚房产等一批项目即将启动建设。

师大学书记任职期间，面对园区5平方多公里规划区，经济总量不足5亿元规模的现状，立足实际，放眼未来，审时度势，先后提出建设“融城核心、精品园区”发展目标；提出建设“和谐园区、创新园区、效能园区”发展思路；提出建设“一带一圈一园一基地”产业发展规划。在“十二五”规划中，进一步完善确立“精品园区、融城核心”和“扩区拓园、再造新区”两大战略，明确在“十二五”规划期末要实现“东繁西拓”，建设好现有园区范围，并实现繁荣局面；拓展园区规划、再造新区列入“十二五”规划发展目标。明确“十二五”规划期间要重点推进总部经济、商贸物流、光伏产业、电力装备等四大优势产业和板块，实现技工贸总收入超600亿元，其中，工业总产值超400亿元，商贸销售业超200亿元。至2012年，共引进企业近78家。突出项目，有效推动经济快发展。坚持一个项目就是一个增长点，一个项目就是一份带动力，坚持把项目建设作为经济发展的着力点和突破口，要求全园上下“一切为企业着想，一切为企业服务”，坚持“服务项目，适度超前”的发展思路，着力完善基础设施建设。园区文化是园区形象最好品牌，是园区发展不竭动力，塑造园区文化对园区健康持续发展具有长远的战略意义，结合实际，总结提炼符合园区内涵的文化概念，加以外化，通过塑造园区文化，提升发展能力。履行管党治党责任，抓好园区党组织织建设，带好园区班子和园区队伍，始终把园区及辖区企业党组织建设工作摆在重要位置，研究党建工作思路、措施，部署参与各项党建活动，抓住学习实践科学发展观这一活动契机，加强各级党组织建设，致力提升党组织在经济发展中政治核心和主力军作用，使经开区步入又好又快发展轨道。技工贸总收入由2006年的15.7亿元至2012年的173.6亿元，以年平均速度约150%递增；规模工业总产值由2006年的11.8亿元至2012年的165.8亿元，年平均速度156%递增；实现利税由2006年的2.3亿元增加至2012年的11.4亿元，年平均速度130%递增。2006年至2012年，经开区获得市级荣誉7个，获得省级荣誉2个。个人曾多次立功受奖。

历任管委会主任任职工作情况

杨建国，男，中共党员，生于1951年10月，湖南衡山人，大专学历。1969年2月，入伍参军，任某部政治处组织股干事、正连职。1982年8月，曾任长沙市南区区委办干部、人事科副科长、人大办副主任、主任、城南路街道党委书记、工委书记、天心区人大常委会副主任。2002年8月，兼任园区管委会主任(任职时间：2002/8/－2003/3/)。

2002年8月，区委区政府下发《关于加快天心环保工业园建设的试行办法》，决定成立湖南天心环保工业园建设协调领导小组及管委会，杨建国临危受命担任管委会主任，上任后，积极做好园区前期筹备工作，并顺利完成班子组建、临时办公场地选扯和设备采购的落实。建园初期，该地方全部是农田山地，没有道路设施，为打开局面，杨建国向区里提出建议并推进长沙大道向南延伸，建设长沙大道第四期工程，使之成为贯穿园区的主干道，从而推动园区建设序幕。组织制定《湖南天心环保工业园可行性研究报告》，园区设计项目总投资17.2亿万元，占地面积约600公顷，实行“一次性规划，整体布局，功能分区，分期实施，综合开发，滚动发展”模式。天心区委区政府批复同意在长沙市绕城线以南、韶山路两侧、火星大道以北，规划建设园区项目立项，占地面积5.83平方公里，规划为“一心四区”。湖南天心环保工业园正式挂牌成立，实行天心区区委区政府直接管辖的管理体制，明确主要职责：在园区控制性用地范围内实行统一领导、统一规划、统一协调；具体负责园区规划建设和管理。按照“政府引导、市场运作、法人经营管理”模式，筹划组建法人化、业主化股份有限公司，负责园区基础设施建设和土地滚动开发，通过财政资金引导，整合社会资源，调动社会资金投入，形成多元化投融资体系，充分利用城市主干道和大型项目等有效途径，加快基础设施建设。实行封闭式管理、项目审批代办制、一站式办公、一条龙服务。组织到深圳参加全国商交会，积极开展招商活动。委托湖南方园建筑工程设计事务所完成设计园区控制性详细规划，并通过区内评审和市规委初审。12月，报省政府批准，园区列入湖南环保科技产业园，晋升为省级工业园区，享受有关税收优惠政策。2003年，坚持规划先行，不断完善发展目标，注重强调园区控规法律性及规范性，各项开发建设严格依审批控规实施，招商引资工作起步。3月，《天心园区建设》创刊，旨在报道和宣传园区重点招商优惠政策及工作开展情况。

杨建国上任仅短短6个多月，从筹备到建成园区，组织大托镇、先锋、新路两村和区国土部门对辖区村民居住、建筑物、土地利用等现状进行调查，收集第一手资料，为征地、拆迁、安置建设打下基础；落实安置用地，拟定园区内大托镇先锋、新路两村村民安置用地方案得到落实，安置用地指标报市国土局审核批准。做了大量工作，随着园区建设启动，优越投资环境吸引着省内外各路商家和企业，前来洽谈和协商者络绎不绝，先后接待前来实地考察达40多家，对其中16家重点项目有针对性地到户考察。使园区建设顺利起步。

2003年3月，任工业园区顾问。

陈志恺，男，生于1963年11月，中共党员，湖南长沙人， 1986年7月，参加工作，曾任长沙正圆动力配件厂干部、南区统计局干部、天心区计划统计物价局副局长、坡子街街道工委副书记、办事处主任、天心区青园街道工委副书记、办事处主任、国营畜牧农场党委副书记、场长、区计划统计物价局党组书记。2003年3月，任园区工委副书记、管委会主任（任职时间：2003/3/—2005/5/）。

陈志恺到园区任职后，全新工作给他提出新的考验，用短短一个多月时间，发奋补充工业园区开发建设与管理急需专业知识，尽快进入角色打开工作局面，首抓基础设施建设开始，全面完成园区次干道新岭路建设前期工作。道路设计、拆迁、工程招标等工作严格按规定程序到位，进入道路施工阶段；积极抓招商引资，通过调整思路，拓宽渠道，以诚招商，园区招商喜人，省服装工业公司、凌峰科技两家单位被批准入园，法国鳄鱼服装、楚天包装机械、三远钢结构等商定入园用地意向，报区招商领导小组审批入园。为重点工程建设创造良好外部环境，积极协调服务，始终把招好商、招大商、引进精品项目作为园区发展前提，优化投资环境，一切从服从大局出发，做好拆迁安置补偿，协调重点工程建设与周边住户及单位关系，实地察看辖区内用地状况，与规划、国土、新城办等部门联系，帮助新路、先锋两村确定安置定点，尽量把位置较好地方作为村民生产、生活安置地，先后完成新兴电器、天鹅工业泵、三远钢结构等项目拆迁腾地；塑峰塑料、湘服、龙盛电子产业等企业办理入园规划和国土手续；与韶峰水泥集团签订用地意向合同，为重点工程建设排忧解难。8 月，注册成立湖南天环经济开发有限责任公司，注册资金 1000 万元，由园区管委会与区城建投资有限责任公司共同组建，陈志恺兼任总经理，主要负责园区土地开发建设、基础设施建设和园区投融资、园区服务等业务。10 月，新兴电器项目进园施工，是园区成立以来首家动工建设企业。园区次干道三完成征地拆迁约 2 万余平方米且启动施工；园区次干道十（新岭路）一期工程拉通毛路、泥结石碎石路面完工。采取敲门招商，上门招商，全年引进省内外大中型企业入园共 10 家，投入 1.2 亿元，完成房屋拆迁 32 栋，计 7445 余平方米，拆迁人口 166 人，征地 24.3 公顷多，没有发生一例因拆迁开发建设矛盾引发上访事件。获得市基础设施建设奖项 1 个。2004 年，积极探索园区开发建设新路子，从管委会自身建设抓起，不断完善园区管理。调整充实内部机构，按精简高效的原则，各司其职，分工合作，加强队伍建设，切实改进工作作风，推动勤政廉政，建立严格考核评比制度，全面考评工作方法、工作效率和工作实绩。探索公司化运作模式，以湖南天环经济开发有限责任公司承担园区开发建设和投融资任务，使园区开发建设逐步向市场化过渡。出台《天心环保工业园入园项目单位建设管理暂行办法》，严格把好项目入园关，规定是科技含量高、附加值高、环保型、发展前景好、投资强度不低于省市规定的，并经园区考察洽谈、专家综合论证、区招商领导小组和省市审核批准，方可入园开发建设。严格规范资金管理，接受区财政监督，完善制度规范操作，合理安排使用每一笔资金，大额资金管理和使用得到区专项检查组充分肯定。加强工程建设和项目建设管理，所有工程建设从设计、招投标到施工、结算，都严格按规定和程序办理，并主动请财政、纪检监察、审计、质监等动态监督，按照“技术产业化、产业规模化、产品外向化、投资多元化”原则，把园区建成为“湖南天心生态经济园”，全力打造自然生态与人文环境和谐统一的示范性生态经济园。把强化合同意识作为工作重点，严格控制土地风险，在合同洽谈和履约过程中注重防范土地开发风险，严防项目单位借工业项目名义炒买土地，明确规定项目单位只能按合同约定项目开发，5 年内不能改变用地性质、不得自行转让，如有不按合同约定项目建设或改变用地性质及自行转让行为，园区有权终止合同并要求对方赔偿经济损失，提高土地利用率。年内共引进入园项目 18 个、意向入园项目 6 个，协议投资金额 84 亿元，近 5 亿元投入项目建设。2005 年，园区严格按照年初目标任务，启动并加快韶山南路、环保大道、新电路（干道二）等主干道建设，大力推进“中信新城”等一批项目建设，园区经济快速增长，一季度工业总产值增速在全市“两区六园” 中名列第一。

2005 年 5 月，陈志恺调任新开铺街道工委书记。

彭泽南，男，生于 1965 年 8 月，中共党员，长沙人，大学文化。1988 年 7 月，参加工作，曾任市通用电器厂技术员，1993 年 2 月，曾任市南区左家塘街道办事处干部、左家塘街道办事处副主任（副科）、书院路街道办事处副主任、南区经济贸易局党委（乡镇区街企业局）副书记、副局长等职；1997 年 1 月，历任天心区乡镇区街企业局党委副书记、局长、裕南街街道工委副书记、办事处主任、工委书记、天心区对外贸易经济合作局（招商合作局）局长、大托镇党委书记；2005 年 7 月，任园区管委会主任、园区工委副书记（管委会主任）（任职时间：2005/5/— ）。

2005 年 7 月，彭泽南任职后，惴怀强烈责任心和使命感，建立完善各项制度，加强管理，招商引资注重实效，全年共办结 9 个项目用地手续；全力做好企业项目协调服务，两条道路完成地勘、设计、拆迁调查摸底及施工前期工作。10 月，省政府为进一步促进长株潭城市群经济发展，提出通过整合资源、市场在内的经济要素一体化建设，提高以长沙为核心的长株潭城市群核心竞争力和综合实力，园区借力加快发展。2006 年，紧扣市委“兴工强市”指导方针，立足“品牌立园、特色兴园、创新活园、项目建园”战略，用全新眼光思考园区发展，用战略思维规划产业布局，用全局观念优化经济环境，用和谐效能理念营造工作氛围。首先，加快路网重点建设，环保路竣工通车；园区四纵四横骨架路网初步形成；加速重点项目建设，建成投产或运营有天鹅工业泵、三远钢结构等 7 个项目，开工建设有中信城市广场、变电站等 8 个项目。加快用地手续办理，园区办结项目用地手续有 15 个，完成固定资产投入 4.28 亿元。创新方法，招商引资创造新业绩，继续采取“引进来、走出去”方式全方位招商，新引进 5 家企业。园区共引进项目 24 个，引资额 80 亿元，其中，综合类项目 3 个，工业项目 16 个，商业项目 5 个，为园区高质高效发展奠定产业基础。2007 年，坚持把加速园区发展作为工作首选，自加压力，强化措施。低成本运营园区，加大拆迁腾地力度，抢在市拆迁征地新政策出台之前，建立“园区组织、镇村为主、国土执行”长效拆迁机制，完成拆迁项目；加速用地手续办理进度，加大协调力度；开工建设果子园北路等三条道路，新建道路全长2.4千米。其中一条道路竣工通车，新电西路等二条完成路基施工，实现毛路通车。年内办理新谷路等3条道路用地手续，果子园北路和新电西路纳入年度市区重点工程目标管理考核。建成大托110千伏变电站，启动占地面积9.3公顷多的绿化广场建设，开工建设中信城市广场等7个项目、建筑面积20多万平方米；有9个项目完成入园手续或拆迁腾地；其中，中信城市广场、长沙电机厂迁建工程、长沙天鹅工业泵二期工程、防火装备厂迁建工程被纳入年度区重点工程考核。通过提高入园项目投产运营率和建成项目市场竞争力，确保经济快速健康发展，园区经济指标完成在两区八园考核中：产品销售收入排名第四，同比上升一名；利税总额排名第五，同比上升一名；工业增加值排名第五，同比上升一名；园区产销率排名第二。2008年，是长株潭”两型社会”综合配套改革试验区实施的第一年，园区以此为动力，按区政府“创业兴发展，三年新跨越”战略目标，狠抓招商引资、项目建设、产业发展，加快中信新城、奥特莱斯购物公园建设，着力打造长沙南市场群；全力支持中电集团第四十八所为龙头的湖南太阳能光伏产业，打造中部地区最大的光伏产业基地；支持天鹅工业泵、长沙电机厂、三远钢结构等10余企业项目做大做强，支持5家医药物流企业建成投产；支持岳迩创业园发展，为园区经济发展寻找经济增长点，推动园区跨越发展。园区在全市“两区十园”考核中经济增幅列名前矛，中信城市广场、天鹅工业泵二期和次干道十四等10个项目分别荣获区委、区政府1季度—3季度“四项工作讲评”一、二等奖。落实项目责任制，全员积极推动中信城市广场、中信文化广场、中电集团四十八所太阳能电池生产线等10个项目建设。是年，园区实现6条道路开工建设，总投资1.2亿元。加强招商项目策划和开发，积极引进大项目，优势项目落户园区。参加各项商贸洽谈会开展招商活动十余次，引进企业5家；依托中信新城投资进行二次招商，实现到位外资1.5亿元，到位市外境内资金形成固定资产投资3亿元，完成省外到位资金5600万元。10月，园区新办公楼建成搬迁，设企业项目展示、职工教育培训、政务中介服务等中心，为企业发展搭建服务平台，提供更多服务，提升园区服务水平和办事效率。坚持以建设“和谐、创新、效能”园区为载体，着力打造创业团队，注重加强机关效能和作风建设，建立完善绩效考核办法，强化平时考核督查，实行行政问责和兑现奖罚措施，增强工作积极性和创造性，增强凝聚力，干部职工积极参与文明创建工作，为谋划园区发展提供坚强有力保障。2009 年，项目建设采取责任到人，周调度，及时析疑解难，全心服务项目，年内道路建设有 4 条，道路里程长 3 公里多，总投资 1.3 亿元，实现新谷路等三条道路竣工通车。工业项目建设快速推进，在建项目 9 个，面积 23 万多平方米，竣工项目 6 个，竣工面积 9 万多平方米，完成投资 4.81 亿元。招商工作有新突破，立足于为企业服务，创新工作模式，创新服务，强化招商措施，加速项目的引进，制定快速决策机制，出台零租金加奖励的优惠政策和奖励政策。启动企业二次招商。其中，创业富民基地引起全市关注，接待各类客商 66 批次，新引进企业 27 家，形成产值 4.5 亿。共引进企业 42 家。其中，天心创业园共引进中小企业 30 家，从业人员达 3500 人。同时，培育中信、天鹅等上市公司。协助支持农村两安工作，妥善做好农村两安，农民利益高于一切，切实保护农民切身利益是推进园区发展基础。配合大托镇，全力支持先锋村、新路村安置小区建设，积极做好生产安置。把两村的生产安置地招商纳入园区招商引资的范畴，优先推介，主动出击。协助大托镇及先锋村完成 13.4 多公顷安置用地招商，协调解决学校迁建配套道路建设，为奥特莱斯购物公园顺利启动奠定基础。配合大托镇新路村科学规划 40 公顷多生产安置用地招商工作，积极牵线搭桥，取得初步成效。园区在拆迁工作中，始终坚持以人为本，宣传拆迁政策，积极推行人性化拆迁。13 个拆迁项目全面完成，拆除房屋 353 栋、动迁人口 1338 人，腾地约 81 公顷，做到无一例上访，无一例事故。工业增加值增长率、工业总产值增长率两个重要经济指标在全市两区九园中增幅排名第二。获“2010 年度全省加速推进新型工业化二等奖”，获“2010 年度长沙市科技考核”一等奖。2010 年，提出“建设提速年” 发展思路，始终坚持”项目兴，则园区兴”理念，把推进项目建设作为发展重点与着力点，创造条件加速推进竣工项目尽快投产、在建项目尽快竣工、新建项目尽快开工、拟建项目尽快启动，如长沙电机厂一期续建、奥特莱斯等项目基本完工，完成产值约 35 亿元。华宇（贤盛发）、五田医药、光伏产业基地等 11 个项目完成拆迁腾地且启动建设，固定资产投资 12 亿元。建立“两帮两促”领导联系项目机制、项目建设奖励机制和定期调度督查机制。创优质环境，积极与职能部门联系，全年为企业争取省市区资金支持达 1610 万多元。园区控规面积小，经过几年开发打拼，可供招商土地越来越短缺，已不能满足现有发展形势，拓区扩园势在必行。4 月，国家出台政策，对符合条件情况下允许省级园区扩园，得知这一政策后，园区审时度势，马上作出积极反应，向各级政府请示汇报，拿出实施方案，力求通过招大商带动扩园，与周边资源整合，实现统筹规划发展；强化产业求发展，提出“发展希望在工业，工业发展战场在企业，企业发展出路在产业”，只有抓住产业这条主线才得以发展，通过多次会议研究、讨论，把电站装备业、新能源产业和商贸服务业作为发展三大特色产业来抓。围绕三大产业有针对性招商，以重大招商项目带动园区扩园，加快结构调整。帮助企业做好二次招商，与相关部门积极衔接，在新一轮区划调整中为实现扩园打基础。全年完成规模工业总产值 110 亿元，实现规模工业企业利税 8 亿元，获得”2010 年度全省新型工业化考核二等奖”奖牌。2011 年，把握中心，全力推进友阿奥特莱斯购物广场、长沙防火装备厂、山水嘉园等一批项目竣工投产；光伏产业基地、中信小学、中信购物中心等一批项目快速建设；三家医药项目、宇航科技总部基地、天亚房产等一批项目启动建设，全年累计完成投资 20 亿元。项目建设快速推进，促进经济稳步增长。抓关键，时刻保持科学发展的意识，着力攻克影响发展重点和难点。创新思路，强化措施，充分发挥与工商部门联动作用，着力引进企业总部、科技型中小企业入驻，全年新引进企业 70 家。作为全市面积最小园区，土地稀缺始终是制约园区发展一大瓶颈。因此，园区抓住国家政策放宽和市新一轮修编机遇，把扩区拓园作为工作重点，全力申请扩大规划面积、拓展发展空间，经努力，解放垸已纳入规划修编的范畴。同时，紧紧把握“两型社会”建设不断深入的历史机遇，积极寻求转型发展。是年，报经市委市政府批准同意加挂“长沙天心两型产业示范园区”的牌子。园区进一步优化发展环境，以“两帮两促”为抓手，坚持“常对接、强调度、化难题”，创造适宜项目加快建设条件，解决实际问题，有效保障项目建设。协助解决公交线路延伸、企业周边环境整治、临时排水和出入道路修建、项目科研和扶持基金申请及落实、企业贷款融资和税收返还及人才引进等一系列事项，营造良好的生产经营环境。荣获“2011 年湖南省非公有制经济服务先进单位”称号。2012 年，是经济形势异常复杂的一年，经济形势压力大，尤其是主导产业光伏产业深受欧债危机和欧美反倾销、反补贴制裁的影响，天心经开区面临的压力前所未有，但始终突出中心，经济发展实现稳中有进，与班子成员一道奋力作为，以“服务百日行动”为抓手，深入企业，着力帮扶解困。尤其是面对市场变化，员积极应对，深入调研，协同四十八所调整思路，采取一系列有效的措施积极应对。于 3 月全面恢复原 8 条生产线生产；

新研制终端应用产品，开发国内市场，并获得国家“金太阳”工程较大份额；通过招商引资配套企业，形成太阳能光伏、LED、储能材料等产业集聚效应，减少采购、物流等成本；投入2.27亿元，新上一条100兆瓦全自动太阳能电池组件生产线并运营， 坚持“一个项目、一名领导、一抓到底”工作机制，全年完成投资16亿元，实现开工面积100万平方米，竣工面积21.7万平方米。在招商活动中，采取“一事一议”机制，强化措施，加强与部门合作，形成招商与工商良好的互动工作机制，鼓励、吸引企业总部入驻经开区，是年注册企业42家，全年实现到位外资2350万美元；实现省外境内到位资金7.2亿元；省外境内资金形成固定资产投资9.3亿元。

彭泽南主任任职期间，牢记职责，积极履职，依法行政，全面主持做好园区管委会各项工作；把握重点，项目建设与招商引资同推进，企业是园区的生命，企业旺则园区旺，企业兴则园区兴。抓招商引资、抓项目建设始终是园区重点工作，始终把握重点，坚持项目建设与招商引资两手抓。签订创优发展环境活动承诺书，以创建“两型示范园区”为契机，通过ISO 9001质量管理体系认证、OHSMS职业健康安全管理体系认证，园区管理体制机制逐步完善。坚持集体领导、坚持民主集中制原则，始终注意摆正位置，识大体，顾大局，切实做到不错位、不越位，自觉维护工委领导。注重团结协作、密切配合。全面修改并实施绩效考核办法、公开选聘局室副职、实行干部双向选择竞聘上岗等改革，充分发挥干部职工工作积极性，做到人尽其材，各尽其职，有效促进园区又好又快发展。个人多次受到嘉奖。

全国“五一劳动奖章”获得者

唐景庭，男，生于1965年9月，中共党员，研究生毕业，1989年10月被分配至中国电子科技集团公司第四十八研究所工作至今，先后任工程师、高级工程师、研究员级高级工程师，现任中国电子科技集团公司第四十八研究所所长。是国防工业有突出贡献的中青年专家，享受国务院政府特殊津贴。

唐景庭主要先进事迹：一是勇于攻克科研难关，在专业领域内取得累累硕果。2002年11月，作为首席专家和团队负责人，一直致力于国家以离子注入机为主的半导体集中电路装备技术的发展和创新。主持国家863计划集中电器制造装备重大专项—100纳米大角度离子注入机项目的科研攻关和产业化工作。截至2005年，历经3年的奋力拼搏，攻克难关，实现中国集中电器制造核心装备技术从500纳米至100纳米的五代跨越。二是坚持以科技兴湘为己任，推动湖南太阳能光伏产业的发展，率先提出发展湖南太阳能光伏产业的计划设想，经省政府批准后列入湖南信息产业四大产业集群之首位，中国电子科技集团公司第四十八研究所建设的“湖南太阳能光伏产业链” 项目被列入省双百工程，项目建成投产后，可创年产值100亿元。2008年，中电科技集团第四十八所太阳能光伏产业实现产品销售收入23.56亿元，利润总额5.71亿元。三是在领导岗位上以身作则，清正廉洁，团结一班人，关心职工群众，是全所干部职工公认的中电科技集团第四十八所带头人。2009年，获全国“五一”劳动奖章。

先进人物介绍

附表1　　2002—2012年天心工业园区获得省委省政府表彰职工名录

姓名	性别	出生年月	籍贯	民族	备注	
唐景庭	男	1965年9月	湖南沅江	汉	何时何原因获得何表彰	2009年获全国五一劳动奖章、湖南省劳动模范

附表2　　2002—2012年天心工业园区享受国务院津贴人员名录

姓名	性别	出生年月	职称	单位	职务	批准时间
刘咸成	男	1956年7月5日	研究员级高级工程师	中国电子科技集团公司第四十八研究所		2002
唐景庭	男	1965年9月1日	研究员级高级工程师	同上		2004
伍三忠	男	1968年2月26日	研究员级高级工程师	同上		2008
刘济东	男	1960年4月26日	研究员级高级工程师	同上	所长	2012

党代表、人大代表、政协委员名录　2002年，园区选出政协天心区第二届(2002—2007)委员：黄伯文、欧亚云、王若飞。2003年，园区选出天心区二届(2003—2008)人大代表：杨建国、郭浩凡、朱辉煌、陈志恺、曹健、肖时昂、彭泽南。2006年7月，园区师大学被选为参加中共天心区第三次代表大会代表，当选中共天心区第三届区委委员、常委。2007年，黄柏文当选长沙市第十三届人大代表。园区选出政协天心区第三届(2007—2012)委员：刘科宁、李小亭、欧亚云、郭浩凡、钟辉。同年，天鹅工业泵董事长、区政协委员欧亚云当选省11届人大代表。2008年，园区选出天心区第三届(2008—2013)人大代表：陈旭荣、毛笠泓、朱辉煌。2011年6月，园区选出师大学、苏俊才、翁开明、彭泽南、宋梦斌、盛新民为中共天心区第四次代表大会代表。

园区历年先进人物名录

附表 3　　2002—2012 年天心工业园区先进人物表

获奖年度	荣誉名称	获奖人名	授予机构
2002 年	嘉奖	黄会	天心区政府
	三等功	蒋良核	天心区政府
2003 年	园区建设先进个人	石昊鹰、孔建军、王亚伟、彭明娟	天心工业园
	区优秀政协委员	欧亚云	天心区政协
2004 年	优秀公务员	黄会	天心区政府
	园区建设特殊贡献奖	石昊鹰、孔建军、王亚伟、许秀华、刘小波	天心工业园
	城市管理先进个人	胡伏林	天心区政府
	计生工作先进个人	彭泽南、胡伏林	天心区政府
2005 年	园区建设先进个人	蒋良核、王亚伟、刘小波、彭明娟、彭浩、周青	天心工业园
	计生工作先进个人	罗文菊、朱杰	天心区政府
2006 年	嘉奖	罗孟怡、李露露	天心区政府
	园区建设先进个人	蒋良核、胡浩、周军、石昊鹰、代旭、刘小波	天心工业园
	园区建设突出贡献奖	王亚伟	天心工业园
	综合治理先进个人	谭雄伟、肖时昂	天心区政府
2007 年	优秀公务员	彭泽南	天心区政府
	统计工作先进个人	王旭涛、叶辉、马政飞	天心区财政局
	园区建设先进个人	胡浩、陈庆云、李银、孔建军、刘小波、李敏、张瑛	天心工业园
	园区统计工作先进个人	王莹、曾爱莲、李丹、陈红娟、张素芬	天心工业园
2008 年	三等功	罗孟怡	天心区政府
	嘉奖	钟书宏、周军、彭泽南	天心区政府
	优秀共产党员	黄柏文、李丹	长沙市委
2008 年	优秀党务工作者	李卫民、陈庆之	长沙市委
	园区效能之星	胡浩、孔建军、石昊鹰、李敏	天心工业园
	园区创新之星	陈庆云、李银、刘小波、张磊	天心工业园
	园区和谐之星	钟辉、李文蒲、张瑛	天心工业园
2009 年	园区建设先进个人	孔建军、张磊、刘小波、李露露、李银、石昊鹰、李敏	天心工业园

续附表 3

获奖年度	荣誉名称	获奖人名	授予机构
2010 年	市第三届中国特色社会主义事业建设优秀工作者	欧亚云	长沙市委、市政府
	全市正职考核一等奖	师大学	长沙市委、市政府
	园区建设先进个人	孔建军、张磊、刘小波、李露露、李慧玲、杨念先	天心工业园
	优秀党务工作者	翁开明	天心区委
	创建全国文明城市嘉奖	翁开明	天心区政府
2011 年	嘉奖	钟辉	天心区政府
	优秀党务工作者	翁开明	长沙市委
	优秀党务工作者	翁开明	长沙区委
	五好文明家庭	谭敏、谢伟	天心区总工会
2012 年	市劳动模范	翁开明	长沙市总工会
	市政研系统先进个人	杨灿辉	市政府办
	三等功	钟辉	天心区政府
	嘉奖	彭浩	天心区政府
	优秀共产党员	周军	天心区委
	优秀会计工作者	李露露	天心区财政局
	五好文明家庭	刘小波、李露露、刘庆、李思、胡度红	天心区总工会
	协税工作先进个人	周军、黄思苗、熊志刚、石磊、杨秋月、熊伟明、周伟根、严会政、张玉光	天心经开区
	园区统计工作先进个人	叶辉、王旭涛、肖佳、刘文、黎群、杨静	天心经开区

附录　园区工委书记师大学文摘

城市向南，这里独好

——长沙天心工业园区工委书记师大学

21世纪初，随着改革开放的广泛深入，其坚定步伐使沉寂千年的土地焕发了勃勃生机，对外开放更使中国与世界的关系紧密相连，国内传统产业蓬勃发展，新生产业犹如朝阳蓄势腾升。在这样充满活力的氛围下，园区成为承接产业发展、拓展区域经济实力、加快城市化进程的坚实载体和有效途径，园区正是始于此，成长于此。

休闲乐园，投资天堂

【声音】长沙市政府副市长、天心区委书记陈献春：园区作为长株潭城市群两型社会配套改革试验区的核心区域，不仅要在生产建设上牟足劲，也要在生活配套上下足功夫，打造“宜业又宜居”的城市新型园区。

【聚焦】“堵、堵、堵，‘堵神’来了”——收音机里生动的广告词描绘出了城市拥堵的交通状况。开着车，沿着长沙市城市主干道芙蓉路一直向南，穿过韶山路，突然眼前一亮，令人神清气爽、心旷神怡。首先，左边，一个宏大的如童话般情境的古堡式建筑群映入眼帘，让人忍不住有一探究竟的冲动；右边，一个宽阔的、乔木与绿草交相辉映的绿化广场，使从喧闹城市中出来的人顿生宁静；广场边一个大间距、多绿化的小区巍然耸立，气势磅礴的中信城市购物中心拔地而起……仅仅看到这些，便抑制不住的想象，这一片焕发着勃勃生机的热土上，到底还藏着多少让人意想不到的惊喜！

“久在樊笼里，复得返自然”。古人发自肺腑的对回归自然生活的喜悦与欢呼，深深感染着时下被忙碌而紧张的生活节奏捆绑住的人们。忙碌完一天的工作，在这里，你可以到奥特莱斯购物公园享受一下生活，到仙姑岭公园放飞一下心情，到生态动物园沐浴一下与小孩嬉戏的温馨……或邀三五好友欢聚一堂品茶、赏景、享美食，畅谈人生感悟；或携一家老小游戏、购物，欢享天伦之乐；或独自一人漫步花香鸟鸣的羊肠小道，或唱或吟，与自然融为一体，体悟畅快生活……

这样的情境，不在梦里、不在未来，就在当下、就在城市南端的天心工业园区。

在这里，中国最长的城市主干道与新建的城市铁轨交汇，形成了最便捷的城市群交通枢纽中心；巨大的人流、物流、信息流集聚，吃、喝、玩、乐、购一应俱全。超低折扣的国际国内名品消费中心带您亲身体验高端消费；休闲游乐公园为您带来欢笑，感受轻松一刻；超豪华的3D影院让您身临其境感受世界大片的震撼与魅力；国内最大的真冰溜冰场让您在南方的四季都能感受到哈尔滨滑雪的乐趣……

业态新颖化、消费全景化、享受多元化，带来的不仅仅是超品质的生活乐趣，每时每刻与消费者零距离的接触，更蕴藏着令投资者们欣喜若狂的无限商机。

无需再羡慕北上的繁华喧嚣，不用再渴望滇池的宁静悠然，只要走出家门，天心工业园区“宜业又宜居”的热土上已为您打造了健康人生、都会人生、休闲人生、财智人生的品质生活，一个摩登的城市新中心正在崛起。

央企双雄，双轮驱动

【声音】长沙市人大常委会党组第一副书记袁观清：一个园区的功能不在多，一个也可以。天心园区作为一个袖珍园区，不是比产值，而是比品位、比特色。

【聚焦】中央企业是国民经济命脉的核心，创造的品牌效应、经济效应、示范带动效应是任何一个经济体都无法比拟的。中国电子科技集团、中信集团两大央企的强势领军，以中流砥柱之姿，支撑了天心工业园区的快速发展。

科技先锋——中电集团

科技是第一生产力。中电集团是以国家级微电子、光电材料、电力电子、太阳能电池、磁性材料专用设备的研发及生产为主的科技型企业。在全国拥有15个国家重点实验室、4个研究应用中心、9个研发中心，有20个博士后科研工作站。拥有一批国内一流的中试线、生产线、装配线和机加工中心，形成了比较完整的研究、设计、试制、生产及试验能力体系，具有完备的质量保证体系。其产品广泛应用于政府信息化、公共安全、轨道交通、卫星应用、集成电路核心装备、能源电子等领域，强大的专家队伍、高水平的科技研发手段、成绩斐然的研究成果、广阔的产品应用领域，使其成为国家产业发展的重要支撑力量。位于天心园区内的中电四十八所始终走在行业科技发展的最前沿，承担着国家微电子、光电子重大科技攻关项目，在主要产品领域拥有一批自主知识产权和核心技术。共取得重大科研成果 380 余项，其中填补国内空白项目 148 项、达到国际先进水平项目 138 项、列为国家替代进口项目 119 项，获得了包括国家科技进步奖在内的省、部级以上科研成果奖励 232 项及大量荣誉，拥有专利 278 项和软件版权 17 项。

正是这样大型科技项目强大的科技示范驱动力，带动园区其他企业对技术、创新、人才等要素的重视，天心园区内省高新技术企业由最初的 2 家迅速发展到过 10 家，长沙利欧天鹅工业泵有限公司、长沙电机厂有限责任公司、湖南长庆机电科教有限公司等一批大中型科技型新兴企业正在快速集聚，科技产业链条上的各种要素不断集中壮大，可以预想，未来的天心园区将是中部地区乃至全国高科技研发、培育高端人才的核心集散地。

地产大鳄——中信集团

作为龙头老大的央企，用超凡的胆识与气魄赢得先机。

中信集团是国家中央重点发展的核心企业之一，已发展为大规模的国际化大型跨国企业集团，业务广泛涉及于金融、地产、能源、服务等十几个行业领域。其旗下的中信地产已在全国 30 多个城市累计开发房地产项目近 100 个。

初始的园区犹如“白纸”，省府新区刚刚启动建设，芙蓉南路刚刚拉通，中信集团以超前的投资眼光，大胆挥笔泼墨，在园区抢滩先机，厚积薄发，以 160 万平方米总占地面积、225 万平方米总规模、60 亿元总投资（实际投资将超过 100 亿元），大手笔打造一个大型复合城市综合体——中信新城，以世界级城市体系标准，规划了城市广场商业区、中信文化广场、中信凯旋城、中信凯旋蓝岸花园、融城中央公园、低密度情景住宅区和中信绿色生态企业家会所等几大版图，以高质高速的发展占领大众视野，以创新的城市生活理念打造长沙株洲湘潭新形象，以全新的建设规划创造区域大干快上的新局面。

城市南端的园区到底拥有什么特殊的魅力吸引中信集团投入大手笔？这一疑问使人们的目光纷纷聚焦在 4.48 平方千米的小园区。中信集团的发力，不仅驱动了人们目光的聚焦，更使天心园区迎来了前所未有的发展机遇期。北京银行长沙分行、中国航天科工集团公司、中国移动通信集团公司、中国南车集团、华润（集团）有限公司等大型国有企业纷纷跃跃欲试，意欲占据南城核心，成为长株潭融城核心的新地标。在这里，投资者们看到的是一个集得天独厚的行政资源优势、环境资源优势、地理区位优势于一体的独一无二的城区园区。这样一个绝无仅有、蕴藏丰富发展潜力的园区，未来，将以爆发式的增长傲视群雄，这是投资者争相抢占的“试验田”，更是所有人踮起脚尖的殷殷期待！

三朵奇葩，依次绽放

【声音】长沙天心工业园区工委书记师大学：思路决定出路，措施决定成效。园区的产业特色正在不断彰显，发展前景愈加广阔，“十二五”计划期间要科学谋划，凝心聚力，重点部署，着力发展光伏产业、电站装备制造业、现代服务业三大产业。

【聚焦】主导产业是园区的名片，是园区兴旺发达的命脉。

——光伏产业

世界光伏看中国、中国光伏在湖南，湖南光伏有天心。这一强大的市场号召语正是园区发展光伏产业的真实写照。

天心园区的光伏产业主要以中国电子科技集团第四十八研究所为技术平台，集聚了湖南红太阳新能源科技有限公司、湖南红太阳光伏设备公司等光伏企业。中电四十八所光伏装备目前共建有 20 条 25 兆瓦太阳能电池片生产线，产品已出口到欧、亚市场，国内相关行业的领航级企业均为其客户。湖南红太阳新能源科技有限公司生产的太阳能光伏制造设备独占全国市场鳌头，太阳能硅晶片生产规模位列全国第五，近期成功中标了“三门峡产业集聚区 2.28 兆瓦太阳能光电建筑应用示范项目”。2012 年，计划在园区内投资 4 亿元，再建 300 兆瓦的晶体硅太阳能电池生产线，扩大光伏产业产品生产规模。预计五年内，天心园区的光伏产业总产值将突破 300 亿元。

——电站装备制造业

电站装备制造业是国家国民经济发展，特别是工业发展的基础，是制造业的核心组成部分。拥有强大的电站装备制造产业，是提升地区综合竞争实力的重要保障。园区依靠雄厚的科技实力，实现了电站装备制造业的爆发式增长。

长利电气：是中国 500 家最大电气机械及器材制造企业之一，年电机产能达 800 余万千瓦，旗下立式电机、同步电机等七大系列电机广泛应用于风机、电站、水利等领域，产品远销美国、苏丹、伊拉克、哈萨克斯坦等 20 多个国家；同时也是中国潜水电泵及电工材料重要的生产基地，拥有 10 万平方米专业生产厂区、600 台（套）先进设备，研发产品从水电电机向火电电机向核级电机不断升级，正稳步推进节能电机及防爆电机规模化、产业化，积极打造国内第三家高压防爆电机生产基地。利欧工泵：作为中国泵行业骨干企业，该企业系“三标一体”体系认证企业、国家电力咨询公司 200 兆瓦（含 200 兆瓦以下）、

300兆瓦、600兆瓦火电机组泵类辅机设备定点生产厂家、省、市级企业技术中心，企业人均综合经济效益位居全国前列，产品由火电泵业研发向核电泵业迈进。红太阳：以开发建设太阳能光电电装研制为核心，生产延伸至拉晶、电池片生产等高新技术产业项目，拥有完整的光伏产业链，是中国少数几个拥有光伏全系列生产能力的企业之一，在湖南拥有2座研发基地。新兴电器：是机械工业部、能源部定点专业生产高低成套电器设备和控制设备的生产实体。主攻高压中置柜、环网柜、低压抽出式、固定开关柜、配电箱、预装式变电站、小型断路器、万能转换开关等电路集成核心产品的研制生产。

"十二五"计划期间，园区还将继续深挖电站装备制造业强大的发展潜力，以科技吸引产业集聚，把电站装备配套产业做强、做大、做精、做专，建设成为国家中部地区最具竞争优势的电站装备产业基地。预计到"十二五"计划期末将实现产值100亿元。

——现代服务业

随着科学技术和经济全球化的迅猛发展，现代服务业的发展达到空前的规模，业已成为推动经济全球化、拉动区域经济增长、促进社会发展的新动力。天心园区以建设高端商贸物流中心、打造工业设计总部为依托，大力发展现代服务业。

随着"长株潭城市一体化"以及"两型社会"建设的深入推进，特别是长沙市委、市政府打造"一江两岸"和区委、区政府提出的构建"长沙设计之都"的规划理念，以及城市铁轨与城际轨道交通枢纽的建成，天心园区区位优势更加凸显，为现代服务业的发展打下了坚实基础。园区立足现有优势和基础，做大、做强、做活现代商贸物流。园区内现有中南地区最大的奥特莱斯购物公园、中信新城大型城市综合体、总投资超3亿元的3家医药物流公司（湖南双舟医药、湖南益丰大药房、湖南康尔佳药业）、总投资超1.5亿元的湖南五田医药有限公司等大型商贸物流企业，横跨中南部、面向珠三角的超强辐射，带动园区产业集群的聚拢，以优质的商流、物流、资金流和信息流为支撑，实现商贸物流一体化。园区依据长沙株洲湘潭3市雄厚的产业基础，倾力打造"长沙设计之都"。园区以推动长沙设计之都为己任，积极探索工业研发设计等新型产业化道路，致力产业升级、特色立园。以国家级天心文化产业试验园区、国家级中南数字出版基地、国家级广告创意产业园落户天心区的有利契机，深挖优势资源，形成工业设计、研发设计、建筑设计、文化传媒等创意产业门类。园区内的宇航科技研发基地、中信集团打造的数码港等将成为研发设计的高端平台。“设计之都”，筑梦长沙城南。预计未来五年，现代服务业将实现销售收入过100亿元。

天心人归功善其事，心红胆壮业精于勤。傲然崛起的天心工业园区如一首气势磅礴的交响曲，以震撼全场之姿，奏响了时代的强音。

《长沙通讯》2012年5月

最小园区要做最高端产业

天心园区工委书记师大学谈园区新兴产业之路

（主）最小的园区要做最高端的产业

（副）对话长沙天心工业园区工委书记师大学

《长沙晚报》记者　蓝向阳　王洁

精彩观点：每一次危机之中存在机遇。而每一次金融危机，绝大部分产业都会受到冲击，但是却有一部分产业，特别是一些新兴产业，将迎来一次很好的机会。

往往在市场最低谷的时候，是最好调整结构、扩大生产能力的最佳时期。此时，在一个“洗牌”的过程中，成本较低，促使结构调整，也有利于结构调整。工作做得越早，越符合新一轮发展的方向，就抢占了先机。今后市场一旦复苏，你就迎来发展的春天。

“危机淘汰一批企业，给那些能够生存下来的企业迎来了一次很好添加市场份额的机会”。在当前复杂经济环境下，各地区经济发展都受到了不同程度的影响，天心工业园也不例外。特别是主导产业影响更大，光伏产业经济指标同比首次出现了负增长。然而尽管如此，天心工业园区工委书记师大学对园区的发展信心十足。

昨日，本报“稳中求进走星城”报道组对话师大学。在这位“掌门人”看来，在当前形势下，如何实现边际效益最大化？天心工业园将目光瞄准了新兴产业，即新能源产业和设计产业。

关键词：光伏产业

投资4亿延伸光伏产业链（小标）

记者：对于当前工业园的发展趋势，您如何判断？

师大学：对后一阶段园区发展我充满信心，而我的信心首先取决于支柱产业，也就是光伏产业。今年，园区要达到去年的经济水平甚至有一定的增长幅度完全可能。

7月，红太阳新能源将建成100兆瓦全自动太阳能生产线。今年，红太阳新能源计划在天心工业园区内投资4亿元，再建一条300兆瓦的太阳能电池组件生产线，延伸光伏产业链。预计五年内，天心工业园区的光伏产业总产值将突破300亿元。

我认为光伏产业的困难是暂时的，能源危机却是长期的。目前是成本最低的时候，今后市场一旦复苏就将迎来发展的春天。而此时，上新的全自动生产线，就是逆势扩大产能、技术改造的体现，就是选择最佳的时间提高生产能力，就是要在重新“洗牌”后占领更大的市场。

关键词：设计产业

向空间求发展，打造“长沙设计之都”（小标）

记者：作为控规面积仅有5.83平方千米的园区，天心工业园如何找准自己的优势要素，寻找机遇，积极作为?

师大学：天心园区作为袖珍园区，面积不大，但紧邻省府，紧靠湘江，交通路网发达，基础配套完善，在行政、交通资源上具有独特优势。特别是园区商贸氛围浓厚，拥有友阿奥特莱斯10万平方米的购物公园以及最具央企高品质的中信新城大型综合体项目，园区优势更加凸显。

而大规模的生产企业显然与天心园区发展已不相适应，我们必须走差异化发展道路。园区要打造特色，树立品牌，走产业高端化发展道路，向空间求发展、找出路。设计是各个产业发展的先导和龙头，为产业发展提供原动力。我们必须立足园区优势，坚定不移地走错位发展的路子。通过在巩固发展光伏产业的基础上，着力建设工业地产经济发展平台，大力发展设计产业，打造“长沙设计之都”。

建设工业地产发展平台，规划一园十中心（小标）

记者：打造“长沙设计之都”，具体将如何操作呢?

师大学：建设好平台，搭建起舞台，才能让设计企业唱戏。根据规划，天心区将以天心工业园为依托，打造百万平方米的工业地产经济发展平台。同时，与中科院合作建立科技成果孵化转移中心，将中科院及其下属科研院所的科技成果在此实现技术孵化转移。

技术孵化转移中心，作为产业发展的引领者，是推动科技创新、实现产业转型升级的最大推手。之前，天心工业园与中科院已经进行了多次接洽商议，近期将进入实质性协商，如果没有意外将很快敲定合作方案。园区与中科院的合作，有“1+1>2”的效果，优势互补、服务大局，促进“精品园区、两型高端”目标实现。

“设计之都”的初步设想是，统一规划，分步实施，规划“一园十中心”，即：工业设计园，技术孵化转移中心、广告设计中心、包装设计中心、工业设计中心、信息设计中心、建筑设计中心、艺术设计中心等。

在目标定位上，立足长株潭，面向中南五省、甚至全国，打造中部地区最具规模、最具影响力的设计园区。目前，正围绕打造“长沙设计之都”，建设100万平米工业地产，着力在5年内引进千家企业，实现百亿产值，“10亿”利税。

《长沙晚报》2012年6月24日

附录　园区历年经济指标完成统计表

附表 4　　2004 年天心环保工业园企业主要经济指标统计表

指标名称	代码	计量单位	本年度	上年同期	同比增长（%）
一、企业技工贸总收入	17	千元	400000		
其中：工业企业销售收入	18	千元	104742		
其中：规模以上工业销售收入	19	千元	99525		
二、工业企业利税总额	20	千元	60000		
其中：规模以上工业利润	21	千元	37247		
三、工业企业实交税金	22	千元	21000		
其中：规模以上工业实缴税金	23	千元	19500		
四、从业人员平均数	24	人	2000		
其中：工业企业从业人数	25	人	600		
其中：规模以下工业从业人数	26	人	221		
五、合同外资	27	千美元			
其中：工业企业合同外资	28	千美元			
六、到位外资	29	千美元			
其中：工业企业到位外资	30	千美元			
七、市外境内合同资金	31	千元	5546000		
其中：工业企业市外境内合同资金	32	千元	546000		
八、到位市外境内资金	33	千元	30200		
其中：工业企业到位市外境内资金	34	千元	22200		
九、固定资产投资完成额	35	千元	56737		
其中：工业企业完成额	36	千元	31661		

附表 5　2005 年天心环保工业园企业生产及基本情况统计表

指标名称	代码	计量单位	本年度	上年同期	同比增长（%）
一、企业总数	1	个	24		
其中：工业企业数	2	个	18		
其中：规模以下工业企业数	3	个			
二、工业总产值	4	千元	934650		
其中：规模以下工业总产值	5	千元	243857		
其中：高新技术产品总产值	6	千元			
三、工业增加值	7	千元	236593		
其中：规模以下工业增加值	8	千元			
其中：高新技术产品增加值	9	千元			
四、工业企业进出口总额	10	千美元			
其中：工业企业进出口值	11	千元			
其中：规模以下工业进出口值	12	千元			
五、园区规划面积	13	平方米	5830000		
1．已开发面积	14	平方米	1380006		
2．园区基础设施投入	15	千元	131200		
3．历年基础设施投入	16	千元	394420		

附表 6　　2005 年天心环保工业园企业主要经济指标统计表

指标名称	代码	计量单位	本年度	上年同期	同比增长（%）
一、企业技工贸总收入	17	千元	1031970	400000	158
其中：工业企业销售收入	18	千元	825441.8	104742	688
其中：规模以上工业销售收入	19	千元	811143.8	99525	715
二、工业企业利税总额	20	千元	77760	60000	29
其中：规模以上工业利税	21	千元	77760	37247	109
三、工业企业实交税金	22	千元	29955.5	21000	43
其中：规模以下工业实交税金	23	千元	29955.5	19500	54
四、从业人员平均数	24	人	2964	2000	48
其中：工业企业从业人数	25	人	1922	600	220
其中：规模以下工业从业人数	26	人	1935	221	775
五、合同外资	27	千美元	5000		
其中：工业企业合同外资	28	千美元	5000		
六、到位外资	29	千美元	5000		
其中：工业企业到位外资	30	千美元	5000		
七、市外境内合同资金	31	千元	5592600	5546000	1
其中：工业企业市外境内合同资金	32	千元	587950	546000	8
八、到位市外境内资金	33	千元	602800	30200	1896
其中：工业企业到位市外境内资金	34	千元	601000	22200	2607
九、固定资产投资完成额	35	千元	328061	56737	478
其中：工业企业完成额	36	千元	234685	31661	641

附表 7　　2008 年天心环保工业园企业主生产及基本情况报表

指标名称	代码	计量单位	本年度	上年同期	同比增长（%）
一、企业总数	1	个	50	34	47
其中：工业企业数	2	个	42	28	50
其中：规模以下工业企业数	3	个	16	8	100
二、工业总产值	4	千元	4462353	2563098	74.1
其中：规模以上工业总产值	5	千元	4364907	2406296	81.4
其中:规模以下工业总产值	6	千元	97446	156802	–37
其中：高新技术产品总产值	7	千元	1084772	719505	50.8
其中：新产品总产值	8	千元	815650	251826	223
三、工业增加值	9	千元	1114540	707693	57.5
其中：规模以上工业增加值	10	千元	1045665	663960	57.5
其中：规模以下工业增加值	11	千元	68875	43732	57.4
其中：高新技术产品增加值	12	千元	270938	172681	56.9
四、园区规划面积	13	平方千米	5.83	5.83	
1. 已开发面积	14	平方千米		1.73	
2. 园区基础设施投入	15	千元	98370	214470	–54
3. 历年基础设施投入	16	千元	888770	790400	12

附表8　　2008年天心环保工业园企业主要经济指标统计表

指标名称	代码	计量单位	本年度	上年同期	同比增长（%）
一、企业技工贸总收入	17	千元	4774961	2853382	67
其中：工业企业销售收入	18	千元	4052510	2421904	67.3
其中：规模以上工业销售收入	19	千元	3955064	2262418	74.8
二、工业企业利税总额	20	千元	443282	230020	92.8
其中：规模以上工业利税总额	21	千元	428303	225145	90
三、工业企业实交税金	22	千元	178900	123384	45
其中：规模以上工业实交税金	23	千元	172013	120124	43
四、工业企业利润总额	24	千元	264382	116765	26.4
其中：规模以上工业利润总额	25	千元	256290	111545	29.8
五、到位外资	26	千美元	19260	11680	64
其中：工业企业到位外资	27	千美元	19260	11680	64
六、到位省外境内资金	28	千元	200000	134180	49
其中：工业到位省外境内资金	29	千元	200000	134180	49
市外境内资金完成固定资产	30	千元	400000	233000	71
其中：工业市外境内资金完成固定资产	31	千元	400000	233000	71
固定资产投资	32	千元	997960	728240	37
其中：工业投资	33	千元	899590	221640	305
工业技术改造投资	34	千元	195000	96289	102
市级以上技术创新项目完成投资资	35	个	7	7	

附表 9　　2009 年天心环保工业园招商引资和经济发展统计表

指标名称	代码	单位	本年度	上年同期	同比增长（%）
一、利用外商直接投资					
1.新批准外商直接投资项目个数	01	个	2	2	
2.本年组建投产项目个数	02	个	3	2	50
3.实际到位外资金额	03	万美元	1675	1327	26
二、利用内资					
1.实施省外境内合作项目个数	04	个	4	2	200
2.实际到位省外境内资金	05	万元	23000	20000	15
三、主要经济指标					
1. 本年固定资产投资总额	06	万元	73354	57307	28
其中：基础设施投资额	07	万元	23000	17968	28
2. 技工贸总收入	08	万元	576085	477496	20.6
其中：工业企业产品销售收入	09	万元	576096	405251	39.9
3. 工业增加值	10	万元	165472	111454	48.5
其中：规模以上工业企业增加值	11	万元	158722	104566	51.8
4. 从业人员	12	个	7016	6872	2
其中：工业企业从业人员	13	个	6816	6722	1.3
5. 高新技术产值	14	万元	308168	108477	184
其中：高新技术增加值	15	万元	83206	27093	207
6. 企业利润总额	16	万元	33717	44328	–24
其中：规模以上工业企业利润总额	17	万元	31217	42830	–27
7. 上缴税金总额	18	万元	25370	17890	42
其中：规模以上工业企业上缴税金	19	万元	24120	17201	40
8. 出口总额	20	万美元	0	0	

附表 10　　2010 年天心经济开发区基本情况统计表

指　标	代码	单位	本期	上年同期	比上年同期增长（%）
一、基本情况					
1. 园区规划面积	1	平方公里	5.83	5.83	
2. 已开发面积	2	平方公里	3.01	2	51
其中：工业用地面积	3	平方公里	2.65	1.6	65
3. 园区企业个数	4	个	53	50	6
4. 年末从业人员	5	人	8062	6816	18
二、固定资产投资					
历年累计固定资产投资总额	6	万元	462190	400456	15
其中：基础设施投资额	7	万元	86976	76222	14
三、招商引资					
1. 新批外商直接投资项目个数	8	个			
2. 实际到位外商直接投资金额	9	万美元	3850	2500	54
3. 实施省外境内合作项目个数	10	个	2	1	100
4. 实际到位省外境内资金	11	万元	76800	39000	96
四、工业经济					
1. 园区工业企业个数	12	个	43	40	8
其中：规模以上工业企业个数	13	个	29	26	11
2. 工业企业年末从业人员	14	人	8062	6816	18
其中：规模以上工业企业年末从业人员	15	人	7620	5110	49
3. 开发区工业总产值	16	万元	823257	440247	86
其中：开发区主导产业工业总产值	17	万元	816730	427324	91
五、科技进步					
1. 高新技术产品企业个数	18	个	7	5	40
2. 高新技术产品企业年末从业人员	19	人	3065	3020	2
3. 当年科技活动经费支出总额	20	万元	8996		
4. 高新技术产品产值	21	万元	298721	80820	269
六、节能、环保					
1. 规模以上工业企业综合能源消费量	22	吨标准煤	21538.6	22380.5	-4
2. 开发区企业主要污染物排放达标企业个数	23	个	43	40	8
3. 开发区工业项目执行环保“三同时”项目数	24	个	2	1	100
其中：开发区工业项目执行环保“三同时”合格项目数	25	个	2	1	100
七、效益指标					
1. 利润总额	26	万元	41242	33717	22
其中：规模以上工业企业利润总额	27	万元	40006	31217	28
2. 上缴税金总额	28	万元	16299.8	25370	-35
其中：规模以上工业企业上交税金	29	万元	15321.9	24120	-36
3. 主营业务税金及附加	30	万元	6257.6	9590	-35
4. 应缴增值税	31	万元	10042.2	15780	-36
5. 固定资产净值平均余额	32	万元			
6. 流动资产平均余额	33	万元	274371.3	173633.7	58

附表 11　　2011 年天心经济开发区基本情况统计表

指标名称	代码	计量单位	本年	上年同期	比上年同期增长（%）
一、基本情况					
1. 园区规划面积	1	平方公里	5.83	5.83	
2. 已开发面积	2	平方公里	3.01	2	50.5
其中：工业用地面积	3	平方公里	2.65	1.6	65.6
3. 园区企业个数	4	个	70	53	32
其中：高新技术产品企业个数	5	个	8	7	14.2
出口型企业个数	6	个	2	1	50
工业企业个数	7	个	45	43	4.6
4. 年末从业人员数	8	人	8354	8062	3.6
其中：高新技术产品企业从业人员数	9	人	1219	4332	2.6
工业企业从业人员数	10	人	8053	7620	5.6
5. 拥有专利数	11	个	108	216	-50
6. 拥有标准厂房面积	12	平方米	55384		
其中：已出租面积	13	平方米	50000		
本年新建标准厂房面积	14	平方米	15384		
二、投资和招商引资					
1. 本年完成固定资产投资	15	万元	165323	120000	37.7
其中：基础设施投资额	16	万元	13213		
本年新建标准厂房投资	17	万元			
2. 新批准外商直接投资项目个数	18	个	2	2	
3. 实际到位外商直接投资金额	19	万美元	2050	1705	20.2
4. 实施省外境内直接投资金额	20	个	6	5	20
5. 实际到位省外境内资金	21	万元	60330	51300	17.6
三、主要经济指标					
1. 技工贸总收入	22	万元	1548964	1364364	14
其中：工业企业产品销售收入	23	万元	1351200	1024364	31.9
其中：规模以上工业企业产品销售收入	24	万元	1299964	1009488	28.7
2. 利润总额	25	万元	73710	41242	78
3. 上交税金总额	26	万元	24088	16299.8	48
4. R&D 经费支出总额	27	万元	14783	11898	21.2
5. 高新技术产品总值	28	万元	979291	731310	34
6. 出口交货值	29	万元	77535		

附表 12　　2012 年天心经济开发区基本情况统计表

指 标 名 称	代码	计量单位	本年	上年同期	比上年周期增长（%）
一、基本情况					
1. 园区规划面积	1	平方公里	5.83	5.83	0
2. 已开发面积	2	平方公里	3.28	3.01	8.97
其中：工业用地面积	3	平方公里	2.72	2.65	2.64
3. 园区企业个数	4	个	78	70	11.4
其中：高新技术产品企业个数	5	个	8	8	0
出口型企业个数	6	个	3	2	50
工业企业个数	7	个	49	45	8.9
4. 年末从业人员数	8	人	10916	8354	30.7
其中：高新技术产品企业从业人员数	9	人	5009	4219	18.7
工业企业从业人员数	10	人	8797	8053	9.2
5. 拥有专利数	11	个	168	108	55.6
6. 拥有标准厂房面积	12	平方米	89784	55384	62.1
其中：已出租面积	13	平方米	50000	50000	0
本年新建标准厂房面积	14	平方米	32000	15384	108
二、投资和招商引资					
1. 本年完成固定资产投资	15	万元	225480	165323	27.8
其中：基础设施投资额	16	万元	14230	13213	7.7
本年新建标准厂房投资	17	万元	8500	4000	38.9
2. 新批准外商直接投资项目个数	18	个	3	2	50
3. 实际到位外商直接投资金额	19	万美元	2300	2050	12.2
4. 实施省外境内直接投资金额	20	个	6	6	0
5. 实际到位省外境内资金	21	万元	57500	48736	18
三、主要经济指标					
1. 技工贸总收入	22	万元	1736327	1548961	12.1
其中：工业企业产品销售收入	23	万元	1466457	1351200	8.5
其中：规模以上工业企业产品销售收入	24	万元	1455477	1299964	12
2. 利润总额	25	万元	75874	73710	2.9
3. 上交税金总额	26	万元	38190	24088	33.6
4. R&D 经费支出总额	27	万元	18687	14783	26.1
5. 高新技术产品总值	28	万元	911006	870222	4.7
6. 出口交货值	29	万元	18411	77535	76.2

后 记

2014年3月，根据长沙市地方志编纂委员会《关于推进省级以上开发区（园区）修志工作的通知》长志编发〔2014〕2号文件精神，在园区工委书记师大学主持下召开工委办公会议作出编修《长沙天心经济开发区志（2002—2012)》的决定，成立长沙天心经济开发区志编纂工作领导小组，由园区工委书记师大学任组长，工委副书记、园区管委会主任彭泽南任副组长，其他班子成员为领导小组成员；下设编纂委员会办公室，明确由分管园区办公室工作的工委副书记翁开明任编纂委员会办公室主任，园区办公室主任郑娜任编纂委员会办公室副主任，负责组织和主持修志工作，园区办公室、招商合作局、财政分局、规划建设局、产业发展局、社会事务局等局室负责人为办公室成员。4月，召开第一次天心经济开发区志编修工作会议，讨论通过《长沙天心经济开发区志2002－2012》的篇、章、节、目，时设9篇25章46节31目。2015年2月至2017年5月，编委会聘请陈泽南专职修志工作，开始进行资料的收集归类，并进行资料分篇章节目的拟稿撰写，形成资科稿。2017年6月，园区志编纂委员会办公室研究决定，聘张瑞、何巍承担园区志编修工作，张瑞主修图录记等志书内容，何巍主修章节目及述等志书内容。历经8个月时间，为确保编修内容全面、合理、准确，编委会成员和编纂者深入园区基层群众、拜访历届园区领导，到市、区档案局翻阅档案资料等形式，不断核实志书内容的真实性和准确性。初稿完成后，编委会分送到园区历届领导人、天心区志办以及管委会各局室负责人征求意见，随后，编委会成员针对意见建议研究，由张瑞、何巍集中进行修改，并作相应调整，形成复稿，呈送长沙市志办有关专家学者审阅，并于2017年12月20日，由市志办主持召开评审会，综合评审会意见和建议，将篇章体降格成章节体，终于定稿。

《长沙天心经济开发区志2002—2012》翔实记录2002年8月至2012年12月园区开发建设的发展历程。突出记述“高新技术产业发展”“科技创新”“园区规划建设”“招商引资”“产业经济”等主体，同时兼顾“建置沿革”“基础设施建设”“土地管理”“综合管理”“党群机构”等其他工作内容，全志共设1述2记1附录12章46节约38万字。

本志首先要感谢为园区建设付出辛劳的全体工作人员，因为是你们创造了历史；其次要感谢所有编撰人员、资料员三年来高标准、高强度、高效率的忘我工作的精神，因为是你们还原了历史；最后要衷心感谢省、市、区各级领导的大力支持、衷心感谢市地方志办的领导、专家的精心指导。

由于我们的方志理论和业务水平有限，资料收集不齐，修志经验不足，其中疏漏和错误在所难免，敬请批评指正。

长沙天心经济开发区志编纂委员会办公室

2017 年 12 月